인터랙티브 광고론 제2판

머리말

인터랙티브 광고론을 출간한 지 8년이 지났다. 8년 동안 기본적인 이론과 접근은 크게 변하지는 않았지만 새로운 사례가 생기고 새로운 매체가 만들어지면서 개정판을 내게 되었다. 사실 인터랙티브 광고론을 다루는 것은 쉽지 않다. 이 순간에도 새로운 내용이 생겨나 변화하기에 쫓아가기가 쉽지 않기 때문이다. 초기 IPTV 광고 시장을 기반으로 본서가 저술되었지만 IPTV광고는 시간이 흐르면서 많은 변화가 있었다. 초기에 나왔던 여러 형태의 양방향 광고가 사라지고 사실상 VOD광고 형태와 광고주 페이지 등이 남아있게 되었다. 이런 변화에 함께 소셜미디어광고가 성장되었다. 특히 동영상을 기반으로한 유튜브의 성장은 눈에 띄며 이미지를 기반으로한 인스타그램도 주목할 만하다. 이제 더 이상 텍스트 중심이 아니라 이미지와 동영상으로 커뮤니케이션을 하고 있다. 이와 더불어, OTT와 MCN의 활성화, AR, VR 같은 애드 테크놀러지의 성장 등 주요 이슈들이 등장함에 따라 개정해야 할 필요성을 느꼈다. 이와 같은 배경으로 다음과 같이 본서의 구조와 내용을 수정, 보완하였다.

첫째, 초판의 기본 틀을 유지하면서 구성 체계를 변화시켰다. 먼저, 초판에서 구성되었던 본서가 2판에서는 몇 개의 장이 추가되어 16개 장으로 재조정되었다. 소셜미디어광고 AR, VR 광고, OTT와 MCN, 애드 테크놀러지와 퍼포먼스 등이 추가되었다. 소셜미디어광고에서는 페이스북을 중심으로 집행사례를 넣었으며 AR, VR광고에서는 다양한 사례와 더불어 기반에 있는 현황을 함께 살펴보았다. OTT와 MCN에서는 OTT 서비스의 개념, MCN 브랜디드 콘텐츠의 동향, 유형분류, 현황, 사업구조등을 다루었다. 애드 테크놀러지와 퍼포스먼스에서는 공간에 기반한 다양한 테크놀러지의 발전사항과 다양한 사례, 모델들을 제시했다.

둘째, 독자들이 본서의 내용을 더욱 쉽고 이해할 수 있도록 초판에서 설명이 미흡한 부분을 보완하고자 하였다. 현황과 관련하여 최근의 데이터로 보강하였으며 초판에서 사용되었던 도입사례와 본문의 사례들은 최근 사례로 대체하였다. 그리고 인터랙티브 광고의 광고유형 중 현재에 존재하지 않는 경우는 제외하도록 하였다.

셋째, 인터랙티브 광고 기획과 크리에이티브 부분이 좀 더 확장되었다. 이 부분은 사실상 별도의 책으로 나와야 하지만 본서에서는 내용이 충실할 수 있도록 노력하였다. 인터랙티브 광고의 기획에서는 인터랙티브 광고 효과를 좀 더 보강하였고 크리에이티브에서는 인터랙티브 광고 크리에이티브발상 Tip을 좀 더 확장하여 독자들이 쉽게 접근하도록 노력하였다. 그리고 통합적 광고 크리에이티브 운영에서도 내용을 보강하였다.

초판과 앞서 얘기한 대로 인터랙티브 광고가 어떻게 변화할지는 알 수 없다. 기본의 내용이 크게 변화하지는 않았지만 사례가 다양해졌고 풍부해졌음을 알 수 있다. 광고비에서도 모바일 광고는 해마다 성장률이 높아지고 있다. 결국, 인터랙티브 광고의 발전방향은 사실 이 광고를 받아들이는 수용자에 달려있기 때문에 수용자의 반응이 있는 인터랙티브 광고가 살아남을 것이라 본다. 인터랙티브 광고가 발전될 수 있도록 우리 모두 바람을 가져봤으면 좋겠다.

저자들은 이 책을 집필하면서 여러 사람들로부터 도움을 받았다. 한양대에 재학중인 전수진양, 인천가톨릭대학 석사과정에 재학 중인 전민희, 배은지 양은 원고정리와 교정을 위해 많은 수고를 하였다. 그리고, 책이 나오기까지 많은 것을 배려해주신 서울경제경영의 김은중 사장님과 편집인 여러분께 진심으로 감사드린다. 마지막으로 본 교재를 집필하는 동안 격려와 지원을 해준 저자들의 가족들에게 감사함을 전하면서 이 책이 출판되는 기쁨을 나누고 싶다.

개정판을 내면서 좋은 책을 내고 싶었지만 미흡한 부분이 있었음을 고백하며 독자들이 제언해주실 것을 기대한다. 부족한 점은 앞으로도 계속 보완해 나갈 것을 약속드린다. 이 책이 인터랙티브 광고를 이해하고 실행하는 데에 조금이나마 도움이 되었으면 하는 소망을 가져본다.

2019년 8월

심성욱, 김운한, 신일기, 김신엽, 김상현

차례

CHAPTER 01

인터랙티브 광고의 이해

사례 **미 대선주자 'SNS 광고전' 치열…앞선 트럼프, 뒤쫓는 바이든**

워싱턴 | 박영환 특파원 yhpark@kyunghyang.com

입력: 2019.05.27 21:34 수정: 2019.05.27 21:43

NYT, 올 페북 광고비 분석

트럼프 480만 달러로 '최고'

바이든, 출마선언 후 '집중'…같은 기간 트럼프의 약 2배

미국 대선 주자들 페이스북 광고 집행비

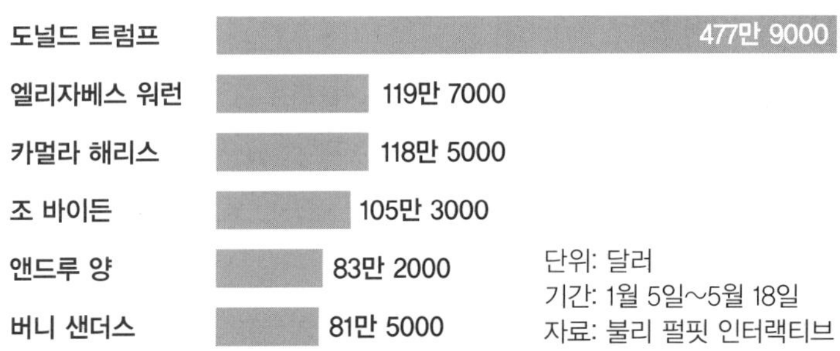

대선을 1년 넘게 앞두고 있지만 미국 정치권에선 벌써부터 대선주자들 간 소셜미디어(SNS) 주도권 경쟁이 달아오르고 있다. 도널드 트럼프 대통령이 선도하고, 민주당의 유력 주자인 조 바이든 전 부통령이 바짝 따라붙은 상황이다.

뉴욕타임스가 21일(현지시간) 공화당 · 민주당 대선주자들이 올 들어 지난 18일까지 페이스북에 집행한 광고비를 분석한 결과, 트럼프 대통령이 480만 달러로 가장 많았다. 민주당에서는 엘리자베스 워런 상원의원, 카멀라 해리스 상원의원, 바이든 전 부통령이 각 100만 달러를 넘겨 톱3에 올랐다. 트럼프 대통령의 광고비는 민주당 주자 23명 전체의 광고비 960만 달러의 절반에 달하는 수준이다.

트럼프 대통령은 지난 대선 때도 전통적인 TV 광고 대신 소셜미디어에서 공격적인 마케팅을 펼쳤다. 정치마케팅업체 '불리 펄핏 인터랙티브'의 마이크 슈나이더는 "트럼프는 오랫동안 아무도 관심을 기울이지 않은 곳에서 집중적인 선거운동을 벌여왔다"고 말했다.

트럼프 대통령 캠프는 페이스북에 다채로운 형식의 광고를 내보내고 있다. 뉴욕타임스는 대표적 사례로 트럼프 대통령의 다음달 73번째 생일을 기념하는 마케팅을 꼽았다. 45만 달러가 투입된 생일 광고에서는 생일 축하 카드에 서명해달라고 요청하며 e메일이나 주소 등 연락처

를 수집한다. 지지자 결집을 도모하고 선거용 e메일 목록도 업데이트하려는 계산이다. 광고비 지출도 전략적이다. 불리 펄핏에 따르면 트럼프 대통령 측의 페이스북 광고비 대부분은 55세 이상 여성들이 많이 보는 광고에 지출됐다. 민주당 쪽으로 기운 여성표 중 공략 가능한 중·장년층을 타깃으로 삼은 것이다.

바이든 전 부통령은 지난달 25일 출마선언 후 지난 18일까지 페이스북에 105만 3000달러어치 광고를 내보냈다. 같은 기간 56만 달러를 쓴 트럼프 대통령보다 두 배 많다. 의회 전문매체 더힐은 "선거자금 모금과 대선 레이스에서 독보적인 선두 자리를 굳히려는 바이든 캠프의 노력을 보여준다"고 평가했다.

소셜미디어 광고는 유권자 정보 수집과 개인 후원자 모집 수단으로도 활용된다. 바이든 전 부통령의 한 페이스북 광고에서는 "모든 유권자들과 접촉하고 트럼프를 이기기 위해서는 전국적인 선거운동이 필요하다"며 "5달러를 바이든 선거캠프에 기부할 수 있는가"라고 묻는다. 다른 광고에서는 "바이든에게 당신이 가장 중요하게 생각하는 것이 무엇인지 말해달라"며 유권자 설문조사 형식으로 e메일 등을 입력하도록 했다.

원문보기: http://news.khan.co.kr/kh_news/khan_art_view.html?artid=201905272134005&code=970201#csidx55fbae73afcac30a4f11450a5dcaf17

1 서론

4차 산업 혁명이란 말이 불리우고 있는 현재, 광고는 끊임없이 변화하고 있다. 새로운 형태가 나타나면서 지금 이 글을 읽고 있는 상황에서도 변화하고 있다. 미디어들이 계속 창출되고 있으며 아울러 새로운 형태의 광고가 나타나면서 소비자들에게 도달하고자 한다. 이런 현상의 사례는 디지털 매체, AI(인공지능), 증강현실/가상현실, 빅데이터 등으로 나타나고 있다. 예전에는 일방향적인 메시지로 소비자에게 도달하면 되었지만 현재는 다양한 온라인 매체 (인터넷, 모바일, SNS등)에서 양방향적인 메시지로 소비자들에게 도달하고 있다. 과거와 다른 패러다임속에 새로운 광고를 적용하기 시작했고 상호작용을 핵심으로 하는 인터랙티브 광고가 본격적으로 등장하게 되었다.

지금은 새로운 형태의 인터랙티브 광고가 등장하면서 새로운 광고 패러다임을 열고 있다. 인터랙티브 광고는 소비자의 '선택과 의사전달'이 내재되어 있기 때문에 전통적인 광고와는 커다란 차이가 난다. 무엇보다 두드러진 광고의 특징은 기존 광고에서는 불가능했던 상호작용성에 있다. 기존의 광고는 광고주가 정한 광고메시지를 시청자는 일방적으로 보았지만 인터랙티브 광고에서는 소비자에게 조정권과 선택권이 주어지게 되어 소비자가 원하는 광고를 선택할 수 있게 되고, 광고 내용에 상호작용하면서 원하는 광고내용을 탐색하거나 원하는 바를 얻기 위해 적극적으로 광고에 반응하게 된다. 이처럼 인터랙티브 광고는 단순히 보이는 광고로 끝나는 것이 아니라 소비자가 참여하는 광고로 발전하게 된다. 아울러 인터랙티브 광고에서는 광고청중 세분화가 용이하고 특정 고객집단을 대상으로 하는 광고(Targeted Advertising)가 가능하다. 예를 들어, 디지털 환경에서는 사용자가 어느 웹사이트에 방문하고 어느 광고에 노출되었으며 어떤 반응(콘텐츠 클릭, 주문 등)을 보였는지에 대한 각종 행태가 고객 정보 및 행동 데이터 플랫폼(Data Mangement Platform: DMP)에 저장되고 분석된 후 광고 판매를 위한 플랫폼(Supply Side Platform: SSP) 혹은 광고 구매를 위한 플랫폼(Demand Side Platform: DSP)에서 관련한 상품에 대해 효과적인 반응을 보일 수 있는 잠재 고객을 추출한 후 그들에게 적합한 광고 상품 혹은 미디어 구성이 이루어지게 된다(이를 Audience Targeting이라고도 한다).

방송통신융합 현상이 가속화 되면서 디지털 기술 진보는 미디어 환경에 많은 변화를 가져왔다. 변화하는 미디어 환경의 특징은 기존의 미디어를 대체하는 것이 아닌 기존 미디어와 융합을 통해 새로운 서비스 및 콘텐츠, 이용행태를 만들어낸다고 할 수 있는데(김해석, 2018) 소셜미디어를 포함해 유튜브로 대표되는 1인 미디어의 출현을 꼽을 수 있다.

2017년에 이미 글로벌 디지털 광고 지출은 TV 광고비를 넘어섰고, 점점 모바일 광고의 강세가 두드러지고 있다. 미국 시장에서 모바일은 디지털 광고의 69.9%를 차지하고 있고 전체 미국 광고 지출의 33.9%는 모바일 광고로 집계되고 있다. 모바일 광고는 2022년까지 47.9%까지 증가해 TV 광고비를 넘어설 것으로 예측되고 있다 (eMarketer, 2018). 국내의 경우 한국방송광고진흥공사의 방송통신광고비 조사(2016)에 따르면 PC와 모바일을 포함한 인터랙티브 광고는 2016년에 4조 1,546억원으로 방송광고 합계 4조 1055억원을 앞지르기 시작하였으며 2019년 현재 6조 0,599억원에 이를 전망이다(한국방송광고진흥공사, 2018).

한편, 방송 산업의 디지털화로 인해 TV는 기존의 수동적 매체에서 능동적인 매체로 전환되고 있다. 방송의 제작에서 전송 수신에 이르기까지 모두 디지털화 하고 있으며, 이러한 변화는 인터넷을 기반으로 한 양방향 정보 서비스의 증가와 더불어 통신기기 컴퓨터, 가전의 융합에 의해서 더욱더 가속화 되고 있다. 실례로 IPTV 서비스 가입자는 2018년에는 1,470만 명으로 나타났다

방송의 디지털화로 인한 양방향성은 광고분야에서 활용가치가 커졌다. 인터랙티브 광고는 소비자와의 상호작용으로 정보를 수집, 분석하여 활용하거나 직접적인 소비자 조사를 수용하는 마케팅 도구로의 활용이 가능해졌다. 또한 소비자의 추가적 정보 탐색이나 쿠폰, 샘플 등의 활용이 가능해졌고 T-Commerce와의 연계로 방송 중 상품 구매도 가능해졌다(탁진영, 2006).

이러한 새로운 접근은 지금까지 4대 매체를 중심으로 광고를 적용해온 기존의 관행으로부터의 발상의 전환을 요구한다. 새로운 디지털 환경은 마케터와 소비자 간의 양방향 커뮤니케이션에 중점을 두는 새로운 마케팅 틀을 요구하고 있으며 이 가운데 기존 광고의 역할이나 기능도 새 패러다임에 맞게 변화되고 있다. 우선 인터랙티브 광고가 등장하게 된 배경인 디지털 미디어 융합에 대해 알아보고자 한다.

1) 디지털 융합과 매체 환경의 변화

디지털 융합이란 디지털 기술로 인하여 콘텐츠 및 서비스를 구현하는 단말기가 서로 수렴하는 현상, 또는 방송, 통신 등의 미디어가 디지털 기술의 발달로 서비스의 경계와 구분이 점차 모호해지는 현상을 일컫는다. 디지털 융합은 동일한 콘텐츠를 방송망과 통신망 모두를 통해 전달 가능한 현상으로 크로스 플랫폼(cross platform), 통합플랫폼과 유사하거나 또는 부분 집합의 개념으로 볼 수 있다.

방송통신 산업은 기술의 발전에 따라 과거 TV, 모바일, 인터넷에서 이루어졌던 각각의 서비스를 하나의 매체로 통합하여 이용하는 것이 가능해졌다. 즉, 방송통신 융합으로 인해 매체간의 장벽이 사라지면서 다중적 매체 특성을 지닌 새로운 사업 영역으로 확대될 전망이다. 매체간 융합을 중심으로 전개되는 다양한 미디어 현상은 기존 매체의 정체성을 변화시키고 있다. 방송통신 융합은 커뮤니케이션혁명이라고 불리며 우리 일상의 생활양식뿐만 아니라 개개인의 라이프스타일에도 큰 영향을 미치고 있다. 디지털 방송은 시청자들이 자신이 원하는 시간에 원하는 프로그램을 언제든지 선택할 수 있으며 방송프로그램에 대해서도 자신의 의견을 언제든지 피드백할 수 있다. 수용자들의 콘텐츠에 대한 통제권이 더욱 높아졌다고 할 수 있다(KT 경영전략 연구소, 2008).

디지털 융합현상은 네트워크/단말기, 서비스/콘텐츠, 시장, 정책 및 규제 등의 4가지 차원에서 순차적으로 그리고 다양한 형태로 발생하고 있다. 첫째 '사업자 또는 시장'의 측면에서는 방송사업자와 통신사업자가 서로의 영역으로 진출하거나 합병하는 등 사업의 다각화 전략을 시도하기 위한 목적에 따라, 관련기업과 수직적 혹은 수평적으로 결합, 인수합병의 형태로 나타나고 있다.

둘째 '서비스 또는 콘텐츠' 측면에서는 방송과 통신의 구분이 모호해지는 경계 영역적 서비스가 출현하여 두 가지 이상의 서비스를 패키징하여 판매하는 현상이 대표적이다. 예를 들어 TPS(Triple Play Service), QPS (Quadruple Play Service) 등처럼 여러 가지 방송, 통신 서비스를 결합(bundling) 혹은 끼워(tying) 판매하는 방식을 의미한다. 또한 상호작용성 및 주문형 서비스로 인하여 커뮤니케이션 기능과 콘텐츠 구현이 결합하는 융·복합 콘텐츠가 증가하고 있다. 인터넷과 TV의 결합으로 소비자가 다양한 콘텐츠를 재목적화(repurposing)하고 매쉬업(mesh-up)하는 현상도 콘텐츠의 융합 현상을 보여주는 사례라 할 수 있다. IPTV의 경우, KT나 SK, LG U+ 등은 결합상품을 내놓고 고객을 유치하고 있다.

셋째, '네트워크 또는 단말기' 측면에서는 신문, 방송, 케이블, 위성, 영화 등 서로 다른 시스템이나 네트워크가 서로 분리되었던 영역의 기술적 장벽을 극복하고 네트워크가 광대역화 되면서 하나로 통합되어 가고 있다. 단말기의 경우 소비자 중심의 진정한 의미에서의 방송통신융합서비스를 제공받는 것이 가능해졌으며, 이는 이동성과 휴대성을 지닌 소형 단말기에서 주로 통합되는 현상을 나타내고 있다. 향후 모바일 매체로 통합될 가능성이 높아졌다.

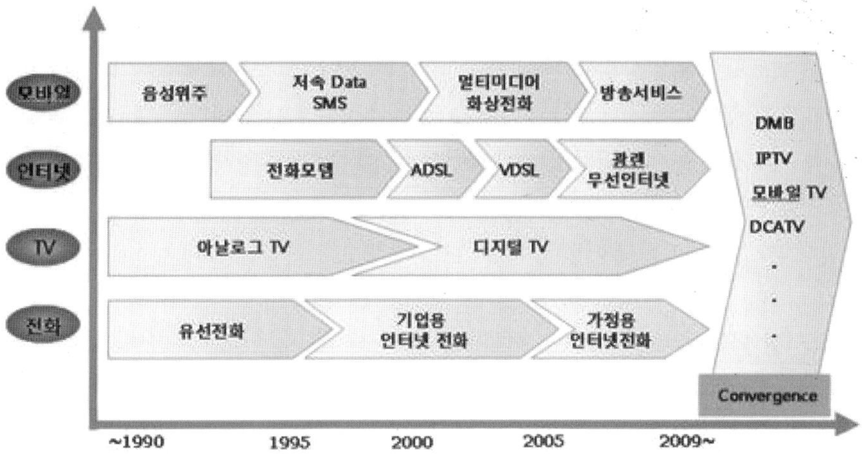

출처: 티컴미디어, 2008.

그림 1-1 디지털 기술의 발달과 융합

넷째, '정책 및 규제' 측면에서는 전통적으로 개별 미디어 또는 콘텐츠산업에 따라 분리되어 적용되던 정책과 규제가 모호해지는 현상이 증가하고 있다. 즉 개별시장과 산업의 특성에 따라 제도화된 정책과 규제가 더 이상 적용하기 어려워지고 있다는 것이다. 대표적으로 '공공서비스'를 이념으로 삼는 방송과 '보편적 서비스'를 지향가치로 삼는 통신이 융합되고, 이러한 융합 서비스를 규율하기 위한 규제 및 제도의 통합이 추구되고 있는 것이다(KT 경영전략연구소, 2008).

이러한 방송과 통신의 융합은 기존 미디어 산업의 시장 패러다임의 변화를 가져오고 있다. 새로운 디지털 환경은 마케터와 소비자 간의 양방향 커뮤니케이션에 중점을

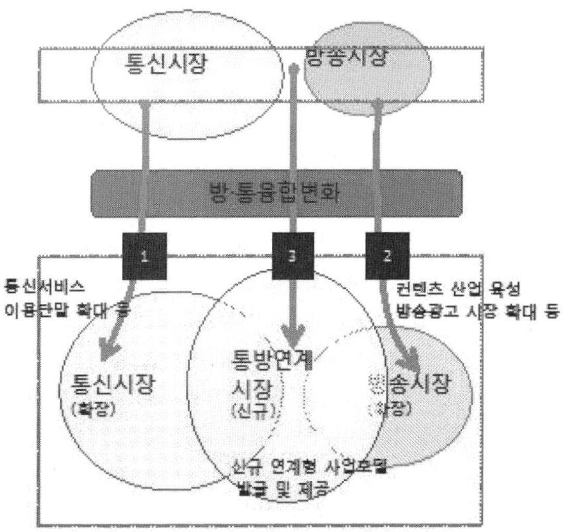

출처: 삼성경제연구소. 2009

그림 1-2 방통융합의 변화

두는 새로운 마케팅 틀을 요구한다. 따라서 4대 매체를 중심으로 광고를 적용해온 기존의 관행으로부터 발상의 전환을 요구한다. 즉, 방송과 통신이 융합이 되면서 새로운 미디어가 등장함과 동시에 새로운 광고가 나타나고 있으며, 미디어 및 광고 시장에서 정통적으로 강세를 보이던 TV는 디지털방송시대를 맞아 경쟁력을 상실하면서 한 공간에서 미디어 콘텐츠를 접하는 것이 아니라 어느 공간에서도 미디어 콘텐츠를 접할 수 있고 분산된 환경에 적응할 수 있는 모바일 광고가 각광을 받게 되었다.

2) 디지털 융합에 따른 서비스 변화

통합플랫폼의 등장으로 나타나고 있는 서비스의 변화는 두 가지로 '상호작용성(interactivity)'의 구현과 '개인화(personalization)'라 할 수 있다. 통합플랫폼은 일방적인 전송뿐만 아니라 서비스 제공자와 이용자 간의 역할교환 및 참여를 가능하게 하는 상호작용을 제공할 수 있다.

이로 인하여 통합플랫폼은 고유의 개별적 미디어 서비스를 제공하면서 동시에 커뮤니케이션, 엔터테인먼트, 정보, 거래 등의 다양한 기능이 반영된 여러 형태의 부가서비스를 제공할 수 있게 되었다. 즉 서비스의 구현과 이용에 있어서 소비자의 통제권이 반영되는 상호작용성이 증가하게 된 것이다. 이러한 통합플랫폼으로 가능해지고 있는 상호작용 서비스의 유형은 크게 3가지로 선택형 상호작용, 대화형 상호작용, 등록형 상호작용으로 살펴볼 수 있다.

통합플랫폼은 다양한 채널을 제공하고 신규 서비스를 구현함으로써 보다 세분화된 이용자의 니즈를 만족시킬 수 있는 환경을 조성시키고 있다. 특히, 콘텐츠에 접근할 수 있는 모든 통로가 개방되고 서로 연결되면서 증가하고 있는 이용자의 통제력 증가는 혁신적이고 유연한 서비스의 제공가능성을 확대시키고 있다. 그 중에서도 주문형 서비스는 콘텐츠 소비에 대한 시 · 공간적 제약을 극복할 수 있는 시 · 공간 이동(time-space shift) 서비스를 증가시키고 있다. 이러한 주문형 그리고 이동 서비스는 자신이 확보한 콘텐츠를 다양한 플랫폼에 따라 이동시켜 소비하는 현상을 증가시킴으로써 서비스의 유형을 집단적 소비자를 대상으로 하는 '동시성' 및 '즉각성' 중심에서 개인 소비자를 대상으로 하는 '상시성' 및 '선택성' 중심으로 이동하도록 만들고 있다. 즉 소비자의 니즈에 따라 그리고 특성에 따라 서비스를 자유롭게 선택하여 소비하는 맞춤형(customization) 서비스를 보편화할 전망이다(광고단체연합회, 2009). 다음은 인터랙티브 광고가 등장하게 된 매체 소비 형태의 변화이다.

3) 매체 소비 행태의 변화

기존의 매체 소비행태는 산업사회의 생산과 소비가 대량으로 이루어지는 것과 같이 소수의 발신자의 정보를 다수의 수용자들이 일방적으로 수신하는 매스미디어 방식이었다. 그러나 정보의 가치가 중요시되는 정보화 사회에서는 기존의 획일화되고 다수에 집중된 소비문화 구조에서 벗어나 소수의 다양성을 인식하고 이를 수용하는 움직임이 사회 곳곳에 확산되고 있다. 정보화 시대에는 사람들이 더 이상 경제논리에 지배받기보다는 삶의 멋을 찾고, 개성을 추구하며 유행을 추구하게 되었고, 생산보다는 소비 지향적인 삶에 더 신경을 쓰게 되었다. 이것은 산업화에 의한 대량생산 이전, 소비자가 생산자를 찾아가 제품을 주문하던 주문생산이 부활한 것이다.

즉, 방송은 정해진 스케줄에 따라서 정기적으로 편성되는 채널에서 'anytime, any where, any contents'를 볼 수 있는 시청자 주문형으로 이전되고, 동일한 콘텐츠를 다양한 매체를 통해 볼 수 있으므로 수용자의 채널 및 미디어 충성도는 낮아지고 수용자의 선택이 콘텐츠 중심으로 이루어지고 있다. 이에 따라 데이터방송 콘텐츠의 방향, 유료 미디어 산업의 구조, 또 서비스 제공 사업자들의 발전 방향 등 서비스 환경은 시청자들의 서비스 이용행태를 중심으로 재편되고 있다.

정보통신정책연구원의 '밀레니얼세대와 Z세대의 미디어 이용'에 따르면(신지형, 2019), 밀레니얼세대[1]의 경우 모바일 기기의 이용시간이 전체 미디어 기기의 이용시간에서 차지하는 비율이 전 세대를 아울러 가장 높게 나타났으며, TV의 이용시간이 차지하는 비율은 약 33% 정도로 모바일 기기가 차지하는 비율인 약 43%보다도 낮은 것으로 조사되었다. 미성년자를 포함하고 있는 Z세대[2] 역시 미디어 기기의 이용 시간 중 모바일 기기가 차지하는 비중이 X세대[3]나 베이비붐세대[4] 보다 크게 나타났고 베이비붐세대의 경우 전통적인 매체인 TV를 이용하는 시간이 전체 미디어 기기 이용 시간에서 차지하는 비중이 약 70.8%로 가장 높게 조사되었다(신지형, 2019).

베이비붐 세대에 비해 밀레니얼세대와 Z세대는 VOD 이용과 같이 능동적으로 미디어를 소비하며 SNS을 통한 소통, 엔터테인먼트 관련 애플리케이션의 이용에도 적극적이며, 전자상거래의 이용자 비율이 높고 온라인에서의 구매 정보 습득이 활성화된 것으로 나타났는데 이들 세대의 미디어 기기의 이용 목적이나 활용방식은 미디어 콘텐츠 소비, 소통, 정보 습득, 구매 등 일상생활 전반에 걸쳐 더욱 다양해질 것으로 전망된다(신지형, 2019). 이와 같은 미디어 이용행태의 변화는 광고청중에 있어 소극적인 다수와 능동적인 소비자로 더욱 양극화될 것으로 예견된다. 이에 따라 소비자별 상이한 광고전략과 서비스 전략이 필요할 것으로 본다.

세대별 차이 외에 늘어난 여가시간과 소득의 증대로 유료 및 양질의 콘텐츠 소비 증

---

[1] 밀레니얼 세대는 1982년부터 1995년에 태어난 세대로 2018년 기준 만 23세 이상 만 36세 이하를 포함하며 평균 연령은 29세이다.

[2] Z세대는 1996년부터 2011년에 태어난 세대로 2018년 기준 만 7세이상 만 22세 이하를 포함하며 평균 연령은 15세이다.

[3] X세대는 1966년부터 1981년에 태어난 세대로 2018년 기준 만 37세 이상 만 52세 이하를 포함하며 평균 연령은 45세이다.

[4] 베이비붐세대는 1946년부터 1965년에 태어난 세대로 2018년 기준 만 53세 이상 만 72세 이하를 포함하며 평균 연령은 61세이다.

표 1-1 세대별 미디어 이용 행태

항목		베이비붐 세대 (만53세 ~ 만72세)	X세대 (만37세 ~ 만52세)	밀레니얼 세대 (만23세 ~ 만36세)	Z세대 (만7세 ~ 만22세)
미디어 기기별 이용시간 비율	TV	70.8%	49.6%	33.5%	38.1%
	PC	5.8%	15.2%	23.4%	17.7%
	모바일	23.4%	35.2%	43.1%	44.2%
VOD	VOD 서비스 이용자 비율	5.4%	9.2%	10.9%	13.1%
	동영상 시청 시간 중 VOD 이용시간 비율	1.4%	3.5%	6.4%	7.4%
SNS	SNS 이용자 비율	25.7%	56.7%	79.0%	55.2%
	SNS 하루 평균 이용시간	26.0분	56.7분	79.0분	43.0분
자주 이용하는 스마트 폰 애플리케이션 종류 (1순위 기준)	SNS	38.6%	31.4%	34.0%	34.8%
	포털사이트	19.7%	20.7%	17.2%	8.0%
	정보	19.3%	17.5%	9.2%	4.4%
	엔터테인먼트	9.4%	15.2%	23.2%	30.6%
	사진, 카메라	5.6%	2.2%	1.8%	1.2%
	게임	4.7%	6.4%	9.8%	20.0%
	지출관리, 금융거래, 쇼핑	2.7%	6.7%	4.8%	1.1%
주로 사용하는 SNS 계정 (1순위 기준)	페이스북	16.6%	26.7%	49.6%	39.7%
	트위터	6.5%	10.6%	16.2%	19.3%
	카카오스토리	48.2%	36.0%	14.7%	16.3%
	인스타그램	1.1%	7.1%	13.6%	16.9%
	네이버 밴드	24.3%	16.9%	2.6%	5.1%
	기타	3.4%	2.7%	3.3%	2.7%
구매정보 습득을 위해 우선적으로 이용하는 채널	포털사이트 검색	21.86%	50.33%	57.09%	49.39%
	오픈마켓 검색	2.7%	9.09%	11.88%	9.62%
	소셜커머스 검색	0.61%	3.18%	6.18%	6.00%
	특정 온라인 쇼핑몰 방문	1.81%	4.82%	4.97%	5.01%
	특정 SNS, 블로그 등	0.87%	2.49%	5.89%	9.85%
	백화점이나 로드샵 등 오프라인 방문	15.57%	9.59%	4.4%	2.6%
	가족, 친구 등 주변인을 통한 정보습득 및 기타	56.59%	20.51%	9.58%	17.53%

출처: '밀레니얼세대와 Z세대의 미디어 이용'에서 인용(신지형, 2019)

가됨에 따라 전통적인 4대 매체의 사용자 이용시간은 꾸준히 감소하는 반면, 모바일, IPTV 등의 디지털 미디어 이용시간은 증가하는 추세가 지속될 것으로 예상된다. 아울러 시청자들의 미디어 콘텐츠에 대한 기대치가 상승됨에 따라 미디어 콘텐츠에 대한 시청자 욕구가 오락, 문화, 교육, 레저, 정보 등 다차원적으로 변화되고 미디어 콘텐츠 소비가 중요한 문화수단이 될 것이다.

개인미디어의 가장 큰 특징은 이용자들이 고정되어 있는 편성 시간에 따라 프로그램을 시청하지 않고 스스로 시간을 조정하고 프로그램을 편성하면서 이용자가 원하는 콘텐츠를 이용 (시청)한다는 것이다. 또한 이용자 개개인이 단순히 아마추어 수준에서부터 숙련된 전문가의 수준에 이르기까지 다양하고 광범위한 사용자들이 개인적 방송 장비들을 이용하여 다양한 형태와 형식의 콘텐츠를 제작하게 되었으며, 시청자들이 프로그램 또는 콘텐츠 중심으로 직접 방송활동에 참여할 수 있게 되어 여태까지는 방송 사업자들의 고유 권한으로 인식되어 온 편성까지도 참여하는 형태를 보이고 있다. 결과적으로 방송과 통신의 융합으로 소비자들은 단순히 매체를 소비하는 '소비자'로서의 역할에서 정보를 생산해내는 '생산자'로서의 역할도 가능해졌다(표 1-2).

디지털 시대의 광고청중은 소극적이고 수동적인 수용자에서 능동적이고 적극적인 사용자로 변화하고 있다. 지금까지 매스 미디어는 획일적 메시지를 일방적으로 전달하는 일 대 다수(one-to-many)의 커뮤니케이션 형태를 취했기 때문에 수용자들은 읽고 싶지 않은 정보, 혹은 보고 싶지 않은 내용에도 강제적으로 노출되었다. 그러나 상호작용이라고 하는 속성을 내재한 디지털 시대가 되면서 누구나 원하는 정보를 시간적, 공간적 한계에 구애받지 않을 뿐 아니라 콘텐츠와 상호작용을 하면서 자신만의 콘텐츠를 스스로 구성해 나갈 수 있게 된다. 디지털 기술이 접목됨에 따라 모든 정보가 디지털화되고, 이는 디지털 전송로를 통해 자유롭게 유통되므로 아날로그적 미디어에서는 찾아볼 수 없었던 상호작용적 미디어의 특성을 띠게 되는 것이다(IBM, 2006).

표 1-2 대중미디어 · 틈새미디어 · 개인미디어의 특성

	콘텐츠	광고	유통망	단말기	소비자
대중미디어 (Broad casting)	대중용 콘텐츠 (고비용)	대량생산 소비재 광고	지상파방송 신문유통	TV 인쇄물	수동적 대중 소비자
틈새미디어 (Narrow casting)	전문가용 콘텐츠 (중비용)	전문 소비재 광고	케이블방송 잡지유통 전문 사이트	TV(셋톱박스) 인쇄물 PC	참여형 커뮤니티 소비자
개인미디어 (Personal casting)	UCC 콘텐츠 (저비용)	소기업 광고 중심에서 대기업 광고 확대	포털 및 버티컬 포털	PC 모바일	능동적 개인 소비자

4) 인터랙티브 광고 등장

일방적인 정보제공방식에서 양방향 정보교류, 개개인의 선호가 반영된 콘텐츠를 감상, 제작, 유통하고자 하는 미디어 이용에 대한 패러다임의 변화는 광고의 역할과 기능 역시 변화시키고 있다. 향후 국내 광고시장을 끌고 갈 인터랙티브 광고 특성은 결국 양방향성과 개인맞춤형에 있으며 인터랙티브 광고의 상호작용성은 고객의 주목과 광고주의 니즈를 반영하여 광고 시장 내 플랫폼간의 가치 이동 즉, 올드미디어에서 인터넷으로 진화, 향후 뉴미디어로의 방향 설정을 더욱 강화시킬 것으로 예상된다(그림 1-3).

인터랙티브 광고란 인터넷 서비스영역을 활용하여 소비자에게 양방향으로 커뮤니케이션할 수 있는 광고물을 제공하는 것을 말한다. 디지털 방송(IPTV)에서 시청자는 TV프로그램, EPG(Electronic Program Guide) 또는 광고를 시청하면서 TV 리모콘을 이용해 의도적으로 광고물을 선택하여, 브로슈어 카탈로그 등 추가정보를 요청하거나 상품의 견본이나 할인권 등 프로모션 활동에 참여할 수 있고, 직접 상품을 구매할 수 있다. 전통적인 TV 광고가 시청자의 선택 여지가 없는 일방적 광고라면 인터랙티브 광고는 시청자가 광고를 볼 것인지 여부를 직접 결정하는 선택성과 광고선택 후 심층적 정보를 추구하거나 상품을 주문하는 등 의사전달의 가능성이 내재되어 있는 광고이다(이시훈.김세철, 2001).

인터랙티브 광고는 광고가 구현되는 위치와 형태에서 기존 광고와 차이가 있다. 기존 TV 광고는 지정된 방송광고 시간대에만 방영되도록 한정되어 있다. 그러나 인터랙티브 광고에서는 보다 다양한 시간대와 경로를 통해서 소비자에게 접근할 수 있게 된

광고 플랫폼의 hegemony shift

구분	traditional	Online	New Media
광고주 Attention	• mass 고객에 노출 • 구매효과는 미지수	• targeted medium • 개인화 서비스	• 다양한 플랫폼을 활용, 세분화된 광고 • 크로스미디어정책
플랫폼의 효용	• 높은 광고 도달률 : TV등 4대 매체	• targeted medium • 광고의 효과성 측정 가능	• 개인화/이동성 강화로contextual한 광고 메시지 가능
고객의 수용도	• 기업이미지, 브랜드 등에 대한 수용도 높음	• 머무는 시간 증가 • 검색, 블로그 등 자연스러운 노출 • skip 가능성	• 저항력이 커짐 • 광고나 미디어 자체보다 컨텐츠에 주목

출처: KT. 2009

그림 1-3 광고 플랫폼의 헤게모니 변화

다. 예를 들면 프로그램을 안내하는 채널에 배너 광고와 동영상 형태로 광고할 수도 있고 방송 프로그램 내의 특정 장면에 연동하여 위치함으로써 시청자가 반응할 때 노출되도록 할 수도 있고, 독립적인 정보와 콘텐츠를 제공하는 데이터 채널에 배너 광고와 동영상 형태로 위치할 수도 있다. 또한 광고가 다층 구조의 형태를 가져 TV광고 속에서 또 다른 TV 광고를 내보낼 수도 있다. 즉, 365일, 24시간 마케팅 활동이 가능하며, 시간적, 지역적 한계를 극복할 수 있으며, 광고에서는 광고주 전용의 사이트에 연동시켜 시간이나 공간에 제한 없는 광고가 가능한 것이다.

또한 인터랙티브 광고는 기존 광고보다 더욱 다양한 용도로 활용될 수 있다. 인터랙티브 광고는 기존 TV 광고의 주요 기능인 브랜드 인지도 향상과 브랜드 이미지 제고뿐만 아니라, 인쇄매체보다 다양한 정보제공, 판촉의 활성화, 시청자의 행사 참여, 시청자의 제품구매 유도 등 다양한 목적으로 활용될 수 있고 이러한 목적의 구현이 현실적으로 가능하게 된다.

인터랙티브 광고는 미래의 중요한 비즈니스 모델이 될 수밖에 없다. 다채널 시대는 디지털방송의 도입으로 채널수가 증가하게 되고, 증가된 채널수와 비례하여 각 프로그램의 평균 시청자 수는 감소하게 되며, 각 채널의 시간당 광고 수익은 감소할 수밖에 없으므로 인터랙티브 광고와 같은 서비스가 주요 수익원이 될 것이다. 인터랙티브 광고는 디지털 방송뿐만 아니라 모바일 광고, 인터넷 광고, 가상광고, PPL, 옥외광고 등 여러 매체와 결합하여 진행되고 있다. 인터랙티브 광고의 범위는 무한정에 가까워 정

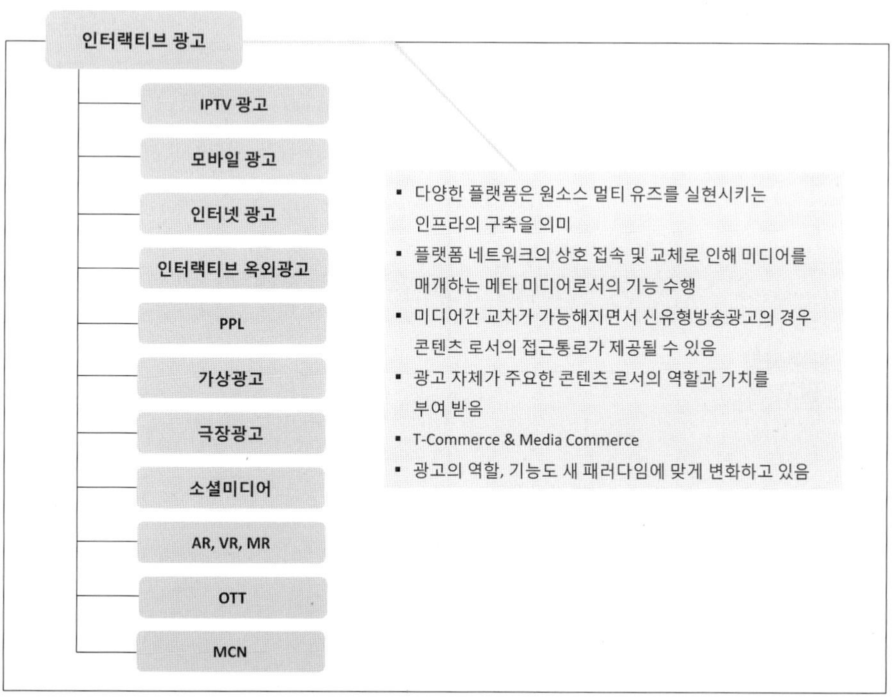

그림 1-4 인터랙티브 광고 유형

의내리기가 어렵고 광고효과는 기존과 다른 방법으로 측정되어야 한다. 이 책에서는 인터랙티브 광고의 다양한 형태와 특성을 살펴보고 디지털광고의 효과 측정, 향후 발전방향등을 정리하고자 한다.

인터랙티브 광고 전략의 성패 여부는 IPTV, 디지털 케이블 등 다양한 디지털 매체에 나타나는 광고 콘텐츠를 얼마나 유효적절하게 만드냐에 달려 있다(그림 1-4).

이러한 배경을 토대로 다음 장에서는 인터랙티브 광고에 대해 특성, 사례 등을 살펴보고 향후 발전방향에 대해 쓰고자 한다.

우선, 인터랙티브 광고는 광고의 목표점이 어디에 기반하느냐에 따라 '노출중심형'과 '선택중심형'으로 구분될 수 있다(광고단체연합회, 2009). 이때 노출중심형이란 광고를 노출하는 것 자체에 1차적인(primary) 목적을 두는 경우를 말하며, 선택중심형이란 이용자(소비자)가 원하는 광고 메시지를 스스로 선택하는 데에 목점을 두는 개념이다. 또 다른 기준으로, 인터랙티브 광고는 정보의 고객 맞춤 수준에 따른 '고 개인맞춤형'과 '저 개인맞춤형으로 구분된다. 고(High)개인맞춤형 또는 고개인화 유형의 경우 광고정보가 타겟팅된 고객의 욕구나 상황을 고려된 정도가 높은 것을 말하며, 저(Low) 개인맞춤형이란 광고정보의 고객지향 정도가 낮은 경우를 말한다. 이러한 두 축을 중심으로 하는 네 가지 분류 틀은 광고의 소비 행태 및 정보의 소비자 지향성이라는 중요한 속성을 포함하였다는 점에서 다양한 인터랙티브 광고 유형을 분류하는 기준으로 사용되었다(심성욱 외, 2010).

가장 먼저 선택중심 & 고 개인 맞춤형 광고의 경우(1사분면), 이용자가 자발적으로

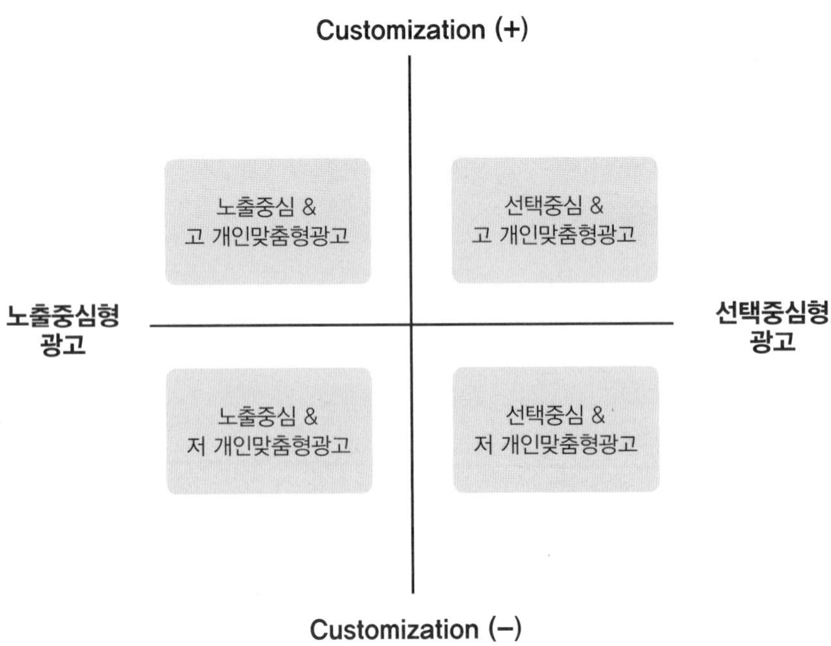

그림 1-5 인터랙티브 광고 유형 분류

광고 배너나 디렉토리, 모바일 앱 등을 선택하여 광고를 열람하는(상호작용하는) 유형으로서 광고 정보 제공에 있어서도 기존에 축적된 데이터 베이스를 기반으로 이용자의 분류, 라이프스타일, 활동시간과 이용지역 정보를 구축하고 이를 바탕으로 타겟팅을 통한 적절한 광고를 노출하는 형태의 광고를 말한다. 모바일 및 스마트 디바이스를 활용한 가상현실(VR)과 증강현실(AR), 기타 혼합현실(MR), 인터넷 웹사이트 등이 해당될 수 있다.

노출중심 & 고 개인맞춤형 광고의 경우(2사분면), 타겟팅을 통해 선별된 소비자나 서비스 신청자의 데이터베이스를 구축 후 소비자의 제품 이용 및 라이프스타일을 통해 특정 제품 서비스 이용시점에 광고를 전송하는 광고 형태로 광고를 통한 제품 서비스에 대한 노출을 통한 인지도와 기억의 재활성화에 목적을 가지고 있으나 광고가 추가적인 정보적 디렉토리를 제공하지는 않는 고지형태의 광고형태이다. MCN(Multi channel Network)을 활용한 광고 혹은 자발적 팔로우를 형성하는 소셜미디어 채널 그리고 OTT(Over the top) 서비스 등의 동영상 광고가 이에 해당할 수 있다.

노출중심 & 저 개인맞춤형 광고의 경우(3사분면), 소비자나 서비스 신청자를 대상으로 먼저 메시지를 전송하는 광고 형태로 매체 이용자의 의지와는 관계없이 강제적으로 광고에 노출하여 주목하도록 하는 방식을 가진 광고 형태이다. 옥외광고 및 비매스 미디어 광고 형태로 대표적인 PPL, 가상광고, 극장광고 등이 이에 해당할 수 있다.

선택중심 & 저 개인맞춤형 광고의 경우(4사분면), 이용자 스스로 매체 이용시 소비자에게 적합한 상품이나 광고 메시지를 전달하는 형태로 광고 이용자가 자발적으로 광고 배너나 광고 디렉토리를 선택하여 광고를 열람하는 형태를 가진 광고 형태이다. PTV 혹은 인터넷 배너 및 검색 광고 등이 이에 해당할 수 있다.

이상에서 인터랙티브 광고 유형 별 해당 매체를 분류하였으나 이는 절대적인 기준이 아니 며 사용자와 매체간 상호작용 형태에 따라 유형은 변경될 수 있다.

2 인터랙티브 광고의 핵심개념

"인터랙티브 광고란 무엇인가"를 한마디로 정의하기는 어렵다. 학계와 산업계에 따라 인터랙티브 광고를 여러가지로 정의하고 있지만 우리는 기존 광고와 구별되고 소비자에게 다르게 접근하는 인터랙티브의 정의에 포함되는 몇 가지 핵심개념들을 이해하여야 할 필요가 있는데 디지털화 및 미디어간의 융합과 쌍방향커뮤니케이션을 기반으로 둔 개방과 참여의 상호작용 등을 말할 수 있다.

1) 미디어 디지털화와 융합

디지털 융합이란 디지털 기술로 인하여 콘텐츠 및 서비스를 구현하는 단말기가 서로 수렴하는 현상, 또는 방송, 통신 등의 미디어가 디지털 기술의 발달로 서비스의 경계와 구분이 점차 모호해지는 현상을 일컫는다. 디지털 융합은 동일한 콘텐츠를 방송망과 통신망 모두를 통해 전달 가능한 현상으로 크로스 플랫폼(cross platform), 통합플랫폼과 유사하거나 또는 부분 집합의 개념으로 볼 수 있다.

방송통신 산업은 기술의 발전에 따라 과거 TV, 모바일, 인터넷에서 이루어졌던 각각의 서비스를 하나의 매체로 통합하여 이용하는 것이 가능해졌다. 즉, 방송통신 융합으로 인해 매체간의 장벽이 사라지면서 다중적 매체 특성을 지닌 새로운 사업 영역으로 확대될 전망이다. 이에 따라 통신 컨버전스로 인해 개별적으로 발전하던 산업구조에서 새로운 가치사슬 구조가 구축되고 있다.

2) 인터랙티브

'인터랙티브'(interactive) 미디어의 가장 큰 특징은 디지털화와 쌍방향커뮤니케이션이 가능하다는 것인데, 인터넷 · 모바일 · 인터랙티브 TV · 인터랙티브 옥외광고 등을 예로 들 수 있다. 디지털화 된 부호들을 새로운 형태로 전달할 수 있는 인터랙티브 미디어는 기존의 광고, PR, 텔레마케팅 등과 연계하여 통합적 마케팅 커뮤니케이션의 수단으로 중요한 의미를 지닌다. 또한, 인터랙티브 미디어에서 구현되는 상호작용성은 디지털 미디어와 사용자간에, 또 디지털 미디어로 연결되어 있는 사용자간에, 또 미디어와 미디어간에 여러 가지 형태와 차원의 상호교류가 가능함을 뜻한다. 특히, 상호작용성은 광고에서 자율적 선택권을 보유한 소비자들을 유인하기 위한 효율적인 수단으로 활용되고 있다. 즉, 소비자들 간에 혹은 소비자와 판매자간에 대화채널을 형성하여 이들 간의 관계를 더욱 긴밀하게 만들고 개인화하며, 소비자의 구매과정을 수월하게 해주는 방향으로 마케팅활동이 이루어지고 있다(장대련, 1998).

3) 개방성

일반적으로 인터랙티브 광고는 기존의 광고보다 더 효과적인 것으로 간주되고 있다. 왜냐하면, 인터랙티브 광고는 전통적인 광고처럼 수동적으로 노출되는 것이 아니라, 수용자가 능동적으로 광고정보의 탐색여부를 통제할 수 있는 형태를 의미하기 때문이다(박성호, 2000).

이는 인터랙티브 광고에 관심 있는 모든 사람들의 기여와 피드백을 촉진하여 직접 참여하게 함으로써 미디어와 수용자의 개념을 불명확하게 한다. 이는 누구나 참여할 수 있도록 공개되어 있으며, 투표, 피드백, 코멘트, 정보 공유를 촉진함으로써 콘텐츠 접근과 사용에 대한 장벽이 거의 없다는 것을 의미한다. 또한 전통적인 미디어가 콘텐츠를 일방적으로 수용자들에게 전달하는 반면, 개방적 커뮤니케이션이 이루어진다는 특징이 있다.

4) 연결성

현재 점차 실체를 드러내고 있는 정보화 사회는 어떤 누구도 데이터를 소유하지 않고, 모든 인터넷 환경에서 모든 사람들이 데이터를 사용할 수 있는 플랫폼을 제공한다. 따라서 웹 사이트에 올리거나 서비스되는 모든 데이터를 이용자가 자신의 편의에 따라 자유롭게 이동하거나 수정하여 활용이 가능하다. 또한 웹 2.0으로 향상된 연결성(connectivity)은 생태계형 웹에서 사람과 정보는 타 요소들과 연결되지 못하면 생존이 불가능하다. 따라서 정보와 정보간의 연결성(informational connectivity) 및 사람과 사람간의 사회적 연결성(social connectivity)이 자연스럽게 강화될 수밖에 없는 것이다. 마지막으로 정보가 개인의 참여와 이용자간 상호작용에 의해 생성되며, 이용자들이 직접 제작하는 콘텐츠(user created contents)와 이용자 집단의 능동적인 참여와 공유를 통해 새로운 가치를 창출하는 '집단지성'(collective intelligence)이 매우 중요한 특징이다(김강민, 2006).

일러한 변화는 기존 미디어 광고와 비교하여 인터랙티브 광고의 특징을 가장 잘 보여주는 특징으로, 일방적으로 광고를 보내는 방식을 탈피하여 능동적인 수용자와 쌍방향 커뮤니케이션을 통해 상호작용이 가능하며, 이용자의 욕구에 따라 여러 형태로 변형 재이용되는 광고라는 특징을 가진다.

5) 개인화

개인화는 고객의 선호도와 행동에 대한 지식을 기초로 개개인에게 맞춤화된 서비스와 컨텐츠를 제공하는 능력이다. 많은 문헌들을 통해서 개인화는 개인화된 기술의 사용과 실시간 제공되는 고객의 정보, 고객과 의사소통을 맞추는 능력, 기업 중심의 개별화 등으로 정의되었다. 이러한 개인화 서비스는 많은 기업에서 주목하고 있는 분야이며, 온라인에서 부각되어 현재 모바일 서비스에서 급격하게 증가하고 있다.

인터랙티브 광고의 주요 특징 및 다른 광고와의 차이점은 양방향성을 통한 고도로 개인화된 커뮤니케이션을 위한 매체이며, 이를 이용하는 광고라는 점이다. 이러한 인터랙티브 광고의 특징은 일대일 마케팅의 잠재력을 실제 구현할 수 있게 하는 것으로 인터랙티브 매체의 개인화는 소비자가 자신이 선호하는 정보나 메시지만을 이용하는데 그치지 않고, 참여를 통해 기업에게 자신의 개인적 선호에 대한 정보를 제공하게 됨으로써 보다 더 고도화된 개인화정보에 기반한 인터랙티브 광고 서비스를 통해 다시 이용하고 독특한 개인과의 관계가 성립하는 특징을 보이게 된다는 것이다.

3 인터랙티브 광고의 정의

위에서 설명한 개념들을 중심으로 인터랙티브 광고를 정의해 보면 인터랙티브 광고는 미디어의 디지털화와 융합의 기술변화에 힘입어 인터랙티브 한 즉각적인 반응이 가능한 참여와 수평적 상호작용이 일어나는 일련의 활동들을 말한다. 광고주가 수용자에게 바람직한 반응을 나타내기 위해서는 과거의 광고 관행과는 다른 관리 필요성이 생기게 된 것이다.

인터랙티브 광고의 정의에 대해서는 많은 학자들의 정의를 내고자 시도하고 있으나 인터랙티브 광고란 일반적으로 인터랙티브 매체 속에서 집행되고 있는 광고라는 포괄적인 개념으로 이해되고 있어 그 구체적인 정의 및 개념 규정은 쉽지가 않다. 이는 인터랙티브 플랫폼(platform)이면서 매체의 성격을 동시에 가지고 있으며, 또한 인터넷 스스로가 계속 진화하면서 새로운 형태의 하위 구성요소를 생성해내고 있기 때문이다.

"인터랙티브 광고는 수용자의 자발적 수용의사를 근간으로 수용자와 상호작용이 가능한 형태의 광고"

앞으로의 인터랙티브 광고는 크로스미디어로서의 역할을 담당하게 될 것이다. '크로스미디어 광고(cross-media advertising)'란 사전적으로 매체 간 교차광고를 뜻하며, 다양한 미디어(multi-media)를 통해 동일한 캠페인을 펼치는 마케팅 지향적인 판매 패키지로 '동종 매체 결합, 이종 매체 결합, 이벤트 & 스폰서링' 등과 같은 유형이 있다. 이에 따라 2종 이상 결합된 매체 혹은 광고, 이벤트, 콘텐츠 등 간의 상호작용 역시 매우 중요하다. 이를 포함하여 인터랙티브 광고는 내용적인 측면에서 기존의 광고를 강화하며 소비자에게 상호작용성을 부가하고 광고의 질적인 면을 높이게 될 것이다. 크로스미디어 광고는 점차 증가하고 있으며 다양한 제품에 걸쳐 광범위하게 사용되고 있다. 이러한 과정에서 수용자와의 상호작용, 매체 및 광고를 포함한 모든 콘텐츠 간의 상호작용을 핵심으로 하는 인터랙티브 광고는 더욱 증가하게 될 것이다.

생각해 볼 문제

1. 디지털융합이 가져온 광고 매체의 변화에 대해서 생각해보세요.
2. 디지털융합이 가져올 소비자 매체이용의 변화에 대해서 생각해보세요.
3. 매체융합과 소비자변화에 따른 기존 매체 가치에 대해 생각해보세요.
4. 인터랙티브 광고의 정의에 대해 생각해보세요.

참고문헌

광고단체연합회(2009). 신유형광고 실태조사보고서.

삼성경제연구소(2009). 국내 IPTV 사업자 경쟁력 분석.

오세성(2004). 국내 광고 시장에 크로스미디어렙의 효과적 도입방안에 대한 연구, 한국방송광고공사,

이시훈, 김세철(2001). 인터랙티브 TV 광고의 도입과 지상파 방송광고의 위상. *광고연구*, 52, 217-240.

KT 경영연구소(2008). IPTV 게임의 현황과 전망, KT.

(2008). 2009년 방통시장 전망.

탁진영(2006). 인터랙티브 TV 광고 연구의 쟁점과 향후 연구방향 – 상호작용성을 중심으로, *사회과학논총*, 25(1),5-417.

장대련(1998). 인터넷 광고의 포지셔닝과 효과. 『방송광고연구총서』, 14(pp. 285-565). 서울: 한국방송광고공사.

박성호(2000). 뉴미디어광고. 서울: 책과길.

김강민(2006). 웹2.0과 소셜 네트워크. 인터넷이슈리포트 2006-04호, 한국인터넷진흥원.

티컴미디어(2008). www.t-commerce.or.kr

김해석(2018). VR/AR 산업현황 및 전망. 정보통신산업진흥원

한국방송광고진흥공사(2018). 2018 방송통신광고비 조사, 서울: 한국방송광고진흥공사.

한국방공광고진흥공사(2016). 2016 방송통신광고비 조사, 서울: 한국방송광고진흥공사.

신지형(2019). 밀레니얼세대와 Z세대의 미디어 이용, 서울: 정보통신정책연구원.

eMarketer(2018). Mobile Ad Spending to Surpass TV in 2018, https://www.emarketer.com/content/mobile-advertising-is-expected-to-surpass-tv-ad-spending

IBM(2006). *기존광고산업의 종말*, IBM 기업가치연구소.

Sizemore, R.(2008). *Implementing digital advertising in hardware, multimedia intelligence white paper*, Multimedia Intelligence.

CHAPTER 02

인터랙티브 광고의 중요성과 적용범위

사례

[애드픽의 디지털 마케팅 인사이트]
2019 인플루언서 마케팅 시장 동향

By 오드엠 – 7월 17, 2019

2019년도 절반이 지났습니다. 상반기 성과를 점검하고, 시장 상황에 맞춰 하반기 마케팅 전략을 준비해야 할 시기입니다. 이번 편은 올해의 인플루언서 마케팅 트렌드와 주요 키워드를 한눈에 파악할 수 있는 콘텐츠를 준비했습니다.

전문가들이 예측한 2019 인플루언서 마케팅 트렌드와 실제 상반기 현황

인플루언서 마케팅의 수요, 선호도, 기업이 선호하는 인플루언서 형태나 규모, 관련 마케팅 플랫폼의 선호도, 인플루언서 마케팅 활용 방향 등의 측면에서 볼 때 2018년은 인플루언서 마케팅의 수요가 급증한 해였습니다. 국내외를 막론하고 그 성장세가 올해도 이어질 것이라는 전망이 지배적이었죠.

인플루언서들이 활동하는 SNS 플랫폼에는 개인정보 침해, 허위 팔로워, 가짜 뉴스, 접속 장애 등 부정적 이슈들도 있었지만, 플랫폼 이슈와 별개로 인플루언서 마케팅은 성장했습니다.

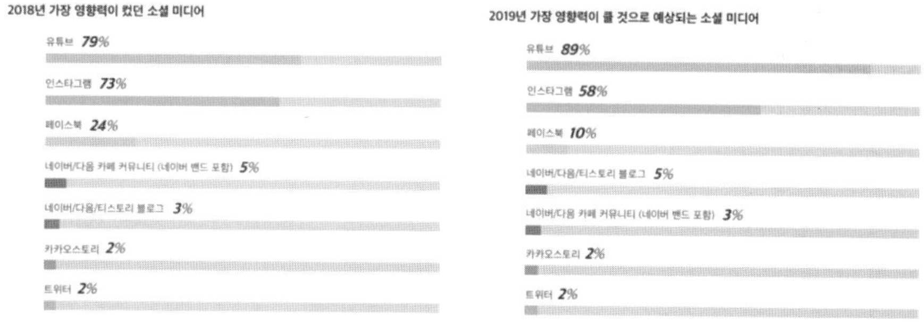

〈광고 마케터 대상 설문조사 – 2018년 가장 영향력이 컸던 소셜 미디어 vs. 2019년 가장 영향력이 클 것으로 예상되는 소셜 미디어, 2018 성과형 인플루언서 마케팅 보고서 중 발췌〉

SNS 중에서도 유튜브와 인스타그램은 인플루언서 마케팅의 성장세와 더불어 활발히 사용될 것이라는 예측도 빠지지 않았습니다. 작년 말 애드픽에서 광고 마케터들을 대상으로 진행했던 설문에서도 2019년 가장 영향력이 클 것으로 예상되는 2대 소셜 미디어로 유튜브(89%)와 인스타그램(58%)이 꼽혔습니다. 실제로 상반기에는 백종원, 이영자, 김태호PD 등 유명인들이 대거 유튜브 채널을 개설했고, 특히 '백종원의 요리비책' 채널은 이틀이 안돼 구독자 수 100만 명을 돌파했습니다.

인스타그램 역시 셀럽과 인플루언서들의 소통 창구로 여전히 사랑받고 있습니다. 특히, 그들이 진행하는 '공구(공동구매)'는 미디어 커머스를 대표하는 판매 형태로 자리 잡았습니다. 올 상반기, 인스타그램 역시 이러한 행보에 주목하며 쇼핑과 커머스 기능을 강화하겠다고 발표했습니다.

사용자들의 니즈를 충족하는 '**인플루언서에 최적화된 플랫폼**'으로 거듭나겠다는 인스타그램의 포부를 엿볼 수 있죠.

인플루언서 마케팅 시장이 성숙해지면서 기업이나 브랜드가 보다 주도적으로 인플루언서 마케팅을 활용할 것이라는 예측도 많았습니다. **인플루언서에 다소 의존적이었던 기존의 인플루언서 마케팅을 탈피해 적극적으로 크리에이티브와 메시징 전략을 세울 것**으로 본 것이죠.

실제로 인플루언서 마케팅은 단독으로 진행하기보다는 전통적인 마케팅 매체나 다른 디지털 매체, 유료 광고 등과 연계해서 활용할 때 더 큰 시너지를 낼 수 있습니다. 1회 성 이벤트나 단기적으로 인플루언서 마케팅을 활용하기보다는 인플루언서와 브랜드 간 장기적 협업이 증가하는 것도 같은 맥락에서 생각할 수 있습니다.

국내에서도 유통/뷰티 업계를 중심으로 인플루언서와 콜라보 제품을 출시하거나 오프라인에서 전용 공간을 제공해 바이럴 효과를 노리는 등 인플루언서 마케팅을 종합적으로 활용하는 사례가 증가하고 있습니다. 불과 수년 전까지 연예인의 전유물로 여겨지던 브랜드 모델로 인플루언서를 섭외하는 경우도 심심찮게 볼 수 있습니다. 브랜드나 업계 특성, 타깃에 따라 인플루언서 마케팅을 활용하는 방식도 다양하고 창의적입니다.

LG유플러스는 인플루언서 7인으로 '오지(5G)' 탐험대를 결성해 그들이 5G 서비스를 체험하는 브랜디드 콘텐츠를 마케팅에 활용해 화제가 되었습니다. 두타몰은 올해 5월부터 뷰티/패션 인플루언서들에게 스튜디오처럼 꾸민 라운지 공간을 제공하고 있습니다. 올 초 자사 브랜드를 위한 인플루언서를 직접 육성하겠다고 발표한 아모레퍼시픽 역시 장기적인 인플루언서 마케팅 전략을 세우고 있는 것으로 보입니다. 롯데홈쇼핑은 **2030 소비자를 확보하기 위해 '할담비'로 유명해진 지병수 할아버지를 모델로 기용하는 등 인플루언서를 활용한 이색 마케팅 콘텐츠를 제작**하고 있습니다.

〈출처〉 오드엠 (2019). 모비인사이드,
https://www.mobiinside.com/kr/2019/07/17/oddm-sns/

1 IMC 관점에서 본 인터랙티브 광고

1) IMC(Integrated Marketing Communication)의 배경

기업들의 핵심적인 커뮤니케이션 활동 중 하나로 떠오르고 있는 IMC는 1990년대 중후반 이후부터 산업계와 학계의 주목을 받기 시작했다. 지난 20년 동안 매체 비용은 급증한 반면 전반적으로 광고 효과는 줄어들었다고 한다. 이 같은 마케팅 환경 속에서 최근 많은 기업들이 브랜드 광고위주의 마케팅 커뮤니케이션 전략에서 벗어나 PR, Sales Promotion, 스폰서십 마케팅 등 다양한 커뮤니케이션 수단들의 통합적 활용에 대한 필요성을 절감하고 있다.

즉, 브랜드 자산의 구축 및 증진을 위해 대 고객 커뮤니케이션 접점을 다양화시키고 이들 간에 전략적 일관성을 유지해야 한다는 IMC적 접근법에 대한 관심이 높아지게 되면서 브랜드 자산과 소비자와의 접점에 관한 연구가 이루어지기 시작하였다. 브랜드 자산(Brand equity)이란 개념은 1980년대 업계와 학계에서 가장 주목을 받은 마케팅 개념의 하나로 대두 되었으며, 브랜드 자산이란 개념의 확산은 기업들에게 마케팅 전략에서브랜드가 차지하는 중요성을 재식시키는 계기가 되었다. 즉 기업은 브랜드를 촉진시키고 나아가 재무적, 비재무적 목표를 달성하기 위하여 다양한 형태의 마케팅 커뮤니케이션 도구들을 사용함으로써 결국엔 브랜드 자산 가치를 높이기 위한 IMC전략을 고찰하게 되는 것이다(문성준, 김찬석, 조정열, 2010).

이러한 마케팅 커뮤니케이션의 패러다임의 변화는 마케팅 철학의 변화와 소비자들의 변화에서 그 근거를 찾아볼 수 있다. 일반적으로 과거기업의 마케팅 철학은 기업중심적 마케팅 철학에서 출발하였다. 기업 중심적 마케팅 철학은 생산개념, 제품개념, 판매개념 등에서 출발하였다.

2 마케팅 철학의 변화

1) 기업중심적 마케팅 철학

생산개념은 기업의 마케팅 철학에서도 가장 오래된 개념으로 소비자들이 쉽게 그리고 싸게 구매할 수 있는 제품을 선호할 것이라는 생각해서 기업의 경영자들은 생산과 효율성과 광범위한 유통망의 확보를 무엇보다 중요하게 생각하였다. 이 시기에는 생산성의 향상을 통한 효율성의 증대라는 개념에 초점을 두었다.

제품개념은 소비자들이 최고의 품질과 성능을 가진 제품을 선호할 것이라고 믿으며, 이를 위해 기술적으로 우수한 혁신제품을 만들고 이를 개선하는 데에 초점을 두었다.

판매개념의 경우 고객들에게 제품과 서비스에 대한 정보를 제공하고 자극하여 계도하지 않으면 소비자들이 자발적으로 제품이나 서비스를 구입하지 않기 때문에 공격적인 촉진활동을 펼쳐야 한다는데 초점을 두었다.

이러한 기업중심적 마케팅 철학에 따라 과거 소비자와의 마케팅커뮤니케이션의 초점은 효율성에 기반을 둔 판매촉진에 또는 광고활동으로 접근하였다.

2) 고객중심적 마케팅 철학

기업의 입장에 선 경영철학들과는 대조적으로 고객의 입장에 서서 기업과 관련된 여러 가지 활동을 전개해 나가고자 하는 고객중심적 마케팅 관리철학이 마케팅 개념이다. 마케팅개념은 기업목표의 달성이 표적 시장에 속한 고객들의 필요와 욕구를 찾아내어 그것을 경쟁자들보다 더 효과적이고 효율적으로 충족시킴으로써 이루어진다는 생각이다.

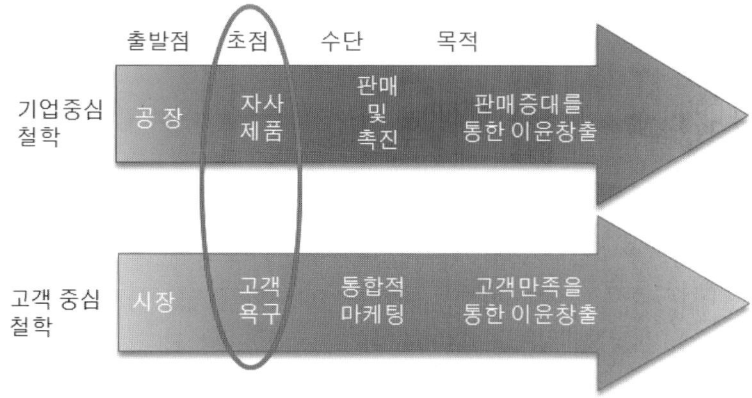

출처: Kotler (2003)

그림 2-1 마케팅 철학의 변화 과정

시장의 고객들이 가진 욕구를 통합된 마케팅활동을 통해 만족시킴으로써 이윤을 창조하려는 생각이라는 점이 다르다. 마케팅개념을 경영철학으로 채택하고 있는 기업에서는 고객을 단순히 상품의 판매대상으로 보지 않고 그들이 상품과 관련하여 갖고 있는 문제들을 완전히 해결하여 만족을 얻을 수 있도록 하는 것을 목표로 한다.

기업이 잊지 말아야 할 것은 기업의 궁극적인 목표가 고객만족을 극대화하는 데 있는 것이 아니라, 이윤을 창출할 수 있는 방법으로 고객들의 욕구를 충족시켜 주는 것이라는 점이다. 따라서, 기업은 모든 고객들이 원하는 모든 것을 충족시켜 주려고 노력하기보다는 기업의 이윤을 창출할 수 있는 한도 내에서 고객들에게 더 많은 가치를 줄 수 있도록 노력하는데 초점을 갖게 되었다(그림 2-1).

3) 마케팅측면에서의 광고 커뮤니케이션

최근의 마케팅 전략의 핵심은 기존 매체들이 마케팅 전략을 전면에서 수행하고 있는 동안 모든 매체에 대한 지원 채널 임무를 맡고 브랜드에 대한 소비자들의 공감대 형성을 돕는 동시에 기업을 위한 소비자들의 능동적인 행동을 이끌어내는 것이다.

통합적 광고 프로그램들은 장기적으로 브랜드를 더욱 건강하게 해주며 소비자들이 실제로 제품을 구매할 때 새로운 경험을 할 수 있도록 해 준다. 상호작용성을 가진 인터랙티브 미디어의 최대 장점이며 특징이라는 데에는 업계와 학계에서 이견을 달지 않는다. 즉, 기존의 매체에 비해 상호작용성에 근거한 인터넷의 특징들이 마케팅 전략 수행에 가져다 준 최대의 변화라는 공감대가 형성되어 있다. 이 상호작용성을 어떻게 활용하는가에 마케팅 전략과 다른 매체들과의 병합 전략의 성패가 달려있다.

예컨대 허쉬 초콜릿의 이메일 전략은 이러한 상호작용성을 이용한 마케팅 활동으로 큰 호평을 받았다. 사랑이 담긴 이메일을 보내는 다양한 서비스를 제공하면서 소비자들에게 허쉬의 이미지를 전파한 이 캠페인은 최근의 인터넷 광고 캠페인 중 우수한 사

그림 2-2 인터넷의 상호작용성을 살린 허쉬 초콜릿의 러브레터 캠페인

례로 꼽히고 있다. 기존의「사랑」이라는 캠페인 컨셉트를 유지하되 소비자들이 직접「사랑」의 전파자가 될 수 있도록 한다는 인터넷 전략을 구사한 이 캠페인은 상호 작용성(interactivity)이라는 인터넷 최대의 특성을 잘 살린 마케팅 전략으로 호평받았다(그림 2-2). 기존의 매체에 집행되는 광고들은 매체 자체의 제한성으로 인해 대부분 행동적 차원의 결과물을 목표로 삼고 있지 않는 데 반해, 인터넷을 이용한 허쉬 초콜릿과 같은 전략들은 직접 소비자들이 어떤 종류의 행동을 하도록 만드는 것을 목표로 삼는다.

3 IMC(Integrated Marketing Communication)의 핵심개념

이러한 변화에서의 커뮤니케이션의 핵심적 개념은 미디어 환경 속에서 새로운 방식의 소통을 원하는 고객들과의 효율적인 커뮤니케이션 방법의 대안에 대한 관심이 있었다.

시장 환경의 변화에 맞추어 외부환경, 시장 그리고 소비자가 바뀌는 시점에서 등장한 IMC 개념은 소비자 데이터베이스(Database)의 활용증대를 포함한 정보기술의 발달, 시장과 매체의 세분화, 여러 차원에서의 통합과 조정에 대한 욕구 등의 요구의 의해 등장하게 되었다(이재진, 최민욱, 2004).

IMC 연구의 선도주자인 Schultz(1997)에 의하면 IMC란 "고객 혹은 잠재적 고객에게 노출되는 제품과 서비스에 관련되는 모든 정보의 출처를 관리하는 과정으로써, 행동적으로는 소비자로 하여금 자사의 브랜드를 구매토록 하고 고객의 충성심을 유지시키는 것"이라고 정의하였다. 이를 달성하기 위해 IMC는 광고, PR, 판촉,구매, 이벤트 그리고 사내 커뮤니케이션 등 분리된 것으로 보았던 다양한 기능들을 하나의 전체적인 마케팅 커뮤니케이션으로 접근하는 새로운 커뮤니케이션 방법이라고 보고 있다.

1) 매체 소비의 변화

기존의 매체 소비행태는 산업사회의 생산과 소비가 대량으로 이루어지는 것과 같이 소수의 발신자의 정보를 다수의 수용자들이 일방적으로 수신하는 매스미디어 방식이었다. 그러나 정보의 가치가 중요시되는 정보화 사회에서는 기존의 획일화되고 다수에 집중된 소비문화 구조에서 벗어나 소수의 다양성을 인식하고 이를 수용하는 움직임이 사회 곳곳에 확산되고 있다. 정보화 시대에는 사람들이 더 이상 경제논리에 지배받기보다는 삶의 멋을 찾고, 개성을 추구하며 유행을 추구하게 되었고, 생산보다는 소비지향적인 삶에 더 신경을 쓰게 되었다. 이것은 산업화에 의한 대량생산 이전, 소비자가 생산자를 찾아가 제품을 주문하던 주문생산이 부활한 것이다.

또한 늘어난 여가시간과 소득의 증대로 유료 및 양질의 콘텐츠 소비 증가됨에 따라 전통적인 4대 매체의 사용자 이용시간은 꾸준히 감소하는 반면, IPTV 등의 뉴미디어 방송과 인터넷의 이용시간은 증가하는 추세가 지속되고 있다. 아울러 시청자들의 미디어 콘텐츠에 대한 기대치가 상승됨에 따라 미디어 콘텐츠에 대한 시청자 욕구가 오락, 문화, 교육, 레저, 정보 등 다차원적으로 변화되고 미디어 콘텐츠 소비가 중요한 문화 수단이 되고 있다. 예를 들어, 다양한 콘텐츠 뿐만 아니라 유튜브를 활용한 1인 미디어 등 채널도 다양화되고 있다.

디지털기술의 발전과 통신 · 방송 융합 등 '컨버전스'라는 기술 변화에 의해서 기술간 융합, 유무선 통합, 전송망 통합, 플랫폼 통합 등 이러한 변화가 온라인에서 주도적으로 발생하고 있으며 이러한 융합현상은 또한 다양성의 증대로 이어진다. 새로운 정보통신기술의 발전으로 소비자의 취향에 따라 다양한 콘텐츠를 다양한 장소에서 소비할 수 있는 기술적인 인프라가 확보되고 개인화된 공간과 기기의 보급이 확산되면서 소비는 보다 더 개인화되고 있다. 이는 세분화된 시장의 확산을 촉진시켜 새로운 미디어 서비스가 분화되고 특별한 형태로 나타나게 된다. 즉 통신방송의 융합으로 인하여 DMB, IPTV, TV포털, VOD서비스 등 소비자의 취향에 따라 미디어 선택의 다양성이 증대되는 것이다. 또한 개인 단말기들도 수용자의 선호 형태에 따라 컨버전스형 복합기기로 분화되고 서비스 역시 고객의 요구와 대상에 따라 특화된 맞춤형 서비스가 등장하고 있다. 따라서 이러한 개인화, 참여, 공유의 문화는 세분화된 방송미디어에 대한 수요로 자연스럽게 연계되어 영향을 미치고 기존의 TV시청행위에 변화를 가져오는 주요한 변화라고 할 수 있다 (여송필, 2008). 이 뿐만 아니라 태블릿, 스마트폰의 증가로 모바일매체가 일상화되었고 어떠한 콘텐츠도 다양한 플랫폼을 이용해서 볼 수 있는 시대가 되었다.

광고를 통한 수익의 창출은 기존의 지상파 방송의 경우와 마찬가지로 프로그램의 이용률에 따라 결과가 좌우된다. 즉, 멀티미디어의 경우도 미디어의 종류와 관계없이 프로그램 이용률의 확보 방안이 마련되지 않는다면 사업 자체가 불가능해 진다는 것이다(한은영, 2004). 방송에서의 광고 수익은 시청자의 이용률에 따라 조정되는 광고 단가에 의해 좌우되는데 멀티미디어의 경우는 기존 미디어와의 경쟁구도 및 프로그램 범위의 상대적 제한 등의 요소로 인해 시청자 확보가 쉽지 않은 것이 사실이다. 결국, 멀티미디어는 지상파 방송 등 기존의 미디어와는 차별화 된 프로그램을 운용할 수 있어야만 방송시장에서 생존할 수 있다는 한계를 지닌다(김혁, 2005). 광고수익은 프로그램의 이용률에 따라 좌우되는데 경쟁상황에서는 시청자에 대한 수신료 혜택이 전제되고 있는 만큼 광고를 통한 수익의 창출은 멀티미디어의 생존여부를 결정하는 중요한 요소라 할 수 있다. 수익을 창출하기 위한 방송 프로그램의 차별화는 시청자의 요구와 프로그램의 질적 가치가 부합되어야 하는데 이를 위해서는 이용과 충족이라는 조건 하에서 시청자가 실질적 혜택을 누릴 수 있는 콘텐츠가 개발되어야 한다.

최근 국내 방송 및 광고시장은 디지털전환 및 방송통신융합의 전개로 급격한 구조변화를 경험하고 있다. 우선 케이블TV과 위성방송, DMB와 IPTV의 등장은 국내 방송시장구도를 기존의 지상파 중심 방송구도에서 다면적 경쟁관계로 전환시키고 있다. 특히 미디어 간 경쟁심화로 인한 요소비용 증가와 디지털전환 등으로 경제적 부담이 늘어나고 있는 가운데 케이블TV와 인터넷 등 뉴미디어의 약진으로 시청률과 매출액, 그리고 수익률이 지속적으로 축소되고 있는 지상파방송사들은 경영위기를 겪고 있다.

인터넷과 모바일, TV는 물론 초고속 인터넷망을 통해 제공되는 양방향 텔레비전 서비스인 IPTV, 네플릭스 같은 OTT에 이르기까지 무수한 정보의 플랫폼들 속에서 시청자들은 자기 편의에 맞춰 정보를 재편성할 욕구를 느끼게 된다. 그런 소비자를 만족시키는 방법은 정보의 질이다. 변화하는 미디어환경은 사회문화적으로 광고, 브랜드 커뮤니케이션 및 소비자의 브랜드 경험에 엄청난 영향을 미칠 것으로 전망된다. 앞으로의 광고는 어떤 미디어를 쓰느냐가 중요한 것이 아니라, 어떻게 소비자들과 소통하고, 어떻게 브랜드 경험을 만들고 유지하느냐에 관심을 집중시켜야 하는 시대인 것이다(표 2-1).

이러한 환경의 변화는 광고를 둘러싼 흐름에도 변화를 가져오고 있다. 방송광고의

표 2-1 미디어의 발전 과정과 광고 영역

구분	제1세대 전통미디어	제2세대 멀티미디어	제3세대 디지털미디어	제4세대 하이브리드미디어
시기	1990년대 이전	1990년대	2000년대	2010년대
미디어	TV 라디오 신문 잡지 전화 DM 필름시네마 간판, 빌보드	HDTV 인터넷 케이블 TV 통신위성 CTS 신문 멀티시네마 전자메일 비디오 LED, 교통광고	디지털 TV 디지털케이블 TV 위성방송 MP3/SMS DMB 디지털 시네마 VOD 무선인터넷 디지털 옥외	IPTV TV 포털 와이브로 하이퍼미디어 T 커머스 MMoIP(영상전화) 디지털출판 온라인극장 가상 3D 옥외

※출처: 양윤직(2006). p.63.

경우 과거 15초 위주의 광고에서 탈피하여 최근에는 5초, 60초, 90초 등 다양한 시간대 판매와 시보광고, 협찬 광고 같은 미디어 크리에이티브의 다양성을 꾀하고 있다. 인쇄 광고 또한 변형광고를 통해 현재의 위기에서 탈피하기 위해 노력하고 있으며, 4대 미디어(TV, 라디오, 신문, 잡지)의 현실적 한계로 기존 미디어 위주의 광고 집행 패턴에서 벗어나 최근에는 인터넷과 케이블 TV, 모바일 같은 뉴미디어와 SP 미디어 등 새로운 광고 미디어 개발이 이루어지고 있다. 즉, 미디어 패러다임이 변화되고 있는 것이다. 미디어 환경변화는 현재도 빠르게 진행되고 있다. 언어나 종이발명부터 거슬러 올라가면 다양한 단계로 분류될 수 있지만 광고 미디어 측면에서는 앞의 표 2-1와 같이 4세대로 정리할 수 있다.

디지털화로 인한 미디어의 통합으로 기존미디어인 TV, 라디오, 신문, 잡지 등의 융합에 의한 새로운 미디어가 탄생되고 있다. 미디어공급도 기하급수적으로 증가하여 광고 미디어간에 이루어지는 경쟁은 아날로그와 디지털 미디어 간에 더욱 치열하게 전개되고 있다. 이러한 미디어의 융합 양상은 마케팅뿐만 아니라 기업과 고객이 만나는 모든 채널, 커뮤니케이션의 도구, 심지어 소비자의 문화로까지 확장되어 나타나고 있다.

4 인터랙티브 광고의 특징

전체적으로 인터랙티브 광고의 특징은 다양한 관점에서 논의되고 있다. 즉, 새로운 매체로서의 인터랙티브 광고는 그 특성이 아직 정확하게 입증되지 않은 측면이 많이 있다는 것이다. 이와 관련하여 크게 11가지의 특징을 들어 인터랙티브 광고의 특성을 설명하였다. 이를 요약하면 다음과 같다(임종현, 1998).

- 첫째, 양방향 커뮤니케이션 미디어를 통한 광고이다. 기존 미디어 광고와 비교하여 인터랙티브 광고의 특징을 가장 잘 보여주는 특징으로, 인터넷 광고는 일방적으로 광고를 보내는 방식을 탈피하여 능동적인 수용자와 양방향 커뮤니케이션을 통해 상호작용이 가능한 광고라는 특징을 가진다.
- 둘째, 타깃, 맞춤 광고가 가능하다. 인터랙티브 광고는 광고를 보는 개개인을 구별 및 구분하여 광고를 내 보낼 수 있는 특징이 있다.
- 셋째, 전 세계 고객을 대상으로 한다. 공간적인 제약을 받지 않고, 전 세계 고객을 대상으로 광고를 집행하고 실행할 수 있다.
- 넷째, 정보제공의 무제한적 특징이다. 광고를 집행하는 기존의 매체는 지면과 시간적 제약을 받게 되어있지만, 인터랙티브 매체는 시간과 지면을 무제한으로 확보할 수 있고 정보를 제공할 수 있는 특징이 있다.
- 다섯째, 시간의 제약이 없다. 인터넷은 24시간 광고할 수 있고 시간대가 다른 국가에서도 원하는 시간에 접속하고 이용할 수 있기 때문에 전 세계 어디서나 24시간 내내 광고가 활용될 수 있다.

- 여섯째, 멀티미디어적 요소로 구성된다. 멀티미디어의 특징은 통합성, 상호작용성, 연결성, 디지털 정보로의 처리, 대용량 저장장치라고 할 수 있다. 인터랙티브 광고는 이러한 멀티미디어의 특성을 이용하여 광고정보를 전달하기 위해 텍스트, 이미지, 그래픽, 사운드, 애니메이션 뿐만 아니라 오디오, 비디오 등을 이용하여 다양한 방식의 광고를 만들 수 있다.
- 일곱째, 구매까지의 연결이 가능하다. 앞에서도 논의한 것처럼 인터넷 광고는 기존의 일반적인 광고와 달리 커뮤니케이션의 위계적 효과단계를 변화시킨 점과 유통단계를 생략하고 인터넷 상에서 구매가 가능하게 한 점이 특징이다. 이는 광고와 구매를 직접 연결시킨 것으로 기존의 광고와는 확실히 구별되는 특징이다.
- 여덟째, 광고의 갱신이 용이하고 빠르다. 기존의 광고는 집행되고 있는 광고를 바꾸거나 교체하기 위해서는 많은 노력과 비용이 들어가지만 인터랙티브 광고는 상대적으로 적은 노력과 시간, 비용으로 빠르게 쉽게 광고를 갱신하고 교체할 수 있다.
- 아홉째, 비용이 상대적으로 저렴하다. 기존의 4대 매체 광고비와 비교할 때, 인터랙티브 광고비는 아직은 상대적으로 저렴한 것이 특징이다.
- 열 번째, 사용자에게도 도움이 된다. 대량의 정보 중에서 필요한 정보만 발췌해서 볼 수 있기 때문에 소비자는 일반 광고나 카탈로그보다 훨씬 더 자세한 정보를 얻게 되고, 여러 회사의 상품을 그 자리에서 비교해 볼 수 있는 등 소비자에게 많은 도움을 줄 수 있는 광고의 특징을 가진다.
- 열한 번째, 광고효과 측정이 용이하다. 인터넷 광고를 본 소비자의 정보와 반응을 자동적으로 측정하여 비용대비 광고효과가 얼마나 있는지를 과학적으로 조사할 수 있다. 이 또한 기존의 매체가 가지고 있지 못하는 특징이기도 하다.

이러한 특징을 기반으로 인터랙티브 광고는 IMC 전략에 있어서 과거의 4대 매체의 성격과는 다른 광고 전략과 광고효과를 기대할 수 있을 것으로 생각되며, 미디어환경과 소비자의 변화에 적응하기 위한 적극적 IMC 전략과 인터랙티브 광고 집행사례가 증가하고 있다.

5 커뮤니케이션 측면에서 인터랙티브 광고

인터랙티브 광고는 기존의 아날로그 TV와는 커뮤니케이션 효과과정이 다르게 나타날 것으로 보인다. 과거 일방향적인 광고 효과과정에 대해서 AIDMA의 효과과정을 통해 커뮤니케이션이 일어난다고 여겨졌다. 여기서 A는 주의(attention), I는 흥미(interest), D는 욕구(desire), M은 기억(memory), A는 행위(action)를 뜻한다. "주의를 끌고, 흥미를 느끼게 하고, 욕구를 일게 하고, 마음에 새겨 두었다가 결국은 사게 만든다"는 의도하에서의 광고제작이 가장 유효한 광고물을 탄생시킨다는 것이다. 이 원칙과 함께

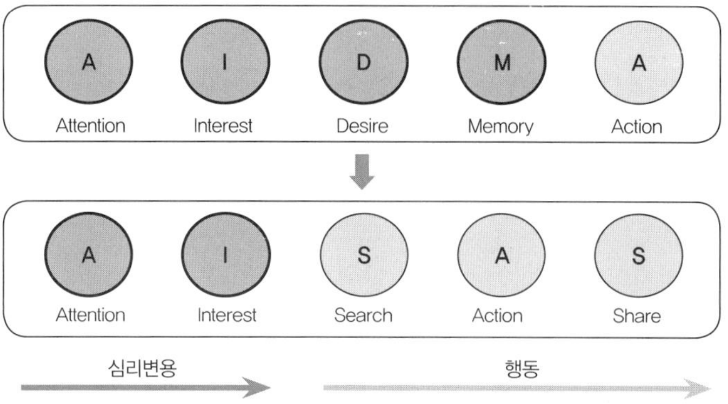

출처: 덴츠 광고신시대 프로젝트 팀 (2010).

그림 2-3 인터랙티브 광고의 효과과정의 변화

AIDCA 또는 AIDA의 원칙도 널리 주장되고 있는데, C는 확신(conviction)을 뜻한다.

그러나 인터랙티브 미디어는 앞서 논의한 기술발전에 의한 미디어의 융합, 상호작용성, 개방성, 개인화 등의 특징에 근거하여 과거의 커뮤니케이션과는 형태와 특성이 달라진다. 일본의 광고 대행사 덴쯔 광고신시대 프로젝트 팀 (2010)에 따르면, 인터렉티브 커뮤니케이션 과정은 과거 AIDMA에서 AISAS로 변화한다고 하였다. AISAS는 기존의 A는 주의(attention), I는 흥미(interest), D는 욕구(desire),M은 기억(memory), A는 행위(action) 과정에서 D는 욕구(desire)의 과정의 탐색(Search)으로 변화한다는 것으로 단순히 욕구에 의한 수동적인 소비가 아닌 욕구를 탐색의 과정으로 정교와 고도화하는 소비자 집단으로 변화하였다고 하였다. 이는 결국 마케팅 커뮤니케이션의 패러다임의 변화를 뜻하는 것으로 기존의 광고 커뮤니케이션 전략도 바뀌고 있다(그림 2-3).

이러한 인터랙티브 커뮤니케이션의 핵심적 역할은 세 가지로 요약된다. 첫째는 양방향 커뮤니케이션을 원활하게 하며, 둘째, 기존매체와의 결합으로 시너지 효과를 주며, 셋째, 단순히 소비자의 인식 속에 인지도나 선호도와 같은 추상적 목표가 아니라 체험하고 공유하고 구매하는 구체적 목표를 달성하는 데에 기여해야한다는 점이다.

이는 전통적 매체판매 상황에서는 하나의 광고에 대한 방해광고(clutter ads)가 많아짐에 따라 광고 매체를 통합하여 전략적으로 접근해야할 필요성이 더욱 증대되었다. 최근 들어 기업들은 점차 전통적 매체와 디지털 미디어를 병행하여 운용함으로써 소비자와 기업 혹은 브랜드의 접점(contact)을 늘리는 통합적 마케팅 커뮤니케이션(IMC) 활동을 시도하고 있다.

이러한 변화는 기존의 매체가치 평가에도 영향을 준다. 다음 그림 2-4는 IMC의 시각에서의 매체가치평가로 과거의 매체 가치와는 다른 매체가치의 재평가가 이루어지고 있음을 볼 수 있다. 향후 마케팅커뮤니케이션은 이를 토대로 마케팅 커뮤니케이션의 대한 전략 수립과 계획을 만들어 이를 통제하는 일련의 과정을 수립해야 한다.

구분	공중 규모	타깃 공중 도달 효과성	정보의 양	상호 작용성	맞춤 능력	1000명당 비용	쇼핑 경험	상품 과시력	메시지 통제	전후 관계 통제	수명
잡지	다양함	고	대	없음	중	저	중	저/중	고	저	고
텔레마케팅	다양함	중/저	중	고	매우 높음	매우 높음	중	저	저/중	저	저
DM	다양함	고	대	없음	고	고	고	고	고	중	저
TV 광고 인포머셜	 대 중	 저 고	 소 대	 없음 없음	 저 저	 저 저/중	 저 중	중 매우 높음	 고 고	 저 고	 저 저
라디오	중	고	중	없음	저	저	저	저	고	저	저
신문 중앙지 지방지	 대 중	 저/중 중/고	 대 대	 없음 없음	 저 중	 저 중	 저 중	 저 저	 고 고	 저 저	 중 저
카탈로그	다양함	중/고	중	없음	저	중/고	중/고	중	고	중	중
인스토어 (비인적)	중	중	소	저	저	고	중	중	고	저	저
개인 판매	소	고	대	매우 높음	매우 높음	매우 높음	고	매우 높음	중	저	저
아웃도어	중	중/고	소	없음	저	중	저	저	중	저	저
인터넷	중	중/고	대	고	고	중	중/고	중/고	고	저	고

출처: Hutton, J. G., & Mulhern, F. J. (2002).

그림 2-4 미디어의 전략적 가치

커뮤니케이션 측면에서 인터랙티브 광고는 과거 방식의 커뮤니케이션과는 방향을 달리 한다. 예를 들어 최근 급격하게 증가하고 있는 인터랙티브 TV 방송은 기존의 텔레비전 매체의 특성과 인터넷이 통합된 매체로 상호작용성을 겸비한 새로운 개념의 방송이라고 할 수 있다.

전통적인 광고에서는 소비자가 제품 정보에 대해 일방적이고 수동적으로 노출되지만, 인터랙티브 TV광고에서는 소비자가 원하는 정보를 취사선택할 수 있는 능동적인 자세로 광고에 노출되게 된다. 즉, 광고주와 소비자 간에 즉각적인 피드백이 가능하여 반응성이 뛰어나며, 이러한 피드백을 바탕으로 데이터베이스를 구축 하여 개인화된 마케팅이 가능하다. 뿐만 아니라 소비자 반응에 근거한 매체기획을 할 수 있어 더욱 효과적으로 광고할 수 있다 (Bazjian-Avery, Al, Calder, B., & Jacobucci, D. 1998).

그리고 인터랙티브 TV는 시청자의 프로그램 내용이나 형태에 대한 통제력을 증가시킬 수 있으며, 프로그램 검색이 가능하고, 프로그램에 대한 참여성을 높일 수 있다. 뿐만 아니라 프로그램 시청시간에 대한 선택권이 다양화되고, 광고에 대한 선별력이 증가된다. 또 제품에 대한 접근성이 높아지며, 광고에 대한 시청자의 억제력이 증가되고, 방송사나 광고주 측면에서 통제력이 증가하는 것 등을 특징으로 들 수 있다(최영균, 2001).

모바일 매체에서 이러한 인터랙티브 광고가 집행되고 있다. 스마트폰의 등장과 빠른 보급, 애플의 아이패드 같은 휴대용 개인 단말기의 전파는 이들을 활용한 새로운 방식의 모바일 마케팅 커뮤니케이션이 생겨났다. 언제 어디서나 인터넷에 접속하기 쉬운 모바일 환경에서는 마케팅커뮤니케이션이 다변화된다. 소비자가 24시간 동안 지니고

출처: www.bodnara.co.kr

그림 2-5 얍의 위치기반 데이트 코스 추천 사례

있는 매체이기에 기존 매스미디어의 전파력보다 파워가 크다는 장점도 있으며 정확한 타깃팅과 양방향 커뮤니케이션이 가능한 특징은 모바일 마케팅 커뮤니케이션의 매력을 상승시키고 있다(대홍커뮤니케이션즈, 2010)(그림 2-5).

생각해 볼 문제

1. 인터랙티브 광고의 기반이 되는 매체의 특징에 대해 생각해보자.
2. 인터랙티브 광고가 기존 광고와 구별되는 핵심 개념에 대해 생각해보자.
3. IMC의 관점과 마케팅의 철학의 변화로 인한 인터랙티브 광고의 가능성에 대해 평가해보자.
4. 인터랙티브 광고의 커뮤니케이션 방식과 운영방식에 기반한 새로운 형태의 광고에 대한 아이디어를 제시해보자.

참고문헌

대홍커뮤니케이션즈 (2010). 스마트폰이 불러온 모바일 마케팅의 대변혁, 대홍기획 웹진, 7월호.

덴츠 광고신시대 프로젝트 팀 (2010). 광고 신시대 (인터넷 X광고의 멋진 관계), 휘닉스커뮤니케이션즈 역, 나남.

문성준, 김찬석, 조정열(2010) IMC 측면에서 본 광고효과 측정의 제고, 한국방송광고 공사

양윤직 (2006). 광고미디어 플랜닝, 한국방송공사출판사업팀.

여송필(2008). 인터넷광고가 방송광고에 미치는 영향-방송광고의 대응방안을 중심으로. 한국방송광고공사

이재진, 최민욱 (2004). IMC 연구의 체계적 이론 모델 구성을 위한 비판적 탐색. 한국언론정보학보, (24). 119~150.

임종현 (19988). 인터넷 광고 하나에서 열까지, 서울: 동일출판사.

최영균.(2001).상호작용성의 이론적 개념 및 텔레비전 미디어에 대한 용어의 적용. 방송과 상호작용

성: 디지털 시대의 새로운 전망. 한국언론학회 세미나 자료,18-32.

Bezjian-Avery, A., Calder. B., & Iacobucci. D.(1998). New media interactive advertisingvs. traditional advertising. Journal of Advertising Research, 38(4), 23-32.

Hutton, J. G, & Mulhern, F. J. (2002). Marketing Communication: Intergrated Theory, Strategy & Tactics, Hackensack, NJ: Pentagram Publishing.

Schultz, D. E. (1997). The Evolving Nature of Integrated Communications. Journal Integrated Communications. 8,11~18.

CHAPTER 03

IPTV광고

사례

SK브로드밴드, IPTV VOD 타깃 광고상품 출시
빅데이터 활용해 원하는 고객에만 광고 송출

박수형 기자 I 입력: 2019/06/19 10:14 I 방송/통신

SK브로드밴드(대표 박정호)는 IPTV 업계 최초로 빅데이터를 활용해 VOD 광고와 실시간 채널광고를 결합한 IPTV 타깃 광고 통합패키지 상품인 'Btv 풀커버 AD'를 출시했다고 19일 밝혔다.

Btv 풀커버 AD는 SK브로드밴드가 개발한 빅데이터 플랫폼(CANVAS)을 적용해 원하는 가구에만 VOD 광고와 실시간 광고를 노출하는 오디언스 타기팅이 가능하다.

CANVAS는 SK브로드밴드가 2018년 개발한 비식별 데이터 관리 플랫폼(DMP)이다. 비식별 DMP는 개인정보의 일부 또는 전부를 삭제하거나 변형을 통해 특정 개인을 식별할 수 없는 데이터인 비식별 데이터들을 수집해 분류, 분석, 선별해 관리할 수 있다.

특히 VOD 시청가구와 미시청 가구를 구분해 VOD 시청가구에는 VOD 광고를 노출하고, VOD 미시청 가구에는 실시간 채널 광고를 적용해 광고주는 효율적인 광고비 집행이 가능하다.

예컨대 골프에 관심이 큰 고객에게만 광고를 노출하고 싶은 광고주가 Btv에 광고를 집행하는 경우 CANVAS를 활용하여 Btv에서 골프와 관련된 콘텐츠를 시청한 가구, 11번가에서 골프용품을 검색한 고객군 및 T맵으로 골프장을 검색한 고객군 등 '골프 관심 고객군'에게만 노출 대상을 특정할 수 있다.

박상현 SK브로드밴드 광고사업유닛 본부장은 "Btv 광고에서 CANVAS를 통해 다양한 광고주들의 요구사항을 반영할 수 있게 됐다"고 말했다.

〈출처〉 박수형 (2019). ZDnet Korea

1 배경 및 정의

IPTV는 인터넷을 기반으로 하는 TV 서비스로, VOD, T-커머스, 오락, 뱅킹, 정보, TV 포털 및 다채널방송서비스와 같은 멀티미디어 콘텐츠를 ADSL, FTTH와 같은 초고속 인터넷망을 통해 디지털 셋톱박스에 연계된 TV 단말기를 이용하여 패킷방식으로 제공되는 양방향 서비스라고 정의할 수 있다. 즉, 기존의 PC기반 인터넷서비스를 제공하는 통신기능과 다채널 TV 방송서비스를 제공하는 방송기능이 통합된 서비스 개념을 포괄할 뿐만 아니라, 방송과 통신 기능이 모두 녹아 있는 융합서비스이다(그림 3-1).

IPTV는 동영상, 그림, 음성, 데이터 등 기존의 컨텐츠를 동일한 패킷 형태로 전환해 소비자에게 전달한다. 지상파, 위성, 케이블 방송서비스를 통해 쉽게 접할 수 있는 동영상뿐만 아니라 정보 서비스를 통해 데이터, 음성, 그림 등의 다양한 형태의 컨텐츠를 동일한 형태인 IP 주소가 달린 패킷 데이터로 변환시켜 전송한다. 한편 IPTV는 TV에 구현되는 컨텐츠를 소비자의 요구에 따라 변형하거나 저장할 수 있는 기능을 갖추고 있다. IPTV는 기존의 동영상과 음성 나아가 데이터와 그림에 이르는 모든 데이터를 주고받으며 때로는 변형 또는 저장도 가능하다(이대영, 2007). 아울러 IPTV는 매우 개인화 된 광고뿐만 아니라 타켓팅에도 용이한 매체이다. 전통적인 TV의 친근한 유저 인터페이스를 구현할 수 있다는 면에서 주목받고 있다(Strabase, 2007).

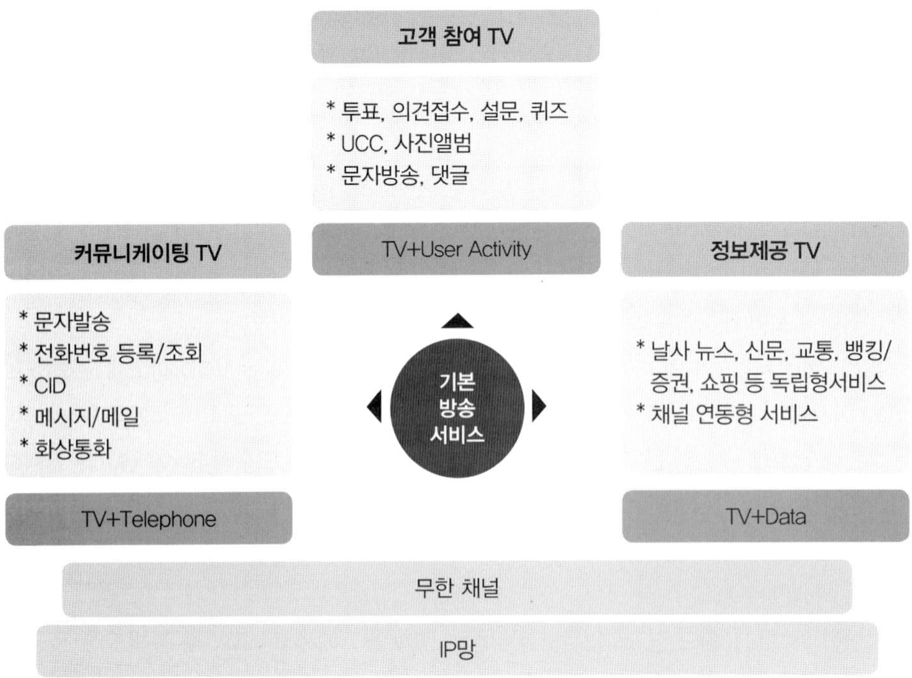

출처: 디지털 미디어 메가트렌드, 2008.

그림 3-1 IPTV 서비스의 개념

표 3-1 국내 IPTV 가입자 전망 추이(가입자 단위: 천명)

구분	2011년	2012년	2013년	2014년
IPTV	3,338	3,872	4,405	4,939

출처: 미디어미래연구소(2009). 미디어산업 동향 및 전망: 2010~2014. 재구성.

IPTV 시장규모는 정부와 사업자의 적극적인 노력으로 IPTV 가입자가 2014년까지 연평균 15.2%의 고성장을 이룰 것으로 전망되었다. 2011년부터는 과거에 비해 성장세가 둔화되지만, 꾸준히 상승하는 모습을 보일 것으로 예상되고 있다(한국정보화진흥원, 2010)

2014년 가입자가 49만명 예상되었던 것이 (표 3-1)로 2019년 상반기 IPTV 가입자는 1744만명을 넘어서고 있다. Olleh TV가 SK브로드밴드, LG유플러스 보다 가입자 중 47%을 차지하고 있다(나스미디어, 2019). IPTV는 유료방송 중에 가장 두각을 나타내고 있다. IPTV 3사가 현재 유료방송 합산규제 일몰 이후 케이블 SO와 적극적 인수합병을 추진하고 있다. LG유플러스가 CJ헬로 인수하고 SK브로드밴드가 티브로드와 합병을 발표하기도 했다. 유료방송시장내 이동통신회사가 84%을 차지하고 있다. 5G로 초고속, 초저지연, 초연결로 4차 산업혁명을 이끌고 있으며 AR, VR 등 미디어서비스 제공으로 신규 광고 비즈니스 모델을 창출하고 있다(나스미디어, 2019).

2 광고특성

IPTV 광고도 IPTV 서비스와 같이 인터넷을 통하여 서비스를 제공하며, 인터넷을 이용함으로서 인터넷의 특성을 그대로 승계하여 양방향성을 기반으로 한다. 양방향 기능을 가짐으로서 기존 TV 광고에 비해 자유도가 훨씬 높은 형식에 구애받지 않는 다양한 형태의 광고 운영과 이용자들이 적극적으로 이용하고 능동적으로 반응할 수 있다. 그리고 이러한 이용자들의 반응을 실시간으로 측정할 수 있을 뿐만 아니라 특정 집단이나 이용자를 표적으로 타겟팅 광고도 가능하다. 또 다른 특성은 이용자가 최종적으로 접촉하는 단말기도 PC와 TV를 융합시킨 단말기를 사용한다. 그동안 친숙하게 사용되어 온 TV에 PC 기능이 포함되어 이용자들이 편리하게 이용할 수 있다. 이러한 점을 고려하여 적용할 수 있는 IPTV는 광고 매체로서 성장의 가능성과 잠재력이 매우 크다고 할 수 있다(여송필, 2008).

기존광고와 IPTV 광고를 비교하면 다음과 같다. 먼저, 기존 TV광고는 단선적인 광고를 삽입하는 형태로 도달률이 낮고 일방적으로 광고를 제공한다. 또한, 표본조사에 따라 시청률을 추측하고 있다. 반면 IPTV광고는 맞춤형 광고를 적재적소에 배치하는 것이 가능하며, 정확한 표적을 선정하여 광고를 하게 된다. 일방적 제공보다는 양방향

	커뮤니케이션 형태	광고 참여	비용 대비 효율성	Impact
TV AD	일방향	단순 노출	보통	높음
Internet AD	양방향	능동적 정보 탐색	높음	낮음
IPTV (Interactive)	양방향	능동적 참여	높음	높음

출처: 다트미디어(2008)

그림 3-2 기존 TV 광고와 IPTV 광고의 비교

성을 띠며, 전수조사에 따라 정확하게 시청률을 도출한다(광고단체연합회, 2009)(그림 3-2).

따라서 IPTV 광고는 시청자의 능동적인 참여, 셋탑박스를 통한 시청자 패널 관리, TV 광고의 비용, 시간, 크리에이티브의 한계 극복, 시청자의 즉각적인 반응과 효과 측정을 통해 TV와 인터넷의 장점을 확보한 최적의 마케팅 채널로서의 효과를 기대할 수 있다.

IPTV의 특성은 크게 다음과 같이 나눌 수 있다. 먼저, 광고 매체로서 IPTV의 무한한 잠재력은 양방향성에 기인한다. IPTV는 인터넷 프로토콜을 기반으로 기존 방송광고에 양방향성을 부여하여 시청자들이 TV 시청 도중에도 드라마의 주인공이 사용하는 휴대전화나 옷, 가방, 액세서리 등을 바로 검색해서 구매할 수 있도록 한다. 전통적인 방송과 컴퓨터 네트워크 기술이 결합되어 기존에 볼 수 없었던 차별적인 광고 시장이 등장하게 된 것이다. 검색 기능을 통해 광고 전체 보기를 할 수도 있으며, 광고에 부가적인 정보 기능을 포함하여 적극적으로 소비자의 관심과 참여를 유도할 수도 있다.

두 번째로, IPTV 광고는 또한 기존 TV 광고에 비해 자유도가 훨씬 높은 인터넷 광고의 장점과 TV 수준의 고품격 광고를 통한 강력한 브랜드 구축 효과를 모두 기대할 수도 있다. 기존 광고에 비해 광고 형식이나 적용방식이 자유로워져 광고 삽입이 가능한 영역이 프로그램의 시작점, 끝점, 중간점 등에 제한되지 않고, IPTV 셋탑박스의 부팅화면, 정보 박스, 화면 보호기, 영화로딩 부팅 시간 중, 동영상 중간 등으로 확장될 수 있기 때문이다.

세 번째로, IPTV광고는 빈도나 광고 길이에 대한 제한도 적다. 기존 TV 광고는 시간적 제한이 있고, 엄청난 자본을 들여 제작한 광고일지라도 일정 기간 후에는 화면에서 사라져야 하는 구조를 가지고 있다. 그러나 인터넷에 기반을 둔 IPTV 광고는 시간의 제한에서 비교적 자유롭고, 기간에 상관없이 시청자의 상황에 맞춰 하나의 광고를 여러 차례 제공할 수 있도록 있으며, 광고 길이에서도 유연성을 가지고 있어 경제적인 면과 질적인 면을 동시에 만족시킬 수 있다.

IPTV 광고는 불특정 다수의 고객에서 일방적으로 전송되는 TV광고와는 달리, 주

문형 콘텐츠의 특성을 활용해 고객 맞춤형 타깃 광고가 가능하다. 현재 아날로그 케이블의 경우도 고객의 위치 정보 확인이 가능하다는 점을 이용해 지역기반 차별적인 광고를 시행하고 있기는 하지만 아직까지 타깃 범위가 매우 넓다. 따라서 특정 지역을 대상으로 한 타깃광고는 가능하지만 개별적 소비자들의 구매행태나 기호를 반영한 세분화된 맞춤형광고는 어려운 실정이다. 반면, IPTV의 경우, IP주소별 접근이 가능하기 때문에 시청자들이 타인과 같은 프로그램을 시청하더라도 시청자의 인구통계학적 특성, 구매형태, 시청자의 기호 등을 세분화하여 이에 따라 개인화된 광고를 보낼 수 있다. 아울러, 광고에 대한 시청자의 반응 정보가 실시간으로 확보되고, 누가 어떤 광고를 얼마나 보고 있는지에 대한 정확한 측정이 가능하다는 장점이 있다(미디어미래연구소, 2008).

3 IPTV광고 유형

IPTV광고의 유형은 노출형과 선택형의 광고로 나누어진다. 노출형은 Push형 광고로 소비자에게 광고를 노출시키는 의도가 강한 광고이며 선택형광고는 노출보다는 양방향성을 강조하는 광고를 말한다. 노출형광고는 과연 소비자가 이 광고에 노출되었는지의 여부와 노출되었을 시 얼마나 몰입해서 보았는지에 더 관심이 많으며 선택형광고는 양방향성-광고내용에 여러 가지 메뉴를 선택하여 광고주전용페이지(DAL)로 이동-을 중심으로 한 광고를 말한다. 노출중심형 광고의 유형은 크게 배너광고, VOD광고, 팝업광고, 트리거광고로 나눌 수 있다 (심성욱 외, 2010). 2019년에는 이 중에 배너광고, 트리거광고, VOD광고가 집행되고 있다.

1) Homeshot 광고 (배너형태)

〈출처〉 나스미디어 (2019).

Homeshot광고 VOD메뉴내 배너형태로 광고가 노출되고 있다(나스미디어, 2019).

출처: 한국광고단체연합회 (2009). 신유형 방송광고 집행 가이드북.

그림 3-3 디지털 광고 매체의 VOD 시작 전 광고 진행과정

2) VOD광고

VOD광고는 광고 노출 위치에 따라 VOD 시작 전과 중간, 종료 후 광고로 구분하며, 현재 상용화 되어 판매되는 상품은 시작 전 상품 뿐이다. 시작 전 광고는 시청자가 원하는 콘텐츠 앞에 위치해 있기 때문에 다른 광고에 비해 주목도가 높다고 볼 수 있다(그림 3-3).

VOD 광고의 장점은 첫째, 광고물의 Zapping 및 FF(Fast Forward)가 불가능한 강제 노출 방식으로 광고의 100% 노출 후 콘텐츠 시청이 가능함에 따라 일반적인 노출이 아닌 인지(Viewing)효과를 가진다. 둘째, 중간 광고나 후 광고가 존재하지 않는 한 개의 광고만이 시청자에게 노출되어 광고 집중도가 매우 높다. 셋째, 타겟에 적합한 카테고리를 지정하여 광고를 송출하고, 원하지 않는 카테고리 패키지를 판매하지 않아 집행 효율성을 극대화한다. 넷째, 전수 조사에 의한 최종 리포팅을 제공하며, 15초 이

출처: 다트미디어, 2009.

그림 3-4 로딩광고의 원리

상 노출 후 카운팅 하므로 높은 비용 효율성을 가진다. 즉, VOD 광고는 타겟에 적합한 프로그램 편성 집행 및 높은 광고 인지 효과를 유발하는 장점이 있다.

현재 VOD광고는 각 사업자마다 다른 이름, 다른 기준으로 운영하고 있다. OllehTV는 'Pre-Play 광고' 명칭으로 현재 20초 동영상을 1회 노출하고 있으며, SK브로드밴드 TV는 'Loading 광고' 명칭으로 15초 또는 30초의 동영상 1회 노출한다. 또한 LGU+는 'VOD광고' 명칭으로 15초 동영상 1회 노출하는 형식으로 운영된다.

VOD 광고 중에서도 Pre-Roll 광고는 프로그램을 보기 위해 시청자가 기다리는 시간 동안 노출 되는 동영상 광고로 광고 Zapping이 불가능한 강제 노출 방식이며, 프로그램 방영 전 1~2개의 광고만이 노출되므로 매우 높은 광고 집중도를 보인다. IPTV의 한 브랜드인 SK브로드앤의 경우, '로딩광고'라는 명칭으로 15초-40초의 동영상 광고를 프로그램 당 1회 노출시키고 있다(그림 3-4).

VOD광고 중 Pause 상품이 있다. VOD 일시정지 중에 이미지 광고가 노출된다.

〈출처〉 나스미디어(2019).

3) 홈플레이 광고

가이드 채널에 광고 노출시킴으로써 커버리지를 확보하고자 한다.

〈출처〉 나스미디어 (2019).

4) 트리거광고(AD Q)

VOD 시작한 5분 후 양방향 트리거 (TLX PASS 광고)가 노출된다.

〈출처〉 나스미디어 (2019).

5) 광고주전용 페이지(DAL: Dedicated Advertising Location)

이러한 광고의 형태는 먼저, 메뉴를 탐색하고 프로그램을 시청한 뒤에 직접 입점한 채널로 이동하는 유입경로를 보인다. 광고주전용페이지는 특정 제품에 대한 콘텐츠가 온라인홈페이지 형식으로 제작된 광고물로, 시청자는 광고주전용페이지에서 제품에 대한 정보를 검색하거나 관련된 이벤트 프로모션에 참여하는 등의 능동적인 활동이 가능하며 강제로 노출되는 광고들과는 달리 시청자의 편의에 의해서 광고주전용페이지가 이 운영되는 기간 동안 자유롭게 사용가능하다. 광고주는 광고주전용페이지를 통해서 경품 이벤트나 설문을 진행하거나 카달로그 또는 벨소리를 배포하는 등의 마케팅 프로모션 활동을 할 수 있다. 예를 들면 다음과 같다. 삼성전자 '훈이네 가족'광고에서 "여러분이 훈이라면 어떻게 하시겠어요? 라고 의견을 묻고 상품을 준다. 이는 나중에 고객의 데이터베이스 활용하여 마케팅에 활용된다(그림 3-5).

그리고 자기 관리 앱 TLX PASS 광고주 전용페이지 사례는 다음과 같다. 아래와 같이 앱스토어로 유도하는 메시지, SMS 문자 받기 등을 유도하고 있다.

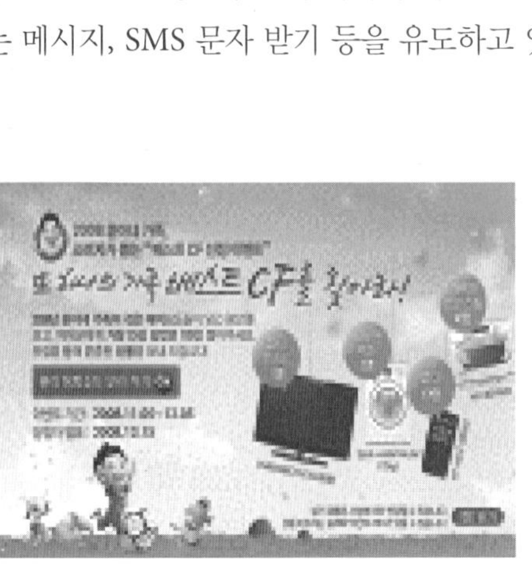

그림 3-5 삼성전자 '훈이네 가족' 광고

〈출처〉 나스미디어 (2019).

4 IPTV 광고효과

1) 유형별 광고효과 비교

한국광고단체연합회 (2009)의 기술, 유형 및 효과분석조사에서 디지털을 기반으로 한 인터랙티브TV 광고의 효과를 분석하는 지표를 크게 단순 노출을 중심으로 한 노출 분석지표와 상호작용성을 중심으로 한 인터랙티브 분석지표로 나누었다. 이에 따라 크게 노출형과 선택형으로 나누어 효과를 비교하면 다음과 같다(표 3-2).

표 3-2 IPTV 광고효과 기술통계 분석 평균값

		노출형			선택형	
		Jumper& 로딩	Pop-up	배너	TV & Brand	DAL
노출	Impression	1,338,833	917,985	—	—	—
	U. Impression	305,844	436,541	—	—	—
	Impression 중복률 (%)	74.53	49.26	—	—	—
	Impression Reach (%)	40.78	58.21	—	—	—
인터랙티브	Press	4,007	14,195	3,407	13,730	35,340
	PTR (%)	0.29	1.59	—	—	—
	U. Press	1,774	—	3,024	19,578	30,000
	U. PTR (%)	0.65	—	—	—	—
	Press Reach (%)	0.24	—	0.4	1.44	4.01
	Press 중복률 (%)	4.60	—	10.95	21.44	14.48

출처: 한국광고단체연합회(2009). 기술, 유형 및 효과분석보고서. 재구성.

(1) Jumper & 로딩

Jumper & 로딩에 대한 효과를 분석하는 지표로는 크게 노출을 중심으로 한 분석지표와 상호작용성을 중심으로 한 분석지표로 나눌 수 있다. 노출에 대한 지표들을 분석한 결과 중복을 포함한 노출은 최소 857,761회에서 최대 2,565,939회를 기록하였으며 평균으로 1,338,833회로 나타났는데, 그중 중복을 제외한 순수 노출은 최소 230,986회에서 최대 440,576회를 기록하였다. 이는 평균적으로 계산해보면 305,844회의 순수한 노출로 설명될 수 있다. 전체 가입자에 광고가 도달한 비율은 최소 30.80%에서 최대 58.74%로 나타났으며, 평균 40.78%의 도달률을 기록했다.

로딩에 대한 인터랙티브 효과지표로는 Press와 중복을 배제한 Unique Press로 구분되며 Unique Press는 Unique Impression에서와 같이 Press의 중복된 비율을 볼 수 있다. 중복을 포함한 Press는 최소 1,933회에서 최대 8,303회로 나타났으며 평균적으로 4,007회의 Press가 기록되었고 이는 노출 대비 평균 0.29%의 PTR을 산출했다. 이를 통해 평균적으로 캠페인 당 전체 가입가구의 0.5%의 가정에서 디지털TV 시청 시 상호작용 행위가 일어난 것으로 분석되었다.

(2) 팝업

팝업의 노출에 대한 지표들을 분석한 결과 중복을 포함한 노출은 최소 644,472회에서 최대 1,214,415회를 기록하였으며 평균으로 917,985회로 나타났다. 그중 중복을 제외한 노출은 최소 385,878회에서 최대 483,268회를 기록하였으며 평균 436,541회의 순수한 노출이 인터랙티브 팝업에서 기록되었다.

이러한 노출값을 바탕으로 노출의 중복비율은 최소 36.73%에서 최대 61.9%로 나타났으며 평균 49.26%의 인터랙티브 팝업이 중복되어 노출되는 경향을 보였다. 전체 가입자에 광고가 도달한 비율은 최소 51.45%에서 최대 64.44%로 나타났으며 평균 58.21%의 도달률을 기록했다. 인터랙티브 효과지표인 Press의 측면에서도 비교적 높은 수치를 기록하고 있으며, 전체가입자수 대비 높은 상호작용 행위를 유도하는 것이다.

(3) 배너

빅 이벤트 배너는 인터랙티브 팝업과 마찬가지로 캠페인 기간 중 일부기간만을 집행하는 형태로 운영되며 기존 데이터를 근거로 살펴보면 최소 5일에서 최대 9일 동안, 평균 7일 동안 집행되는 것이 특징이다. 이는 전체 캠페인 기간 중에서 최소 16.13%, 최대 40%에 해당하는 기간이며 전체 캠페인 기간 중 평균적으로 약 26.73%의 기간 동안 빅 이벤트 배너가 집행되는 것을 알 수 있다.

(4) TV & 브랜드

TV & 브랜드의 인터랙티브 효과지표를 분석해 보면 먼저 Press의 경우 최소 6,932회에서 최대 25,060회를 기록했으며, 평균 13,730회로 나타났다. 중복을 제외한 Unique Press를 살펴보면 최소 5,555회에서 최대 19,578회로, 평균 10,792회의 DAL 유입을 나타내고 있다. 이에 Press Reach을 살펴보면 최소 0.74%에서 최대 2.61%의 비율을 보이고 있으며 평균 1.44%의 수치를 기록하고 있다. 이는 전체가입자들 중에서 평균적으로 약 1.44%가 TV & 브랜드를 통해서 DAL로 유입되고 있음을 나타낸다. Press의 중복률의 경우, 최소 17.40%에서 최대 26.6%를 기록하고 있고 평균 21.44%의 중복률을 보이고 있다. 이는 앞서 살펴 본 네가지 광고유형들 중에서 가장 높은 중복률이다.

(5) DAL(광고주 전용 페이지)

DAL의 Visit는 최소 27,673회에서 최대 51,332회를 기록했으며 평균 35,340회의 유입이 발생한 것으로 나타났다. 중복을 제외한 Unique Visit의 경우 각 유형에서 발생한 가구의 중복을 다시 한 번 제거하여 분석에 이용하였는데 최소 24,461회에서 최대 42,386회를 기록하였으며 평균적으로 약 3만 회를 기록하였다.

중복률과 도달률을 살펴보면 중복의 경우 최소 11.61%의 중복이 있었고 최대 17.43%의 중복률을 나타났다. 따라서 평균 중복 비율은 14.48%를 기록하였다. 이러한 중복을 제외한 Unique Visit로 Visit Reach를 계산하면 평균 약 4%의 도달률을 보이고 있다. 그림과 같이 4가지의 유입경로가 되는 로딩, 인터랙티브 팝업, 빅 이벤트 배너 그리고 TV & 브랜드의 U.Press의 총합에서 광고유형들 간의 중복률인 14.48%를 제외하면 4.01%라는 도달률이 나왔다.

2) IPTV 광고와 관련된 효과 연구

이경렬(2010)의 연구에서는 전날 혹은 전전날(어제/그저께) 〈다시보기〉를 통하여 VOD 프로그램 (즉, 이미 방영된 영화나 TV 프로그램을 말함)을 보셨냐는 질문에 60.1%(187명)이 시청하였다고 응답한 것으로 나타났다. 과반수가 인지하는 것으로 나타났다. 그리고 선택한 VOD 프로그램을 보기 전 노출되는 VOD 광고를 보았느냐는 질문에 응답자의 78.3%(146명)가 보았다고 응답한 것으로 나타나 2/3가 광고를 인지하였다. 이와 같은 이유로 지상파 TV의 Zapping과 같은 광고회피행동이 적게 발생한 것을 꼽았다. 그리고 "TV광고보다 주목이 더 잘된다"는 항목에 66.3%로 가장 긍정적인 반응을 보인 것으로 나타났다. 그 다음으로 "TV광고보다 몰입이 더 잘된다"는 항목이 60.8%, "TV광고보다 더 나와 관련된 정보를 제공한다" 58.6%, "TV광고보다 더 잘 기억이 된다" 56.7%로 긍정적 반응이 높은 것으로 나타났다. 이와 같이 VOD광고의 주목 및 몰입 효과가 TV광고에 비해 뛰어난 것으로 나타났다. 그리고 매체들간의 효과가 다음과 같이 나타났다(이경렬, 2011). IPTV 광고가 가장 긍정적으로 나타났었다.

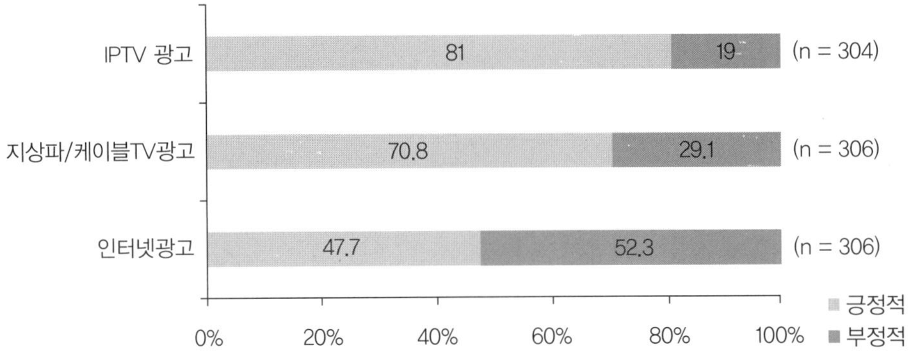

광고단체연합회의 조사(2009년)에 의하면 VOD광고 노출 후 인터넷 등 다른 매체를 통해 추가적인 정보를 검색한다는 응답은 29.0%, 그리고 VOD광고 노출 후 세부적인 정보를 얻기 위해 양방향광고 홈페이지에 추가적으로 접속한다는 응답이 8.0%로 나타났다. 이 8.0%라는 수치는 모바일광고의 평균 접속률 3~5%, 인터넷 배너광고의 평균 클릭률 0.2~0.3에 비해 작게는 2배 크게는 20배 이상이나 높다는 것을 나타낸다. VOD광고에 노출된 사람들 중에 인터넷과 양방향 홈페이지 등 다양한 경로를 통하여 추가적으로 제품정보를 검색한다는 사람의 비율이 40% 이상이나 되는 것으로 나타나, IPTV 광고의 발전가능성이 크다는 것을 알 수 있다.

나스미디어 (2017)의 집행사례를 보면, Pre-Play S (5초 광고)라는 광고상품을 소개하고 있다. VOD광고중 VOD시청을 하기 바로 전 이 5초 광고를 집행했는데, 2016년 대비 취급고가 325%, 캠페인 수는 379%가 증가한 것으로 나타났다. 김상훈, 유승엽, 임수현 (2016)의 연구에서는 IPTV VOD 광고의 길이 및 개수, 즉, 광고혼잡도 변화에 따른 집단 간 실험설계를 통한 실험연구를 실시하여 VOD 광고의 수용가능성 및 성장 방향을 모색해 보고자 하였다. 연구결과 15 초 광고의 경우 현재의 3개에서 광고가 증가하더라도 수용자 반응에는 큰 차이가 없는 것으로 나타났으나, 기억반응에서 부정적인 인지반응을 보였다. 20초 광고의 경우에도 현재의 3개에서 광고가 증가하더라도 수용자 반응에는 큰 차이가 없는 것으로 나타났으나, 광고침입성과 기억반응의 경우 부정적인 변화추세가 나타났다. 30초 광고의 경우에는 광고의 수 증가에 대해서 급격한 부정적 반응을 보였다. 마지막으로 동일한 광고노출의 경우, 광고의 길이가 길고 노출 개수가 적은 집단이 광고의 길이가 짧고 노출 개수가 많은 집단에 비해 수용자 인지반응에서 긍정적인 효과를 나타냈다.

그리고 모바일과 IPTV를 통한 VOD광고를 비교한 연구가 있었는데, IPTV VOD 광고가 모바일 VOD광고보다 더 신뢰성이 있는 것으로 나타났다. 회상도에 있어서도 IPTV광고가 더 높은 것으로 나타났다. 반대로, 모바일 시청자는 IPTV시청자보다 VOD 광고에 대해 침입성을 더 높게 느끼는 것으로 나타났다(남윤재, 이형석, 전종우, 2019).

생각해 볼 문제

1. IPTV의 광고와 기존 TV광고의 특성에 대해 비교하여 그 차이점과 유사점을 생각해보세요.
2. IPTV의 광고 효과의 발생과정에 대해서 생각해보세요.
3. IPTV 광고의 유형별 광고 효과의 차이가 발생하는 이유에 대해서 생각해보세요.
4. IPTV에서 향후 등장할 광고에 대해서 예측해보세요.

참고문헌

김상훈, 유승엽, 임수현 (2016). IPTV VOD 광고의 수용자 반응연구: 광고혼잡도 및 광고길이를 중심으로, 광고학연구, 27(7), 59-87.

나스미디어 (2017). 2017 상반기 IPTV시장 동향 보고서.

나스미디어 (2019). 2019 상반기 IPTV시장 동향 보고서.

남윤재, 이형석, 전종우 (2019). The influence of pre-roll advertising VOD via IPTV and mobile TV on consumers in Korea, International Journal of Advertising, DOI: 10.1080/02650487.2019.1637613

다트미디어(2008). 하나TV AD 상품 소개.

다트미디어(2008). IPTV 시대와 광고 패러다임의 변화

디지털 미디어 메가트렌드 (2008) 한국정보산업연합회 컨퍼런스.

미래미디어연구소 (2008). 미디어산업 동향

미래미디어연구소 (2009), 미디어산업 동향 및 전망: 2010~2014.

박수형 (2019). SK브로드밴드, IPTV VOD 타깃 광고상품 출시-빅데이터 활용해 원하는 고객에만 광고 송출, https://www.zdnet.co.kr/view/?no=20190619100353

여송필 (2008). 인터넷광고비의 변화가 방송광고시장에 미치는 영향 분석, 방송학회 세미나.

이경렬 (2010). IPTV 광고효과조사결과 보고서. 광고주협회.

이경렬 (2011). IPTV 광고 현황, 효과 그리고 전망, 디지털미디어산업협회.

한국광고단체연합회 (2009). 신유형광고 실태조사보고서.

한국광고단체연합회 (2009). 신유형 방송광고 집행 가이드북.

한국광고단체연합회(2009). 기술, 유형 및 효과분석보고서.

한국정보화진흥원 (2010), 보고서.

Strabase (2007). 분기리포트.

CHAPTER 04

인터넷 인터랙티브 광고

사례

데이터 기반 마케팅 시대의 개막 두려워만 하지 말고 작게라도 지금 바로 도전하라!

대홍 커뮤니케이션즈 기사입력 2019.07.09 12:00

지금 우리는 인류 역사상 가장 역동적인 변화의 물결을 타고 있다. 소위 4차 산업혁명이라 불리는 이 변화의 원천은 디지털 전환(Digital Transformation)이다. 많은 것들이 이미 디지털 형식으로 전환됐거나(음악, 영상, 사진 등) 디지털 표현 또는 전환의 과정에 있다(책, 쇼핑, 감각 경험 등). 이런 혁명의 움직임이 사회 · 문화 · 경제 · 정치에 큰 변화를 가져왔고 마케팅 분야까지 큰 변화를 겪고 있다. 그 변화의 중심에는 디지털 미디어가 있다. 2018년 대한민국 총 광고비 13조 7천억 원 중에서 모바일이 차지하는 비율 이 26.3%로 1위를 차지했고, 케이블종편이 15.6%로 2위, PC인터넷과 신문이 14%와 13.2%로 그 뒤를 이었다. 놀랍게도 지상파 방송이 10.9%를 차지하여 종이 신문에 역전 당했고 OOH 광고와는 불과 1.1% 만의 차이를 보이며 앞서고 있다. 실로 충격적인 결과이다. 업계에서는 지상파 TV의 난항을 익히 알고는 있었지만 생각보다 빠른 추락에 당황하고 있으며, 더 심각한 점은 돌파구가 따로 보이지 않는다는 것이다.

이런 과히 폭발적인 변화는 마케팅과 광고계에 어떤 변화를 가져오고 있는가? 우선 미디어가 바뀌면 그것을 사용하는 수용자가 바뀌고 그 수용자와 미디어를 통해서 소통하는 광고를 포함한 마케팅 커뮤니케이션 전략 또한 바뀌는 것이다. 디지털미디어의 핵심은 고객과의 소통 접점에서의 모든 것이 기록에 남는다는 것이다. 이 기록은 데이터 형태로 저장되고 분석되어 마케팅 전략에 활발히 활용될 수 있다. 이것이 데이터 드리븐 마케팅인 것이다. 특히 빅 데이터는 4차 산업혁명의 핵심 요소로 불리는 인공지능(AI)의 기본 연료 같은 역할을 하고 있다. 다시 말해서 인공지능이 방대한 데이터를 분석하고 학습한 결과를 바탕으로 적절한 의사결정을 내리는 기계 학습 능력을 향상시키기 위해서는 빅데이터를 분석하고 활용하는 기술력이 그야말로 핵심 중의 핵심인 것이다. 이러한 상황을 반영하듯 구글, 페이스북, 아마존, 넷플릭스 등 현재 크게 번창하고 있는 기업들은 오래전부터 빅데이터와 인공지능 관련 업체를 운영 또는 인수해 왔다. 이렇듯 빅데이터는 AI는 물론, 사물인터넷(IoT), 블록 체인, 로봇산업, 자율주행 자동차 등 4차 산업혁명의 성공을 위한 필수 요소로 떠오르고 있다.

소비자를 움직이는 실질적 마케팅 솔루션의 필요성

디지털 시대의 소비자는 전통 미디어의 틀에서 나와 손 안의 스크린을 통해 언제 어디서든 원하는 정보를 얻을 수 있다. 기존의 단발성 소비자 조사는 빠르게 변화하는 소비자들의 구매 의사 결정 과정을 이해하고 개개인의 니즈에 맞춘 방식으로 커뮤니케이션하기에는 한계가 있다. 소비자들의 행동에서 시시각각 발생하는 빅데이터를 분석해 그들이 제품을 구매하기 위해 어디에서 어떻게 정보를 소비하며, 진짜 바라는 바는 무엇인가에 대한 보다 정확하고 즉각적인 정보를 얻어야 한다. 또한 이를 적극 활용할 수 있어야 마케팅 커뮤니케이션의 효과와 효율을 높일 수 있을 것이다.

1 인터넷 광고의 특성

전통적인 미디어의 이용시간이 줄어들면서 주요 오락매체였던 텔레비전에서 보내는 시간 보다 인터넷에서 보내는 시간이 증가하고 있다. 이러한 변화는 일방향적인 텔레비전 보다는 양방향적인 인터넷이 이용자들에게 더욱 매력적인 매체로 느껴지기 때문이다. 인터넷은 뉴미디어 특징에 부합되면서 통합 · 융합 미디어의 특성을 가지며, 기능적인 측면에서 기존매체와 비교하여 출판 · 방송 · 통신 등의 기능, 개인이 자유롭게 정보를 송 · 수신할 수 있는 기능, 개인차원에서 불특정다수에게 정보를 발신할 수 있는 기능, 국경을 초월한 정보의 전파 및 확산 기능 등을 가지고 있다.

인터넷이 이렇게 국경을 초월한 정보의 전달 기능을 가지게 된 것은 누구나 손쉽게 이용할 수 있으며, 어떤 누구의 소유도 아닌 개방된 시스템이라는 점 때문이라 이야기했다. 모든 인터넷 프로토콜은 개방되어 어떤 누구도 이 프로토콜을 사용하여 네트워크와 다른 컴퓨터에 상호접속운영 할 수 있다. 또한 개방적이라는 사실은 이용 요금을 지불할 필요가 없으며, 어떤 특정한 집단에 소속된 것이 아니라도 인터넷에 연결된 사람은 국가와 지역을 초월하여 인터넷에 연결된 그 누구와도 커뮤니케이션을 할 수가 있다는 것을 뜻한다.

인터넷 광고의 구체적인 정의 및 개념 규정은 쉽지가 않다. 그 이유는 인터넷이 플랫폼(platform)이면서 매체의 성격을 동시에 가지고 있으며, 또한 인터넷 스스로가 계속 진화하면서 새로운 형태의 하위 구성요소(SNS, 블로그 등)를 생성해내고 있기 때문이다. 실제로 미국 쌍방향광고기구(Interactive Advertising Bureau)나 일본의 인터넷 광고추진협의회(Japan Internet Advertising Association)의 자체 용어정의(Glossary)에서도 인터넷 광고에 대해 특별한 정의를 내리고 있지는 않다.

「표시 · 광고의 공정화에 관한 법률」은 '광고'를 '자기 또는 다른 사업자 등에 관한 사항' 또는 '자기 또는 다른 사업자 등의 상품 등의 내용 · 거래조건 · 기타 그 거래에 관한 사항'을 소비자에게 널리 알리거나 제시하는 것으로 정의하고 있다. 그 수단으로는 인터넷신문 또는 전기통신, 인터넷통신, PC통신을 포함하고 있다. 따라서 인터넷광고도「표시 · 광고의 공정화에 관한 법률」에 따른 광고라고 할 수 있지만 여기에서는 인터넷광고 수단이 어디까지 포함되는지는 불명확하다. 또 다른 정의로 인터넷광고를 인터넷을 매체로 하는 광고라고 하는 경우에 인터넷신문 또는 인터넷통신 등 그 내용형식에 불문하고 IP (인터넷 프로토콜, Internet Protocol)방식으로 전달되는 광고를 인터넷광고로 보기도 한다. 인터넷 광고는 주로 웹브라우저와 컴퓨터를 통해 전달되지만 이에 제한되지는 않는다.

인터넷광고는 통상 월드와이드웹(WWW)을 통하여 이루어지는데 여러 가지 방법으로 다양하게 정의될 수 있다. 광의의 인터넷 광고는 인터넷상의 모든 판매메시지라 할 수 있으며, 기업이 인터넷을 이용하여 행하는 고객과의 일련의 커뮤니케이션 활동을 포괄하는 것으로 홍보 목적으로 웹사이트를 구축하여 각종 기업정보 소개, 고객관리, 제품소개를 하고 각종 이벤트 프로모션, 상거래 등의 인터넷 마케팅 커뮤니케이션 활동을 전개하는 것을 인터넷광고로 정의하기도 한다.

인터넷 광고는 기업이 인터넷을 이용하여 고객과의 일련의 커뮤니케이션 활동을 포괄하며 특히 홍보의 목적으로 웹사이트를 구축하여 기업의 소개, 각종 기업정보의 소개, 고객관리, 제품소개, 각종 이벤트 프로모션, 상거래 등의 인터넷 마케팅 커뮤니케이션 활동을 전개하는 것을 의미하며 특정 사이트에 자신의 광고용 배너를 개재하여 자신의 사이트로 하이퍼링크를 걸거나 서치엔진이나 다른 사이트에 하이퍼링크를 하여 대가를 지불하는 경우까지 인터넷 광고로 규정한다. 즉 인터넷 광고란 기업이나 개인이 World Wide Web이라는 사이버 공간에 불특정 다수에게 발신하는 웹사이트나 인터넷 상에서 정보를 제공하는 것을 주목적으로 하는 검색엔진이나 IP업체의 웹사이트에 광고물을 게재하는 것을 의미한다.

인터넷 광고에 대한 정의를 위해서는 기존의 일반적인 광고의 정의를 적용한다는 것에는 이견이 없다. 그러나 이러한 일반적인 광고의 정의 및 개념을 인터넷 광고에 적용시키게 되면 설명되지 못하는 부분이 많아지는 경우도 있다. 이러한 예는 온라인 구매에 이용되는 웹사이트, 온라인 구매를 도와주는 블로그 등의 소셜네트워크를 이용한 마케팅 활동이 과연 광고인가 아닌가라는 문제가 제기될 수도 있으며, 이 외에도 인터넷광고는 일반적인 광고의 정의에 맞지 않는 많은 요인들이 지적되고 있다. 또한 더욱 중요한 문제는 인터넷광고는 새로운 구성과 형식이나, 진화된 새로운 형태의 광고가 나타나고 있으며, 앞으로도 계속 나타날 가능성이 높다는 것이다.

뉴미디어에 의해 매체의 환경이 바뀌면서 광고의 개념이 확장기도 하며 기존과는 다르게 정의되기 한다. 이러한 상황에서 기존 광고의 정의와 커뮤니케이션 형태로 인터넷 광고를 정의할 필요성에 대한 의문이 제기되기도 한다. 기존 광고의 정의는 인터넷 매체적 특성을 고려한다면 충분한 정의라 하기엔 부족할 것이다. 인터넷 광고는 기존의 어떠한 광고매체보다도 더 다양한 특성과 형식을 가지기 때문에 인터넷광고 기존 매체와 함께 이해하고 정의하는 것은 적절한 것이라고 평가할 수 없다.

표 4-1 인터넷 광고에 대한 정의들

인터넷 광고에 대한 기존 정의들	인터넷 광고에 대한 본 연구의 정의
"인터넷상에서 제시되는 모든 유형의 판매 메시지"(Cho & Leckenby, 1999) "기업이 인터넷을 이용하여 행하는 고객과의 일련의 커뮤니케이션 활동"(최환진, 2000) "기업이 인터넷 상에서 행하는 다양한 마케팅 커뮤니케이션 활동"(황장선 외, 2006) "기업이 인터넷이라는 기술적인 매체를 기반으로 해서 인터넷 이용 소비자를 대상으로 행하는 다양한 형태의 각종 커뮤니케이션 활동 중 자신의 웹사이트로 유도를 궁극적인 목적으로 하는 형태의 광고"(황진주, 여정성, 2006)	"인터넷에서 제공되는 다양한 형태의 커뮤니케이션 도구를 활용하여 대가를 지불하고 청중과 커뮤니케이션하는 활동 및 메시지" (한국광고단체연합회, 2009)

이와 같이 현재에도 진행되고 있는 다양한 디지털 기술의 발전으로 인해 인터넷 광고는 그 영역 및 개념을 구분하기 힘들 정도로 진화와 발전을 거듭하고 있다. 인터넷광고 초기에는 배너광고가 인터넷 광고의 대명사처럼 불리고 인터넷 광고의 일반적인 형태로 인식되었다. 그러나 현재는 디지털 기술의 발전과 변화된 인터넷기술의 적용으로 배너광고 외에도 다양한 인터넷 광고의 형태가 나타나고 있으며 정의되지 않는 광고형태도 등장하여 아직도 진화는 계속되고 있다.

이러한 논의 등을 종합적으로 고려하여 가장 폭넓게 인터넷 광고를 정의한다면, "배너광고, 이메일, 스폰서십, 검색광고, 웹사이트 및 미니홈피 · 블로그 등 인터넷에서 제공되는 다양한 형태의 커뮤니케이션 도구를 활용하여, 대가를 지불하고 청중과 커뮤니케이션하는 활동 및 메시지"라는 것이 가장 적절하다고 할 수 있다

한국광고단체연합회의 주장에 따라 인터넷 광고를 "인터넷에서 제공되는 다양한 형태의 커뮤니케이션 도구를 활용하여 대가를 지불하고 청중과 커뮤니케이션하는 활동 및 메시지"로 정의한다(표 4-1).

2 인터넷 광고 산업의 현황

한국의 인터넷 이용자 수에 대한 통계를 알아보기 위한 자료로 정보화 실태 조사를 들 수 있다. 한국의 정보통신부와 인터넷진흥원은 1년에 두 차례 정보화 실태 조사를 발표한다. 인터넷이용실태조사(한국인터넷진흥원, 2018)에 따르면 한국의 인터넷 이용률과 이용자 수는 2018년 만3세 이상 인구의 인터넷이용률(최근 1개월 이내 1회 이상 인터넷 이용자의 비율)은 91.5%이며, 인터넷 이용자수는 46,125천명으로 나타났다. 작년 대비 1.2%(842천명)증가 한 것이다. 2000년 44.7%인 1,904만 명이었던 이용자 수

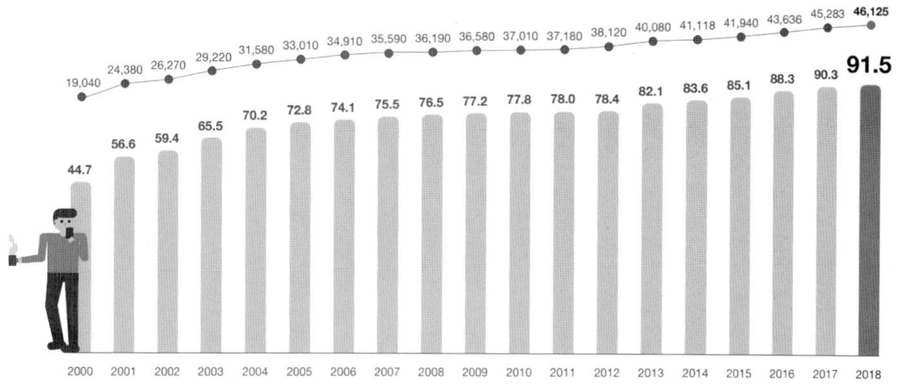

출처: 한국인터넷진흥원, 2018

그림 4-1 만3세 이상 인구의 인터넷 사용자

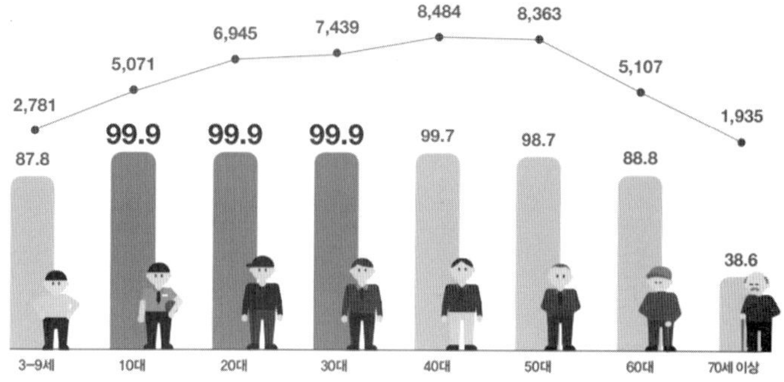

출처: 한국인터넷진흥원, 2018

그림 4-2 연령별 인터넷 이용률 및 이용자 수

는 해마다 큰 폭의 성장을 보여 2001년 56%(2,438만명), 2002년 59.4%(2,627만 명)로 증가하였고, 2003년에는 최초로 인터넷 이용률 60%를 돌파하였으며(65.5%), 2004년에는 최고 인터넷 이용률 70%와 이용자 수 3,000만 명을 돌파(70.2%, 3,158만 명)하기에 이르렀다. 이어 2010년에는 37,010만명, 2015년 41,940만명, 2017년에는 45,283만 명으로 90.3%에 이르렀다. 연령별로는 10대(99.9%), 20대(99.9%), 30대(99.9%), 40대(99.7%)로 인터넷 이용률이 큰 폭으로 증가하였다(그림 4-1, 그림 4-2).

이러한 한국의 인터넷매체의 이용이 보편적으로 되면서 그 영향력이 날로 증대되고 있다. 특히 젊은 층의 인터넷 이용률은 TV 다음으로 높아서 제2의 미디어로 부상하고 있다. 인터넷이용자 중 95.3%가 '하루에 1회 이상 인터넷을 이용'하며, 주 평균 16시간 30분을 이용하는 것으로 나타났다. 59.4%가 주 평균 14시간 이상(14–21시간 미만 24.9%, 21–35시간 미만 25.8%, 35시간 이상 8.7%) 이용하는 것으로 하루에 인터넷을 접속하는 시간이 많이 차지하고 있는 것을 확인할 수 있었다(그림 4-3).

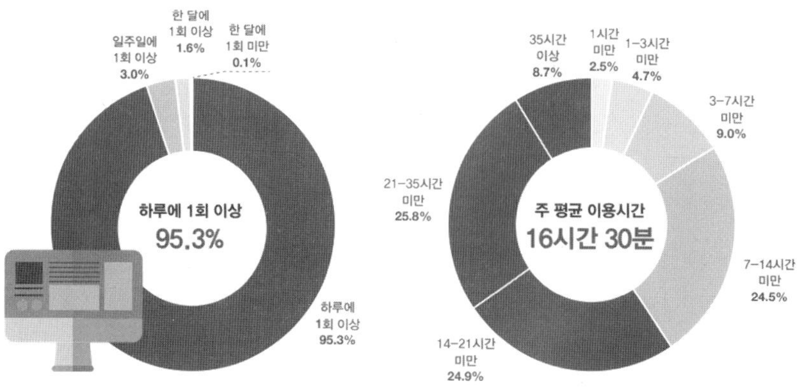

출처: 한국인터넷진흥원, 2018

그림 4-3 주 평균 인터넷 이용시간(%)_ 만3세 이상 인터넷 이용자

인터넷 이용자들의 인터넷 이용목적은 '커뮤니케이션' 94.8%로 가장 높았으며 '자료 및 정보 획득'이 93.7%였으며, '여가 활동'이 92.5%였다. 이는 인터넷을 정보, 커뮤니케이션, 오락매체로 폭넓게 활용하고 있음을 의미한다. 즉, 신문이 정보매체, TV가 오락매체라는 기존의 매체성격을 감안할 때, 인터넷매체는 대중매체와 개인통신매체를 아우르는 하이브리드 미디어(Hybrid Media)의 성격을 지니고 있음을 보여주는 반증이라고 하겠다. 그 밖의 인터넷 이용목적은 '홈페이지 등 운영'(59.0%), '교육 · 학습'(49.0%), '직업 · 직장' (25.0%)의 순이었다.

인터넷이용자들은 포탈사이트의 검색, 이메일, SNS 관리, 게임, 인터넷 뱅킹 등의 다양한 기능들 중 '검색' 기능을 가장 많이 이용하는 것으로 나타났다(그림 4-4).

4대 포탈사이트 중 웹페이지 배너 광고는 네이버가 2천322억원으로 단연 1위였다. 다음이 1천365억원으로 2위, 네이트가 433억원으로 3위, 페이스북이 81억원으로 4위를 각각 기록했다(그림 4-5).

다수의 10대(PC 이용자의 60%, 모바일 이용자의 63%)는 동영상 시청을 위해 인터넷

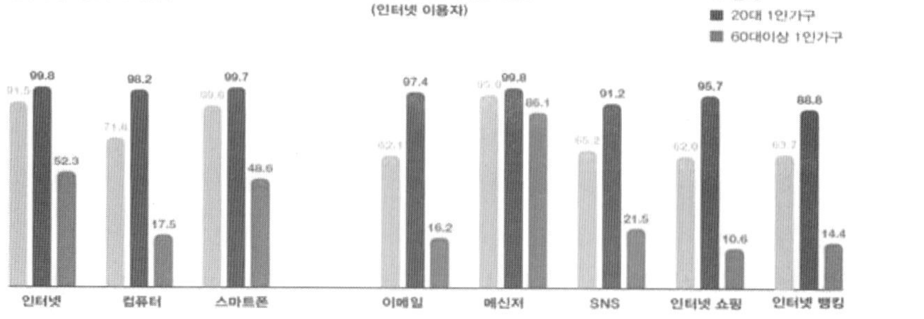

출처: 과기정통부, 인터넷이용실태조사, 2018

그림 4-4 연령별 인터넷 주요 서비스 이용률

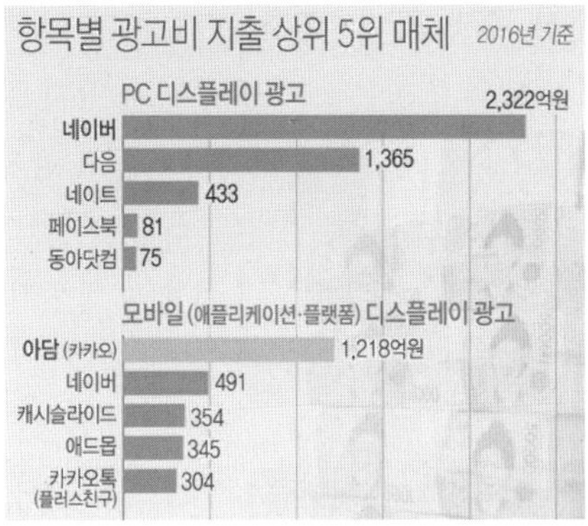

출처: 매조미디어, 업종분석 리포트의 종합 광고비 분석, 2017

그림 4-5 주요 포탈사이트 광고 수익구조

을 이용하는 것으로 나타났다. 10대는 동영상 시청 외에도 '사회관계망서비스(SNS) 및 채팅'이 54%, '웹서핑'은 43%였다. 20대는 웹서핑 60%, SNS 및 채팅 55%, 동영상 시청이 54%였고, 30대는 웹서핑 78%, SNS 및 채팅 53%, 동영상 시청 44% 등이었다. 연령대가 올라갈수록 웹서핑의 비중이 높아지고 동영상 시청은 낮아지는 경향을 보였다(그림 4-6).

3 인터넷사업의 변화 및 특성

1) 인터넷산업의 단계적 변화

디지털 기술을 기반으로 하는 정보처리 기술이 기업의 경영이나 사업영역에 도입되어 적용 또는 활용되면서 정보처리기술의 영향을 받는 기업의 변화는 5단계로 나누어 생각해 볼 수 있다.

첫 번째 단계에서는 초고속 정보통신망 기반의 인터넷 및 무선 휴대인터넷을 적용한 기업들은 이제까지의 경영이나 사고방식과 같을지라도 효율이 향상된다는 점에서 디지털을 기반으로 하는 새로운 기술과, 인터넷이 기업이나 상거래에 적용되면서 전통적인 기업의 형태나 수익모델 등이 많은 변화를 가져오고 있다. 이러한 변화는 제한된

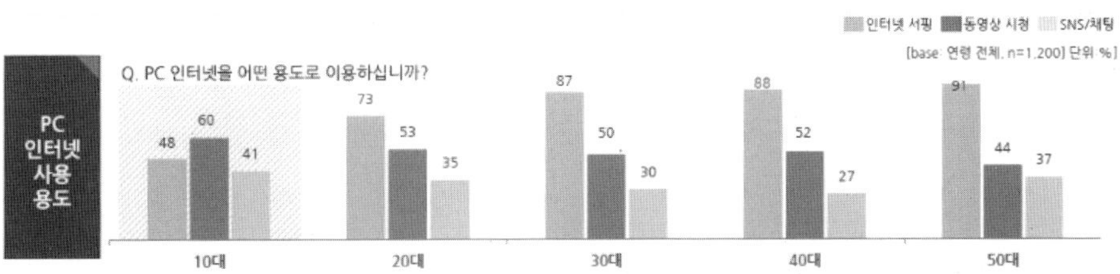

출처: 매조미디어, '2018 타깃 오디언스 리포트'

그림 4-6 연령별 인터넷 이용 용도

형태에서 적용되어 업무상 발생하는 문제점을 해결하고자 정보처리기술을 활용하는 단계로서 기업이나 경영 형태의 변형은 크게 요구되고 있지 않다.

두 번째 단계에서는 정보처리기술간 상호연계의 요구와 함께 경영업무처리 사이에 상호의존에 의한 내부 통합이 이루어지므로, 기업의 조직은 자연스럽게 통합이 되어간다.

세 번째 단계에서는 비즈니스를 수행하는데 필요한 업무처리를 정보처리 기술을 이용하여 효율적인 처리가 가능하므로, 업무처리의 재설계가 이루어져 업무처리의 효율화를 달성하고자 한다.

네 번째 단계에서는 기업조직에 존재하는 수많은 당사자들 간 효율적인 업무 처리를 위한 인터페이스를 재설계하므로 중복되거나 불필요한 업무의 제거와 정보의 공유 그리고 커뮤니티 활성화 등을 달성할 수 있게 된다.

다섯 번째 단계에서는 궁극적으로 기업의 가치사슬 재구성을 통하여 이익을 극대화하고자 업무의 범위를 재정의 하는 5단계로 진화되어 변형될 수 있다.

2) 인터넷 광고 수익모델

① 광고모델

가장 보편적이고 일반적인 수익모델이 광고모델이다. 광고모델은 그동안 많은 논란에도 불구하고 포탈 등의 인터넷 사업에서 가장 중요한 수익원으로 자리 잡은 것이 사실이고 광고 수익의 규모자체도 점차 확대되고 있는 추세이다. 여기에 그동안은 대부분 배너 광고의 의존하는 형태였으나, 검색서비스와 결합되어 보다 효과적인 광고 매체로 부상하고 있는 중이다. 우리나라의 경우 대부분의 광고비 산출은 CPM (Cost Per Millenium)을 기준으로 하고 있는 배너 광고로 1,000회 노출되었을 때 책정한 광고 비용을 의미한다. 그러나 이러한 배너 광고의 경우는 노출이 바로 비즈니스로 연결되지 못한다는 점에서 합리적인 광고비 산출의 근거가 되지 못한다는 문제점을 가지고 있고, 이에 대한 대응이 키워드 광고로 키워드 검색 시 상위에 광고액에 따라 위치를 지정함으로써 소비자의 구매유도를 확대시키는 방법 등이 활용되고 있다. 아직 보편화되지는 않았지만 PPP(Pay Per Perfomance), 즉 효과에 따른 지불방식으로 CPC(Cost Per Click)에 대한 관심도 집중되고 있다. 이는 노출보다는 클릭이 발생했을 경우에 광고주가 광고비를 지불하는 것으로 광고주의 입장에서도 보다 합리적인 광고가 가능하다는 장점이 있다. 인터넷 광고가 호조를 보이는 이유는 인터넷 매체의 노출이 점차 늘어나고 있고, 특히 10대,20대 및 30대 계층에 있어서는 인터넷이 매체로서의 관심도가 신문, 라디오, 잡지보다 더 높게, TV와는 비슷한 수준이라는 점 때문으로 평가된다(신재정, 2004).

3) 인터넷 광고 사업의 유형

인터넷을 이용하거나 적용하여 집행 · 운영되고 있는 다양한 사업들을 유형화하여 본다면 여러 가지 유형으로 나누어질 수 있다. 김은미(1999)는 사업형태를 중심으로 기

표 4-2 인터넷 사업 유형

사업	설명
미디어 (media-focus)	– 라디오, TV, 영화, 음반 등 기능 및 사업모델을 구현 – 광고, 전자상거래, 사용자 지불 등의 다양한 수입원 – 콘텐츠의 확보가 우선적으로 필요
엑세스 (access-focus)	– 포털 서비스를 지향 – 이용자의 접근자체에 주력하는 인터넷 관련 사업 – 초고속 인터넷 접속 시장 대상
전자상거래 (commerce-focus)	– 인터넷상의 전자상거래를 통한 사업모델 – 아마존 등 현실적으로 이익을 창출하고 있는 분야

출처: 김은미(1999). 인터넷을 이용한 영상서비스의 현황과 전망-새천년을 대비한 영상산업 발전 방안 · 정보기술(IT)활용을 중심으로 . 정보통신정책연구원 정책토론회, 188–189.

존의 매체와 같은 매체기능, 이용자에게 접근서비스를 제공하는 인터넷 접속기능, 상거래를 중심으로 하는 전자상거래 등 3가지 사업형태로 나누었다(표 4-2).

이러한 세 가지 유형은 인터넷을 이용하여 발전한 사업이며 그 외에도 인터넷 자체를 지원, 유지하기 위한 주변 사업도 인터넷의 성장과 더불어 급속도로 증가하고 있다. 이를 인터넷 주변사업이라 할 수 있는데, 주로 기술 집약적이라는 점에서 위의 세 가지 사업 유형과는 차이가 있다(김은미 1999).

또한 기본적으로 사업 기능을 중심으로 중개업(e-broker), 제조업(Manufacturer), 경매업(Auction)의 기능을 가지는 세 가지 유형으로 분류할 수도 있다(표 4-3).

이들 세 가지 사업 기능의 형태는 전자거래가 발전하면서 성숙됨에 따라 이 유형들을 혼합한 유형이나, 전혀 다른 새로운 형태가 나타나고 있다. 좀 더 발전된 유형별 분

표 4-3 인터넷 사업의 기능

기능	설명
중개(e-broker)	– 사이버 중개 기능을 가지면서 공급자와 구매자간 중간상인 역할과 기능
제조 (Manufacturer)	– 내부 제조 프로세스를 통하여 부가가치를 창출 – 고객이 원하는 사양을 직접 주문 – 중간상인을 배제, 중간상인의 이익을 고객에게 환원
경매 (Auction)	– 구매자의 가격을 공급자가 받아들일 때 거래가 성립 – 경매업무는 서비스나 제품에 관심을 둔 자와 연결하고, 판매자로부터 수수료를 받음

출처: 김은미(1999). 인터넷을 이용한 영상서비스의 현황과 전망-새천년을 대비한 영상산업 발전 방안 · 정보기술(IT)활용을 중심으로 . 정보통신정책연구원 정책토론회, 188–189.

류로 웹을 중심으로 일반적으로 나타나는 유형으로 분류하여 중개업, 광고업, 정보중개업, 머천트, 제조업자, 제휴, 커뮤니티, 가입, 유틸리티 등이 있다. 모델들은 다양한 방법으로 구축될 수 있는데, 어떤 기업은 인터넷 비즈니스 전략으로서 여러 개의 다른 모델들을 결합한 비즈니스 모델을 고려할 수도 있다(표 4-4).

인터넷이 대중매체로 발전하면서 인터넷을 광고매체로 활용하려는 광고주들이 증가하고 있다. 또 대부분의 인터넷 기업이 광고를 주된 수익 모델로 하기 때문에 인터넷 광고의 성장은 인터넷산업의 성장과 궤를 같이 하고 있다. 국내 인터넷 기업은 1990년대 말부터 투자 자본의 급증으로 우후죽순처럼 증가했다. 하지만 광고 수익이 정체되고 수익 모델의 개발이 어려워지면서 우량기업과 그렇지 않은 기업의 옥석 가리기가 이루어졌다. 따라서 2002년 이후에는 매체력을 지닌 포털 사이트와 언론 사이트를 중심으로 광고 수익이 증대했다.

이러한 추세는 그림 4-7에 나타난 인터넷광고비의 성장 현황에 그대로 나타난다. 우리나라의 인터넷산업은 점차 성장세를 보이며 2017년은 작년 대비 19%의 성장률로 전체 온라인 광고비 4조 4,389억 원에 도달했다.

표 4-4 웹 비즈니스 모델

모델	내용
중개 (Brokerage)	구매자와 판매자 사이에 거래를 촉진시킨다. 시장교환, 매도 • 매수 위탁, 수요 수집시스템, 경매 중개업자, 배극자, 검색 에이전트, 가상 몰을 포함
광고 (Advertising)	전통적 방송매체 모델을 확장한 모델
정보중개 (Infomediary)	광고 네트워크, 시청자 측정 서비스, 인센티브 마케팅, 메타 중개 등
상인 (Merchant)	가상 머천트, 카다로그 머천트, 클릭 모타르, 디지털 제품과 서비스를 다루는 머천트인 비트 벤더 등
제조업자 (Manufacturer)	제조업자가 직접 구매자에게 도달할 수 있는 모델
제휴 (Affiliate)	제휴 파트너 사이트에게 재무적 인센티브를 제공하여 기회를 제공한다.
커뮤니티 (Community)	지속적으로 방문하는 사용자들에게 광고, 정보 또는 특화된 포털 기회를 제공한다.
가입 (Subscription)	서비스 제공에 가입비를 지불. 콘텐츠 서비스, 네트워킹 서비스, 신용 서비스, ISP 등
유틸리티 (Utility)	On demand 모델. 실제 사용률에 그 기반을 두고, 전통적으로 필수 서비스인 전기, 수도, 장거리 전화를 측정한다.

출처: KOBACO(2008). 인터넷광고가 방송광고에 미치는 영향

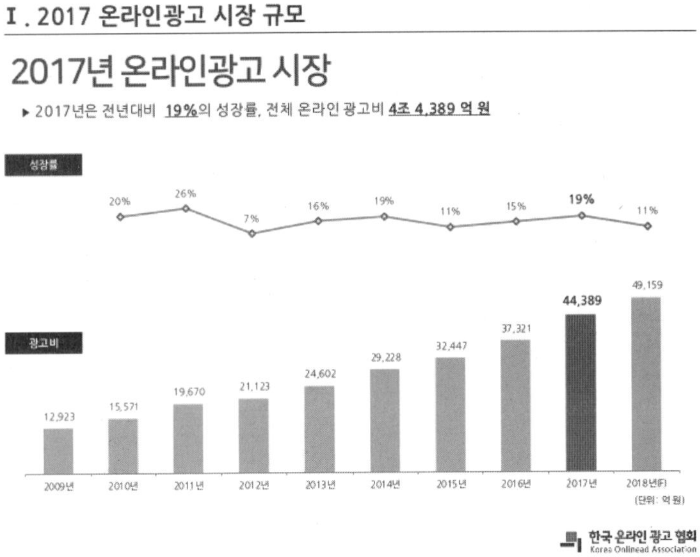

출처: 한국 온라인 광고 협회, 2017

그림 4-7 국내 온라인 광고 시장

한국의 인터넷광고비와 관련해서 주목할 만한 것은 몇몇 상위 인터넷 기업의 광고 점유율이 점차 증가하고 있다는 것이다. 상위 3개 사의 광고비 점유율이 2003년 45.1%에서 2004년 47.9%, 2005년 51.9%로 증가하고 있고, 상위 10개 사의 광고비 점유율은 2003년 65.1%, 2004년 65.5%, 2005년 67.5%로 증가했다. 결국 상위 3개 사가 인터넷 광고비의 절반 이상을 차지하고 있으며, 상위 10개사가 2/3 이상의 광고 점유율을 보이고 있는 것이다.

이렇게 광고주들이 주요 인터넷매체에만 광고비를 집행하는 것은 방문자 수가 많은 사이트에 광고를 집행하고자 하는 효율성 제고 측면이 강하고, 인터넷광고의 판매와 구매를 대행하는 미디어랩사들이 주로 상위 사이트들과 계약을 하여 광고대행을 하기 때문에 발생하는 것으로 보인다. 이러한 인터넷 사이트의 빈익빈 부익부 현상은 향후 더욱 심화될 가능성이 높으며, 상위 사이트의 광고단가도 치솟을 것으로 예상된다. 실례로 2009년 4월 포털 사이트인 '네이버(Naver)'의 초기화면에 00~15시, 15시~24시 고정되는 '블랜딩보드-확장형' 광고의 경우 광고단가가 각 7천만 원 1일 고정으로 1억 4천만 원에 이르고 있어서 신문 전면광고 요금과 거의 같은 수준의 광고단가를 형성하고 있다.

한국 마케팅 협회의 2008년 보고서에 따르면 향후 국내 광고 시장 전체는 연평균 4.9%의 성장을 지속할 것으로 전망된다. 그 중, 전체 규모의 성장 속에서 전통적 매체와 인터넷 대체가 두드러질 것이며, 뉴미디어의 점진적 상승이 전망된다. 인터넷 광고비는 최근 5년간 약 300%의 성장을 기록했고 TV, 신문에 이어 3대 매체로 자리매김

했다. 하지만 최근 미국발 경제 위기, 유가인상, 나스닥 주식 폭락 등과 같은 경기 둔화의 영향으로 당초의 전망보다 훨씬 못 미치는 수준이다. 하지만 다른 매체와 비교하여 꾸준한 성장세를 보이고 있어 2009년 디스플레이와 키워드를 합한 인터넷 광고비는 15,173억원으로 예상된다.

4) 인터넷 비즈니스 광고 Value chain

인터넷 수익모델의 수익원천이라는 측면에서 인터넷 비즈니스 Value chain을 분석하였다. 분석 결과에 따르면 다음과 같다. 우선 인터넷 기업의 수익모델의 원천을 분석해 보면 크게 2가지로 요약될 수 있다. 우선 그 첫 번째가 트래픽의 유발을 통해 수익을 확보하는 방법이다. 트래픽의 유발은 사람들이 인터넷 사용과정에서 다양한 부가서비스를 제공하면서 수익을 올리는 모델인 것이다. 대표적인 수익확보 방법이 광고이다. 또 다른 수익모델은 상품의 판매가 있을 수 있다. 이 역시 트래픽의 확대로 인해 유발된 부수효과라 할 수 있다. 두 번째의 수익원천은 거래 자체를 통한 수익모델이다. 즉 상품이나 서비스를 고객에게 직접 판매하여 수익을 얻는 모델이 그것이다(그림 4-8).

이와 같이 인터넷 비즈니스의 수익원천에 따라 인터넷 비즈니스 value chain은 세 가지로 유형화 할 수 있다. 첫째로 트래픽 중심의 인터넷 비즈니스 value chain이다. 트래픽 중심의 인터넷 비즈니스 value chain 구조는 광고 수익모델이 대표적인 경우로, 트래픽과 검색엔진을 무기로 배너, 검색, 지역광고를 하게 된다. 이러한 광고를 일반기업체와 자영업체 등이 구입을 하고 여기서 지불되는 광고료는 커뮤니티의 유지와 확대를 위해 콘텐츠를 제공하는 업체와 포탈업체의 운영을 위해 사용되는 것이다. 이 과정

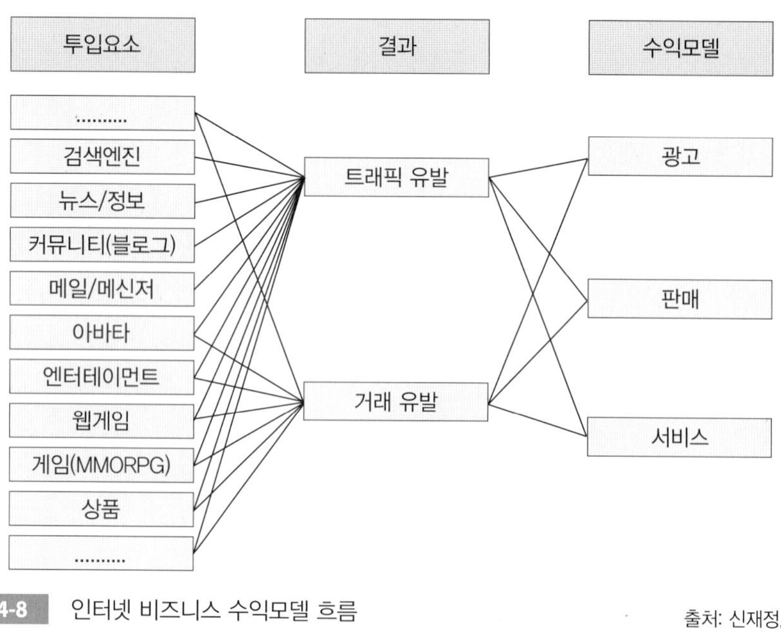

그림 4-8 인터넷 비즈니스 수익모델 흐름

출처: 신재정, 2004

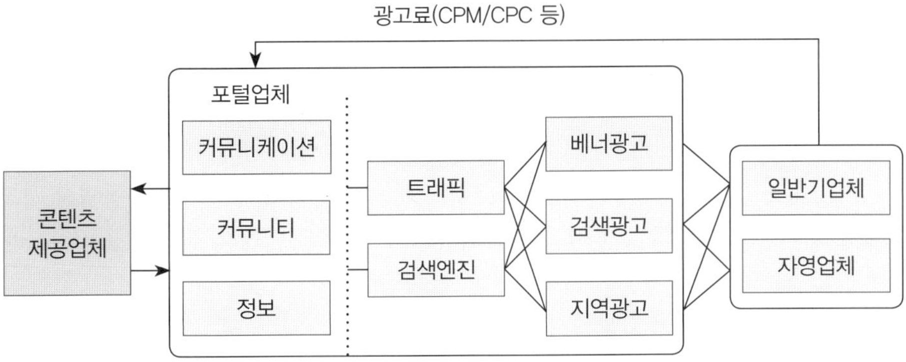

그림 4-9 콘텐츠, 거래 중심 비즈니스 가치사슬 출처: 신재정, 2004

에서 업체는 독특한 정보/콘텐츠, 충성도 높은 커뮤니티, 신속하고 안심할 수 있는 커뮤니케이션 도구를 제공하면서 경쟁의 차별화를 추구하는 것이다(그림 4-9).

4 인터넷 인터랙티브 광고의 유형

역사적으로 인터넷 상에 처음으로 광고가 등장한 것은 1994년 에이티엔티(AT&T)를 비롯한 몇몇 기업들이 핫와이어드닷컴(www.hotwired.com)이라는 웹사이트에 배너광고를 게재하면서 부터이다. 이로 인해 초기에는 배너광고가 인터넷 광고와 거의 동의어로 사용되었다. 그 후, 소비자의 이메일 계정에 광고 메시지를 발송하는 기업들이 늘어나면서 전자우편 광고가 새로운 인터넷 광고의 유형으로 자리잡았다. 2000년대에 들어와서는 인터넷 기술이 발전함에 따라 인터넷 광고의 유형 또한 수를 헤아릴 수 없을 정도로 다양해졌는데, 무엇보다도 리치미디어, 즉 기존의 정지형 배너광고에 애니메이션 기법이 첨가된 배너광고가 이러한 변화를 주도했다. 이에 따라, 스크롤 배너, 무빙 배너, 사운드 배너, 회전 확장 광고, 게임식 광고 등과 같이 리치미디어의 다양한 유형들 각각을 서로 다른 인터넷 광고 유형으로 분류하기도 하였다. 또한, 팝업 광고, 팝언더 광고, 전면 광고, 틈입형 광고 등과 같이 웹사이트 상에서 광고물을 제시하는 새로운 기술과, 스폰서 광고, PPL 광고, 대가성 광고 등과 같이 광고물의 판매 또는 노출과 관련된 새로운 전략들이 개발됨에 따라 각각의 기술과 전략을 지칭하기 위한 용어들이 개발되었다.

그러나, 인터넷 상에서 광고의 양이 폭발적으로 증가하면서 인터넷 광고에 대한 소비자의 부정적 태도 또한 증가하게 되었다. 이로 인해 인터넷 광고의 효과 역시 급감하게 되자 기업들은 소비자가 인터넷을 이용하는 목적, 특히 정보탐색 목적에 부합되는 인터넷 광고의 개발에 관심을 갖게 되었고, 이러한 관심에 부합할 수 있는 광고형식으로 콘텐츠 광고와 검색광고가 등장하게 되었다. 특히, 검색광고는 2006년 이후 총 광고비 측면에서 배너광고를 앞지른 뒤 매년 그 격차가 더욱 벌어져 이제는 명실상부한 인터넷 광고의 대표적 유형으로 자리잡게 되었다.

마지막으로, 가장 최근에는 인터넷의 속도가 초고속화 됨으로써 인터넷 상에서 동영상물을 감상하는 소비자의 수가 급속히 증가하고 있다. 이에 발맞추어 동영상물의 앞, 중간, 또는 뒷부분에 TV 광고물을 그대로 또는 변형하여 노출시키는 동영상 광고가 활발히 이용되고 있다. 인터넷의 속도가 앞으로도 계속 빨라질 것임을 고려했을 때, 동영상 광고의 양 또한 계속 증가할 것으로 예상된다.

인터넷광고는 네 가지로 유형이 분류된다. 광고형태, 사용기법 및 운용방법, 광고비 지불방식, 광고목적 등에 의한 분류가 바로 그것이다(표 4-5).

한국의 인터넷광고는 초기에는 단순한 배너광고에서 시작하여 애니메이션 GIF 파일을 이용한 움직이는 배너광고로 진화하였고, 배너광고에 음성과 동영상의 구현이 가능한 리치미디어(Rich Media)광고로 발전했다. 최근에는 위와 같은 기술적인 발전이나 개발을 통한 새로운 광고유형의 제시보다는 인터넷광고를 마케팅 수단으로 활용하기 위한 시도들이 눈에 띈다. 한국의 인터넷광고 시장의 특징을 다음과 같이 요약하였다.

첫째, 검색광고 시장이 비약적으로 성장하고 있다. 검색광고란 이용자가 검색어를 입력할 때 검색 결과와 함께 광고를 보여주는 것으로, 이용자들의 광고 클릭 수 등에 따라 광고주가 지급한 비용을 포털 사이트와 양대 키워드 검색 서비스 대행사인 오버추어코리아와 구글이 나누어 왔다. 검색광고는 단순한 텍스트 검색에서 발전하여 동영상 검색이 가능한 멀티미디어 마케팅 수단으로 변신하고 있다. 이러한 변화는 그동안 검색 광고에 소극적이었던 대기업들이 인터넷광고 시장에 새롭게 진입할 수 있는 기회로 작용할 가능성이 높다.

한국인터넷마케팅협회가 집계한 인터넷 검색광고의 광고비 변화 추이를 보면, 2002년 500억 원에 불과했던 시장규모가 2003년 1,200억 원, 2004년 2,160억 원, 2005년 3,402억 원, 2006년 4,892억 원, 2007년 7,484, 2008년 8,225억 원으로 2008년을 제외하면 두자리 수 이상의 꾸준한 성장을 보이고 있다. 검색광고에 비해 디스플레이 광고의 성장은 더욱 큰 성장을 이루고 있어 향후 인터넷광고 시장은 배너광고보다는 검색광고의 규모가 훨씬 더 높은 비중을 차지할 것으로 보인다.

두 번째 한국 인터넷광고 시장의 특이점은 미니홈피, 블로그로 대표되는 개인 미디어를 통한 광고 집행이 증가하고 있다는 점이다. 한국의 싸이월드나 네이버에는 수많은 미니홈피와 블로그가 존재하는데 기업들이 이를 인터넷광고의 수단으로 삼고 있다. 특히 미니홈피나 블로그가 자유로운 콘텐츠의 생산과 유통에 초점을 두고 있는 만큼, 광고주들이 위 매체들을 광고 메시지보다는 제품정보의 제공, 고객관리, 이벤트 참여, 홍보 메시지 전달 등 전반적인 마케팅 촉진 수단으로 이용하려는 경향이 강하게 나타나고 있다.

셋째, 인터넷 영역에서도 PPL의 시도가 드러나고 있다. 원래 PPL(Product Place-

표 4-5 인터넷 광고 유형 분류

분류		유형 설명
광고 형태	텍스트광고	웹페이지내에 문자형태로 제시되는 광고
	노출형광고	웹페이지내에 일정한 크기의 네모항태 그래픽으로 제시되는 광고
	검색광고	입력된 등록검색어에 연동하여 사진에 등록된 광고문구 및 광고대상사이트의 인터넷주소가 노출되는 광고
	전면광고 및 떠있는 광고	웹페이지와는 별도로 위 또는 아래에 새로운 창이 뜨면서 제시되는 광고
	웹사이트 및 콘텐츠연결광고	웹사이트내에 콘텐츠 혹은 이와 연결되어진 형태로 제시되는 광고 ex) 페이스북광고 등
	모바일 및 무선인터넷광고	휴대폰의 무선인터넷기능을 이용해서 제공되는 광고 ex) 단문메시지, 쿠폰광고 등
광고비 지불 방식	기간제지불형	일정기간 동안 고정금액을 지불하는 형태의 광고
	단순노출기반 지불형	노출수에 비례한 광고비 지불형태의 광고
	성과기반지불형	클릭 · 방문 · 가입 · 구매 등 특정행동에 비례하여 광고비가 지불되는 형태의 광고
	혼합형	앞의 세 가지 유형을 두 가지 이상 혼합한 형태의 광고
사용 기법/ 운용 방법	정지형 광고	단순그래픽이미지와 문자만을 사용하여 움직임없이 한 장면으로 구성된 광고
	애니메이션 광고	정지형 광고에 역동성이 더해진 광고
	리치미디어광고	기존의 단순한 텍스트 · 그래픽 · 애니메이션 광고에서 한발 더 나아가 사운드, 멀티미디어 등의 다양한 기법을 추가한 광고
	스마트광고	리치미디어 광고와 기법에서는 큰 차이가 없으나, 리치미디어가 감성적 측면에서의 다양한 자극을 제공하는 반면, 스마트 광고는 이성적 측면에서 많은 정보를 제공
	동영상광고	모니터 · TV · 하트 모양 등 다양한 형대로 플래시나 동영상을 TV프로그램처럼 보여주는 형태의 광고
광고목적		특징행동효과를 기대하는 광고
		서비스의 고지를 위한 광고
		커뮤니케이션효과를 목적으로 하는 광고

ment)은 영화에서 자연스럽게 제품을 노출시킴으로써 광고효과를 얻고자 하는 마케팅 기법이자 새로운 광고유형을 말한다. 한국에서는 현재 영화와 함께 TV 드라마에서 PPL이 성행하고 있으며, 인터넷광고 시장에서는 주로 게임 서비스가 PPL을 적극 추진하고 있다. 인터넷 게임 사업자들은 광고주와 제휴하여 인기가 높은 게임에 광고주의 로고와 브랜드를 노출시켜 자연스러운 상태에서 광고효과를 얻고자한다. 이러한 인터넷 게임에서의 PPL 시도는 게임의 기획단계에서부터 적절한 광고주를 확보하고 그 광

고주의 성격에 맞는 게임 시나리오와 장면을 구성하여 그 효과를 극대화시키고 있다.

끝으로, 오프라인과 연계된 크로스미디어(Cross Media)광고와 동영상광고의 집행이 증가하고 있다는 특징도 나타나고 있다. 이제 오프라인의 TV광고에서 인터넷에서 검색으로의 연결을 촉구하는 메시지를 보는 것이 평범해 보일 정도로 크로스미디어광고가 보편화되고 있다. 또 최근에는 인터넷을 위한 동영상광고를 별도로 제작하거나 TV광고를 인터넷용으로 재편집해서 이용자들에게 흥미를 주는 광고를 집행하기도 한다. 크로스미디어광고 집행의 효과에 대해서 인터넷에서 보게 되면, 보다 쉽게 알아보는 시청자가 35.7%, 더 주목하게 되는 시청자가 26.1%, 이해하기 쉽다고 응답한 시청자가 31.1%, 기억이 오래 간다는 시청자가 26.1%에 달한다고 발표했다. 이러한 결과는 크로스미디어가 투자비용 대비 높은 광고효과를 발휘할 수 있음을 보여주는 근거라고 하겠다. 또 동영상광고는 2005년 집행 수가 전년 대비 27배 상승하였고, 선호도도 29.6%로 인터넷광고 중 가장 높게 나타났다. 그리고 동영상 인터넷광고에 대한 클릭률도 상대적으로 높아서 향후 인터넷광고 시장의 견인차 역할을 할 것으로 예상되고 있다.

5 인터랙티브 미디어 중심의 인터넷 광고 유형

인터넷 광고 유형의 분류체계와 관련하여, 현재 사용되고 있는 여러 유형의 인터넷 광고를 광고비를 기준으로 했을 때 그 비중이 가장 큰 디스플레이 광고와 검색광고, 그리고 앞으로 성장 가능성이 큰 동영상 광고의 세 유형으로 나누고, 이를 다시 앞에서 제

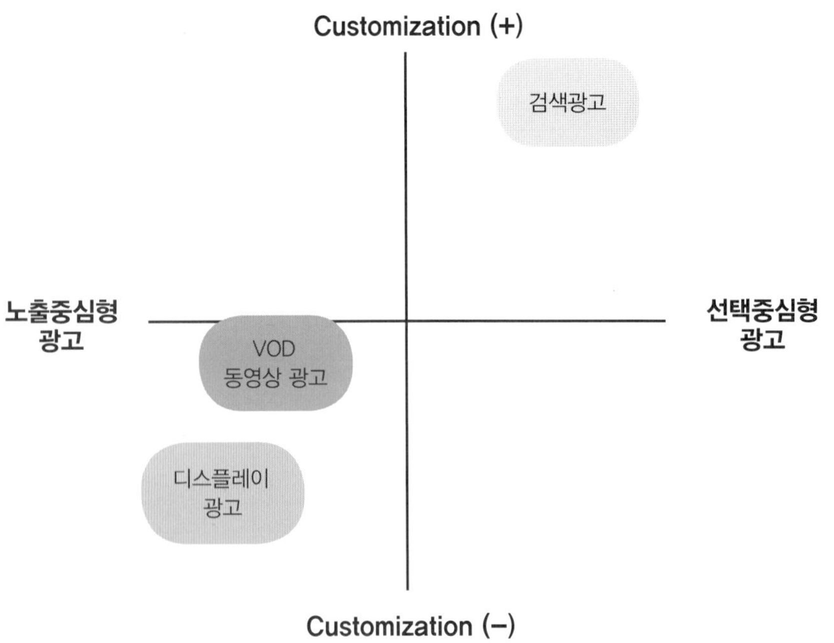

그림 4-10 인터넷 스마트 광고 유형 분류 차원

표 4-6 인터넷 스마트 광고 유형 분류 표

인터넷	노출중심형 광고	디스플레이광고	배너광고 (다양한 변형 들 포함), 리치미디어 (다양한 변형 들 포함)
		동영상광고	동영상 게재 순서에 따라 동영상재생전광고, 재생중광고, 재생후광고
	선택중심형 광고	검색광고	– 광고비 산정방식에 따라 CPT 방식 광고, CPC 방식 광고 – 광고노출 위치에 따라 검색 사이트마다 고유 명칭 사용

시한 스마트 광고유형 분류 체계에 맞추어 "노출중심 & 저 개인맞춤형 광고"와 "선택중심 & 고 개인맞춤형 광고"로 구분하였다. 그 이유에 대해서는 뒤에서 자세히 다루도록 한다. 한편, 현재 집행되고 있는 인터넷 광고 유형들 중 "노출중심 & 고 개인맞춤형 광고"와 "선택중심 & 저 개인맞춤형 광고"로 구분할 수 있는 것은 없다고 판단되었다 (그림 4-10, 표 4-6).

1) 노출중심 & 저 개인맞춤형 광고

(1) 디스플레이 광고

최근 많은 사람들이 "디스플레이 광고"를 "배너광고"와 동의어로 사용하고 있다. 그러나, 엄격히 말하면, 배너광고란 "웹사이트 상의 특정 위치에 띠 모양으로 고정되어 있는 광고"를 가리킬 때 주로 사용하는 용어이다. 배너광고는 일반적으로 소비자에 의한 위치 또는 형태의 변경이 쉽지 않다. 반면, 디스플레이 광고는 배너광고뿐만 아니라, 리치미디어, 팝업광고, 팝언더광고, 전면광고, 틈입형 광고 등과 같이 소비자가 웹사이트 상에서 해당 광고물의 위치 및 형태를 자유롭게 변경할 수 있으며, 제한적으로나마 광고물의 표출과 삭제 또한 통제할 수 있는 광고 유형들을 모두 포괄하는 광의의 용어이다. 그러므로, 본 연구에서는 디스플레이 광고를 배너광고뿐만 아니라 위에서 언급한 광고 유형들과 같이 "소비자가 특정 웹사이트를 방문하거나 다른 웹사이트로 이동할 때 소비자의 의도와는 관계없이 웹사이트 상에 표출되는 모든 유형의 광고"를 포괄하는 용어로 사용한다.

디스플레이 광고의 다양한 유형들 중에서 최근 가장 많이 사용되고 있는 유형은 단연 배너광고와 리치미디어이다. 아래에서는 두 유형에 대해 좀 더 자세히 설명하도록 한다.

(2) 배너광고

위에서 언급한 바와 같이, 배너광고란 "웹사이트 상의 특정 위치에 띠 모양으로 고정되어 있는 광고"를 가리킨다. 일반적으로, 배너광고의 유형은 크기(가로×세로), 게재 위치, 그리고 광고비 산정방식에 따라 나누어진다.

우선, 배너광고의 크기와 관련해서는 한국인터넷마케팅협회가 몇 차례에 걸친 제안과 수정작업을 거쳐 2005년에 최종적으로 가로형 6개(175×95, 280×120, 390×100, 468×60, 590×70, 728×90), 세로형 3개(100×300, 150×500, 160×600), 그리고 네모형 4개(240×240, 300×250, 350×300, 400×300) 등과 같은 표준안을 제시하였다. 그러나, 현업에서는 아직 이러한 표준안이 널리 채택되지 않은 상태이며, 웹사이트들 역시 저마다 서로 다른 크기의 배너광고를 게재함으로써 기업에게 많은 비용부담과 함께 혼란을 야기하고 있는 실정이다. 예를 들어, 국내 최대 포털 사이트인 네이버의 경우, 위의 표준안에서 제시한 크기들 외에도 466×100, 280×150, 170×170, 90×100, 250×100, 200×200, 790×60, 220×448 등 매우 다양한 크기의 배너광고를 사용하고 있다. 또한, 위의 표준안은 미국 인터랙티브 광고 협회(Interactive Advertising Bureau)에서 제안한 배너광고 크기의 국제적 표준도 다르기 때문에 향후 좀 더 체계적이면서도 보편적으로 적용할 수 있는 표준안이 마련되어야 할 필요가 있다(표 4-7).

다음으로, 배너광고의 게재 위치는 각 웹사이트의 고유 권한이기 때문에 이에 대해 특별히 정해진 규정은 없다. 그러나, 웹사이트의 중앙보다는 상, 하, 좌, 우 등 바깥쪽에 게재되는 것이 일반적이며, 이에 따라 상단, 하단, 좌측, 우측 배너 등과 같은 이름으로 불린다. 또한, 웹사이트가 여러 개의 웹페이지로 구성되어 있는 경우, 초기면에 게재되는 광고인지, 아니면 그 이외의 페이지에 게재되는 광고인지를 명시하는 것이 일반적

표 4-7 크기에 따른 배너광고의 분류 체계

한국인터넷마케팅협회 표준안	IAB 표준안	네이버 사용
가로형	234×60(Half Banner)	466×100
175×95	120×90(Button1)	280×150
280×120	120×60(Button2)	280×240
390×100	88×31(Micro Bar)	200×200
468×60*	468×60(Full Banner)	700×46
590×70	125×125(Square Button)	280×51
728×90*	728×90(Leader Board)	220×29
세로형	120×240(Vertical Banner)	550×365
100×300	250×250(Square Pop Up)	564×115
150×500	336×280(Large Rectangle)	170×170
160×600*	160×600(Wide Skyscraper)	250×100
네모형	240×400(Vertical Rectangle)	90×100
240×240	300×600(Half Page Ad)	790×60
300×250*	300×250(Medium Rectangle)	240×240
350×300*	120×600(Skyscaper)	350×300
400×300*	180×150(Rectangle)	400×300

* 한국인터넷마케팅협회(2005)가 제안한 배너광고 표준안 중 IAB 또는 네이버가 채택한 크기

그림 4-11 네이버 배너광고

출처: 네이버(NAVER)

이다. 예를 들어, 조선일보의 경우, 초기면 배너와 기사면 배너를 구분하고 있다. 또한, 다음의 경우에도, 초기 배너와 섹션 배너를 구분한 뒤 커뮤니티, 미디어다음, 금융/부동산 등과 같이 각 섹션의 이름을 붙여 배너의 게재 위치를 명시하고 있다(그림 4-11).

네이버의 경우 이용자의 시선이 집중되는 우측상단에서 1일 고정으로 노출하여 이용자 첫 화면에 광고가 지속적으로 제공되어 “강력한” 커뮤니케이션 채널확보가능하며, 베너 광고영역을 활용한 자유로운 표현 구사를 하고 있다.

이러한 광고의 광고비 산정방식은 크게 CPM(Cost Per Thousand Impressions) 방식과 CPC(Cost Per Click) 방식으로 나누어진다. CPM 방식은 웹사이트에 광고물이 게재되어 있는 기간 동안 해당 웹사이트가 소비자의 컴퓨터상에 1,000회 로딩될 때마다 일정 금액의 광고비를 책정하는 방식인 반면, CPC 방식은 소비자가 해당 배너광고를 1회 클릭할 때마다 일정 금액의 광고비를 책정하는 방식이다. 그러나, 지난 수 년에 걸쳐 배너광고의 클릭율이 급격히 감소함에 따라 CPC 방식을 대체할 수 있는 새로운 광고비 산정방식들이 개발되고 있다. 예를 들어, 네이버는 “타임보드”라는 광고방식을 제시하고 있는데, 주목도가 높은 네이버의 초기 화면 상단에 1시간 동안 독점적으로 특정 배너광고를 게재하는 대신 정해진 금액의 광고비를 지불하는 방식이다.

(3) 리치미디어

일반적으로 리치미디어는 GIF 이미지 또는 텍스트로 구성된 기존의 배너광고와는 달리 발전된 인터넷 기술을 기반으로 영상, 소리, 애니메이션 등의 멀티미디어를 복합적으로 사용하여 만들어진 디스플레이 광고를 가리킨다. 이러한 속성으로 인해 리치미디어는 소비자의 시각과 청각을 자극하여 광고에 대한 주목도를 높일 뿐만 아니라 전통 광고와 인터넷 광고의 핵심적 차이라고 할 수 있는 소비자와 광고 메시지 간의 상호작용을 유도하기에도 매우 효과적이다. 또한, 최근에는 기존의 배너광고에 리치미디어 기술이 접목됨으로써 배너광고와 리치미디어의 구분이 모호해지고 있는 실정이다.

리치미디어의 유형은 인터넷 기술의 발전과 밀접한 연관이 있다. 이로 인해 리치미디어의 유형은 매우 다양할 뿐만 아니라 가변적이어서 새로운 유형의 리치미디어가 끊임없이 등장하고 있다. 또한, 리치미디어의 유형에 대한 가이드라인이 존재하지 않기 때문에 리치미디어를 제작, 판매하는 웹사이트 및 광고대행사들의 경우, 유사한 유형의 리치미디어를 서로 다른 이름으로 부르는 경우가 많다. 예를 들어, 네이버의 경우, 기본형, 동영상 확장형, 지퍼형, 슬라이드형, 더블앤, touch형, 스프링형, 에로우형, 타이핑형, turn 확장형, magazine형, drag 확장형, POP 확장형 등과 같이 13개의 세분화된 리치미디어 유형을 제공한다. 그러나, 기본형을 제외한 나머지 유형들은 모두 소비자가 해당 광고물에 마우스를 올려 놓았을 때 광고물이 확장되는 방식으로서, 마우스를 올려 놓는 방법이나 확장되는 방식에 미세한 차이가 있을 뿐 모두 "확장형" 등과 같은 이름으로 동일한 유형에 포함시킬 수 있다(그림 4-12, 그림 4-13).

반면, 세계 최대 인터넷 광고 대행사들 중 하나인 더블클릭(DoubleClick)의 경우, 리치미디어의 유형을 expanding, floating, in-page, in-page video, roadblcok, take-over, teaser, widget ad 등과 같이 크게 8가지로 분류하고 있는데, 네이버의 유형분류 방식에 비해 각 유형의 차이가 훨씬 더 분명하다. 아래의 그림들은 위에서 언급한 리치

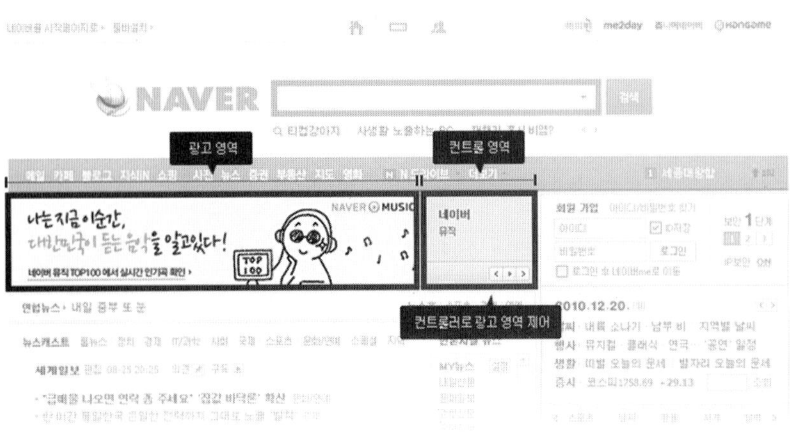

그림 4-12 네이버의 기본형 광고 예시

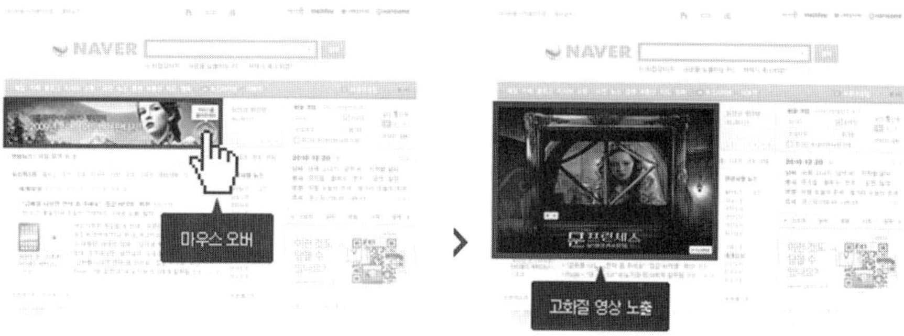

그림 4-13 네이버의 동영상 확장형 광고 예시

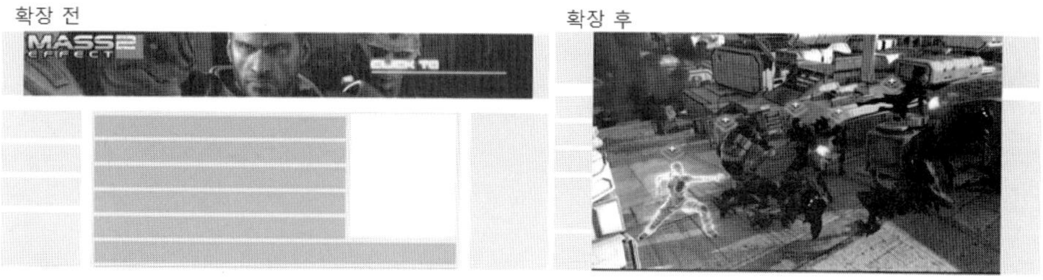

그림 4-14 더블클릭의 Expanding형 광고 예시

미디어 유형의 예를 보여준다(그림 4-14).

(4) 동영상 광고

인터넷 상의 모든 것은 정지해 있는 것과 움직이는 것으로 나눌 수 있다. 여기서 정지해 있는 것이란 시간에 따른 움직임이나 변화가 없는 고정된 화면을 가리킨다. 반대로, 움직이는 것이란 시간에 따라 변화하는 화면을 가리키는데, 단위 시간에 보이는 화면들 여러 개가 연속적으로 모여서 하나의 움직이는 영상을 만들게 된다. 이러한 기준에 의하면, 좌측에서 우측 또는 그 반대의 방향으로 흘러가는 단순한 텍스트나 별다른 움직임 없이 단순히 깜빡거리기만 하는 심벌 등과 같이 인터넷 상에서 움직임이 있는 모든 것들이 동영상에 포함되고, 이러한 요소를 포함하고 있는 모든 광고물 또한 동영상 광고로 부르게 된다.

동영상 광고를 이렇게 광의의 개념으로 정의하게 되면 위에서 설명했던 리치미디어와 동영상 광고의 차이가 불분명해지는 문제점이 생긴다. 모든 리치미디어 역시 움직임을 포함하고 있기 때문이다. 그러므로, 본 연구에서는 동영상 광고를 "TV 광고물을 그대로 또는 인터넷 환경에 맞게 변화시켜 사용하거나, TV 광고물과 유사한 방식으로 제작하여 인터넷 상에서 구현되는 TV 프로그램이나 영화와 같은 동영상물(VOD)의 앞, 중간, 또는 뒷부분에 삽입하는 광고"만을 가리키는 협의의 개념으로 사용한다. 그러나, 대

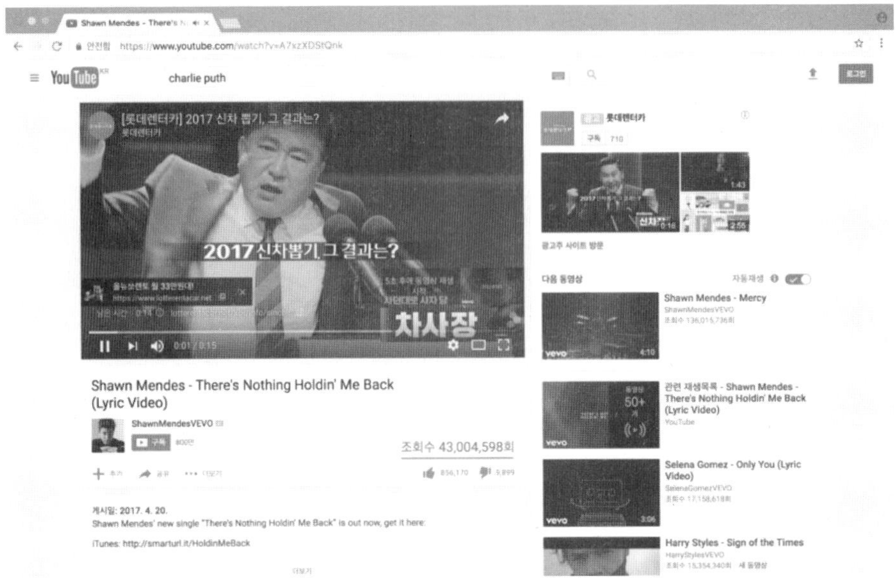

그림 4-15 유튜브의 동영상 광고 예시

부분의 동영상 광고는 광고물이 상영되는 동안 소비자가 광고물을 마우스로 클릭하게 되면 디스플레이 광고와 같이 해당 광고물에 대한 웹사이트로 이동하게 된다는 점에서 TV 광고와는 다르다. 또한, 동영상 광고는 일반적인 리치미디어와 비교해 보았을 때 제작방식에 있어서도 차이가 있다. 즉, 일반적인 리치미디어의 경우 자바스크립트, 자바애플릿, 플래시 등을 이용하여 제작하지만, 동영상 광고의 경우 주로 디지털 데이터 압축 기술 및 광대역을 이용한 디지털 데이터 전송 방식을 이용하여 제작한다(그림 4-15).

그러나, 동영상 재생 전 광고에 비해 동영상 재생 중 광고와 재생 후 광고는 극히 제한적으로 사용되고 있다. 왜냐하면, 대부분의 동영상 광고가 동영상 재생 전 광고인 것이다. 또한, 동영상 재생 중에 광고가 삽입된다 하더라도 인터넷 상에서는 이를 쉽게 삭제하거나 건너뛸 수 있고, 동영상 재생 후에 상영되는 광고에 대해서는 집중도가 극히 떨어진다. 이러한 단점으로 인해 동영상 재생 중 광고와 재생 후 광고의 생명력은 그리 길지 않을 것으로 예상된다. 즉, 동영상 광고유형의 새로운 분류방식이 필요한 것이다. 이를 위해서는 규격, 파일형식, 위치, 크기 등에 대한 표준화작업이 선행되어야한다. 유튜브의 경우 중간광고가 많아진 요즘, 소비자가 끝까지 동영상 광고를 집중하도록 하기 위한 감성적인 콘텐츠를 제공하였다. 그 예로 유튜브에 공개된 G마켓의 '반려견 쇼핑 금지' 캠페인 동영상도 큰 성공을 이룬 사례이다. 최근 애완견에 대한 관심이 높아지며 국내 유기 동물의 수가 급증하고 있는 상황에서 소비자들에게 반려견에 대한 책임감을 가지도록 유도하기 위한 감성 마케팅 영상을 기획하였다. 이 영상은 천 만 이상의 조회 수를 기록하며 감성적인 연출을 통해 소비자들에게 진정성이 있는 메시지를 전달한 것으로 큰 화재를 불러 일으켜 이벤트에 참여를 높이는 바이럴 영상을 제공하였다. 이는 감성적인

그림 4-16 G마켓 캠페인 사례

출처: 제일기획, 2019

스토리가 있는 광고를 통해 소비자에게 동영상 광고를 스킵하지 않고 보며 강력한 브랜딩 효과를 원하는 광고를 충족시켜준 사례라 할 수 있다(그림 4-16).

현재, 국내에서 동영상 광고는 온라인 VOD 서비스 전문 웹사이트와 KBS, MBC, SBS 등 지상파 방송국의 웹사이트에서 제공되는 동영상물에 주로 삽입되고 있다. 그러나, 조선일보, 중앙일보, 동아일보 등 기존 인쇄매체 기업들이 웹사이트 상에서 동영상물을 제공하면서 이를 새로운 광고 수입원으로 활용하기 시작했기 때문에 동영상 광고는 향후 크게 성장할 것으로 기대된다. 이에 발맞추어 동영상 광고를 보다 효과적으로 활용하기 위해서는 동영상 광고를 제작하는 기술의 발전과 함께 동영상 광고의 유형을 분류하는 작업이 병행되어야 할 것이다.

2) 선택중심 & 고 개인맞춤형광고

(1) 검색광고

검색광고란 검색엔진(특정 키워드에 대한 검색기능을 전문적으로 제공하는 웹사이트)의 검색기술을 기반으로 소비자가 특정 키워드를 검색창에 입력하면 결과 페이지에 해당 키워드를 구매한 기업의 웹사이트 링크가 노출되는 광고방식을 말한다.

검색광고는 디스플레이 광고와 비교했을 때 다섯 가지의 특징을 갖고 있다. 첫째, 대부분의 소비자가 디스플레이 광고를 광고로 분명하게 인식하는 반면, 검색광고는 광고가 아니라 정보라고 인식하는 경향이 강하다. 이로 인해, 검색광고는 광고에 대한 소비자의 일반적인 기피현상을 줄이는데 매우 효과적이다. 둘째, 디스플레이 광고가 해당 웹사이트를 방문하는 모든 소비자에게 노출되는 것과는 달리, 검색광고는 특정 검색결과에 관심을 갖고 있는 소비자들에게만 선별적으로 노출된다. 이러한 특징 역시 검색광고의 효과를 높이는데 도움을 준다. 셋째, 디스플레이 광고에 비해 상대적으로 가격이 저렴하기 때문에 중소기업은 물론 일반 자영업자에 이르기까지 큰 부담을 느끼지 않고 광고할 수 있다. 또한, 웹로그 분석을 통해 실시간으로 광고효과를 측정할 수 있기 때문에 제한된 광고비를 효율적으로 사용할 수 있다. 넷째, 디스플레이 광고와 검색광고 모두 CPM방식과 CPC방식을 사용하여 광고비를 산정하는데, 디스플레이 광고의 경우 주로 CPC방식을 사용하는 반면, 검색광고는 주로 CPM방식을 사용한다. 검색광고와 관련해서는 CPM방식이라는 용어 대신 CPT방식이라는 용어를 사용하기도 한다. 마지막으로, 디스플레이 광고의 경우 저조한 클릭률로 인해 광고를 통해 직접적으로 구매를 유도하기 쉽지 않은 반면, 검색광고는 이러한 가능성이 상대적으로 많다. 이는 제품과 관련된 키워드 검색을 실시하는 소비자의 경우 인터넷 상에서 즉각적으로 해당 제품을 구매하는 경우가 많기 때문이다. 검색광고의 유형은 광고비 산정방식과 광고노출 위치에 따라 아래와 같이 세분할 수 있다.

가. 광고비 산정방식에 따른 분류

위에서 이미 언급한 바와 같이, 광고비 산정방식에는 CPT방식과 CPC방식이 있다. 검색광고의 경우, 다수의 기업이 동일한 검색어를 구입할 수 있기 때문에 검색광고의 효과를 높이기 위해서는 검색결과 내에서 해당 검색광고가 상위에 노출되는 것이 중요하다. 그러나, 검색광고의 노출순위는 기업이 CPT방식과 CPC방식 중 어떤 방식으로 광고비를 지불하는지에 따라 달라진다. 구체적으로, CPT방식을 사용하는 경우, 동일한 검색어에 대해 해당 기업이 제시한 광고비와 다른 기업들이 제시한 광고비의 비교를 통해 노출순위가 결정되고, 이 순위는 정해진 기간 동안 변하지 않는다. 반면, CPC방식을 사용하는 경우, 기업은 해당 검색광고가 클릭된 회수에 따라 광고비를 지불하게 된다. 이 때, 검색광고의 노출순위는 기업이 처음에 설정한 클릭당 광고비와 소비자가 실제로 해당 검색광고를 얼마나 많이 클릭했는지를 종합적으로 고려하여 결정하기 때문에 노출순위가 지속적으로 바뀌게 된다. 각 유형의 검색광고를 네이버는 "타임초이스"와 "클릭초이스"라고 부르며, 다음은 "애드하우"와 "클릭스"라고 부른다.

나. 광고노출 위치에 따른 분류

광고노출 위치와 관련하여, 국내 최대 검색엔진이자 포털사이트인 네이버, 다음, 네이트는 각기 검색결과에 표기되는 내용을 조금씩 달리 하여 여러 섹션을 구성한 뒤 기업으로 하여금 해당 검색광고를 어느 섹션에 노출시킬 것인지 결정토록 한다. 예를 들어, 네이버의 경우, 파워링크, 플러스링크, 비즈사이트, 지식쇼핑 등의 섹션을 제공하는 반면, 다음은 스페셜링크, 스폰서박스, 스폰서링크 등의 섹션을 제공하고, 네이트는 스피드업, 스페셜링크, 스폰서링크, 홈페이지 바로가기, 스폰서박스, 프리미엄매칭, 비즈클릭 등의 섹션을 제공한다. 위 섹션들 중에서, 다음과 네이트의 스폰서링크에 노출되는 검색광고는 검색광고 전문대행사인 오버츄어코리아에 의해 통합적으로 관리된다. 또

표 4-8 광고비 산정방식과 광고노출 위치에 따른 검색광고 유형

광고비 산정방식에 따른 검색광고 유형	네이버	다음	네이트
CPT 방식	[타임초이스] 플러스링크	[애드하우] 스페셜링크 스포서박스	홈페이지 바로가기 스피드업 프리미엄 매칭 스페셜링크 스폰서박스
CPC 방식	[클릭초이스] 파워링크 비즈사이트 지식쇼핑	[클릭스] 프리미엄링크	스폰서링크

한, 네이버의 플러스링크, 다음의 프리미엄링크, 그리고 다음과 네이트의 스폰서링크는 CPC방식으로 광고비가 산정되는 반면, 그 외의 섹션들은 CPT방식으로 광고비가 산정된다(표 4-8).

(2) 노출형 광고(DA:Display Advertising)

웹 사이트내의 페이지 내 혹은 사이트와 함께 일정크기로 보여지는 광고형태로 가로형 · 세로형 · 네모형 · 떠있는 광고 등의 형태가 운영되고, 인터넷이용자들을 대상으로 노출되는 형태의 광고의 형태로 제공되며 노출형광고와 검색기능의 결합되어, 광고에 노출된 잠재고객을 검색으로 유도 노출형광고 표현과 연관된 키워드 검색으로 연상효과 제공하는 방식을 가지고 있다(그림 4-17).

니어 배너(Near Banner)의 경우 광고노출을 일정지역으로 한정할 수 있는 광고 형태로 시 · 군 · 구 · 동까지 세분화하여 광고주가 원하는 곳에만 광고 가능하며, 단순 노출 이외에도 추가적인 지역 상세정보의 가능성이 열려있는 광고 형태이다. 롯데백화점은 니어 서비스를 적용하여 접속 시 우측의 '나의 점'에 본인이 접속한 지역의 지점이 노출되고, eco전단 클릭 시 해당 지점의 전단을 노출하였다(그림 4-18).

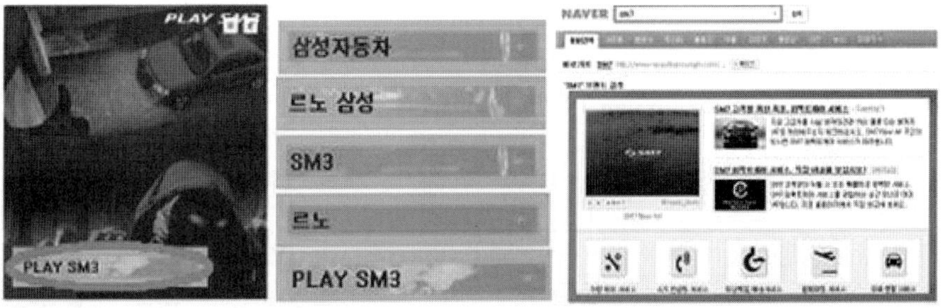

그림 4-17 검색 노출형 광고 출처: NHN(주), NAVER MEDIA PROPOSAL, 33면.

출처 : 디지털투데이 (DigitalToday)(http://www.digitaltoday.co.kr)

그림 4-18 롯데백화점 사이트 니어 서비스 적용 사례

(3) 선택중심형 광고 : 검색광고(SA:Search Advertising)

검색사이트에서 검색어를 입력하면 검색결과가 나오는 화면에 관련 업체의 광고가 노출되도록 하는 광고형태로 이용자의 정보검색목적과 관련이 깊은 사이트 방문으로 자연스럽게 이어질 수 있어, 상품판매 · 전화문의 · 회원가입 등과 같은 광고목적을 달성할 확률이 높은 것으로 알려져 있다.

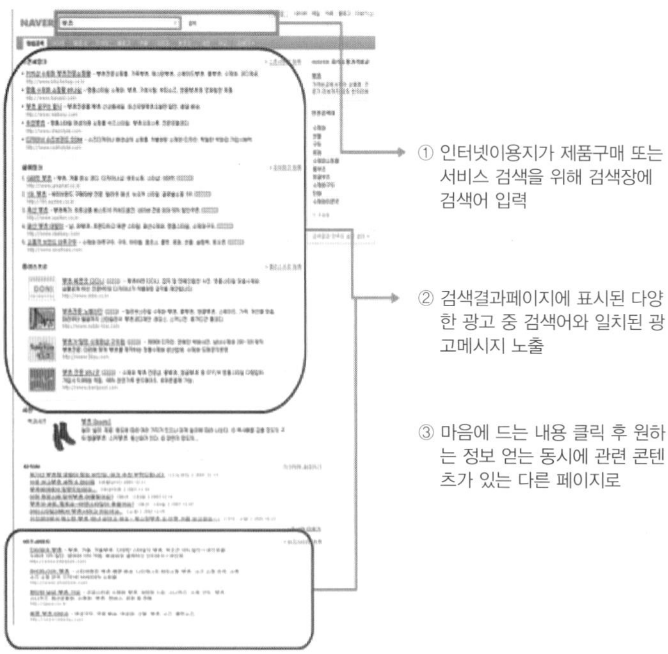

생각해 볼 문제

1. 인터넷 미디어의 특성에 다른 인터넷광고 차별점에 대해서 생각해보세요.
2. 인터넷 인터랙티브 광고의 산업의 향후 전망에 대해서 생각해보세요.
3. 인터넷 인터랙티브 광고의 특성을 반영한 광고의 핵심 유형에 대해서 생각해보세요.
4. 인터넷 인터랙티브 요소를 고려한 향후의 등장할 인터넷 광고에 대해 아이디어를 제시해 보세요.

참고문헌

이상훈 외(2001). 방송통신 융합환경에서의 영상제작물 유통활성화를 위한연구. 방송진흥원 연구보고서, 01-14, 12.

김은미(1999). 인터넷을 이용한 영상서비스의 현황과 전망-새천년을 대비한 영상산업 발전 방안 · 정보기술(IT)활용을 중심으로 . 정보통신정책연구원 정책토론회, 188-189.

김재휘, 김지호, 김용환 (2002). 인터넷 검색 사이트의 키워드 광고효과 연구. 광고학연구, 13(4), 91-109.

이시훈 (2006). 인터넷 광고산업 발전을 위한 정책과제와 실행방안. 문화관광부 세미나 발제문.

이시훈 (2010) 모바일 광고 연구경향과 이론화, 커뮤니케이션이론 6권 1호.

이시훈, 김경수 (2009). 인터넷 검색광고의 유형이 광고효과에 미치는 영향에 관한 연구: 제품에 대한 지식수준의 매개효과를 중심으로. 한국광고홍보학보, 10(2), 186-217.

여송필 (2008). IPTV도입에 따른 방송광고환경 전망에 관한 연구. 한국방송광고공사.

한국전산원(2005). 인터넷광고 활성화를 위한 기반조성방안 연구.

최환진 (2006). Korea Netizen Profile. 서울: 코리안클릭

한국광고단체연합회 (2009). 신유형 방송광고의 기술, 유형 및 효과 연구

안성혜(2003), 244~248면에서 인터넷광고의 유형을 마케팅에 따른 분류, 광고목적에 따른 분류

한국인터넷진흥원(2018), 2019인터넷이용실태조사 요약보고서

KOBACO(2008). 인터넷광고가 방송광고에 미치는 영향

제일기획 (2006). 제일기획 광고연감.

제일기획 (2010). 제일기획 광고연감.

신재정(2004). 인터넷 비즈니스별 Value chain 연구. 한국인터넷기업협회.

한국전산원(2004). 인터넷 비즈니스 활성화 장애요소 분석 및 개선방안 연구.

Venkatmmn. N., Lawrence. L.. & Kob, J. (1994). The adoption of corporate governance mechanisms: A test of competing diffusion models, Management Science,40(4),496-507.

D., Bodorik, P., Hajnal, C., and Davis, C. (1999). Making Business Sense of Electronic Commerce . IEEE Computer, Vol.32,No.3, 1999, 67-75.

Michael Rappa.(2003). Business Models on the WEB . Digital Enterprise.

CHAPTER 05

모바일 인터랙티브 광고

사례

가로본능에서 세로본능으로 모바일 동영상 시청 트렌드의 변화

제일기획, cheil magazine – 미디어와이드뷰, 2017년 11월 08일

스마트폰 이용자 대부분은 한 손으로 스마트폰을 들고 세로로 화면을 본다. 이러한 세로 중심의 환경에서는 가로형 콘텐츠의 임팩트가 그리 높지 않다. 급성장을 거듭하고 있는 모바일 광고 시장에서 사용자에게 좀 더 임팩트를 주기 위해서는 세로형 광고 콘텐츠에 주목할 필요가 있다.

글 | 신혜림 프로 미디어플래닝 1팀

급성장하는 모바일 광고 시장

급성장하는 모바일 광고 시장

2012년 2,100억 원에 불과했던 모바일 광고 시장은 매년 급성장을 거듭해 2016년에는 1조 7,453억 원으로 2015년 대비 36.3% 성장했다. 모바일은 전 매체에 걸쳐 가장 높은 성장세를 기록했으며, 전체 광고 시장에서 차지하는 비중 역시 16%로 케이블TV 다음으로 2위를 차지했다. 국내 모바일 동영상 트래픽 추이도 스마트폰의 보급 확대, 무제한 요금제 출시 등 긍정적 요인의 영향으로 소비자의 미디어 소비 행태 역시 모바일을 중심으로 변화하고 있으며 이에 모바일 광고 시장은 매년 지속 성장을 기록하고 있다.

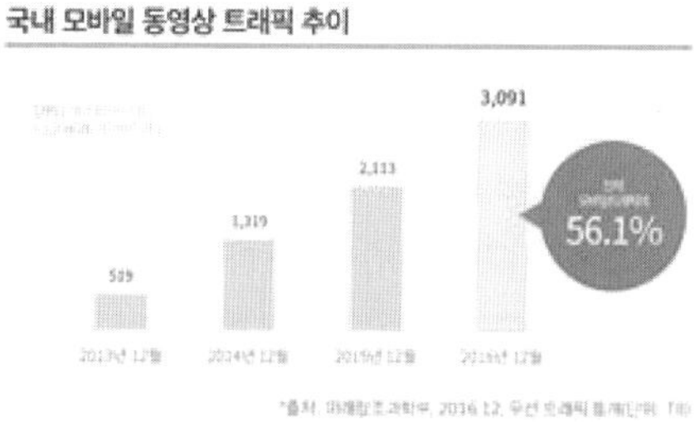

세로 중심의 모바일 환경

스마트폰 세로 화면 사용률

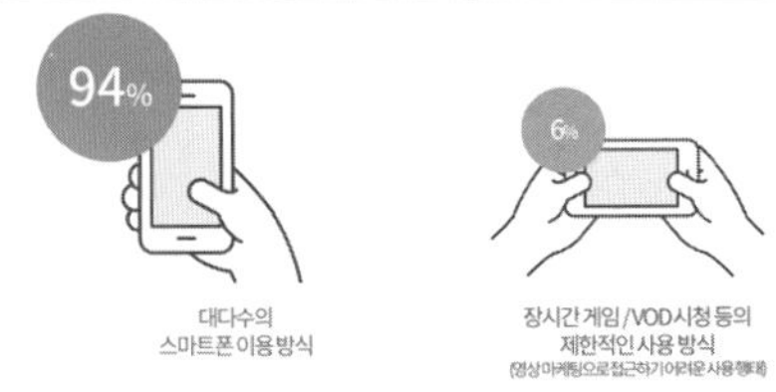

*출처: MOVR(Mobile Overview Reports 스마트폰 사용 행태, 사용 시간 기준, 글로벌 조사)

이렇게 급격히 성장하는 모바일 광고 시장에서 최근 '세로 본능'이라는 단어가 유독 눈길을 끌고 있다. 예전에 한참 유행하던 '가로 본능'이라는 단어는 삼성전자에서 2004년에 출시한 SCH-V500 휴대폰의 애칭으로 멀티미디어 시청에 편리하도록 국내 최초로 액정의 피벗 기능이 제공되면서 소비자에게 많은 사랑을 받았다. 10여 년이 흐른 지금 동영상 시청 환경은 더욱 편리해졌지만, 대다수 스마트폰 이용 방식이 한 손으로 사용하는 세로 화면이기 때문에 동영상 콘텐츠 역시 화면 회전 없이 세로 화면으로 소비하는 '세로 본능'이 점차 확산되고 있는 추세이다.

세로 중심의 모바일 환경에서 기존 가로형 동영상은 전체 화면의 1/4정도밖에 채우지 못해 전체 화면 대비 영상 노출에 있어 임팩트가 감소할 수밖에 없다. 스마트폰 전체 화면에서 콘텐츠 소비가 가능하도록 인스타그램 등 주요 SNS의 라이브 영상이 세로로 노출되고 있고, 최근에는 주요 브랜드의 광고 영상 역시 이에 발맞춰 세로 영상으로 제작되고 있는 추세이다. 개별 매체사들 역시 동일 브랜드의 가로 화면과 세로 화면 영상 노출 효과를 조사, 분석하고 있으며, 대부분 세로형의 광고 노출 효과가 가로형 대비 우수한 것으로 나타나고 있다. 이는 소비자가 보는 화면에서의 최적화가 주는 편안함과 신규 상품에 대한 노출 임팩트 효과로 보인다.

세로형 광고 상품 증가

매체사별 상품 예시

매체사별로 다양한 세로형 광고 상품이 개발되고 있는데 기존 동영상 매체보다는 SNS, 화면 잠금 서비스 등에서 좀 더 많은 광고 상품을 출시하고 있다. 예를 들어 페이스북의 경우 기존 PPA 비디오 포맷을 1:1, 2:3, 9:16 등 모바일 친화형으로 업로드 가능하게 했으며, 인스타그램 스토리는 9:16 포맷 영상만 집행 가능하게 했다. 캐시슬라이드 맥스뷰의 경우 2~3초간 인트로 노출 후 풀사이즈 영상이 재생되는 구조로 상품을 출시했다.

모바일 광고 시장은 전 세계적으로 동영상 광고를 중심으로 높은 성장세를 보일 것으로 보이며, 국내 모바일 광고 시장 역시 2조 시장을 돌파하며 전체 광고 시장 내 1위 지위를 차지할 것으로 전망된다. 이러한 모바일 광고 시장을 잡기 위해 TV와 동일한 형태의 광고 노출이 아닌 세로 화면을 활용하면 좀 더 임팩트 있는 광고 노출이 가능할 것으로 전망된다.

1 모바일 인터랙티브 광고의 특성

1) 모바일 인터랙티브 광고의 특성

모바일이라는 단어에서 알 수 있듯이 이동통신의 보급과 맥을 같이 한다. 초기의 이동전화는 단순히 음성통화의 기능만을 하였지만 이동통신 기술의 발전과 더불어 데이터 통신의 기능이 첨가되면서 그 활용도가 무한히 증가되었다. 특히 이동통신에 대한 무선인터넷 기술의 급속한 발전과 결합에 의해 탄생된 무선 인터넷의 등장으로 모바일 광고는 더욱 주목을 받고 있다. 현재 무선인터넷 서비스는 유럽, 일본, 미국 등을 중심으로 지속적으로 성장하고 있다. 모바일 광고의 성장을 확신하는 이들은 모바일 광고가 기존의 전통적인 광고매체가 갖지 못하는 특징으로 인해 모바일 광고가 궁극적으로 지배적인 광고매체가 될 것이며 전통적인 광고의 개념도 바꿀 것이라 생각한다.

최근 Apple의 iPhone 등 스마트폰의 등장과 모바일 인터넷 커버리지 확대로 모바일 인터넷 사용 환경이 개선되면서 그 사용량이 급증한 만큼, 모바일 광고에 대한 업계의 관심이 증폭되는 것은 자연스러운 현상이다. Gartner 자료에 따르면 전 세계 모바일 광고시장은 지속적인 고성장세를 보이며 2013년에 135억 달러를 기록할 것으로 전망되고 있다. 모바일 광고는 젊은 세대뿐만 아니라 다양한 대중들에게 접근할 수 있고, 수용자들이 광고에 능동적으로 반응할 수 있는 상호작용적 커뮤니케이션 수단으로 성장하고 있다.

초기의 이동전화는 단순히 음성통화의 기능만을 하였지만 이동통신 기술의 발전과 더불어 데이터 통신의 기능이 첨가되면서 그 활용도가 무한히 증가되었다. 단순한 메시지 송신만이 가능한 시기에 이동전화의 쌍방향성, 즉시성, 타겟화된 정보제공, 그리고 음성에 비해 상대적으로 가격이 저렴함으로 인해 SMS(Short Messaging Service)를 이용한 광고 메시지가 전송되었다. 예를 들어 은행은 고객들을 대상으로 필요한 정보를 SMS로 전송하면서 자연스럽게 기업의 인지도를 높이고 좋은 관계를 유지할 수 있다.

정보통신기술 특히 이동통신에 대한 무선인터넷 기술의 급속한 발전과 결합에 의해 탄생 된 무선 인터넷의 등장으로 모바일 광고는 더욱 주목을 받고 있다. 모바일 광고가 특히 주목받는 이유는 바로 향후 무선인터넷의 핵심으로 차지할 m-커머스와 밀접히 연관이 있기 때문이다. 예를 들어 특정 지역의 청바지 가게가 20% 할인되는 모바일 쿠폰 광고를 하였다고 하자. 이 경우 청바지를 사려는 소비자는 자신의 단말기에 쿠폰을 저장시킨 후 그 가게에 들어가서 사거나 혹은 전화로 주문을 하여 살 수 있다. 즉 모바일 광고에서 m-커머스까지 순식간에 발생한다. 이렇듯 모바일 광고는 언제 어디서건 클릭 한번으로 이루어질 수 있는 m-커머스를 활성화시키는 강력한 도구이기 때문에 무선인터넷이 가능한 환경속에서 모든 기업들에게 주목을 받고 있다.

이렇듯 모바일 광고란 이동통신단말기를 통해 음악, 그래픽, 음성, 문자 등을 기반으로 한 광고를 말한다. 이러한 모바일 광고가 이동통신 단말기를 통한 광고라는 것을 제외하면 기존의 다른 매체에 의해서도 충분히 구현되고 있다. 그럼에도 불구하고 모바일 광고가 주목받는 이유는 모바일 광고만이 구현할 수 있는 차별화된 특징이 있기 때문이다(Global Mobile market, 2000).

2) 모바일 인터랙티브 광고의 특징

(1) 개인화된 타겟 광고

기존의 광고매체인 TV나 라디오, 신문, 잡지, 팜플렛 등의 광고는 불특정 다수를 대상으로 하는 일방적인 내용만을 전달한다. 따라서 이러한 광고매체가 개개인에 대한 차별화된 광고를 제공할 수 없다. 이에 반해 이동통신 단말기를 통한 모바일 광고는 '지오펜싱(Geofencing)' 기술을 활용하여 차별화된 광고가 가능하다. 지오펜싱이란 Geographic(지리적)과 Fencing(울타리)의 합성어로 특정 구역에 대한 사용자 출입 현황을 알려주는 API(Application Programming Interface)이다. 이는 위치 추적 기술(GPS 등)을 활용하여 실행된다. 지오펜싱이란 특정 영역을 원형이나 다각형 등의 형태로 범위나 구역을 만들어 가상의 울타리를 지정하고, 구역 내 사용자가 진입하거나 벗어나는 경우에 이를 알려주는 것을 이야기한다. 지오펜싱은 위치추적과는 달리 범위 및 구역을 지정하기 때문에 어느 point에 있는지 보다 대상이 범위 안에 존재하는지가 중요하다. 즉, 사용자가 지정된 범위안에 접근하게 되면 실시간으로 다양하고 유용한 정보를 제공받을 수 있는 것이다. 지오펜싱을 활용한 모바일 광고는 개개인의 모바일에 설치된 앱에 앱푸쉬를 하여 알림광고를 띄우게 된다. 광고주가 원하는 지역, 성별, 연령대를 고려하여 부합하는 조건의 소비자를 대상으로 팝업창을 띄우게 되는데 확실하게 타겟을 설정하여 푸쉬알림이 뜨기 때문에 평균적으로 20~30%까지 클릭률이 나오게 된다(그림 5-1).

출처: 비즈메카플러스 공식 블로그

그림 5-1 타겟형 모바일 전단지 광고

(2) 쌍방향성

모바일 광고는 광고주와 소비자가 대화할 수 있는 쌍방향 광고가 가능하다. 기존의 TV나 라디오 같은 광고매체들은 일방적으로 자신들의 메시지를 소비자에게 전달하여 왔다. 이로 인해 소비자들은 수동적인 입장에서 정보를 접근할 수밖에 없었다. 그러나 현대와 같이 상품이 다양화되고 특성화되는 시점에서 소비자들은 보다 자세한 정보를 제공받기를 원하게 되었다. 모바일 광고는 미리 소비자들이 원하는 광고에 대한 정보를 제공함과 더불어 전화번호나 URL을 함께 제공할 수 있음으로 이용자는 능동적으로 접속하여 상품에 대한 보다 자세한 정보를 얻을 수 있다.

최근 모바일에서 떠오르고 있는 '챗봇' 기능은 단순히 고객 상담 및 문의 뿐 만 아니라 더 나아가 다양한 은행 업무까지도 그 영역을 넓히고 있다. 이러한 AI챗봇은 접근성을 강화하여 고객과의 접점을 확대할 뿐 만 아니라 기존의 ARS로 사람이 직접 진행하던 방식에서 벗어나 더 빠르고 즉각적으로 응대할 수 있으며 개인에게 최적화 되어 있는 질문과 라이프스타일을 바탕으로 개인화 되어 있는 서비스를 즉각적으로 제공할 수 있기 때문에 그 사용 범위가 더 넓어지고 있다. 이처럼 양방향 소통이 가능한 챗봇 기능을 통해서 맞춤형 어플을 제공하고 바로 어플리케이션을 다운받을 수 있도록 하는 등 새로운 광고 방식이 등장하고 있다(그림 5-2).

(3) 위치기반 광고

모바일 광고를 이해함에 있어 모바일이란 의미를 이해하는 것은 중요하다. 모바일 광고란 단순히 유선인터넷 광고에서 유선의 의미가 무선으로 바뀌어진 수동적인 의미가 아니라 사람들이 휴대폰 등의 단말기를 이동 중에 항상 가지고 다닌면서 광고를 제공받을 수 있다는 것을 의미한다. 이동통신 기술의 발전에 따라 소비자들은 자신의 위치

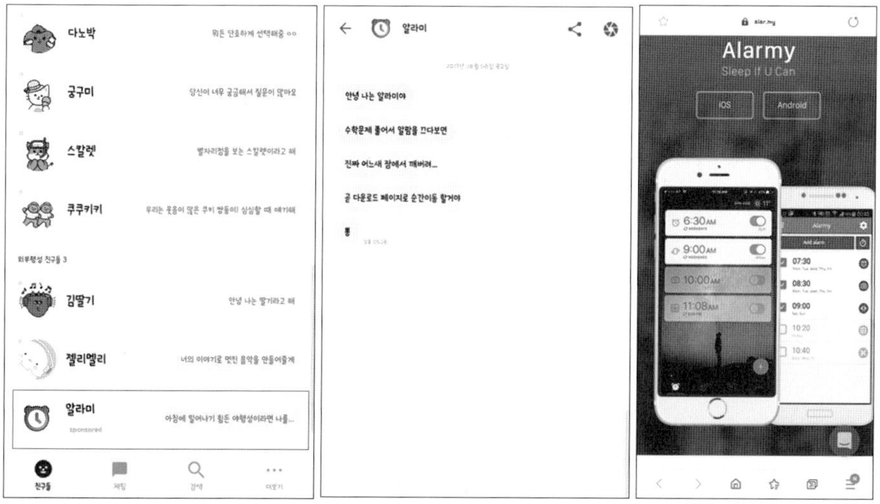

그림 5-2 헬로우봇 어플 – 광고챗봇 '알라미'

에 기반한 다양한 서비스를 제공받을 수 있게 되었다.

위치 기반 서비스는 통신망이나 GPS 등의 무선 인터넷을 통해 사용자 위치 정보를 바탕으로 여러 가지 유용한 무선 콘텐츠를 제공하는 서비스다. 사용자는 스마트폰 등의 모바일 기기를 이용하여 현재 위치한 장소를 기반으로 다양한 정보를 실시간으로 얻을 수 있으며 이동성과 휴대성의 특성을 지닌 스마트폰에서 LBS는 핵심 애플리케이션으로 활용되고 있다. 다시 말해 LBS는 특정 장소에서 소비자에게 효과성 있는 마케팅 정보를 노출할 수 있는 강력한 솔루션이다. 대표적인 사례로 친구 찾기, 주행 중 길 안내, 가까운 상점 찾기, 미아 찾기, 게임서비스 등을 살펴 볼 수 있다. 뿐만 아니라 최근 사용자의 위치 정보를 활용해 식당과 소비자를 연결하는 배달서비스와 우버, 택시 등의 다양한 교통서비스가 발달하였고 지역의 마케팅을 고객 위치에 맞춰 실시하는 다양한 O2O서비스도 가능하게 되었다. 예를 들어 소비 욕구의 발생 시점과 해소 시점 사이의 격차를 단축하기 위해 스타벅스는 모바일 주문 · 결제 시스템인 '사이렌오더' 서비스를 제공하였다. 이는 소비자가 위치해있는 장소에서 가까운 매장에 방문 전 주문과 결제를 할 수 있는 서비스로 대기시간을 줄여주는 편리함을 제공할 뿐 아니라 인근 매장의 다양한 혜택을 제공하여 소비자들은 모바일 기기를 활용해 소비욕구를 곧바로 충족할 수 있게 되었다. 이처럼 LBS는 다양한 분야와 결합하여 소비자가 위치한 장소에서 더 나은 서비스를 제공하는 것이 가능하도록 돕는 프레임인 것이다.

출처: starbucks 8000 Coffeehouse application

(4) 즉각적인 반응성

모바일 광고는 전송하자마자 즉시 자신의 단말기에서 전달된다. 즉 이동전화 등을 통해 보내지는 문자메시지나 음성메시지의 경우 거의 예외없이 즉각 전달되어 읽혀진다. 이러한 이동전화의 즉시성은 이동전화가 쌍방향적인 매체이기 때문에 전달받은 소비자들의 즉각적인 반응을 이끌어 낼 수 있다. 따라서 이러한 이동전화의 즉각적인 반응성는 고객의 선호를 곧바로 분석할 수 있고 마케팅에 적절히 활용될 수 있다.

(5) 높은 주목성

모바일 광고는 스크린의 제한됨으로 인해 주목성이 높다. 예를 들어 SMS 광고의 경우

스크린의 대부분을 차지하기 때문에 광고의 주목도가 높을 수 밖에 없으며 무선인터넷 배너광고의 경우에도 전체 화면에서 차지하는 비율이 높기 때문에 어느 광고매체보다 주목도가 높다고 할 수 있다. 그러나 단순히 전체 스크린에서 차지하는 부분이 많기 때문만은 아니다. 스크린의 제한으로 인해 기존 광고가 보여주는 텍스트의 나열이 아니라 버튼만 누르면 전화 또는 URL에 접속할 수 있게 기능을 첨가하고, 문자메시지의 경우에도 간결하면서도 정확하게 전달되도록 구현된다.

2 모바일 인터랙티브 광고의 유형

모바일 기기는 휴대폰과 휴대용 개인정보 단말기(PDA) 등과 같이 이동성을 가진 것들을 총칭하며, 손으로 들고 다닐 수 있는 가볍고 작은 것이 특징이다. 이러한 모바일 기기들을 이용하는 모바일 환경의 특징은 '이동성'을 바탕으로, 시간과 장소에 구애받지 않는 정보의 획득과 커뮤니케이션이 가능한 '편재성', 개개인이 자신의 전용기기를 가지고 있고, 그 기기마다 고유의 식별 번호를 지니는 '개인 식별성', 사용자의 위치를 실시간으로 확인 가능한 '위치 확인성' 등이 있다.

이러한 물리적 특징을 배경으로 하는 모바일 광고는 모바일 무선 매체를 통해 이루어지는 광고커뮤니케이션으로 정의내릴 수 있다. 즉, 이동통신 단말기 혹은 무선 인터넷 단말기를 이용하여 고객에게 문자, 음성, 그래픽, 동영상 등의 광고 메시지를 발송하여 고객으로부터 기대하는 반응을 얻고자 하는 서비스를 뜻한다(이경렬, 2006)(표 5-1).

모바일 광고의 특성을 몇 가지로 요약하면 다음과 같다. 첫째, 개인화된 메시지를 보낼 수 있다는 점이다. 광고메시지를 인터넷이라는 기술적 기반과 쌍방향성 등의 차별화된 특성들을 내세워 개인화된 타깃에 정확하게 도달하여 광고노출이 가능하게 하는 것이다. 전통적인 광고매체인 TV, 라디오, 신문, 잡지 등의 광고는 불특정 다수를 대상으로 하는 일방적인 내용만을 전달하는 반면, 이동통신 단말기를 통해 집행되는 모바일광고는 1:1 타겟팅의 구현이 가능하다. 모바일 기기는 항상 몸에 지니고 다니는 개인화된 커뮤니케이션 도구이기 때문에 진정한 의미의 1:1 타겟팅이 가능한 것이다. 모바일 광고는 가입자 정보를 가지고 광고를 시행하기 때문에 광고 업체는 소비자에 대한 정보 DB를 구축하고 개개인의 특성에 맞는 차별화된 개인화 광고를 집행할 수 있다. 따라서 모바일 광고는 인구통계학적 데이터를 근간으로 하는 개인정보관리에서부터 개인의 관심에 근거한 정보나 정보제공, 개개인의 기호에 근거한 상품제공 등 다양한 형태로 개인에 대한 타깃 광고가 가능하다.

둘째, 위치를 기반으로 하는 광고가 가능하다는 점이다. 위치를 기반으로 한다는 것은 현재 모바일 이용자가 있는 위치를 추적하는 것이 가능함에 따라 그에 맞는 광고메시지를 전달해 주는 것이다. 예를 들어, 모바일 이용자가 특정 레스토랑 근처에 있으면 그날의 특별 메뉴 등을 알려주는 것이다. 유럽에서는 이미 몇 년 전부터 이러한 서비스

표 5-1 모바일 광고 유형별 장단점

구분	장점	단점
SMS	• 도달율, 주목도 측면 강점 • 문자 보관함에 보관	• SPAM인식 등 부정적 영향에 대한 우려 • 이벤트 단위 개별 수신동의 등 규제강화 • 표현의 한계성 • 낮은 수준의 반응율과 반응고객 비중
NATE프리 등 정액제 상품 광고	• SMS의 장점 모두 보유 • WAP 접속 통화료 무료	• 상품인지도 및 상품특성 이해 부족 • Push 한정으로 접속경로 제한
MMS	• SMS대비 표현 표현력 우수	• 단말 UI Barrier(Play 방식) • 발송 Capa. 한계(시간당 5천건)
MoA 등 대기화면 이용 광고	• 광고표현력 우수	• 모수부족으로 Reach한계 • 단말Dependency 및 탑재 부진 • 대기화면 점유에 대한 부정적 인식 • 우선순위 높은 대기화면 서비스 증가(TI, 위젯, 파자마파이브등)
Banner	• 광고전송 기반 우수 (이통사 가입 고객 전체) • Pull 기반으로 고객 거부감 낮음	• 노출System의 Delay Time 오류 • 게재 위치 및 이미지 Size 경쟁력 부족 • 이미지 포맷 제한 • 망개방/Full Browsing에 의한 상품성약화
Page+	• 즉각적인 참여 유발 가능	• WINC 확산에 따라 가격 경쟁력 약화 및 입지 축소
모바일WEB	• 도달율, 주목도 측면 강점	• 이미지 포맷 제한 • 낮은 수준의 반응율과 반응고객 비중
모바일 검색광고	• Pull 기반으로 고객 거부감 낮음	• 단말기 특성에 의한 정보 혼잡도에 따른 거부감
App	• 즉각적인 참여 유발 가능 • Pull 기반으로 고객 거부감 낮음	• 지속적인 관리 업데이트로 인한 비용증가 • 상대적으로 높은 제작 및 관리 비용
QR코드	• 즉각적인 참여 유발 가능 • Pull 기반으로 고객 거부감 낮음	• 크로스미디어 전략의 광고집행 • 보완적 광고 유형의 한계 / • 번거로움

가 이루어지고 있으나, 우리나라에서는 아직 모바일 이용자의 위치추적을 상업적으로 이용할 수 없는 법률로 인하여 활용되지 못하고 있다(한상필, 안보섭, 박명진, 2005).

셋째, 모바일 광고는 언제 어디에서나 광고메시지를 받을 수 있다. 모바일을 이용한 광고는 즉각적으로 전달되며 또한 모바일 이용자들은 즉각적인 반응을 보일 수가 있다. 모바일 광고의 즉시성은 이동통신 단말기가 쌍방향적인 매체이기 때문에 광고메시지를 전달받는 소비자들의 즉각적인 반응을 이끌어 낼 수 있다는 것이다. 또한 이러한 반응들을 다양한 방식의 결과분석(reporting) 및 추적(tracking)이 가능하다. 모바일 광고는 '음성통화(phone-to)' 혹은 '링크(link-to)'기능 등에 의하여 소비자들의 다양한 반응을 선택할 수 있어 고객 데이터베이스 구축이 용이하다.

넷째, 모바일 광고는 양방향적 상호작용이 가능하다는 특징이 있다. 기존의 TV나

라디오와 같은 전통적인 미디어들은 일반적으로 메시지를 전달하는 단방향적 광고를 집행하였다. 그러나 다양한 상품과 세분화되는 시장 상황 속에서 소비자들은 보다 자세한 정보를 능동적으로 찾고 있다. 따라서 모바일 광고는 미리 소비자들이 원하는 광고에 대한 정보를 제공함과 더불어 전화번호나 URL을 함께 제공할 수 있으므로, 이용자는 능동적으로 접속하여 상품에 대한 보다 자세한 정보를 얻을 수 있다.

마지막으로 모바일광고의 특성은 광고에 대한 높은 주목성이다. 모바일 광고는 스크린의 제한됨으로 인하여 주목성이 높다. 다시 말해 문자광고(SMS)의 경우 스크린의 대부분을 차지하기 때문에 광고의 주목도가 높을 수밖에 없으며, 무선인터넷 배너광고의 경우에도 전체 화면에서 차지하는 비율이 높기 때문에 어느 광고매체 보다 주목도가 높다고 할 수 있다. 그러나 단순히 전체 스크린에서 차지하는 부분이 많기 때문만은 아니다. 스크린의 제한으로 인해 기존 광고가 보여주는 텍스트의 나열이 아니라 버튼만 누르면 전화 또는 URL에 접속할 수 있게 기능을 첨가하고, 문자메시지의 경우에도 간결하면서도 정확하게 전달되도록 구현된다(강봉철, 2007).

다음의 표는 모바일광고에 대한 이용자 인식과 광고주의 인식을 보여주고 있다. 이용자의 경우 편이성 인식과 광고를 통한 혜택에 대한 부분이 중요하고 고려되고 있으며, 반면 이를 이용하는 광고주의 경우 모바일광고에 대해서 많은 가능성을 인지하고 있으며 모바일 광고만의 효과를 극대화하기 위해 많은 광고 집행을 확대하고 있다(표 5-1).

표 5-2 모바일 광고의 광고주 특성

	장점	단점	모바일 광고 유도방안
광고주	• 모바일 광고에 대한 인지도 및 시도 의욕은 높은 편 • 정확한 타겟마케팅 가능 • 즉시 반응 연계 매체 • 실시간 광고효과 측정가능	• 17~35세 중심 타겟팅 • 스팸 인식 우려 • 상품 이해도가 떨어짐 • 다양한 상품구성 부재(크리에이티브의 한계) • 반응률 하락 • 이통사 종속(장점인 동시 단점)	• 집행 간편한 상품 라인업 • 지속적인 광고상품의 성공사례 확보 • 스팸 인식을 없앨 차별성 확보 • 모바일 및 신규 상품에 대한 지속적 교육(세미나 등) 방안 마련
마케터	• 신규 매체로서의 매력도	• 취약한 운영시스템(리포팅, DB 추출 등) • 광고 Pool 매우 부족 • 반응률 저조 • 단기간 이벤트성 집행이 주 • 프로모션별 맞춤형 제안을 제공하므로 집행 광고비 대비 제안 및 집행F/U에 시간 및 노력이 많이 소요됨 • 광고주는 한정된 예산, 특히 온라인이나 신매체 예산에서 일부 할당 받으므로, 집행규모가 적은 편	• DB Pool 확대 방안 마련 • 반응률 증대 방안 마련 • DB Pool에 대한 보다 체계적인 시스템 구축 • 대외홍보 강화 (성공사례 등) • 매력적이고, 장기 집행이 가능한 신상품 마련

커뮤니케이션 매체를 통한 상호작용성의 구현이 가능해지면서 기존의 광고주로부터 소비자에 이르는 일방향적 전달방식에서 벗어나 소비자개인이 적극적으로 광고주에게 인풋을 가할 수 있는 관계로 마케팅환경이 바뀌었다는 것이고, 둘째, 점차 소형화되면서도 다양한 기능들 이 융합된 커뮤니케이션 기기를 몸에 지닌 채 여기저기 돌아다니면서 적시적소에서 개인화된 매체를 통해 사용자의 다양한 욕구를 충족시킬 수 있게 되었다는 것이다(이미영, 2006).

1) 모바일 광고 유형

(1) 모바일 광고 유형

모바일 마케팅 연합(Mobile Marketing Association, MMA, 2008)은 모바일에서 이용될 수 있는 네 가지 형태의 채널을 분류하면서 이들이 어떻게 모바일 광고에 활용될 수 있는지를 소개하였다. 이는 모바일 웹, 모바일 텍스트, 모바일 비디오/텔레비전, 다운로드 가능한 콘텐츠/도구이며, 이러한 채널들은 복합적으로 이용될 수 있다. 특히 모바일의 즉시성과 상호 작용성의 이점을 적극적으로 활용하여 캠페인과 오프라인의 광고의 효과를 높일 수 있는 수단으로 활용할 것을 강조하였다.

첫째, 모바일 웹은 사용자가 모바일을 통해 인터넷을 이용하는 것을 이야기한다. 따라서 광고주는 인터넷 웹사이트에 배너나 게임 형식으로 광고를 게재할 수 있다. 몇몇의 인터넷 포털 사이트들은 모바일 웹을 통한 브라우징에서의 수용자의 편의를 위해 모바일 맞춤형 웹사이트를 운영하고 있다.

둘째, 모바일 메시지에는 SMS(Short Messaging Service)와 MMS(Multimedia Messaging Service)가 있다. SMS은 광고의 내용을 문자 형태로 발송하는 광고형태로서 무선 인터넷이나 멀티미디어와 같은 별도의 서비스에 가입하지 않아도 모든 모바일 전화 사용자들이 이용할 수 있는 형태이다. 문자 메시지는 모바일 서비스 중 가장 널리 이용되고 있는 형태로서 이용자들이 보통 160 글자까지 서로 주고받을 수 있으며, 대부분의 모바일 폰이 이 기능을 가지고 있다. 예로는 텍스트광고, 브랜딩 광고, 배너 광고, Splash 페이지, 애니메이션 광고가 있다. 멀티미디어 메시지 서비스(MMS)는 부상하고 있는 영역 중 하나이다. MMS는 모바일 이용자들이 사진, 오디오, 비디오 등과 같은 멀티미디어 메시지를 주고받는 것이다. SMS이 텍스트만을 기반으로 하는 것에 반하여, MMS는 좀 더 복합적인 형태의 콘텐츠 교환이 가능하다. SMS는 통신사 간, 해외 전송이 가능하지만, MMS는 통신사 간에 교환이나 해외로의 전송에 한계가 있다(정두남, 이시훈, 2008).

셋째, 모바일 비디오는 모바일 네트워크를 통해 모바일 폰에 내장된 미디어 플레이어에 전송되는 비디오를 말한다. 이때 광고는 전송되는 비디오 파일 안에 삽입될 수 있다.

넷째, 모바일 다운로드 도구(application)들은 글로벌 시장에서 매우 빠르게 성장하고 있는 분야이다. 모바일 다운 가능한 도구들은 모바일 폰의 전체 또는 부분을 차지하는 소프트웨어이다. 대개 게임을 즐기거나(예, 테트리스, DinerDash), 라이프 스타일 도구 (예, Zagat, Moviegoer)를 사용하는 것과 같은 쌍방향 경험을 위해 사용된다. 모바일 다운 가능한 도구들은 대개 무선네트워크를 통해 직접 모바일 폰에 다운되지만, Bluetooth나 케이블을 통해서도 업로드될 수 있다. 모바일 다운로드 가능한 도구들은 자바 (Java 2Micro Edition: J2ME), Binary Runtime Environment for Wireless (BREW),Symbian, Windows mobile, 나 Palm 과 같은 플랫폼을 사용하여 형성된다. 이 때 광고는 다운로드 된 소프트웨어 이용 시 전화, 모바일 웹이나, 문자메시지나 등과 같은 다른 서비스로 이동하기 위한 중간 다리 역할을 할 수 있다.

4INFO도 이와 비슷하게 광고를 세 가지 플랫폼 (SMS, 모바일 인터넷, 클라이언트)으로 나누었는데, 브랜드 기억에는 그래픽이 들어간 WAP에서의 광고와 클라이언트 도구가 가장 효과적이었다고 말하는 반면 즉각적인 반응을 이끌어 내는 데는 SMS이 가장 효과적이었다고 말한다. 첫째, SMS광고는 'Follow up ad,' 'Reply 1,' 'Click to WAP,' 'Click to call,' 그리고 'Branding ad'의 형태가 있다. 'Follow up ad'는 메시지와 광고 콘텐츠가 동시에 따라오는 것이고, 'Reply 1'은 메시지 아래 짧은 광고 문구와 함께, 더 많은 정보를 원한다면 응답할 것을 요구한다. 'Click to WAP'은 광고에 웹 주소가 함께 따라오는 것이고, 'Click to call'은 전화를 걸 것을 유도한다. 마지막으로 'Branding ad'는 전화 응답은 요구하지 않은 채 브랜드에 대한 메시지만 남기는 형태이다.

둘째, Wap은 모바일에서 연결된 인터넷 페이지에 배너로 광고가 등장하는 것을 말한다. 그 위치에 따라 위쪽 배너와 아래쪽 배너로 나누어 질 수 있다. 셋째, 클라이언트 도구는 이용자가 다운 받은 도구나 소프트웨어를 이용할 때, 화면이 바뀌는 중간에 또는 한쪽 구석에 문자나 배너 형식으로 광고가 개제되는 형태이다(정두남, 이시훈, 2008).

국내의 경우 모바일 광고는 1990년대 후반 도입되어 현재 광고 매체로서 가치를 점차 확인해 가고 있다. 초기의 모바일 광고는 문자 또는 음성 메시지 형식으로 이용자에게 광고나 정보를 제공하였으나, 현재는 문자와 음성방식을 넘어선 그래픽 광고, WAP Push 광고, 리치 미디어 광고, 삽입(interstitial) 광고 등의 형식으로 제공하고 있으며, 동영상 메시지와 같은 다양한 형태의 콘텐츠를 이용하는 광고서비스로 발전하고 있다.

모바일 광고는 크게 노출 유형, 표현 형태, 그리고 광고 목적별로 구분할 수 있으며, 노출 유형은 크게 푸시(push)방식과 풀(pull)방식으로 나누어질 수 있다. 그리고 표현 형태별로는 문자, 음성, 그래픽, 멀티미디어, 배너, 삽입, 디렉토리 등이 있으며, 광고 목적별로는 브랜딩, 프로모션, 이벤트 응모, 회원 유치, 설문조사, 쿠폰 등이 있다. 또한 광고의 내용별로는 콘텐츠 기반광고, 거래기반 광고, 응답기반 광고 및 Placement 광고 등이 있다.

노출 유형에 따른 광고 형태인 푸시(push) 광고와 풀(pull) 광고는 다음과 같이 분류할 수 있다. 푸시 광고는 말 그대로 이용자에게 광고주의 메시지를 밀어 넣는 광고이다. 즉, 타겟팅하여 선별된 소비자나 서비스 신청자를 대상으로 광고를 전송하며 강제로 광고에 노출시키는 광고를 말한다. 푸시 광고는 광고주가 광고를 전달하고자 하는 소비자의 핸드폰 번호를 확보한 후, 이동통신사의 Gateway를 통해 광고 메시지를 발송하면, 유저의 단말기에 문자메시지가 전달되게 된다. 그 후 유저는 음성통화(Call Back)이나 링크(Link)를 통해 광고주의 메시지에 반응하는 프로세스로 집행된다.

반면에 풀 광고는 모바일 이용자들이 WAP이나 무선 사이트를 찾아 접속함으로써 광고 메시지가 제공되는 것을 말한다. 다시 말하면 풀 광고는 이용자가 모바일 인터넷을 사용하는 도중, 모바일 인터넷 콘텐츠 사이에 텍스트나 그래픽 형태의 광고 메시지가 삽입되는 것을 말한다. 풀 광고는 광고주가 노출을 원하는 타겟을 설정한 후 광고를 집행하고, 유저가 이에 접근하게 되면 사전에 설정된 타겟팅 조건 여부에 따라 광고가 집행되는 것이다. 풀 광고는 광고가 삽입되는 콘텐츠를 타겟팅 조건으로 삼거나, 사용자 정보를 타겟팅 조건으로 삼을 수 있으며, 주로 링크(Link)를 통해서 이용자가 반응하게 되며, 음성통화(Call Back)로의 연결도 가능하다(윤영석, 신석원, 2002).

선택중심형 광고는 이용자가 자발적으로 광고 배너나 광고 디렉토리를 클릭하여 광고를 열람하는 형태이다. 대표적인 선택중심(Pull)형 광고로 디렉토리 광고, 배너 광고, 페이지 삽입 광고, 모바일 코드 광고 등이 있다. 선택중심형 광고는 이용자의 분류, 이용지역을 바탕으로 타겟팅을 통한 적절한 광고를 노출 할 수 있으며, 무선 인터넷이 발전함에 따라 높은 부가가치를 창출 할 수 있고 시장 확대가 기대되는 광고 유형이다.

3 모바일 인터랙티브 광고의 현황

현재 세계 각국의 이동전화 사업자, 미디어 렙 회사들은 모바일 광고의 수용성에 대한 다양한 실험결과를 보고하고 있다. 이것은 우선 모바일 광고가 성장 잠재력이 큰 시장임에도 불구하고 소비자들이 휴대전화 등을 통해 모바일 광고를 받는 것을 거부하게 되면 모바일 광고시장 자체가 성립할 수 없으므로 이용자들이 모바일 광고에 대해 어떠한 태도를 취하는 가를 측정하기 위한 다각적인 연구조사를 하고 있다.

이용자들의 모바일 광고 수용성에 대한 연구조사는 유럽, 미국 일본 등의 무선인터넷이 선진국에서 주로 이루어졌으며 우리나라에서도 LG텔레콤에 의해 이루어졌다. 이용자들의 모바일 광고 수용성에 대한 조사 결과는 다음과 같다.

Ovum 사의 타켓화된 광고에 대한 수용성 조사결과 응답자의 25%는 광고 자체를 반대한 반면 70% 정도가 타겟화된 광고이거나 이용요금을 할인해 준다면 광고를 수용할 것이라 응답하였다(그림 5-3).

글로벌 광고대행사 GroupM은 올해 전세계 총광고비를 전년 대비 3.6% 성장한

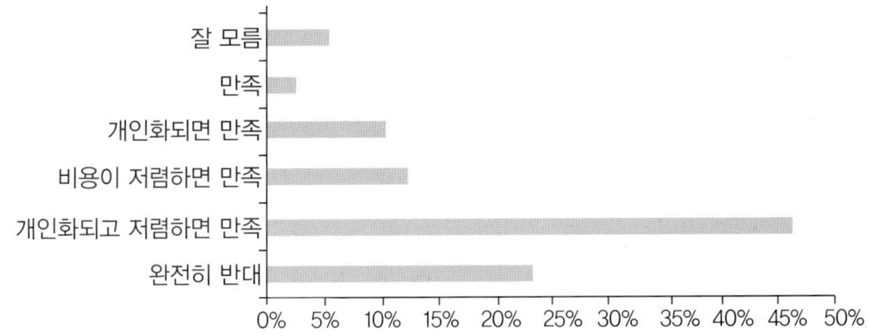

출처: Mobile E-commerce Ovum, 2000

그림 5-3 모바일광고 태도 조사

5630억달러로 전망했다. 지난해 광고비 점유율 1위(38.5%)를 달성한 디지털 광고시장은 올해 비중이 더욱 확대될 것으로 예상된다(그림 5-4).

올해 전세계 인터넷 광고비는 전년 대비 10.2% 성장한 2541달러로 전망된다. 갈수록 풍부해지는 온라인 콘텐츠와 테크놀로지로 신유형 광고의 등장이 기대되는 만큼 전체 인터넷 광고는 당분간 성장세가 지속될 것으로 예상된다. 특히 온라인 동영상과 소셜 미디어 광고비의 상승률이 두드러지는데, 이 같은 온라인 동영상 광고의 성장은 모바일을 통한 동영상 시청 환경의 개선과 양질의 콘텐츠, 라이브 스트리밍의 인기 상승에 기인한 것으로 보인다. 시장조사기관인 Zenith는 올해 전세계 모바일 광고비를 전년 대비 18.4% 증가한 1636억달러로 추정하며, 전 매체를 통틀어 성장 가능성이 가장 높은 매체라고 전했다(그림 5-5, 그림 5-6).

지난해 국내 총 광고 집행비에서 디지털(모바일 · PC) 광고비가 전년 대비 14.4% 성장한 4조3935억원을 기록하며 처음으로 방송(TV · 라디오) 광고를 앞질렀다(제일기획, 2019). 2016년과 2017년 2년 연속으로 1%대에 머물던 광고 시장은 지난해 4.6% 증가하면서 국내 총 광고 시장은 11조7020억원 규모로 성장했다(제일기획, 2019).

국내의 경우는 전년 대비 10.5% 증가한 3조9765억원을 기록할 것으로 전망된다. 국

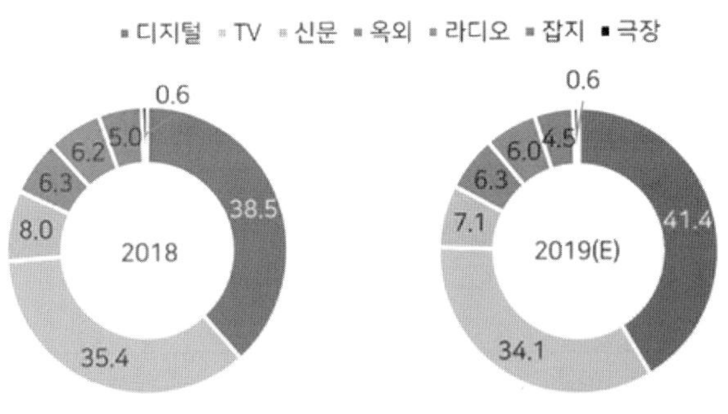

출처: Dentsu Aegis Network(2019.1)

그림 5-4 전 세계 광고 시장 매체별 점유율

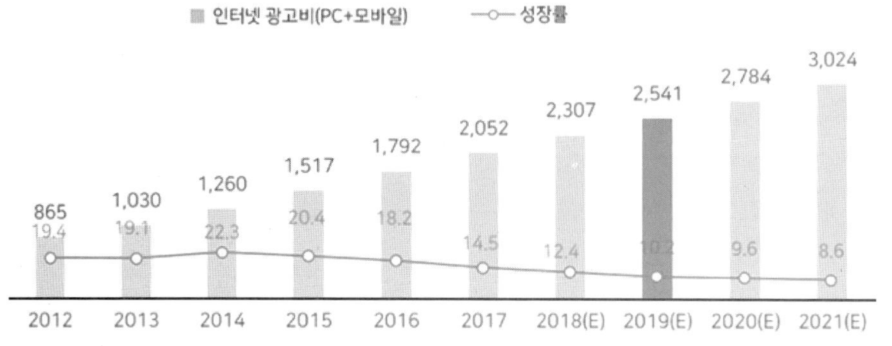

출처: Zenith(2018.12)

그림 5-5 전세계 인터넷 광고 시장 규모

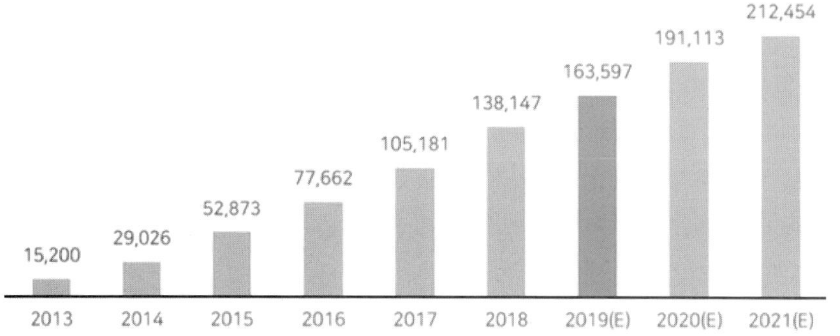

출처: Zenith(2018.12)

그림 5-6 전세계 모바일 광고비 규모

내 온라인 광고 중 모바일 광고가 차지하는 비중은 2017년 60.0%에서 2018년 65.3%, 2019년 65.6%로 매년 꾸준하게 비중이 확대될 것으로 예상된다(그림 5-7).

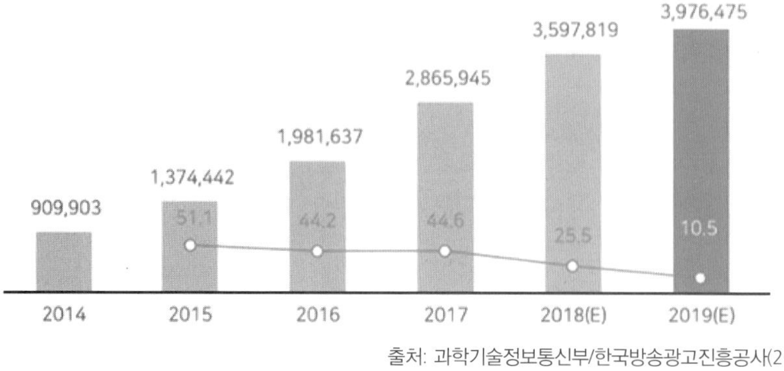

출처: 과학기술정보통신부/한국방송광고진흥공사(2018.12)

그림 5-7 국내 모바일 광고 시장 규모

4 모바일 인터랙티브 광고의 사례

1) 브랜디드 애플리케이션 광고

모바일 브라우저의 발전과 함께 이미 유 · 무료 모바일 애플리케이션의 2019년 상반기(1~6월) 동안 스마트폰 앱 매출액은 약 400억달러(약 46조 8,600억 원)로 확인되고 있다. 이는 지난해 같은 기간보다 15.4% 늘어난 수치이다(센서타워, 2018). 모바일 애플리케이션의 경우 브랜드와 제품을 직접 고객과 연결해주기 때문에 최근에는 각 브랜드마다 개별 브랜디드 애플리케이션(Branded Application)을 만들고 있다. 이는 광고를 콘텐츠화하는 전형적인 모바일광고 상품으로서의 가치를 가질 뿐 만 아니라 소비자와의 지속적인 커뮤니케이션을 통해 제품이나 서비스를 통해 소구하고자는 내용을 직 · 간접적으로 체험할 수 있도록 제공함으로써 브랜드에 대한 이미지를 공고히 할 수 있다. 뿐만 아니라 브랜디드 애플리케이션 내에서 직접 이커머스를 진행하여 소비자의 편의와 브랜드 수익을 높이고 있다.예를 들어 나이키나 아디다스와 같은 스포츠브랜드 앱은 자신의 건강정보나 운동정보를 관리하고 이와 관련한 브랜드 상품을 추천한다. 혹은 해피포인트 앱의 경우 포인트 뿐만 아니라 배달, 상품판매, 기프티콘 등을 판매하고 지오펜싱 기술을 활용하여 주변 매장의 할인 이벤트나 행사 등과 같은 내용을 푸시하여 광고를 띄우게 된다(그림 5-8)

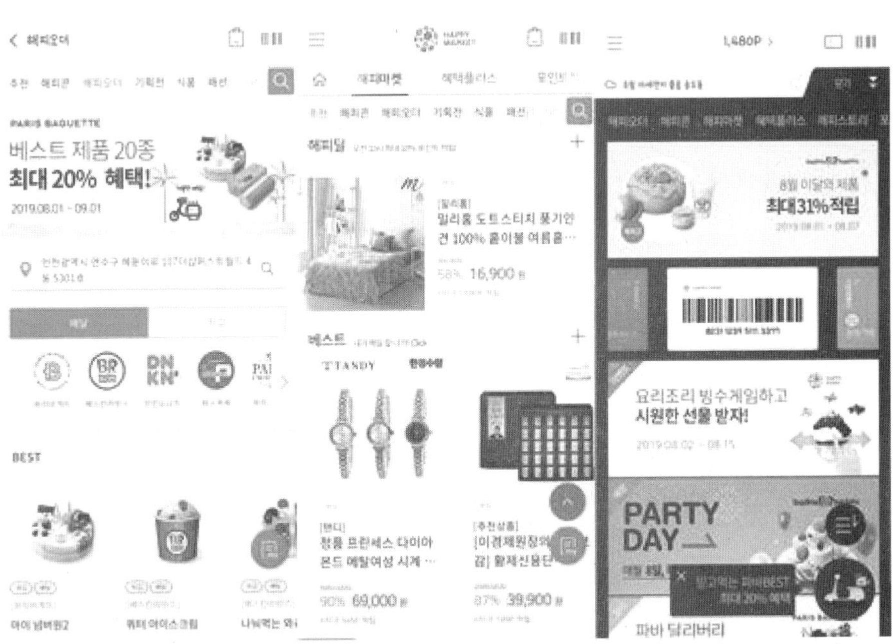

그림 5-8 해피포인트 앱 광고 예시

2) QR 코드 광고

모바일코드(3차원 정보코드, QR코드에 해당)를 사용하는 사례도 점차 증가하고 있다. 주로 잡지나 신문 등의 인쇄광고물에 모바일 코드를 삽입하여, 관심을 갖는 소비자들이 능동적으로 추가적인 정보 탐색이나 구매 관련 행동을 하도록 유도하는 모바일 캠페인 방식이 대표적인 예라고 할 수 있다. QR코드는 기존 바코드를 대체하는 개념으로 기존 바코드를 읽을 수 있는 전용단말기는 상품 판매자만 소유할 수 있어 소비자들이 바코드를 이용하여 정보를 파악하는 것이 불가능했지만, QR코드의 경우 스마트폰만 있으면 소비자들이 직접 상품 정보를 파악할 수 있다. 이런 특징으로 인해 이 코드를 다양한 인쇄매체에 활용해 휴대전화의 카메라로 마케팅 정보에 링크하는 수단으로 이용하고 있다. 즉 QR코드의 정보 제공은 오프라인과 온라인을 넘나들며 이루어지며 각종 정보를 손쉽게 얻을 수 있게 되었다. 최근 QR코드의 특유의 간편성을 활용하여 CPM(Customer Presented Mode) 방식의 결제 시스템을 제공하고 있다. BC카드는 현금 대신 스마트폰만 있으면 판매 상점의 QR코드를 인식해 모바일로 결제할 수 있는 서비스를 제공하였다. 자세히 말해 소비자의 스마트폰 애플리케이션(페이북)에서 'QR 결제' 메뉴를 선택한 뒤 가맹점의 QR 인식기에 스마트폰 화면을 대면 결제가 완료되는 편의성을 제공한 것이다(그림 5-9).

3) 옥외광고와 결합한 모바일 광고

365일 24시간 고객과 함께 하는 미디어라고 할 수 있는 모바일 미디어가 가지는 가장 차별된 장점은 고객이 직접 휴대하면서 이동하므로 고객의 모든 상황에 따라 새로운 접점을 시도할 수 있다는 것이다. 매년 꾸준한 성장세를 보이고 있는 모바일 마케팅은 이미 Push, Pull, 고객리워드형 단계에 이르고 있으며, 다양한 크로스미디어 및 마케팅 툴로 적용된 사례들이 많다. OOH나 온라인 캠페인 등 다른 매체릍과 함께 통합형 캠페인을 진행하는 등 다양한 미디어와의 결합을 시도하고 있다. 이러한 시도들은 개인화된 매체에 적절한 콘텐츠를 제공함으로써 UI(User Interface) 측면에서의 사용성에

그림 5-9 QR코드 간편 결제 시스템 페이북 사례

그림 5-10 마켓컬리 – 통합형 광고

서 한발 더 나아가 브랜드와 소비자 간의 커뮤니케이션에서 보다 효과적인 인터랙티브 콘텐츠의 역할을 하게 된다.

일례로 마켓컬리에서 적극적으로 추진하고 있는 엘리베이터 광고는 모바일과 옥외광고의 통합형 광고 행태를 가장 적절히 보여주는 사례이다. 마켓컬리의 특성 상 주부들을 대상으로 하며 이들에게 갇혀진 공간인 엘리베이터 안에서 흥미를 끄는 정보를 제공하여 광고효과를 높이고 뿐만 아니라 "엘리베이터 광고"를 통한 모바일 연계를 통해 소비자들을 단순 옥외고아고에서 모바일로 자연스럽게 이동시키고 있다. 즉, 적절한 광고 타겟을 선정하고 타겟에 맞는 미디어를 효과적으로 활용한 사례라고 할 수 있다(그림 5-10).

4) AR(Augmented Reality : 증강현실)을 활용한 모바일광고

증강현실(AR)은 우리 눈에 보이는 현실 세계에 가상의 콘텐츠를 제공하여 새로운 경험을 할 수 있게 해 준다. 가까운 예로 '포켓몬 GO' 게임을 들 수 있다. 실제 상황 속에서 모바일을 통해 포켓몬을 잡을 수 있다는 현장감을 제공함으로서 큰 인기를 얻은 사례이다. 이외에 증강현실 기술은 광고 · 프로모션뿐 아니라 엔터테인먼트 산업, 교육 등 다양한 산업에 접목되어 소비자에게 색다른 재미를 제공하기 위한 새로운 마케팅 요소로 자리매김하고 있다. 그 예로 글로벌 홈퍼니싱 기업 이케아는 가상으로 가구를 공간에 배치할 수 있는 증강현실(AR) 앱 '이케아 플레이스(IKEA Place)'를 출시하였다. 이는 많은 소비자들이 가구를 구미해가 전 증강현실 기술을 활용하여 다양한 스타일과 색상의 가구를 살펴보고 배치해볼 수 있는 경험을 제공한 것이다. 즉, 모바일을 활용하여 가구배치가 다양한 장소에서 어떻게 보여질 수 있는지 시각화해주며 소비자

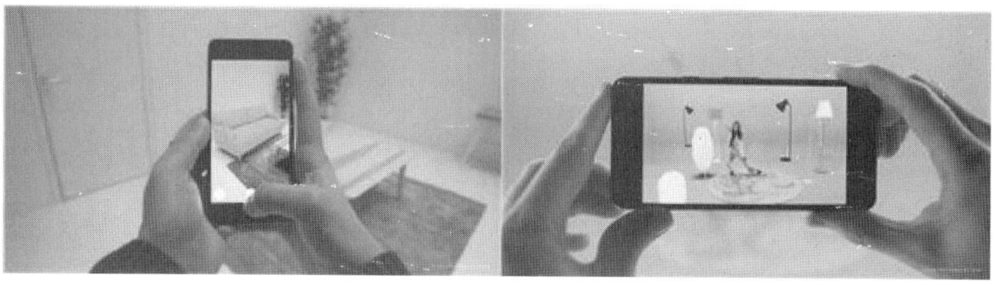

출처: IKEA Korea

그림 5-11 이케아 플레이스 Ikea Place

들은 이를 통해 편리한 홈퍼니싱 경험을 할 수 있게 되었다. 이처럼 증강현실은 일상 속에서 다양한 형태로 마케팅이 가능해졌으며 브랜드의 긍정적인 태도 형성을 도모할 수 있다(그림 5-11).

5) SNS를 활용한 모바일광고

스마트폰의 보급과 다양한 소셜미디어의 등장으로 소비자 간의 자유로운 의사소통과 정보 공유 등을 통해 사회적 관계를 생성하고 강화해주는 온라인 플랫폼이 생성되었다. 기업은 이를 통해 상호작용하고 니즈를 파악하여 적절한 서비스를 제공할 수 있기에 기존 TV, 신문 등의 매체 광고와 달리, 적은 비용으로 큰 효과를 볼 수 있다는 장점을 지니고 있다. 현재 디지털마케팅에서 가장 중요한 것은 경험 중심의 소비이다. 기업과 고객이 상호 연결된 디지털마케팅의 특성상, 소비자의 경험은 제품이나 서비스 · 기업에 대한 만족도 및 향후 재 구매 여부에도 큰 영향을 미치며 다른 관심사 고객에게도 큰 영향을 줄 것이다. SNS를 활용한 마케팅의 경우 기업의 판매 채널과 소비자와의 직접적인 상호작용을 이루는 것도 있으나 최근 '바이럴 마케팅(Viral Marketing)'을 통해 정보 효과성을 높이는 방법이 주목받고 있다. 이 방법이 각광받는 이유는 정보 제공자의 신뢰도 측면에서 강력한 힘을 발휘하기 때문이다. 다시 말해 기존 광고의 정보제공보다는 SNS를 활용하여 자연스럽게 기업이나 상품을 홍보하도록 하는 것이 소비자의 신뢰성을 상승시킨다는 것이다. 그 예로 에이피알은 SNS의 동영상을 통해 유명 연예인이 아닌 인플루언서를 활용하여 마케팅을 시작하였다. 이들은 제품의 정보를 시각적으로 보여 줄 수 있는 간결한 영상을 활용하여 리뷰방식의 콘텐츠를 제공함으로서 소비자의 신뢰성을 얻게 되었다. 1020세대를 타겟으로 공감대를 형성함으로서 큰 성공을 이룬 사례라고 볼 수 있다. 이처럼 소비자는 모바일을 통한 광고에 더욱 익숙해졌으며 자발적인 정보공유와 확산이 이루어지는 소셜 네트워크 서비스를 통한 마케팅을 활용하는 기업들이 점차 증가하고 있다(그림 5-12).

6) 모바일 동영상 광고

최근에는 온라인/모바일의 경계가 사라지고 있다. 소비자는 스마트폰이나 태블릿PC를

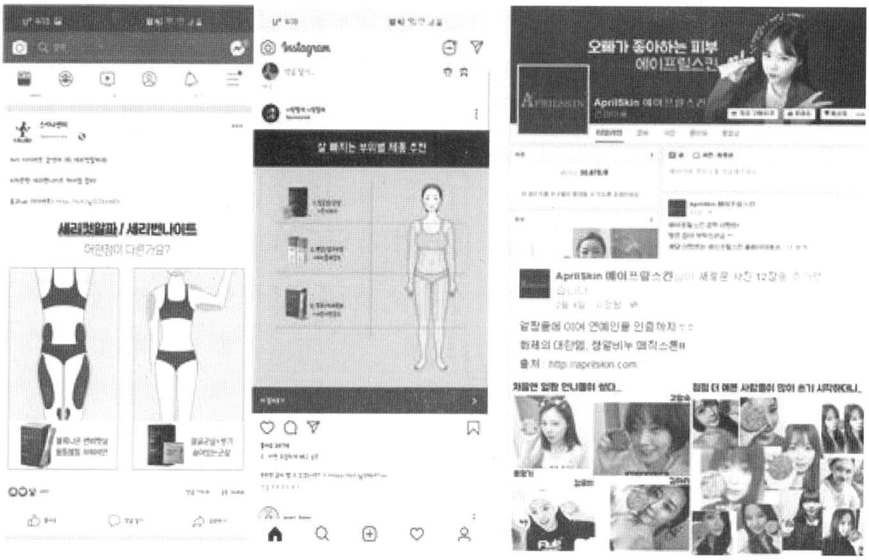

그림 5-12 (좌) 페이스북, 인스타그램 바이럴 마케팅, (우) 인플루언서를 통한 SNS마케팅 성공사례

이용해 이동 중에도 인터넷을 매개로 커뮤니케이션, 정보검색, 오락 등 다양한 콘텐츠를 즐기고 있다. 이러한 미디어의 변화에 따라 소비자들의 콘텐츠 소비 습관도 변화하고 있다. 온라인/모바일 동영상 시청은 약 83%가 경험하고 있으며 그 중 주된 시청 디바이스인 모바일을 활용한 동영상 시청이 80%를 차지하면서 소비자들이 집에서, 생각날 때 마다, 자기전에, 쉬는 시간 등 다양한 상황에서 동영상을 시청한다는 것을 확인할 수 있었다. 이제는 모바일 퍼스트 시대를 지나 모바일 온리 시대가 도래하고 있다고 해도 과언이 아니다(오픈서베이, 2019).

동영상광고는 2006년 광고시장을 강타했던 UCC붐에서부터 시작된 후 지속적인 성장을 거듭해오고 있다. 디지털 마케팅 전문업체 리서치 애드는 유튜브·페이스북·인스타그램 등을 통한 2019년 1~5월 온라인 동영상 광고 집행비가 3355억 5000만 원이었다고 밝혔다. 이는 1년전(548억 1000만 원)보다 53.8% 증가한 수치이다. 하지만 동영상광고 시장이 지속적으로 증가하고 잇는 만큼 이면에서는 동영상광고 시청 효과는 매년 줄어들고 있다(오픈서베이, 2019). 특히, 유튜브를 통한 중간광고가 많아진 요즘, 소비자가 "스킵(Skip)"하지 않고 끝까지 보는 동영상 광고의 핵심은 스토리이다. 실제로 기억에 남는 광고를 끝까지 본 적이 있다는 사람은 약 70%에 달했으며 이는 17년을 시작으로 3년간 진행한 조사 중 가장 높은 수치를 기록하였다. 소비자가 광고를 끝까지 시청한 이유는 광고의 "내용/스토리"가 궁금해서(45.1%)였으며 다시 말해 효과적인 동영상 광고는 시청자의 궁금증을 자아내는 '스토리텔링'을 가장 중요하게 고민해야 한다는 것이다.

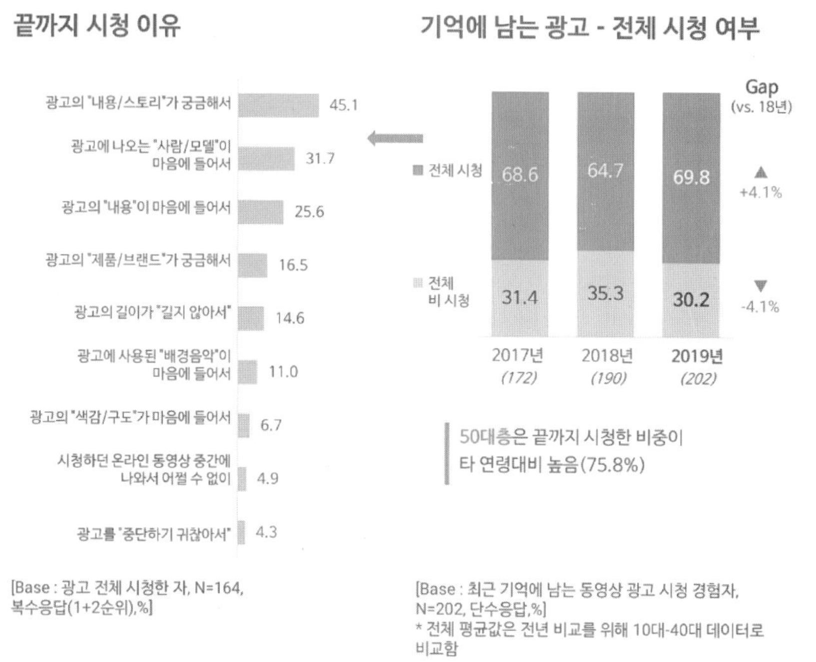

출처: 오픈서베이 온라인 동영상 시청 리포트, 2019

2019년 6월에 공개된 후 800만 뷰 이상을 기록한 현대해상의 기업광고 '추격'은 1분 20초 동안의 광고를 마치 영화처럼 제작하여 영상 초반 극의 몰입감을 높인다. 국내 영화에서 많이 볼 수 있는 '추격씬'을 모토브로 하여 광고 초반 긴박한 추격전을 보여주며 시작한다. 그러던 중 주차된 차량을 가로채 뒤쫓기 시작하는데 이때 광고는 갑자기 차를 빼앗겨 당황한 여인을 조명하며 '현대해상에겐 당신이 주인공입니다.'라는 메인 테마를 부각시킨다. 이는 스토리가 있는 광고를 통해 소비자에게 동영상광고를 스킵하지 않고 보며 강력한 브랜딩 효과를 원하는 광고주를 충족시켜 준 사례이다(그림 5-13).

그림 5-13 현대해상–기업PR_'추격'편

7) 모바일 인터랙티브 동영상 광고

최근에는 TV나 유튜브 등과 같은 동영상 채널에서 제공되는 중간 광고들을 피하기 위해 채널을 계속 돌리는 '재핑(Zapping)족'이나 5초만 지나면 건너뛰는 '스킵(Skip)족'들이 늘어남에 따라 소비자들이 광고를 볼 수 있도록 광고에도 다양한 변화를 시도하고 있다. 이러한 변화의 시작점에 있는 것이 바로 '상호작용성'을 활용한 인터랙티브 형태의 광고이다.

예컨대 최근 유튜브 영상이 종료된 후 등장하는 '앤드스크린(End Screen)' 기능을 활용하여 자신이 시청한 광고 영상 뒤에 이어질 스토리를 직접 선택할 수 있도록 한 광고이다. 이 광고는 피자를 먹고 난 광고 모델이 휴일에 무엇을 할지 고민하는 모습이 등장하고 이후 양쪽 화면에 '피자집 또 가기'와 '공원 산책가기'라는 선택지를 시청자에게 제시하고 직접 선택하도록 한다. 이 중 하나를 선택한 시청자는 또 다른 스토리의 이어지는 광고 이야기를 연결되어 볼 수 있다. 이는 지난해 2018년 넷플릭스가 선보였던 시청자 참여형 드라마 형식을 본 딴 것으로서 삼성카드를 소개하는 짧은 분량의 광고 13편을 3-4편을 묶어서 봐도 이어지도록 하였다. 유튜브에서 해당 캠페인 광고 시리즈의 전체 조회수가 2000만회 이상을 기록할 만큼 소비자들의 반응은 긍정적이다. 자신이 선택한 이야기를 계속 시청한다는 점에 착안하여 상호작용성이라는 인터넷 최대의 특성을 잘 살린 마케팅 전략으로 호평받고 있다. 기존의 매체에 집행되는 광고들은 매체 자체의 제한성으로 인해 대부분 행동적 차원의 결과물을 목표로 삼고 있지 않는 데 반해, 인터넷을 이용한 유튜브 내 삼성카드 광고와 같은 전략들은 직접 소비자들이 어떤 종류의 행동을 하도록 만드는 것을 목표로 삼는다(그림 5-14).

그림 5-14 상호작용성을 살린 삼성카드 인터랙티브 광고

생각해 볼 문제

1. 모바일의 인터랙티브 요소가 광고에 미치는 영향을 생각해 보자.
2. 모바일 인터랙티브 광고의 향후 전망에 대해서 생각해 보자.
3. 모바일 인터랙티브 요소를 고려한 향후의 등장할 모바일 광고의 형태에 대해 아이디어를 제시해 보자.
4. 향후 모바일 광고 사업의 발전방향을 제시해 보자.

참고문헌

제일기획(2017), cheil magazine - 미디어와이드뷰, http://blog.cheil.com/magazine/27240

Global Mobile market, p.178, Ovum, 2000

이경렬 (2006). SMS기반의 모바일 광고의 효과 및 수용성에 관한 실증연구. 커뮤니케이션학 연구, 14(2), 27-45

한상필, 안보섭, 박명진 (2005). 무선 인터넷 이용자의 모바일 광고 이용 동기에 관한 인식연구. 커뮤니케이션학연구: 일반, 13(4), 68-100.

김봉철(2007). 모바일 광고에 대한 태도에 영향을 미치는 선행요인: Ducoffe(1996)의 웹 광고효과모델 확장적용, 광고연구.

이미영 (2006) 디지털 광고매체 가치에 대한 광고주 인식조사 연구. 언론과학연구, 6(2), 221-256.

정두남, 이시훈 (2008). 모바일 산업의 현황과 전망; 모바일 광고마케팅을 중심으로. 한국방송광고공사.

윤영석, 신석원 (2002). 모바일 광고 서비스의 시장성 및 동향. 정보처리학연구, 9(2), 32-37.

센서타워(2018), 상반기 애플·구글 앱 마켓 매출, https://sensortower.com/blog

오픈서베이(2019), 온라인 동영상 시청 리포트, https://www.opensurvey.co.kr/

CHAPTER 06

인터랙티브 옥외광고

사례 19년 7월1일 런칭한 반포 센트럴시티 디지털사이니지의 경우 공간의 특성을 고려한 콘텐츠를 구성했다. 호남선 고속터미널 게이트 상단에 13기의 미디어를 설치했고, 차량을 대기 하는 시민들을 대상으로 아티스트를 통해 제작된 일러스트로 숨은 그림 찾기, 틀린 그림 찾기 게임을 제공했다. 또한 게이트별 도착지 날씨를 실시간으로 애니메이션화 해서 정보를 제공했다.

틀린 그림 찾기

실시간 도착지 날씨 정보

게이트별 도착지를 선정하여 해당 지역의 날씨를 아티스트가 제작한 그림으로 날씨 상태가 실시간으로 애니메이션 화 되어 표출했다.

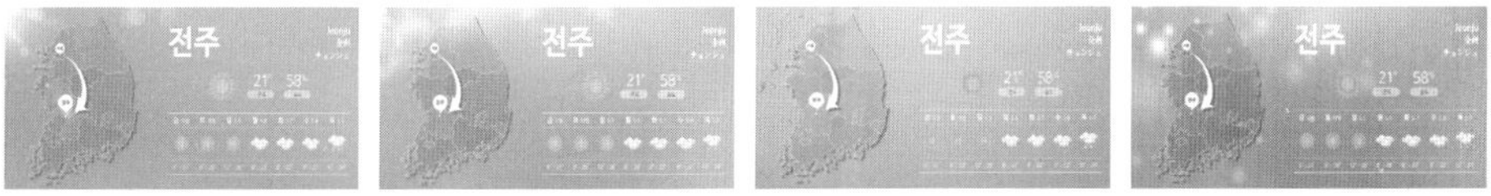

실시간 온라인에서 날씨 정보를 불러와 애니메이션으로 표현

그리고 신세계백화점과 연결되는 중앙 광장에는 상단 트러스에 대형 전광판을 설치하고, 4개의 사각 기둥에는 세로형 사이니지를 설치했다. 트러스 대형 전광판에 실시간으로 촬영된 광장의 실제 모습과 가상의 아쿠아리움의 그래픽을 합성했다. 바다 속에서 물고기들이 움직이고, 카메라 센서를 이용해 물고기를 터치하면 물고기가 도망친다. 같은 물고기를 한 번 더 터치하면 그 물고기는 물방울 속에 갇혀 트러스 전광판에서 사각기둥으로 이동하게 된다. 본 공간의 유동인구의 연령층은 다양하다. 중년의 부부, 어린이를 동반한 부모, 20대 등 본인의 모습이 아쿠아리움 화면속에 등장하고 손으로 터치 하면 물고기가 반응 하는 모습을 보고 신기하고 재미있어 한다. 그리고 고속터미널로 가는 이동 경로다 보니, '내가 가고 싶은 여행지'라

는 테마를 가지고 화면에 나온 지도에서 하트 모양을 터치하면 그 모양이 다양한 관광지가 있는 곳으로 이동한다

AR 증강현실(아쿠아리움)

AR증강현실(당신의 다음 여행지는)

1 인터랙티브 옥외광고 등장

인류 최초의 옥외 광고는 고대 그리스로부터 시작된다. 폴리스 곳곳의 길을 안내해 주고 음식점과 상점을 알리기 위해 옥외 게시물 형태의 표식이 사용되었다. 고대 문명에 비해 더 규모가 커지고 복잡해진 현대 문명에는 옥외 게시물의 양상이 훨씬 더 다양해져 왔다. 옥상빌보드, 지주 야립, 건물 간판, 상점 표시물 등은 도시 곳곳에서 쉽게 만날 수 있는 현대의 대표적 옥외 기호물이다.

이렇듯 문명의 발달과 함께 다양한 형태로 발전해 온 옥외 게시물은 기본적으로 아날로그의 범주에 속한다. 20세기 후반부터 문명의 양상을 바꾸기 시작한 디지털 테크놀로지의 흐름 속에서 OOH(Out-of-Home) 광고의 트렌드도 질적인 변화를 맞게 된다. 2010년을 전후하여 디스플레이 하드웨어 발달과 더불어 상업용 디지털 디스플레이가 공공시설물(지하철 등)내 설치 되어 네트윅을 통한 즉시 정보 전달이 가능한 옥외 광고물이 생겨나기 시작했고, 현재는 Iot, AI, AR, 빅데이터 등 다양한 혁신 기술과 융합하면서 새로운 가치를 창출하고 있다. 나아가 이러한 흐름은 "디지털미디어" 시대를 넘어 "스마트미디어" 시대로 이어져, 온라인 네트워크 기반의 스마트 기기를 이용해 서비스 사업자와 이용자 간 또는 이용자들 간 상호작용이 가능하며 서비스 이용에서 시·공간적 제약이 없는 융합형 서비스를 가능하게 하고 있다. 앞으로 인공지능을 포함한 다양한 ICT(Information and Communications Technologies) 기술, 실용적(감성 포함)컨텐츠 등이 OOH 미디어와 결합하게 될 것이다.

초기 단계의 디지털미디어는 원거리 데이터 수신이 가능해지면서 도심 전광판, 버스, 지하철, 엘리베이터 내부 및 편의점 입구 주위에 설치된 디스플레이 패널과 같이 단방향의 일방적 콘텐츠 노출 방식이었다면, 현재의 스마트미디어는 IT · 콘텐츠 기술과의 융합을 통해 양방향 커뮤니케이션이 가능한 매체로 한 단계 업그레이드 되어 시간 · 장소 · 목적 등 사용자 상황에 맞는 정보와 서비스를 제공하거나 엔터테인먼트 · 인터랙티브 등 콘텐츠를 제공하고 있다. 향후 미래의 디지털미디어는 기술의 완성도가

높아지면서 방대한 정보를 학습한 인공지능 및 복합적 비정형 디스플레이 구현이 가능한 수준으로 발전 할 것으로 예상된다. 상업 광고 분야에 적용 가능한 모델로는 인공지능형, 상황 인지형, O2O 솔루션 등이 있다. 인공지능형 옥외광고는 안면인식, 빅데이터 등 다양한 기술에 기반을 둔 분석을 통해 사용자에게 필요한 메시지를 상황에 맞게 전달하는 타깃 지향형 방식이 가능하다. 생활 인지형 옥외광고는 온도, 날씨, 미세먼지 농도 등에 맞는 광고 메시지를 표출한다. O2O솔루션은 모바일과 연계한 주문, 결제 시스템의 발전으로 옥외미디어가 무인점포, 가상점포 역할을 하는 새로운 비즈니스 모델이다. 그렇다면 최근 들어 옥외광고에 인터랙티브 요소가 왜 중요하고 어떻게 활용 가능한지 간단한 전략을 살펴 보자.

최근 들어 너무 많은 미디어들이 생겨났다. 케이블, 종편, IPTV, 온라인, 네플릿스, 카카오TV 등 무수히 많은 채널에서 서로 상호 작용하는 체험과 감동을 소비자들에 주지 않으면 메시지 전달이 힘들어진다. 따라서 매체 특성에 적합한 공감과 감동이 필수적인 요소가 되었다.

공간과 메시지와 사용자를 하나로 연결하여
공감과 감동을 이끌어 내야함

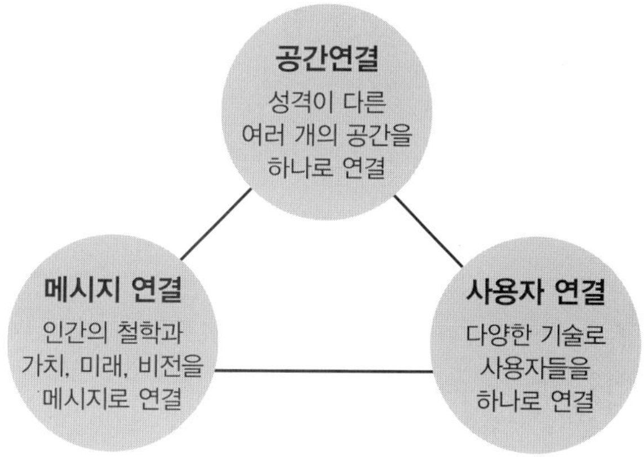

소비자와의 커뮤니케이션 전략

- **소통채널**
  디지털사이니지를 통해 실시간으로 사용자와 기업의 소통채널구축
  인터랙티브 옥외광고를 통해 사용자와 사용자간, 사용자와 기업간 경험을 소통하고 공유
- **이슈화**
  뉴테크놀러지(하드웨어, 소프트웨어 포함)를 바탕으로 이슈화
  새로운 기술을 미디어에 적용하여 개발하고, 국내외 소비자 경험 가능한 콘텐츠를 생산함으로써 궁긍적으로 쌍방이 원하는 목적 달성
- **산업발전**
  다양한 기업의 참여를 유도하고 기술의 개발로 산업 활성화 유도
  옥외광고의 지속적인 발전과 성정을 위해서는 재원 마련이 필수이며 기업체의 참여와, 신기술을 개발하는 IT 기업들이 상호 발전 해야 함

인터랙티브 옥외광고 발전 방향

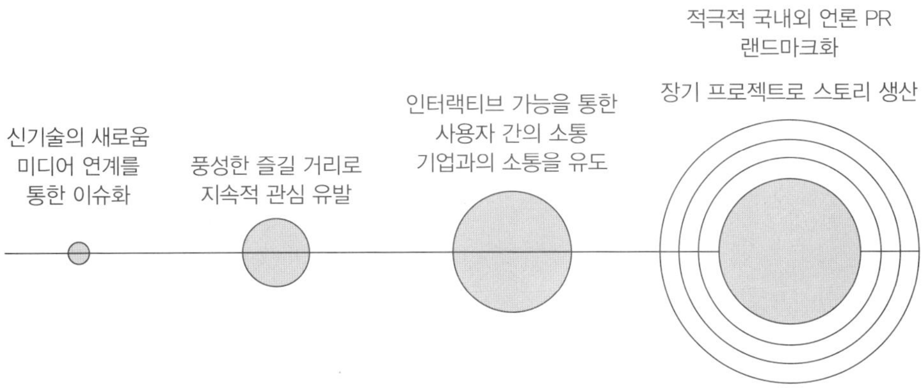

인터랙티브 옥외광고의 산업에서의 역할

다음은 국내 최초로 대형화면에 미디어아트를 표시하고 관심 있는 소비자들이 QR 코드 앱을 활용하여 실시간 정보 검색 및 댓글을 실시간 상호작용으로 커뮤니케이션을 진행했다.

서울스퀘어 미디어파사드

신형 쏘나타 출시를 효과적으로 예고함과 동시에, 차량이 전혀 등장하지 않고 로드니스미스 작품과 슬로건으로만 이루어진 소재 크리에이티브를 살린 티저 광고이다. 서울스퀘어 건물 외벽 전체에 LED를 이용한 미디어아트로 브랜드를 과감히 숨기고 소재 이미지와 슬로건만으로 크레에이티브를 독창적으로 표현했다. 특히 대형 QR 코드를 활용해서 대형 미디어파사드를 보고 궁금증이 생기면 스마트폰으로 해당 페이지에 바로 접속해 풀 동영상을 볼 수 있다.

2 인터랙티브 옥외광고 광고의 유형

최근 디지털 옥외광고가 중요한 매체로 부각되는 이면에는 기존의 4대 매체로 구분되던 매스미디어의 위력이 감소한 것을 이유로 볼 수 있다. TV를 중심으로 과거에 비해 미디어의 위력이 감소한 배경은 소비자들의 라이프스타일의 근본적인 변화에 의한 것으로 판단된다. 현대의 소비자들은 과거에 비해 외부활동이 많아지는 경향과 최근의 걷기 열풍이나, 캠핑, 먹방, 동호회 등 그 상황을 정확히 대변해 주는 현상으로 볼 수 있다. 소비자들의 라이프스타일 변화와 이를 지지하는 분위기와 시설 인프라의 개선은 이들의 교외 활동을 더욱더 가속화 시킬 것이다.

또 하나의 큰 변화는 스마트폰의 새로운 매체의 등장으로 볼 수 있다. 2009년 이후 빠르게 등장한 뉴미디어가 기존의 미디어를 대체할 것이라는 예상과는 달리 뉴미디어와 기존 미디어는 상호보완적인 형태를 띠며 복합적으로 사용되고 있다. 소비자들은 시간과 장소를 구애받지 않고 다양한 매체를 자유롭게 이용할 수 있게 된 환경 속에서 특정 매체만을 선호하여 사용하기보다는 제한된 시간 속에서 한 번에 두 가지의 이상의 매체를 동시에 소비하는 매체 소비 현상을 나타내고 있는 것이다. 예를 들면 옥외

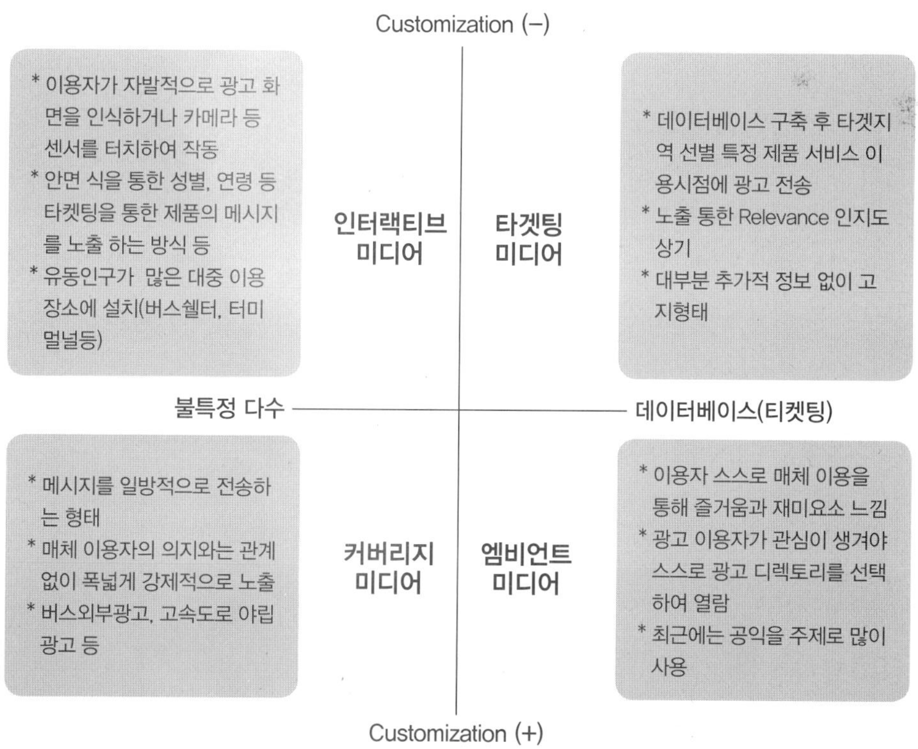

옥외광고의 유형

전광판을 보며 스마트폰을 꺼내 관련 사항을 바로 검색하고 주변의 매장을 찾아가거나 실시간으로 스마트폰에서 구매까지 이뤄지게 된 것이다. 이러한 변화는 결국 텔레비전, 신문 앞에서의 수용자 이탈을 가져 왔다. 따라서 과거의 패러다임에 기초한 광고효과는 기대하기 어려우며, 디지털 옥외가 진화 할 수 있는 토대가 마련 되는 것이다. 이러한 이유로 소비자의 라이프스타일과 소비자의 접점에 부합되는 형태의 광고커뮤니케이션이 부각되고 있으며, 이러한 측면에서 디지털 옥외광고의 가치가 재평가 받고 있다. 또한 다양한 형태의 옥외광고가 생겨 나기 시작했다.

1) 커버리지 미디어 옥외광고

커버리지 미디어 옥외광고의 유형의 경우 우리가 흔히 보아왔던 노출 중심의 옥외광고를 말한다. 그림 6-1과 같은 옥외광고의 경우 옥외광고가 최대한 노출이 가능한 커버리지 지역을 중심으로 단순노출을 목적을 가진 옥외광고를 말한다. 이러한 옥외광고의 경우 단순 반복 노출과 소비자들에게 각인 효과를 주고, 광고주 내부 직원들에게도 회사에 대한 자부심을 느낄 수 있게 한다. 본 광고는 폭넓은 연령층에 노출이 필요한 브랜드의 경우, 또는 기업의 PR 광고로서 회사의 이미지 및 공익적인 광고에 전반적으로 사용 된다.

2) 타깃 미디어 옥외광고

타깃 미디어 옥외광고의 경우 이용자들의 정보와 라이프스타일 기반으로 접점을 찾아내어 집행하는 옥외광고의 형태로 특히 수용자들의 인구통계학적인 특징을 기반으로 하여 수용자들이 관심을 가질 것으로 예상되는 옥외광고라고 할 수 있다. 가장 일반화되어 볼 수 있는 옥외광고의 경우 도산대로 대형 전광판 및 쉘터 광고를 볼 수 있는데 이용자들의 지역별 이용 계층과 정류장과의 관련성 등의 맥락을 이용하여 타겟에 맞는 광고를 반복 노출 할 수 있도록 집행하는 형태를 말한다. 예를 들어 노량진역의 경우 고시와 관련된 학생들의 이용이 많으므로 그와 관련된 학원 광고의 집행, 도산대로

그림 6-1 커버리지 옥외광고

그림 6-2 타깃 미디어 옥외광고

의 경우 수입차 매장과, 명품 매장들이 많은 지역으로 고가의 제품의 메시지 소구가 효과적이다. 그리고 인천 공항철도의 경우 면세점 광고, 젊은 계층이 많이 이용하는 강남역의 경우 영화와 관련된 광고를 집행하는 형태를 말한다. 최근에는 쇼핑몰이 발전하면서 가족 단위로 진행 되는 또는 30, 40대에게 소구 할 수 있는 광고를 쇼핑몰 디지털 영상에 광고를 노출 한다(그림 6-2).

3) 앰비언트 미디어 옥외광고

스마트폰의 발달과, 전통 미디어의 홍수 속에서 소비자들의 기존 미디어에 대한 관여도는 예전 같지 않으며, 이러한 현상이 부정할 수 없는 현실이 된지 오래다. 기업들은 전통적인 미디어에 자칫 둔감해진 소비자를 겨냥하여 소비자의 다양한 브랜드 접점에서의 엠비언트 미디어(Ambient Media)를 효율적이고 효과적인 마케팅 수단으로 실행했다. 특히 방송, 신문, 인터넷이 할 수 없는 대형화, 디지털화, 인터랙티브화등 그리고 광고 재질의 변화 등을 통해 옥외에서 Unique한 광고를 할 수 있다. 과거에도 그랬지만 지금도 광고주와 소비자는 끊임 없이 남들이 해 보지 않은 독특한 광고 아이디어를 요청 하고 있다.

주변에서 흔히 볼 수 있는 사물이나, 재질, 공간의 특성 등을 매개로 사용하는 앰비언트(am -bient) 광고는 새로운 미디어 개발의 첨병 역할을 하고 있다. 앰비언트는 '주위를 둘러싼'이라는 뜻으로 일상에서 소비자가 접하는 모든 것이 광고 매체가 될 수 있다는 발상이다. 엠비언트 미디어 옥외광고의 경우 타깃, 노출, 빈도, 흥미라는 요소를 강하게 가진다. 앰비언트의 경우 기존의 익숙하던 사물을 광고 목적에 부합하는 형태로 소비자의 흥미를 자극해 낼 수 있도록 재창조하면서, 흥미와 재미, 관심을 가져올 수 있다는 점에서 기존 매체와는 구별되는 특징을 가지고 있다(그림 6-3).

여행이나 레저를 즐기는 라이프스타일이 입증된 인천공항 방문객에게 넓은 트렁크 공간의 해치백 특성을 강조하기 위해 공항 도착장 컨베이어벨트에 i30 모형차 설치, 실제 수하물이 i30 트렁크에서 쏟어지 듯 보이게 연출하여 소비자들에게 재미 요소를 부

그림 6-3

여했다. 2012년 대한민국광고대상 금상 수상을 수상했다. 또한 본 아이디어를 참조해서 이노션 중국법인에서 유사한 광고를 중국 공항에 활용해 중국 광고제에서 본상을 수상했다(그림 6-3).

월드컵 기간 현대자동차의 광고 컨셉을 대형 모형으로 제작하여 강남역 800m 에 설치된 미디어폴 상단에 설치, 기존 매체에 FRP로 조형물을 제작하여 월드컵 응원 열기 조성 및 현대자동차 월드컵 거리라는 인식을 심어줬다. TV광고와 연계하여 재미있는 현대차만의 캐릭터를 소비자들에게 친근감 있게 소개했다(그림 6-4).

을지로에 위치한 하나은행 본점 빌딩이 대형 모래시계로 변신해 이목을 끌었다. 설치 미술가 고우석씨가 디자인했으면, 2개월이라는 제작기간을 거쳐 만들어졌다. 자사 건물을 활용해 고객들에게 미술 작품의 일환으로 소개되어. 오피스 밀집 지역인 을지로에서 많은 사람들에게 흥미와 즐거움을 제공했다(그림 6-5).

정부 정책 및 사회적 변화에 인해 주류광고에 대한 규제가 많다. 특히 관공서에서 관리하고 있는 버스외부광고, 지하철광고는 주류광고를 전면 금지한다. 따라서 주류광고는 남들과 다른 크리에이티브한 광고를 시도해야 효과가 있다. 진로의 새로운 소주 'J(제이)'가 해양심층수를 함유한 제품의 특징을 어필하는 차별화된 옥외광고를 선보이며 화제를 낳았다. 마치 해저 심해를 그대로 옮겨 놓은 듯한 버스쉘터내 변형광고

그림 6-4

그림 6-5

와 코엑스 밀레니엄 광장에 선보인 바닥 트릭아트 3D 입체로 광고 메시지를 정확히 전달했다(그림 6-6).

이렇듯 앰비언트의 광고는 특이성, 빈도, 흥미, 임팩트라는 요소를 모두 가진 형태의 광고이며, 옥외광고 단독으로도 캠페인의 효과를 기대할 수 있다. 하지만 효과의 정량적인 측정은 추정하기 어려울 것으로 생각된다. 소비자와의 흥미와 재미라는 측면에서 향후 디지털 인터랙티브와 빈번하게 결합하는 하나의 마케팅 툴로서의 옥외광고 유형으로 구분해 볼 수 있다.

그림 6-6

4) 인터랙티브 옥외광고

'인터랙티브 미디어'란 기존의 옥외광고처럼 소비자(audience)에게 일방향성 메시지를 전달하는 매체가 아니라 소비자가 직접 참여하거나 소비자 개개인에 대한 맞춤형 광고를 통해 소비자 개인이 광고의 한 축을 담당할 수 있는 모든 매체를 총칭한다.

인터랙티브 옥외광고는 소비자와 생산자간의 상호적 행동을 포함한 다양한 수단으로 상품과 서비스, 아이디어에 관한 유료 및 무료의 표현물과 프로모션으로 볼 수 있으며, 소비자가 능동적으로 광고 정보의 탐색 경로를 찾아 볼 수 있다. 타깃, 노출, 흥미, 반응, 수용자 행도에 따른 매체반응 변화에 과정을 통해 몰입이 발생하여 광고효과가 발생하는 것을 말한다. 최근 들어 기술적 진보와 더불어 옥외광고도 온라인 광고와 마찬가지로 쌍방향성(인터랙티브) 기능을 구현할 수 있게 됐다. 초기에는 단순히 흥미를 유발하기 위한 디지털 미디어 기능의 일부로 인식되던 인터랙티브는 매장 외부 디스플레이와 결합하면서 상품 구매로 직접적으로 연결되는 고리로 작용하고 있다.

예를 들어 동작인식 인터랙티브 광고의 경우 인터랙티브 기능이 옥외광고에서 가진 장점은 브랜드 경험 기회 및 타겟팅 된 콘텐츠 등을 제공 하는 것이다. 특히 최근 5G의 상용화로 고용량의 데이터를 사용 할 수 있게 되면서 다양한 아이디어의 실시간 적용이 가능 하게 되었다. 특히 4대 매체가 수행 할 수 없는 개인 스마트폰과 네트워연결이 가능하다. 따라서 디지털옥외는 스마트폰과 상호 소통하면서 브랜드에 대한 경험, 참여, 소비까지 이뤄지게 만들 수 있다(그림 6-7).

세계 4위의 자동차 대국인 한국에서 하이브리드차(HEV)는 차량 성능에 대한 편견으로 2012년 첫 출시 이후 전체 자동차 시장의 4% 수준으로 정체중이였다. 전통의 SUV 명가인 기아차에서 국내 최초 HEV SUV 니로를 출시하며 차량의 인지도 제고 뿐 아니라 하이브리드 차량에 대한 고질적인 편견을(가속력, 파워, 연비효율) 극복해야 하는 상황이였다. 니로가 런칭하는 4~5월에는 황사가 심해 실내 놀이공원을 타겟 장소로 잡았다. 국내 실내 최대 놀이동산 롯데월드에 초대형 롤러코스터 옥외래핑&조형물을 설치하고 VR을 연계한 디지털 인터랙티브 콘텐츠를 통해 HEV SUV의 USP를 간접 체험하는 기회를 제공했다. 헤드마운트디스플레이를 착용하고 니로를 쳐다 보면

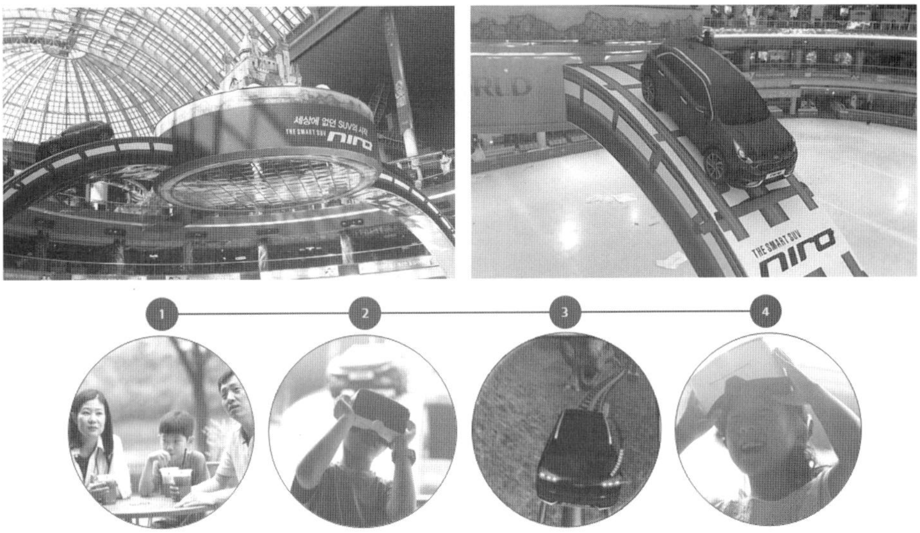

그림 6-7

공룡들이 사는 고대 밀림의 가상 그래픽이 나타나고 니로가 레일을 따라 가속력과 연비를 주안점으로 공룡들을 피해 달리는 모습이 그려진다. VR을 연계한 디지털 체험으로 기존의 편견을 깨고 SUV의 가속력과 파워에 HEV의 연비 효율성까지 갖춘 국내최초 HEV SUV로서의 인식을 개선하는데 성공했다(그림 6-7).

파리 시내의 부주의한 보행 습관을 바꾸기 위해 파리 전역의 보행자 교차로 인근에 특수 설계된 인터랙티브 디지털 사이니지 설치. 모션 감지기, 스피커, 및 카메라가 장착되어 보행자가 빨간 불에 길을 건너려고 할 때마다 차량이 급정거하는 소리를 들려주고, 그 순간 보행자의 놀란 얼굴을 촬영해 사이니지에 표출했다. QR코드를 삽입해 실제 사고 후 생존자의 비디오 메시지도 전달하여 경각심을 불러 일으켰다(그림 6-8).

Nike는 'Lunar Epic'이라는 최첨단 신발 출시에 맞춰 필리핀에서 세계 최초로 'Full Size LED Running Track'인 'Unlimited Stadium'을 설치 했다. 스타디움에서는 나 자신과의 가상 경주를 할 수 있는 인터랙티브 기능을 만들고 최대 30명까지 참여가 가능

그림 6-8

그림 6-9

했다. 신발에 센서를 부착하면 LED 화면에 나의 아바타가 표시된다.

최근 기업체에서는 단순한 브랜지 고지 보다는 체험형 마케팅에 주력하고 있다. 제품을 경험할 수 있게 하기 위해 기존의 전통적인 프로모션 행사 보다는 디지털을 활용하는 빈도가 높아지고 있는 것이다. 그 이유는 소비자들의 생활패턴이 달라지고 있기 때문이다. 1인 가구의 증가, 대면 접촉을 기피 하는 현상을 통한 개인화 미디어의 폭발적 증가, 이런 이유로 매장에는 키오스크를 포함 디지털영상들이 많이 생기고 있고, 공공장소 미디어에 안면인식이 가능한 카메라가 장착되어 티켓팅을 통한 맞춤형 광고까지도 가능하다. 그리고 스마트폰으로 인스타그램, SNS, 유투브 등 다양한 검색을 통해 많은 정보를 짧은 시간에 취사 선택 할 수 있고 디지털 옥외와 연계되어 실시간 정보를 상호 교환 할 수 있다. 따라서 향후 하드웨어, 소프트웨어의 급격한 발전에 따라 미디어의 인터랙티브 활동은 더 강화 될 것이다.

3 인터랙티브 옥외광고 광고의 특성

1) 인터랙티브 옥외광고의 특징

기술 트렌드 반영한 '스마트 사이니지'는 몇 년 새 QR코드, 비콘, NFC를 이용한 광고에서 AR, VR, 동장인식 등을 활용한 광고로 빠르게 변화 되었듯이 신기술 등장에 따라 디지털 옥외 광고 콘텐츠에 즉각적으로 반영되어 신기술 트렌드를 반영하는 하나의 장으로 변모 되었다.

수용자 맞춤형 정보 제공 광고는 얼굴인식을 통해 연령, 나이 등을 추정하는 기술과 스마트폰을 기반으로 한 빅데이타 기술이 점차적으로 발전해 나가며 보는 사람에 따라 다른 광고 소재 노출 가능한 맞춤형 시스템이 구현 가능한 양방향으로 발전 되고 있다.

매스미디어 집행 효과 감소 대안책으로 아이트래킹, 위치기반 데이터 등을 이용한 옥외광고 효과 측정 모델이 지속적으로 생겨나고 있는 추세이며, 임팩트 있는 크리테이브의 적용으로 집행 효과가 감소 하고 있는 TV, 인쇄, 라디오를 대체 할 수 있는 매체로 지속 자리 잡을 것이다.

홈플러스 QR코드 스크린도어

버스외부광고 효과 분석 시스템

삼성동 코엑스 미디어아트

미디어아트 등 콘텐츠와 연계해 랜드마크 역할 현재 삼성동 자유광고표시구역, 서울스퀘어, 인천공항, 반포센트럴시티, 스타필드 등에서 운영되는 미디어아트 사례들이 본격적으로 영역을 확장해 나가며, 광고와 예술 작품이 어우러지고, 소비자의 감성을 담은 콘텐츠들이 어우러 지면서 도시의 랜드마크 기능을 수행 할 수 있다.

향후에는 ICT 결합, 인공지능, 상황인식 등 기술 발달과 함께 급격한 라이프 스타일 변화에 따른 디지털 기술간의 컨버전시를 통해 디지털사이니지의 급격한 변화가 예상된다. 특히 노동시장의 주52시간 정책 등 사회적인 변화에 맞춰 개인화 된 삶이 증가하고, 그에 따라 개인화 쌍방향 커뮤니케이션이(인터랙티브) 가능한 디지털옥외가 많이 생겨 날 것이다. 그리고 관공서는 정부의 정책, 재난정보 등을 실시간으로 국민들에게 알리고 관련 민원 등을 수집하기 위해 스마트시티 (도시 구성원들간 네트워크가 완벽하게 갖춰져 있고 교통망이 거미줄처럼 효율적으로 짜여져 있는 것) 개념의 미디어를 설치 운영 할 것이다(그림 6-10).

아래 ICT 연결 도표 그림은 디지털옥외가 카메라, 동작인식, VR, 데이터 분석을 통해 결국 인터랙티브로 연결되는 구조이다. 그 외 3D 입체형, 인공지능, 홀로그램 등도 연계되어 도시의 랜드마크화와 인간의 오감 기능이 추가 된 시공간을 초월한 가상 공간이 생기게 될 것이다. 결국 생활 공간이 IT와 Linked 되어 신규 가치를 창출하는 비즈니스 영역으로 확대 되고 인공지능, 스마트시티, 자율주행 등으로 미래, 다음세대, 글로벌과 초월적인 연결이 구현 된다. 최근 차량 창문에 인터랙티브LED를 설치한 캠페인을 살펴보자.

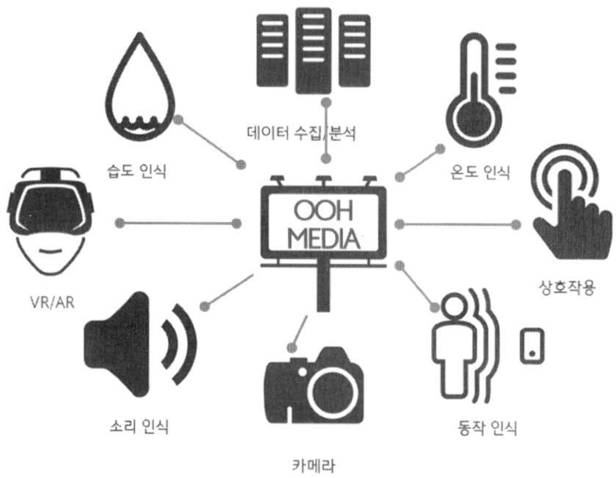

그림 6-10 ICT 연결구조

현대자동차그룹 재잘재잘 스쿨버스 캠페인

사람과 사람, 그리고 사람과 세상을 잇는 다는 현대자동차그룹의 가치 'Connect'를 대중들에게 효과적으로 보여주고자, 스쿨버스를 타고 청주와 충주를 오가는 청각장애아 학교인 성심학교 아이들의 지루하고 적막한 등하교길을 즐겁게 해주고자 했다. 투명 OLED 디스플레이를 스쿨버스 창문에 부착하여 아이들이 서로 메시지를 주고 받고, 그림을 그리고, 창문에 저장된 메시지와 함께 사진을 촬영하여 스마트폰으로 부모님과 전송 하는 등 다양한 Interactive Connecting 경험을 하게 했다. 캠페인의 일환으로 이 스토리를 바탕으로 각색한 동화 형태의 콘텐츠를 4회에 걸쳐 동시에 연재하였고, 200만개의 공감 하트가 모이면 실물 동화책으로 제작 및 배포하는 소비자 참여형 프로모션 진행을 통해 대중의 공감과 참여를 얻어냈다. 유투브 조회수 1400만 뷰를 달성하고 칸 광고제에서 동상을 수상했다(그림 6-11).

그림 6-11A는 날씨 변동에 따른 불스원 맞춤형 광고이다. 미세먼지가 발생하면 필터를, 비오는 날은 레인OK를 날씨에 따라 실시간 반영하여 소비자의 니즈에 적합한 광고를 표출한다. 그림 6-11B는 18년 12월부터 19년 2월초까지 진행한 하남스타필드의 '세상에서 가장 큰 미아 찾기' 공익 캠페인이다. 22m 높이 대형 미디어타워에 실제 아이 키만 한 실종 아동의 사진이 비친다. 그 앞을 지나던 사람이 그 아이와 눈을 마주치면 앳

그림 6-11 (A) 불스원 맞춤형 광고, (B) '세상에서 가장 큰 미아 찾기' 공익 캠페인, (C) 현대자동차의 극장 4DX

된 얼굴의 아이는 10초 만에 쑥쑥 자라나 어른이 된다. 실종 아동의 현재 모습을 추정하기 위해 아이 사진과 부모님, 친척들 사진을 모았다. 인공지능 기술의 강화 학습 기법(Deep Learning)을 활용해 다양한 데이터를 분석하고, 보다 정확하게 성인이 된 모습을 추정했다. 미디어타워 하단부에는 인터랙티브가 가능하게 동작 감지 센서를 설치했다. 그림 6-11C는 현대자동차의 극장 4DX이다. 현대자동차가 보유하고 있는 스마트센스에 대한 인지도가 낮아 소비자가 실제 경험하게 할 수 있는 방법이 없는지 모색한 결과, 전방추돌 자동방지, 고속도로 주행보조, 차선이탈 경보 등을 체험토록 극장 4DX 관에 광고 인터랙티브 콘텐츠 프로그램을 개발해 현대차의 USP를 강조했다.

인터랙티브 광고는 기술의 발달과 소비자들의 능동적 성향의 가치로 인해 등장한 매체로 볼 수 있다. 인터랙티브 옥외광고의 경우 디지털화, 쌍방향커뮤니케이션, 상호작용성이라는 요소들의 형성 정도에 따라 광고형태의 다양화, 및 광고가치의 수준이 결정된다. 그리고 스마트 공간이라라는 개념이 도입 되면서 미래에는 그 사용성이 다양해지고 중요해 질 것이다.

*스마트공간: 사람과 기술이 활성화 된 시스템이 점차 개방적이고, 연결되며, 조정되는 **지능적인 생태계에서 상호 작용하는 디지털 환경**

생각해 볼 문제

1. 예전에도 인터랙티브 광고는 존재했다. 그때와 지금 달라진 점이 있다면 무엇일까?
2. 앞으로의 신기술 중에 인터랙티브 광고에 가장 효과적인 기술은 어떤 것일까?
3. 개인화 되는 미디어와 인터랙티브의 관계를 새롭게 정의해 보자.

참고문헌

2014~2019년 이노션 내부 자료

CHAPTER 07

PPL

사례 **이디야커피, 연이은 PPL 성공으로 '함박웃음'**

MBC 수목미니시리즈 '봄밤' 이어 tvN 월화드라마 '60일 지정생존자' 제작 지원 효과 만점

입력 2019-07-30 06:00 수정 2019-07-30 15:09 | 신문게재 2019-07-3111면

이디야커피가 제작 지원한 드라마들이 연이어 성공을 거두며 PPL 성공 사례로 회자되고 있다.

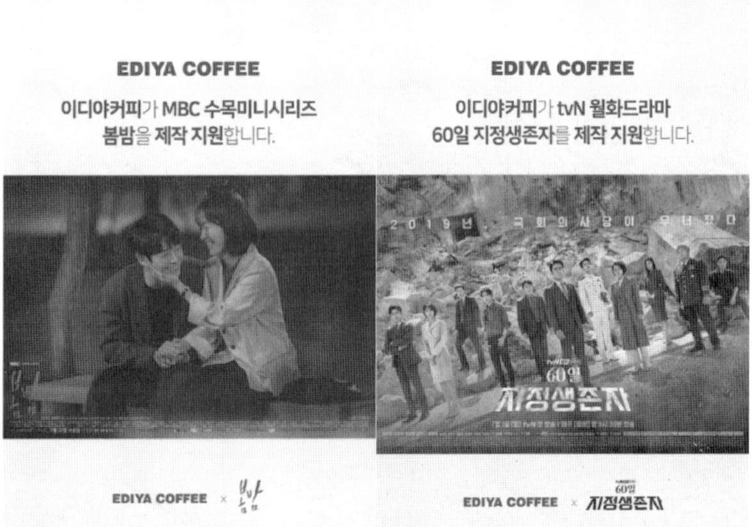

이디야 커피가 후원한 드라마들(사진=이디야커피)

26일 이디야커피에 따르면 최근 이디야커피 제작 지원으로 5월부터 방영되어 이달 종영한 MBC 미니시리즈 봄밤은 큰 인기를 끌며 수많은 화제를 쏟아냈다. 이 드라마는 전국기준 평균 시청률 7.4%으로 수목드라마 중 1위 경쟁을 벌일 정도로 히트였다. 마지막회의 경우 9.5%를 기록하며 유종의 미를 거뒀다. 또한 드라마 주연으로 활약한 정해인, 한지민 배우는 배우 화제성에서도 1위를 기록하기도 했다.

'봄밤'은 안판석 PD의 12년 만의 MBC 복귀작으로 제작 초기부터 많은 기대를 모았으며, MBC에서 밤 9시 드라마로 편성한 첫 작품이다. 드라마의 주요 장면마다 이디야커피의 매장이 등장했으며 서울 논현동 본사의 '이디야커피랩'도 자주 노출됐다. 깔끔하고 생경한 프리미엄 커피 매장인 이디야커피랩을 본 시청자들은 '이디야 계속 보니까 가야할 것 같네요' '이디야 커피 마시고 싶다', '저렇게 고급스러워 보이는 매장이 어디인가요', '카페씬 너무 예쁘다' 등의 반응을 보였다. 실제 드라마 방영 이후 이디야커피 가맹점을 찾는 고객이 늘었다고 한다.

특히 이디야랩에는 정해인, 한지민 배우가 데이트를 즐기며 앉았던 자리를 찾는 고객이 많다는 것이 이디야 관계자들의 설명이다. 또한 지난 7월 1일부터 tvN에서 방영 중인 월화드라마 '60일 지정생존자'도 이디야커피가 제작 지원에 참여한 드라마로 알려졌다. 이 작품은 동명의 유명한 미국 드라마 '지정생존자' 원작을 리메이크한 작품으로 15일 방송된 5회의 경우 시청률 4.3%로 케이블 · 종편 동시간대 1위를 차지했다. 이 드라마에서도 이디야의 스틱커피 '비니스트' 및 매장이 노출된다.이 두 드라마는 넷플릭스를 통해서도 세계 190개국으로 송출되고 있으며 이디야커피는 이번 PPL을 통해 대한민국 대표 커피 브랜드로서의 이미지를 견고히 하고, 브랜드 호감도를 더욱 높일 수 있을 것으로 기대하고 있다. 이디야커피 관계자는 "기업 이미지 제고와 가맹점 매출 향상을 위해 다양한 마케팅 활동을 벌이고 있으며 PPL도 그중 하나"라며, "두 드라마가 모두 대중들에게 좋은 반응을 얻어 기쁘다. 앞으로 남은 회 차에서도 최근 경쟁사 제품들과 블라인드 테스트에서도 1위를 차지한 '비니스트'가 노출될 예정"이라고 밝혔다.

브릿지경제 김승권 기자 peace@viva100.com

1 PPL의 개념과 정의

1) PPL의 개념

디지털 기술은 다양한 양방향 서비스 제공을 가능하게 하며 온라인을 중심으로 디지털 기술이 결합된 새로운 광고가 속속 등장하고 있으며, 또한 소비자의 관심을 불러일으키고 있다. 양방향광고 뿐만 아니라 가상광고, PPL과 유사한 형태의 광고가 급속히 성장하고 있는데, 미디어 및 엔터테인먼트 전문조사기관인 PQ Media에 따르면 마케팅 전략의 일환으로 전 세계적으로 PPL의 성장이 두드러지고 있다. 2010년 세계 PPL 시장규모는 TV만 해도 무려 55억 6천만 달러를 넘어설 것으로 추정되며, 주 마케팅 전략으로 활용되고 있다. 2017년의 미국 PPL 시장 규모는 87억8천말에 이를 것으로 보고 있다(PQmedia, 2018). 우리나라에서도 2010 년 지상파 TV와 유료방송에 간접광고가 허용된 후 오락, 교양, 드라마 등에서 점차 확산되는 추세로 2016년 지상파 TV의 간접광고 매출은 약 325 억 원을 기록 하였다(홍범석, 2018).

PPL은 'Product Placement'의 약자로 제품배치라는 의미로, 화면 속에 제품이나 브랜드, 서비스를 배치시켜 시청자들로 하여금 무의식속에 상품의 이미지를 심어 상품을 자연스럽게 인지시키는 마케팅 커뮤니케이션 활동이다. 원래는 영화제작시 소품담당자들이 영화에 사용하는 소품을 배치하는 업무를 이르는 말이었다. 그런데, 스티븐 스필버그 감독의 영화 E.T.에 등장한 M&M 초콜릿이 영화개봉 3개월 만에 매출이 66%나 늘어 PPL의 마케팅 커뮤니케이션 효과에 대한 주목을 하게 되었다. 영화외에도 TV 드라마, 뮤직 비디오, 게임 소프트웨어 등 엔터테인먼트 콘텐츠 속에 기업의 제품을 소품이나 배경으로 배치된 특정제품의 매출이 급신장하면서 PPL이 더욱 중요하게 되었다.

Steortz(1987)는 PPL을 '영화, TV쇼, 뮤직비디오에 제품의 브랜드명, 포장, 로고 혹은 트레이드마크 등이 포함된 것'으로 정의하였다. 그러나 이러한 정의는 PPL에 따른 대가성의 측면이 생략되었을 뿐만 아니라 시각적인 자극만을 고려하였기 때문에 제품에 배치에 범위를 제한하였다고 볼 수 있다. 이후 제품을 직접 시각적으로 보는 것은 PPL의 한 유형이지 필수조건이 아니라는 주장이 제기되면서 제품배치에 대한 정의 또한 확산되었다. Clark(1991)은 PPL은 제조회사가 일반 극장에 배급되는 극영화 속에 일정한 대가를 지불하고 자사의 제품이나 서비스를 노출시키는 행위로 정의를 하였고, Balasubramanian(1994)은 영화나 텔레비전 프로그램 속에 브랜드 제품의 등장을 계획적으로, 그리고 눈에 띄지 않게 하여 영화나 텔레비전 오디언스(audience)에게 영향을 줄 목적으로 하는 유료의 제품메시지로 정의하였다. 또한, Baker&Crawford(1995)는 PPL을 '광고주로부터 제작비의 일부를 보상받는 대가로 TV 혹은 영화에 상업적인 제품이나 서비스를 포함시키는 것으로 정의하기도 하였다. 하지만 이러한 정의는 PPL의 적용 영역을 TV나 영화로 제한하는 한계가 있다. 그래서 Karrh(1998)는 대중매체 프로그램 속에 시각적 혹은 청각적 수단을 이용하여 제품 및 브랜드를 유로로 포함시키는 것으로 정의하였고, Elliot(1992)는 라디오, 뮤직 비디오, 소설, 연극, 노래 등과 같은 대중문화의 개별매체 전역으로 그 적용범위를 확대해석하였다.

한편, Karrh(1994)는 제품배치(Product Placement)와 브랜드배치(Brand Placement)라는 용어에 대한 엄격한 구별 필요성에 대해서 주장하였다. 즉, 배치에 있어 초점이 되는 것은 제품(product)이 아니라 특정 브랜드(Brand)라는 것이다. PPL을 통해서 동일한 제품범주(category) 내에 있는 다른 브랜드와 비교하여 특정 브랜드의 상대적인 가치상승을 추구하는 것은 브랜드관리자의 영역 이므로 "브랜드배치(Brand Placement)"를 사용하는 것이 "제품배치(Product Placement)"를 사용하는 것보다 PPL활동의 핵심을 포착하는데 유용하다고 주장하였다. 이는 브랜드 관리자들이 브랜드배치 혹은 기타 커뮤니케이션 도구를 이용하여 특정 브랜드의 가치를 동일 제품군에 속한 다른 브랜드의 가치보다 높이는데 주력하고 있기 때문에 브랜드배치가 배치활동의 본질을 더 잘 설명할 수 있다는 이유를 근거로 한다(Karrh, 1994). BPL과 PPL을 구분하려 했지만 일반적인 의미로 PPL로 정의될 수 있겠다.

2) PPL의 특성

현재는 광고량이 증가와 일방적인 메시지의 광고에 대해 소비자의 광고회피 현상이 일어나고 있다. 이러한 광고 환경의 변화 속에서 광고주 및 광고실무자들은 전통적인 광고의 약점을 극복하고 설득효과를 제고시킬 수 있는 방법을 모색하게 되었는데, PPL이 하나의 대안이 되었다. 영화나 드라마 속에 제품을 제시하는 대표적 혼합메시지라 할 수 있는 PPL은 이러한 욕구를 충족시켜주는 새로운 마케팅커뮤니케이션 수단으로서 활용되고 있다. PPL은 특정한 제품이나 브랜드를 영화나 드라마 등의 다른 매체 속에 소도구로 삽입해 광고 효과를 노리는 것임으로 직접적인 광고 메시지 전달에 의한 거부감을 없애고 잠재적인 측면의 잔상효과를 기대 할 수 있으며, 무엇보다 기존의 매체보다 값싼 광고비로 자사의 제품을 홍보할 수 있다, 즉, PPL은 제품 또는 금전적인 지원을 통해서 이루어지므로 광고처럼 광고주가 메시지에 대한 통제력을 어느 정도 행사할 수 있으며, 광고와 달리 상업적 의도를 숨기고 소비자에게 다가가기 때문에 브랜드에 대한 신뢰도를 높일 수 있다는 장점을 지닌다. PPL이 성공한다면 광고주나 소비자 모두 좋은 결과를 가져올 수 있다.

또한, PPL은 영화제작사 입장에서는 일정액의 제작비와 고가의 소품들을 제공받고 간접 홍보를 통한 마케팅비 절감효과를 주고, 기업 측에는 영화 홍보를 통한 제품 이미지 제고라는 효과로 인해 각광받고 있다. 또한 영화에 자사 상품이 나와 고객신뢰도를 높이고, 매출도 신장한다. 그리고 PPL은 영화 제작과 동시에 이벤트 등 현장매체와 연계한 각종 프로모션 활동을 동시에 전개할 수 있어 매체간의 시너지 효과 창출을 목적으로 하는 통합적 마케팅 커뮤니케이션을 용이하게 하는 특성을 가지고 있다.

3) PPL 현황

방송법 시행령개정에 따라 2010년 부터가상/간접광고가 가능해지면서 다양한 프로그램에서가상/간접광고의 집행이 증가하고 있다. 시장 규모는 가상광고의 경우 300억원, 간접광고의 경우 1,600-1,900억원으로 추정하고 있다. 그러나 실제적으로 2016년 지상파 TV의 간접광고 매출은 약 325 억원을 기록하고 있는 실정이다.

매체	프로그램	시청일자	광고내용	회당 금액	총금액 (만원)
SBS	인기가요	5월2일	네이트	500	5,000
	당돌한 여자	5월 5일	오쿠	350	1,400
	붕어빵	5월 8일	드래곤 길들이기	1,300	1,300
	당돌한 여자	6월 3일	오쿠	약 440	1,750
	커피하우스	6월 7일	카페베네	1,000	10,000
	김정은의 초콜릿	7월 25일	소리바다	400	9,600
MBC	황금물고기	5월 28일	후루룩국수	800	800
	섹션TV 연예통신	6월 4일	노키아 X6	1,200	9,600
	쇼 음악중심	6월 5일	노키아 X6	800	7,200
	놀러와	6월 14일	크로커다일	2,000	2,000
	놀러와	6월 14일	페리카나 치킨	1,800	1,800
	황금물고기	6월 16일	LG디오스 냉장고	1,100	2,200
	무한도전	7월 24일	네이트	850	5,100
합계					57,750

출처: 나스미디어(2010), 마켓 트렌드: 디지털 미디어 이슈 3Q

4) 지상파 및 케이블 TV 집행 사례

SBS 인기가요

SBS 드라마 커피하우스

Mnet 슈퍼스타 K2

출처: 나스미디어(2010). 마케 트렌드: 디지털 미디어 이슈 3Q

PPL의 광고단가 산정방식은 해당제품을 직접 사용할 경우 프로그램광고 단가와 동일한 금액이고 배경으로 노출될 경우 낮은 비용이 책정된다.

5) TVN의 사례 (미생 드라마)

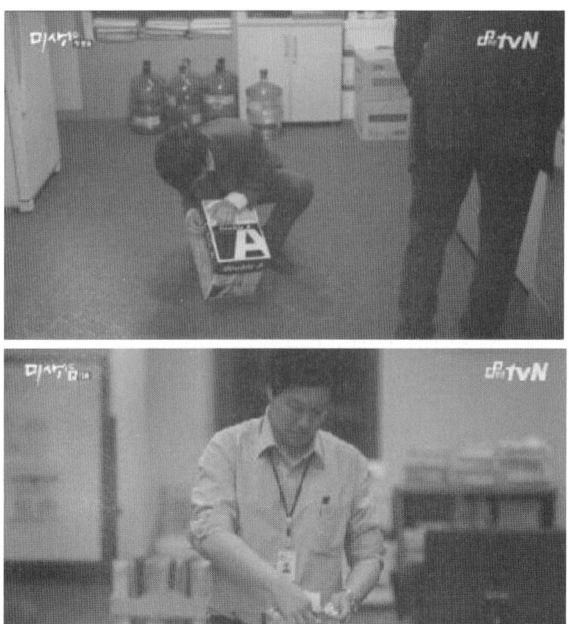

출처: 홍범석(2018).

6) PPL의 적용

영화나 TV 드라마를 통해 많은 상품들을 접하고 있다. 이는 기업들이 이를 통해 간접광고(PPL)을 하기 때문이다. 불과 몇 년 전만 하더라도 흔하지 않았지만 국내에서는 영화로 시작된 PPL이 지금은 TV방송에서도 활발히 이루어지며, 훨씬 넓은 분야로 영역을 넓히며 다양하고 적극적인 방법으로 게임이나 뮤직비디오에서까지 진행되고 있다(한국광고단체연합회, 2009).

(1) 영화

영화의 경우 다른 매체에 비해서 간접광고에 대한 허용범위가 가장 넓다는 것이 큰 장점이다. 또한 영화는 관객들이 극에 대한 흐름에 집중하는 특성을 보이기 때문에 영화 속의 PPL은 관객들의 장면의 몰입으로 인해 브랜드 인지도 제고에 매우 효과적이다. 게다가 영화의 평균 수명은 3년 반으로 알려져 있다. 이 기간 동안 영화는 극장에서 막을 내린 후에도 비디오와 TV 재방송을 통해 소비자에게 다가갈 수 있는 노출 정도가 매우 크다. 이러한 점에서 영화에서의 PPL이 활발히 이루어져 왔고 방식도 다양하게 이루어지고 있다. 국내의 PPL의 경우 영화에서 처음 시도되어졌다. 1992년 영화 '결혼 이야기'에서 삼성전자가 1천만 원 상당의 가전제품을 제공한 것을 국내의 PPL의 최초 시도로 공인되고 있다. 이러한 제품의 등장뿐만이 아니라 영화의 배경이 특정 기업이나 브랜드를 배경으로 전개되는 PPL이 시도되고 있다. 이러한 기업, 브랜드 배경 PPL 광고는 그 자체적으로 광고물로 제작이 되어 소비자에게 영화의 한 장면을 회상하고 제품이나 브랜드의 재연상의 방식으로 활용되어지고 있다.

(2) TV방송

TV의 경우 방송 시점이 예측이 가능해 광고시기를 맞출 수 있고, 방송되는 요일과 시간에 따라 기본 시청률을 예측할 수 있으며 시청자가 드라마를 보면서 일상적으로 제품을 자연스럽게 받아들인다는 장점이 있다. TV방송의 경우 제품을 노출시키는 것은 지금까지 많이 시행해 왔다. 하지만 최근 방송에서는 개별제품보다는 기업의 이미지를 알리는 BPL(Bland Placement)를 선호하고 있다. BPL은 친근한 기업의 이미지를 만드는데 효과적 이어서 특정기업을 배경으로 한 드라마가 많이 만들어지고 있다. 그리고 드라마뿐만 아니라 각종 쇼 프로그램부터 뉴스에 이르기까지 PPL이 다양한 파트에서 사용되어지고 있다. 그리고 이러한 TV를 통한 PPL은 인터넷과 연계된다. 현재 지상파 방송은 자사의 홈페이지를 통해 재방송 서비스를 하고 있으며 드라마 내의 소품, 장소에 대한 정보 등을 함께 제공하고 있다.

(3) 공연예술

공연예술에서도 PPL을 활용하는 사례가 점점 늘어난다. 영화나 TV방송에 비하면 아직 초보 단계이며 방식도 제작 지원이나 제품이나 브랜드명을 공연의 무대세트와 의상, 소품으로 단순노출하거나 대사를 통해서 특정 기업이나 브랜드명을 언급하기도 한다.

(4) 게임

게임은 소비자들의 집중도와 노출시간이 영화와 드라마에 비해 월등히 높고, 게임 인구가 점점 늘어나고 주 소비자층도 10~20대인 점을 보면 게임 내의 PPL은 노출빈도와 집중도가 높아서 매우 효과적이라고 할 수 있다. 특히 인터넷 게임인 경우, 인쇄매체 방송매체에 이어 '제 3의 매체'로 떠오른 홍보매체로서의 인터넷과 연계한 공동마케팅을 통해 PPL을 하기도 한다. 넥슨(Nexon)이 만든 '카트라이더'의 경우 여러 기업들과의 제휴를 통해 기업들이 게임 속에서 뿐만 아니라 오프라인과 연계한 마케팅을 통해 PPL을 하였다. 먼저 게임 내에서 보면 도로 위에 늘어서 있는 광고문구라든지 게임이 끝나면 캐릭터들이 올라서 있는 단상의 브랜드명을 노출 시키는 방식으로 PPL을 하였다. 이러한 온라인PPL과 제휴된 오프라인의 이벤트를 보면 제품이나 브랜드 구매를 통해 온라인상에서 게임아이템 구매를 할 수 있게 했으며, 기업과의 제휴를 통한 게임리그를 개최하기도 하였다.

(5) 뮤직비디오

뮤직비디오에서 PPL을 도입하는 사례가 최근 들어 눈에 띄게 증가했다. 음반기획사는 편당 제작비의 100% 가까이 지원 받는 것을 목표로 주인공인 가수가 제품을 사용하는 것뿐만 아니라 광고주의 요구에 맞춰 뮤직비디오의 내용을 재구성하는 경우가 허다하다(하윤금,2004). 이러한 추세는 뮤직비디오 자체가 제품이나 브랜드의 메시지로 활용이 되기도 하다. 즉, 특정 제품이나 브랜드를 광고하기 위한 뮤직비디오가 구성되고, 가수는 그 제품이나 브랜드의 모델이자 동시에 자신의 음악이자 주인공인 뮤직비디오에 출연하는 형태이다.

(6) 광고

광고 화면속의 소품으로 PPL이 사용되고 있다. 이는 협찬사는 간접적인 광고효과를 얻을 수 있으며 협찬을 받는 업체는 광고제작비를 줄일 수 있는 장점이 있다. 게다가 협찬 제품의 브랜드 이미지가 좋은 경우 이에 따른 후광 효과도 볼 수 있는 윈-윈(win-win) 전략이라 할 수 있다. 이러한 형태의 대부분은 동일 그룹이 소유한 브랜드나 제품이 하나의 광고에 복합적으로 사용되어지는 형태를 말한다. 그리고 패러디 광고의 형태로서 드라마나 영화 흥행작의 장면과 대사들을 그대로 씀으로써 소비자들이 영화에 느끼는 긍정적인 감정을 광고에 그대로 옮겨 인지도 제고에 효과적으로 사용하기도 한다.

7) PPL의 유형

일반적으로 PPL의 유형은 사용된 브랜드나 제품이 얼마나 수용자의 눈에 잘 띄며 주의를 끄는가에 따라 구분될 수 있다. 온 셋 배치(On-set placement)와 크리에이티브 배치(Creative placement), 두드러진 배치(Prominent placement)와 모호한 배치(Subtle placement) 등이 그것이다. 온 셋 배치란 주연 배우에 의해 제품이나 브랜드가 사용되어 PPL이 두드러지게 나타나는 것을 말하며, 크리에이티브 배치는 PPL이한 장면의 배경에 사용되어 제품 혹은 브랜드가 상대적으로 덜 두드러지게 보이는 것을 말한다(Vollmers & Mizerski, 1994.).

구체적으로 PPL의 유형을 검토해 보면 다음과 같이 나눌 수 있을 것 같다. 정보 양식을 기준으로 분류하면 '화면 속 배치(screen placement)', '대사 속 배치(script placement)', '구성 속 배치(plot placement)' 등으로 구분할 수 있다. 화면 속 배치는 시각적(visual) 측면을 활용한 제품 배치로 영화 속에 교묘하게 브랜드를 삽입하는 (Vollmers&Mizerski, 1994) '창의적 배치(Creative Placement)'와 영화에서 당연히 필요로 하는 제품으로 자연스럽게 배치하는 '세트 내 배치(On-set Placement)'로 구분할 수 있으며, 대사 속 배치는 청각 혹은 구두적(verbal) 측면을 활용한 배치로서 대사에서 특정 브랜드를 직접 언급하는 방법이다. 구성 속 배치는 영화 구성에서 중요하게 사용되거나 혹은 등장인물의 구축에 사용되는 제품이나 브랜드로서 시각적인 측면과 청각적인 측면이 함께 사용되는 방법이다.

Gupta & Lord(1998)는 '표현양식'과 '돌출성'이라는 두 가지 차원에 따라 PPL을 구분했는데 표현양식은 자극을 받아들이는 감각을 기준으로 제품, 로고, 간판 혹은 다른 시각적 브랜드를 보여주는 '시각적 양식'과 스크린에 제품이나 브랜드를 보여주지는 않지만 브랜드명 혹은 브랜드와 관련이 있는 메시지를 언급 '청각적 양식', 그리고 브랜드나 제품의 노출과 동시에 브랜드명을 언급하거나 청각적 형태로 브랜드와 관련된 메시지를 시사하는 '시청각 혼합 양식'으로 구분할 수 있다. 돌출성은 다른 제품에 비해 두드러지게 하는 돌출적 배치와, 그와 반대로 제품이 현저하게 드러나지 않도록 모호하게 나타내는 모호한 배치로 조절하는 것을 말한다.

PPL은 또한 촉진을 위한 전략적인 차원에서 구분이 되기도 하였는데, Shapiro(1993)는 PPL의 전략적인 차원에서 크게 4가지로 구분하였는데, 제품이나 브랜드의 가시성, 등장인물의 제품사용, 등장인물의 제품의 구체적인 언급, 주인공의 직접적 제품사용 및 언급으로 나누었다. 또한 d'Astous & Seguin(1999)는 PPL을 전략적인 차원에서 공식적으로는 표현하지 않지만 브랜드, 기업 혹은 제품이 프로그램 속에 등장하는 '암시적 PPL'과 프로그램 속에서 브랜드명이나 기업명을 공식적으로 언급하는 '통합된 명백한 PPL', 브랜드명이나 기업명이 공식적으로 언급되지만 프로그램의 구성내용과는 통합이 되지 않는 '비통합된 명백한 PPL' 전략으로 구분할 수 있다. 프로그램의 스폰서 기업에 대한 정보를 사회자가 직접 언급하거나 자막으로 처리하는 경우가 바로 '비통합된 명백한 PPL'에 해당된다.

현재 Kobaco 기준에 따르면 레벨 1 은 상품이 배경으로만 배치되어 노출되는 것이며 레벨 2는 등장인물이 상품을 사용하는 장면을 보여주는 수준이다. PPL 최소 금액은 레벨 2 기준 상품 로고 노출 한 컷에 2,500만 원 수준으로 알려져 있다(홍범석, 2018)(표 7-1).

표 7-1 간접광고 레벨별 활용 범위

구분	레벨 1	레벨 2
상품	배경으로만 배치 노출	등장인물이 상품을 사용
장소	내부만 노출	내 · 외부 모두 노출

※자료: 주간조선 (2016.4)

8) PPL의 효과

PPL은 광고에 노출된 소비자들에게 영향을 미치고자 하는데 일차적인 목표를 두고 시행된다. 즉, PPL 실무자들은 PPL을 통해 제품이나 브랜드에 대한 인식의 증대와 태도의 호의적인 변화, 구매의도 및 구매중대의 효과를 기대하고 있다. PPL의 효과에 대한 Steortz(1987)의 연구 이후 PPL이 어떠한 효과를 나타내는가를 학문적으로 접근하는 시도는 꾸준히 이루어지고 있다. 제품에 대한 회상, 태도, 구매의도 등과 관련된 커뮤니케이션효과에 관한 연구가 중점적으로 이루어지고 있다. PPL 효과에 대한 구체적인 연구 내용은 다음과 같다. 2016년 한국방송광고공사 조사에 따르면 지상파 TV 시청자 3명 중 1명은 TV 속 PPL 제품을 관심 있게 보고 사용하고 싶어 했으며 2명 중 1명은 PPL 제품을 검색하고 관련 정보를 공유하고 싶어 한 것으로 나타났다 (조성진, 2017).

(1) 회상

PPL과 관련한 중요한 이슈 중에 하나는 시청자들이 영화 속에 배치된 제품이나 브랜드를 주목하거나 회상할 수 있는가에 대한 문제이다. 제품 혹은 브랜드 회상과 관련한 대부분의 연구는 PPL이 상표 회상에 긍정적인 영향을 미친다는 결론을 도출하고 있다. Steortz (1987)의 연구에서는 응답자의 38%가 영화속에 배치된 브랜드를 정확히 회상하였다는 결과를 얻었다. 그리고 Vollmers 와 Mizerski(1994)의 연구에서는 영화의 전체가 아닌 일부만을 보여 주었다는 단점이 있기는 하나, PPL된 제품에 대해 95.8%라는 매우 높은 회상률을 보였다. 미국의 Associated Film Promotions(AFP)도 영화 PPL의 효과에 대해 조사한 바 있는데, '록키 3(Rocky 3)' 영화를 관람한 관객 1600명에게 관람 후 3~5일 사이에 전화 인터뷰를 한 결과, 응답자의 60%가 주인공이 먹은 제너럴 밀스(General Mills)사의 휘티스(Wheaties) 시리얼을 회상하는 것으로 나타났다(Spillman, 1985).

이러한 회상률에는 PPL 대상 제품에 대한 소비자들의 친숙성이 매우 중요한 요소로 작용한다. Ong 과Meri(1994)는 즉각적 회상 측정을 위해 출구 조사를 실시한 결과, 현저한 특징을 지닌 친숙한 브랜드인 콜라의 경우 응답자의 78% 가 정확하게 회상한데 반해 친숙하지 않은 브랜드의 경우 4~40% 정도만 회상을 한 것으로 나타났다. 또 회상 정도는 화면에 등장한 수준, 언급 정도, 노출 시간, 배치 유형에 따라서도 크게 달라지는 것으로 나타났다. Gupta와 Lord(1998)는 PPL의 유형과 표현 양식의 두 차원으로 PPL을 구분하여 회상을 측정한 결과, 모호한 배치보다는 현저한 배치가, 청각적 양식과 시청각 혼합 양식이 시각적 양식보다 브랜드 묘사 및 회상이 더욱 높게 나타난다는 결과가 나타났다. 결국, PPL이 수용자의 브랜드 회상에 영향을 미치는 것은 사실이지만 상황에 따라 차별적인 효과가 나타난다고 볼 수 있다. 국내에서는 양윤과 성충모(2001)가 노출정도와 장면 중요도가 높을수록 광고효과가 높아진다는 연구결과를 얻었다. 김재휘와 이해양(2003)은 방송프로그램에 의해 유발된 정서가 PPL 광고효과에 영향을 미친다는 결과를 보여 주었다.

(2) 태도

영화나 TV 프로그램에 PPL을 할 때 기업이나 마케터의 주된 관심사는 관객이나 수용자로 하여금 PPL 제품을 기억하는 것뿐만 아니라 제품에 대한 호의적인 태도 형성을 기대한다. 따라서 마케터들은 긍정적인 감성적 경험을 자사 제품과 연관시킬 수 있는 영화 속 특정 장면이나 사건을 탐색하여 이러한 장면이나 사건이 자사 제품에 대한 긍정적 태도 유발로 이어질 수 있도록 노력한다(Vollemers · Mizerski, 1994).

그러나 PPL이 제품 태도에 미치는 연구 결과는 혼재되어 나타나고 있다, Vollemers · Mizerski(1994), Karrh(1994) 모두 영화 관람 전과 이후 제품에 대한 평가 및 태도가 변화하지 않는 것으로 나타났다. 그러나 부분적으로는 PPL이 태도 변화에 영향을 미치는 것으로 보인다. 일반적으로 광고를 통한 소비자들의 제품 태도는 광고 자체에 대한 태도로부터 영향을 받고, 광고에 대한 태도가 호의적일수록 실제 광고되는 제품의 광고에도 호의적인 태도를 나타낸다고 볼 수 있다. 그렇지만 무엇보다도 PPL이라는 것이 광고처럼 직접적인 설득이 아니라 간접적이며 프로그램의 등장인물이나 배경과 연계되어 그 효과를 유발한다는 점을 고려할 때 지나친 노출은 소비자의 브랜드 태도 형성에 역효과일 수 있다.

2017년 드라마 PPL 중에서도 대표적인 성공 사례로 들 수 있는 게 tvN '도깨비'를 들 수 있다. 명품시계 태그호이어는 이 드라마의 주요 등장인물인 저승사자(이동욱)와 도깨비(공유)에게 모나코와 까레라 1887 등을 착용케 해 태그호이어의 대중적 인기도를 올렸다. 또한 캐나다관광청은 '도깨비'의 캐나다 퀘벡 현지 촬영을 지원했다. 퀘벡주 의사당 앞에 위치한 투오니 분수에서 지은탁(김고은)을 바라보며 김신(공유)이 '사랑의 물리학' 시를 읊조리는 장면으로 이곳은 한때 실시간 검색어에 오르기도 했다. 이 장면이 나간 이후 캐나다 퀘벡의 항공권 검색률은 방영월 기준 전년 동기 대비 8.7배 증가한 것으로 나타났다(조성진, 2017).

(3) 구매 의도

광고가 수용자에게 노출되고 난 후 구매행동에 이르기까지의 과정을 정보처리 관점에서 설명하고 있는 것이 광고정보처리모형이다. 이모형에 의하면 소비자들은 광고에 노출된 후 그 광고에 대한 지각을 하게 되면 상표의 속성에 대한인지와 광고에 대한 태도 형성이 동시에 일어나고, 그 결과 구매의도가 발생하여 실제의 구매행동이 나타나게 된다. 영화나 TV 프로그램 속에 제품을 배치하는 기업의 목표는 PPL 제품이나 브랜드에 대한 호의적인 태도형성이다(Vollemers · Mizerski, 1994). 그러나 궁극적인 목표는 호의적으로 형성된 태도가 구매의도를 유발하여 최종적인 구매를 이끌어내는 것이다. 하지만 PPL의 궁극적인 지향점인 구매 의도 향상에는 연구 결과가 엇갈린다. Baker와 Crawford(1995)의 연구에서 PPL이 구매 의도에 미치는 효과를 살펴본 결과, 피험자들이 평소 좋아하는 브랜드보다 배치된 제품에 대한 구매 의도가 약 16% 정도 높은 것으로 응답하여 PPL이 단기 구매 의도에 영향을 미치는 것으로 나타났으나, Ron(1996)의 연구에서는 브랜드에 대한 태도와 구매의도에 있어서 차이가 없는 것으로 나타났다.

(4) 매출

매출과 관련된 PPL의 연구 결과는 그다지 많지 않다. 이준일 · 김하리(2002) 연구의 경우, TV 드라마의 평균 시청률, PPL의 노출 시간, 배치 유형, 배우의 역할에 대한 일체감을 이용하여 PPL 전후의 매출 변화를 조사했을 때, 시청률이 높을수록 그리고 배우의 역할이 자신과 동일한 정도가 클수록 배치된 제품에 대한 매출이 크다는 결과를 이끌어 내었다. 또 모호한 배치보다는 돌출적 배치, 그리고 시각적 혹은 청각적 양식보다는 시청각 혼합 양식의 제품 배치를 사용할 때 매출이 더욱 증대하는 것으로 보고됐다. 연구가 아닌 실무에서는 실제적으로 PPL 매출효과에 대한 결과가 있다.

생각해 볼 문제

1. PPL 광고와 기존 광고의 차이점에 대해서 생각해보세요.
2. PPL 광고의 효과과정이 기존 광고와 어떤 차이가 있는지 생각해보세요.
3. PPL의 매체 적용과 새로운 형태의 PPL에 대한 아이디어를 제시해 보세요.

참고문헌

경향신문 (2009), 진화하는 PPL, 드라마에서 버라이어티까지

김재휘 · 이해양 (2003). TV 드라마에 의해서 유발된 정서가 PPL 효과에 미치는 영향. 한국심리학회지: 소비자. 광고, 4(2), 23-40.

나스미디어 (2010), 마켓 트렌드 : 디지털 미디어 이슈 3Q

양 윤 · 성충모 (2001). 영화에서의 PPL 광고효과 측정: 영화 '해가 서쪽에서 뜬다면'과 대학생을 중심으로. 광고연구, 53, 135-154.

이준일 · 김하리 (2002). TV 방송에 있어서 PPL 효과에 관한 연구. 한국언론학회 학술대회발표논문집, 43-61.

조성진 (2017). 드라마 PPL 시장 '초고속 성장'…6년새 16배, http://sports.hankooki.com/lpage/entv/201703/sp20170320171429136670.htm

한국광고단체연합회 (2009). 신유형광고 실태조사보고서.

홍범석 (2018). PPL시장 현황 및 시사점, KT보고서.

d'Astous, A., & Chartier, F. (2000), A study of factors affecting consumer evaluations and memory of product placements in movies. Journal of Current Issues and Research in Advertising, 22, 31-40.

Baker, Michael J. & Hazel A. Crawford(1995). Product Placement. Unpublished Working Paper, Department of Marketing, University of Strathclyde, Glasgow, Scotland.

Balasubramanian, Siva K(1991). Beyond Advertising and Publicity: Hybrid Messages, Cambridge, MA: Marketing Science Institute.

Clark, K. R. (1991). Group Goes after Brandname Film Props, Chicago Tribune, June 10.

Gupta, P. B., & Lord, K. R. (1998), Product placement in movies: the effect of prominence and mode on recall. Journal of Current Issues and Research in Advertising, 20, 47-59.

Karrh, J. A. (1994), Effects of brand placements in motion pictures. Proceedings of the 1994 American Academy of Advertising, 90-96.

Karrh, J. A. (1998), Brand placement: a review. Journal of Current Issues and Research in Advertising, 20, 31-49.

Karrh, J., Frith, K. T., & Callison, C. (2001), Audience attitudes towards brand (product) placement: Singapore and the United States, International Journal of Advertising, 20, 3-24.

Law, S., & Braun, K. A. (2002), I'll have what she's having: gauging the impact of product placements on viewers. Psychology & Marketing, 17, 1059-1075.

Ong, B. S., & Meri, D. (1994), "Should product placement in movies be banned?" Journalof Promotion Management, 2, 159-175.

Pardun, C. & McKee K. B. (1999), Product placements as public relations: An exploratory study of the role of the public relations firms. Public Relations Review, 25(4), 481-493.

PQ media (2018). https://www.pqmedia.com/wp-content/uploads/2018/06/US-Product-Placement-18.pdf

Reed, J. D. (1989), Plugging away in Hollywood, Time(January 2), 103.

Ron, S. (1996). The effects of integrating active brand messages into videogames:

As a new channel for marketing. Master's Thesis, University of Florida.

Russell, C. A. (2002), Investigating the effectiveness of product placements in television shows: The role of modality and plot connection congruence on brand memory and attitude. Journal of Consumer Research, 29, 306-318.

Shapiro, S., MacInnis, D., & Heckler, S. (1997). The effects of incidental ad exposure on the formation of consideration sets. Journal of Consumer Research, 24, 94-104.

Solomon, M. R. (1996). Consumer Behavior. Practice Hall.

Steortz, Eva Marie (1987), The cost efficiency and communication effects associated with brand name exposure within motion pictures, Unpublished master's thesis, West Virginia University.

Vollmers, Stacy & Richard Mizerski(1994). "A Review and Investigation into the Effectiveness of Product Placements in Films", in The Proceedings of the 1994 Conference of the American Academy of Advertising, pp.97-102.

CHAPTER 08

가상광고

사례

[TREND] 요즘 핫(Hot) 한 방송콘텐츠를 연계해 광고하는Tip – PPL, 가상광고 사례

HS Ad 기사입력 2017.08.28 12:00 조회 2274

요즘 사람들의 입에 가장 많이 오르내리는 핫(Hot) 한 콘텐츠를 활용하여 광고하고 싶을 때, 어떤 방법이 가장 효율적일까요?

많은 사람이 가장 먼저 '간접광고'(PPL : Product Placement)를 떠올릴 텐데요. 하지만 PPL 외에도 콘텐츠를 활용하여 광고하는 방법은 매우 다양합니다. PPL과 같은 In Contents 광고 유형으로 '가상광고'(Virtual Ad)가 있는데, 최근 예능/드라마에서도 법적으로 허용되어 가장 많이 성장하고 있는 광고 유형이기도 해요.

꼭 콘텐츠 내에 삽입되지 않더라도, 콘텐츠의 방영 시점/방영 내용을 활용한 다양한 형태의 광고들이 있습니다. 본방이든, 재방이든 콘텐츠 방영 직전에 반복적으로 방송되는 '프로그램 시보'는 비록 콘텐츠 내에 진입하지는 못했지만, 오히려 그렇기 때문에 인기 콘텐츠에 딱 붙어서 직접적인 광고 메시지를 내보낼 수 있는 광고 상품이죠.

이외에도 최근에는 많은 광고주가 인기 콘텐츠의 이미지/영상 등을 구입하여 광고를 만들거나(풋티지 광고), 또 다른 디지털 콘텐츠를 만드는(MCN 콜라보 영상– DIA TV) 등의 다양한 방식들을 사용하고 있습니다. 이 글에서는 편의를 위해 이런 광고들을 '콘텐츠 연계 광고'라고 통칭하도록 할게요.

TVN〈삼시세끼 어촌편〉의 경우, 프로그램 시보보다 오히려 위치가 좋지 않은 전END 근처 15초 광고를 집행하려면 얼마가 필요할까요? 순수하게 해당 광고를 송출하기 위한 비용만 2천 3백만 원이 필요하고, 그 외 2억 원에 가까운 금액을 tvN 및 CJ E&M 타 채널로 광고 연계 집행을 해야 합니다. 콘텐츠 연계 광고들은 인기 콘텐츠 구매 시에 필요한 패키지 금액이나 연계 금액 없이 인기 콘텐츠 그 자체에만 집중적으로 노출되는데요. 심지어 특정 프로그램 PPL은 해당 프로그램 중CM 본방 가격의 1/2, 중CM 연계광고패키지 가격의 1/20 가격으로 집행된 사례도 있습니다. PPL은 재방 및 VOD에도 반복적으로 노출되기 때문에, 일반 광고를 집행할 때에 추가로 받는 보너스를 고려하여 계산하더라도, 상기 사례들은 충분히 효율적이라고 말할 수 있습니다.

상기 사례들이 더욱 놀라운 이유는, 집행 리스크 또한 적었다는 것이죠. 모두 이미 성공이 검증된 예능 프로그램을 구매하거나 드라마가 최고의 인기를 얻은 후에 구매한 사례들입니다. 물론 이를 위해서는 빈자리를 빨리 선점해야 하므로 빠른 의사결정이 필요해요. 상기 사례 중에서는 너무 급한 나머지, 집행 여부를 확정하기도 전에 소재를 제작한 사례도 있을 정도니까요.

샤프란 사례를 제외하면, 해당 프로그램에 실제로 모델 이슈가 없었다는 점도 놀라운 점인데요. 모델/프로그램 적합성에 너무 얽매이지 않고, 빠르게 대응할 수 있다면 이처럼 효율적인 집행 사례들을 만들어낼 수 있습니다. 그리고 여기까지 오게 되면, 모델이 출연하는 콘텐츠 연계 광고 상품은 더욱더 필수적이 되죠. 광고 관여도(engagement)는 증가하고, 2차적 마케팅 활용에 있어서 훨씬 더 효율적이기 때문입니다.

콘텐츠 연계 광고를 더 장기적/반복적으로 집행할수록 효율성은 더 증가합니다. 장기 계약 시에는 훨씬 더 할인된 단가 및 보너스 노출을 보장받을 수 있기 때문인데요. 특히, 음료 브랜드의 경우, 음료 노출에 효과적인 프로그램들을 선정하여 1년 단위로 PPL 계약을 하는 경우가 많습니다. 해당 기업의 이름으로 일단 프로그램을 저렴하게 선점해 놓고 자사의 음료 여러 가지를 예산 상황에 맞게 운영하는 방식으로 효율적인 집행을 하고 있습니다.

또한, 특정 광고 유형의 반복 집행도 중요한 특징이에요. 인기 프로그램 시보/가상광고 등은 사실 몇몇 브랜드가 매우 높은 빈도로 집행하고 있습니다. 브랜드 측이 해당 광고의 효과를 실감했다는 측면도 있겠지만, 일단 해당 브랜드의 집행 사례가 확보되면 차후 효율적인 콘텐츠 연계 광고들을 최우선으로 제안받게 된다는 점도 부정할 수 없는 요인이죠.

출처: https://blog.hsad.co.kr/2316 [HS애드 공식 블로그 HS Adzine]에서 일부 발췌

1 가상광고의 배경

2010년 3월 26일 SBS를 통해 '2010 세계피겨선수권' 여자 쇼트 경기에서 5초로 구성된 삼성전자의 '하우젠' 가상광고가 경기오프닝, 김연아 선수경기 앞, 아사다마오 선수 경기 앞 등 총 5회 노출되었다(한국방송광고공사, 보도자료, 3.25, 4.22). 첫 가상광고의 시청률은 쇼트 프로그램에서 노출된 삼성전자 하우젠이 21.6%, 다음 날 프리 프로그램에서 노출된 현대자동차 쏘나타가 22.7%(각각AGB 닐슨 기준)로 매우 높게 나타났다.

이 후 다양한 스포츠 분야에서 가상광고가 실행되고 있다. 이러한 가상광고는 스포츠 방송 중에 노출됨으로써 주목률이 높아 새로운 대안으로 떠오르고 있다.

가상광고의 등장배경을 살펴보면, 우리나라에서는 가상광고를 간접광고의 한 형태로 해석하여 규제하기 때문에 가상광고의 도입이 미루어져 오다가, 2002년 이후 방송위원회를 중심으로 가상광고의 도입이 공론화되었으며, 이후 가상광고의 도입이 허용되어야 한다는 주장이 설득력을 얻어 2009년 11월 방송통신위원회 방송법 시행령 일부개정령에 따라 현재 스포츠경기 중계방송에 한하여, 방송시간의 100분의 5 이내, 전체화면 크기의 4분의 1을 초과하지 않는 범위에 한하여 허용되고 있다(《방송법시행령》제59조의 2) 가상광고와 간접광고의 도입과 관련한 그동안의 진행과정을 살펴보면, 2009년7월 22일 가상광고와 간접광고의 허용을 비롯한 《방송법》개정 내용을 포함한 미디어관련법이 국회를 통과했으나 절차상의 문제로 헌법재판소로 이관되어 위헌여부를 심의(2009헌라8)한 결과, 헌법재판소는 2009년 10월 29일 미디어 관련법과 관련해 '권한침해는 인정되지만 법은 무효가 아니다'라고 판결하였다. 따라서 미디어관련법에 의한 세부 시행령이 속속 실무적인 단계를 거치게 되었다. 헌법재판소의 판결이후 방송통신위원회는 11월 2일 《방송법시행령》일부개정령(안)을 의결하여 방송사법 소유 규제 완화, 방송광고 제도 개선 등을 주요 내용으로 하는 개정 《방송법》(2009. 7. 31 공포)을 의결하였다. 이에 가상광고의 허용을 포함한개정된 《방송법시행령》은 법제처 검토, 차관회의, 국무회의, 관보게재를 거쳐 실시되었다(이수범,이희복, 2010).

가상광고의 역사는 1995년 미국으로 거슬러 올라간다. 당시 미국 중부지역의 조그마한 은행이 마이너리그 야구 경기장에 단돈 900달러를 들여 가상광고를 한 것이 처음이다. 이 가상광고가 본격적으로 메이저리그에 선보인 것은 그 다음해인 1996년의 일이다. 샌프란시스코 자이언트 팀의 홈경기에 도요타(TOYOTA) 자동차 딜러가 가상광고를 내보낸 것이다. 실제로는 경기장 펜스에 아무런 로고가 붙어있지 않았지만, 가상광고의 기술을 이용해 시청자들은 선명한 로고를 TV모니터를 통해 볼 수 있었다(김효규, 2000).

2 가상광고의 개념과 정의

가상광고란 방송 프로그램이 제작되거나 중계되는 장소에 실제로는 존재하지 않는 가상의 이미지를 마치 제작현장에 실제로 존재하는 듯이 보여주는 광고이다. 이러한 가상이미지 처리 기술은 가상광고만이 아니라 우리가 월드컵 중계방송에서 보았듯이, 여러 상황에서 경기정보 제공 서비스 기술로도 이용될 수 있다. 가상광고를 행할 수 있는 방법은 크게 두 가지가 있다. 하나는 업링크(Uplink)로 경기현장에 실제로 장비와 기술진이 출동해 방송사의 제작장비와 연동해서 현장에서 이미지를 삽입하는 기술이 있다. 이 방식은 가장 안정적으로 이미지를 집어넣을 수 있기에 경비가 많이 소요되

더라도 방송사나 가상광고 업체가 제일 선호하는 방식이다. 두 번째는 다운스트리밍(Downstream) 방식으로 외국에서 중계되는 운동경기 등에 가상이미지를 집어넣는 것이다. 이를 보통 이 방식은 외국에 비싼 중계차나 인력을 파견하지 않고서도 부가적인 광고수익을 올릴 수 있는 장점이 있는 반면 업링크 방식으로 이루어지는 것과는 달리 화면만을 보고 이미지를 집어넣기 때문에 실제로 운용할 수 있는 폭은 아주 제한되어 있다. 국제적으로 보면 가상광고 기술을 개발 완료하고 계속 업데이트를 하고 있는 업체로는 크게 6개 회사가 있다. 프랑스의 시마비전(Symah Vision), 이스라엘의 오래드(Orad), 미국의 PVI, 그리고 핀란드의 바스(VAS)가 있으며, 비슷한 기술을 사용하기는 하지만 경기정보를 제한적으로만 제공할 수 있는 기술을 가진 회사로 미국의 Sport Vision, 사이델(Scidel) 등이 있으며, 이 기술을 이용해서 스포츠교육 및 영상분석 시장에 진출하고 있는 스위스의 다트피쉬(Dartfish) 등이 있다(광고계 동향, 2002).

가상광고에서 활용되는 기술은 직접 입지 않고 다양한 옷을 입은 모습을 볼 수 있게 할뿐만 아니라 자신의 체형을 미리 성형할 수도 있고 복잡한 상점 디스플레이를 사전에 알맞게 배치하는 등 다양하게 활용될 수 있으며, 실시간으로 공간적, 시간적, 표현적 제약을 받지 않고 지표면, 수면, 모래, 하늘 등 어떠한 공간에도 광고 삽입이 가능한 기술적 특징을 갖고 있다. 즉, 가상광고란 광고이미지를 프로그램과 별도로 준비하여 실제 방송이 진행되거나 프로그램 제작 과정에서 자연스러운 위치에 인위적인 느낌을 주지 않도록 삽입하는 광고를 말하며 실제로 존재하지는 않지만 TV를 보는 수많은 사람들에게 실제와 거의 흡사하도록 디지털로 만들어진 이미지를 삽입하는 일종의 PPL(김효규, 2000)로 정의될 수 있다.

가상광고가 방송광고의 한 형태인가 아니면 PPL의 일종인가에 따라 적용 법규가 방송광고 또는 간접광고로 달라지므로 이에 대한 개념 정의는 중요한 의미를 갖는데, 방송법 제 2조 제 21항과 동조 제 22항을 준용할 경우 실제 방송법상의 해석으로는 가상광고의 기능 중 경기관련 정보를 제공하고 스폰서를 밝히는 방식만을 협찬고지 형식으로 볼 수 있고, 기타의 경우에는 일반 방송광고와 동일하다고 볼 수 있어(문철수, 2002) 방송광고의 한 형태로 볼 수 있으나 프로그램과 가상광고의 구분이 불명확하다는 점에서 간접광고의 형태를 띤 방송광고의 한 유형으로 볼 수 있다.

가상광고에 대한 법적 정의를 살펴보면, 《방송법》제73조 제2항 제6호에서는 가상광고를 '방송프로그램에 컴퓨터 그래픽을 이용하여 만든 가상의 이미지를 삽입하는 형태의 광고'라고 정의하고 있다. 즉, 가상광고는 스포츠 중계시 경기장의 빈 공간(가령, 야구장 펜스, 축장 그라운드)을 이용, 기업의 로고나 브랜드네임을 삽입해 실제 현장에 있는 것처럼 보이게 하는 광고를 말한다. 이러한 정의를 종합해 보면, 가상광고는 광고주가 방송프로그램에 컴퓨터 그래픽을 이용하여 만든 제품을 삽입하여 광고지를 지불하는 메시지라 할 수 있다.

출처: 2010년 3월 26일 '2010 세계피겨선수권' 여자 쇼트 경기 방송(SBS) 화면

그림 8-1 최초의 가상광고로 방영된 삼성전자 하우젠 제로 가상광고

3 가상광고의 특성(장점 및 단점)

가상광고는 창의적인 아이디어와 기술적인 혁신에도 불구하고 시청자와 광고주들의 반발 가능성으로 초기에는 아주 제한적으로 실험되고 수용되었었으나, 미국의 NFL이나 FIFA의 허용방침 이후에는 많은 호응을 받고 있다. 가상광고의 장점은 스포츠 마케팅에 활용되는 경우 광고가 경기진행 중에 프로그램과 함께 방송됨으로써 시청자의 주의를 끌 수 있으며, 시청자의 TV 시청 도중 광고가 나오면 습관적으로 다른 채널로 돌렸다가 그 광고가 지나갈 때까지 기다리는 지핑(zipping)이나 프로그램 사이에 광고가 나오면 채널을 돌려버리는 재핑(zapping), 광고의 혼잡도의 문제인 클러터(clutter) 현상을 피할 수 있는 장점이 있다. 가상광고가 갖는 장점을 살펴보면 다음과 같다(신윤우, 2005). 첫째, 우선 가상광고 기술은 후 편집 작업이 아니라 실시간으로 영상에 삽입되면서도 프로그램 영상과 완벽하게 합성된다는 장점이 있다. 따라서 광고물의 제작에서 송출에 이르는 시간이 아주 짧고 광고물의 수정이나 보정 등의 작업도 간편하다. 또한 가상광고 기계를 사용해 촬영한 영상의 경우 테이프에는 특정한 정보 값이 입력되어 있으므로 재방송이나 녹화방송을 할 때에는 애초의 브랜드나 기업로고 등을 다른 기업이나 브랜드로 쉽게 바꿀 수 있다. 따라서 후 편집 비용이나 광고물의 추가 삽입 등이 손쉽게 가능하다는 것이 장점이다. 둘째, 가상광고 기술을 이용하면 나라별로, 그리고 해당 지역별로 서로 다른 광고물이 같은 시간대에 시청자들에게 전달될 수 있다. 예를 들어 한 · 일 축구전이 있을 때 한국에는 한국 브랜드의 광고물이, 일본에는 일본

브랜드의 광고물이 보이는 것이다. 하지만 이를 위해서는 기술적으로 영상 프레임 지연 극복과 위성 이용료의 극복 문제가 있다. 어떤 제품은 최대 150개국까지 서로 다른 광고물을 내보낼 수 있는데 문제는 영상을 실시간으로 합성을 하려면 당연히 영상 프레임에 지연이 생기게 된다. 실제 1초에 1~2개 프레임이 발생하는 원리로 볼 때 시청자들은 쉽게 인식할 수가 없지만 3개 이상이 되면 지연이 크게 발생한다. 따라서 그 프레임 지연 처리 문제가 극복되어야 할 기술적인 문제가 되며 또한 위성을 통해 생중계되므로 위성이용료가 증대되는 것이다. 셋째, 시간 배분 기능을 가지고 있다. 여러 기업들이 동시에 광고를 행할 수도 있고 주력 홍보제품이나 브랜드가 많은 광고주의 경우에는 자사의 브랜드를 한꺼번에, 혹은 여러 시간대로 분배하여 광고할 수 있다. 넷째, 특정 영상물의 교체가 가능하다는 점이다. 다채널 다매체 시대를 맞이하여 국제적인 방송 이벤트를 시청하게 되는 경우가 많아지고 있으며 특히 생방송의 비중이 날로 커가고 있다. 그러나 정작 외국의 유명한 프로그램이나 스포츠중계 방송에서 외국회사의 광고물이 여과 없이 국내의 시청자들에게 전달되고 있다. 가상광고 기술을 사용하게 되면 해외 중계방송 시 현지의 광고물을 국내 스폰서 광고물로 교체함으로써 시청률이 높은 외국 프로그램에 국내 회사의 광고를 삽입하여 광고효과를 극대화해 줄뿐만 아니라 영상제작비를 절감시켜 준다. 하지만 이것도 기술적인 문제 해결이 선행되어야 할 과제이다. 다섯째, 때와 장소의 구애를 받지 않는 새로운 광고공간을 창조해 낸다. 여섯째, 컴퓨터 그래픽을 활용하므로 현장의 세팅 비용 등의 부수적인 비용을 없앨 수가 있는 등 광고제작비가 절감된다.

이경렬(2005)도 가상광고는 광고제품을 방송영상물의 일부분으로 자연스럽게 배치함으로써 광고주의 상업적인 의도를 감추고, 거부감을 주지 않으면서 상품을 인지시키는 장점으로 제시하였다. 또한 프로그램 속에 자연스럽게 배치됨으로써, 재핑(zapping; 리모콘을 이용한 광고회피)현상을 방지할 수 있을 뿐만 아니라 클러터(clutter; 광고혼잡현상)의 영향을 받지 않음으로써 상업적인 광고기법의 한계를 극복하기 위한 장점도 있다고 설명하였다.

이러한 장점에도 불구하고 여러 가지 단점이 노출되고 있는 바, 이를 정리해 보면 다음과 같다(문철수, 2002). 첫째, 가상공간과 현실공간에 대한 혼동을 가져오는 인위적인 가상광고 삽입으로 인해 시청자들은 가상광고 자체에 대해 강한 거부감을 보일 가능성이 높다. 특히 방송광고와 프로그램 내용이 혼동될 수 있어 소비자의 시청자 주권을 침해할 수 있을 것으로 판단된다(김효규, 2000). 둘째, 광고 혼잡효과로 인해 예상되는 기존 프로그램 광고 참여 스폰서의 반발이다. 실례로 정규 광고주들은 기존 광고판매 이후에 경쟁사 광고가 새롭게 프로그램 내에 삽입될 가능성이 있어 가상광고 도입에 대해 강한 우려를 나타낼 것이며, 더 나아가 기존 프로그램광고 물량의 감소도 예상된다. 셋째, 현실적인 문제로서 과연 가상광고가 기존 광고의 수요를 넘어서 새로운 수요를 창출할 만큼 효과적이고 가치가 있는 것인가 하는 것이 문제점으로 남을 것이다. 현행법을 기준으로 할 때 가상광고는 스포츠 중계 시 판매될 수 있는 광고 형태이다. 그러나 현행 스포츠 중계 시 판매되는 광고는 연간 스포츠 계약 광고와 스포츠 특집 광고로 구분되고 있어 사실상 가상광고가 끼어들 여지가 적다는 한계가 있다. 특히 가상광고는 노출빈도나 광고효과 면에서 그 결과가 입증될 때까지 광고수요를 획득하기가 쉽지 않을 것으로 예상된다. 이상에서의 가상광고의 장점과 단점을 요약하면 다음과 같다.

가상광고의 장점과 단점

구분	장점	단점
기술적 측면	• 프로그램 제작 후 PPL 가능 • 재핑현상 방지 및 주목 효과 • 배치 위치 및 배치 시점 융동성 • 수정, 삽입 보정 작업의 편리성	• 소비자가 극의 내용 전개에 깊이 몰두할 경우 주의를 끌지 못함 • 제품의 장점에 대한 상세한 정보 전달 불가능
사회적 측면	• 법규 부재에 따른 편법적 간접광고 범람 방지 • 국내 스포츠 중계 활성화 및 스포츠 산업 발전에 기여 • 시청자에게 다양한 볼거리 제공 • 외국 가상광고의 무분별한 유입에 대한 적극적인 산업 대응	• 시청자 주권 침해 • 기존 정규 프로그램 광고 감소 우려 • 방송의 광고 독점현상 심화 • 매체 산업의 균형 발전 저해 • 방송 프로그램의 질 저하 • 광고 단가 인상 및 광고주의 영향력 강화

〈출처〉 이희복, 대홍커뮤니케이션 6월호

4 국내 가상광고 유형

1) 판매 패키지에 따른 가상광고 유형

가상광고의 유형에 대한 구체적인 연구는 부족한 실정이다. 이수범, 이희복, 신명희(2010)은 가상광고의 유형화 시도와 유형별 특징분석을 실시하였다. 그들은 가상광고의 유형을 가상광고판매패키지와 가상광고 구성요소 분석을 통해 유형을 분류하였다.

가상광고의 유형을 분석하기 위해서 가상광고 판매 패키지를 살펴보면, 디스플레이(Display), 그라운드(Ground), 풀샷(Full Shot) 3가지로 분류하였다. 여기서 디스플레이는 경기장의 일부를 그대로 활용하여 가상광고를 업링크하는 방법이다. 이는 기존의 전광판과 같이 경기장의 일부를 광고화면으로 활용하는 자연스러운 노출이다. 그라운드의 경우는 이와 달리 운동장에 갑자기 돌출하여 광고가 등장하는 방식으로 주목을 높이기 위한 목적을 가지고 있다. 풀샷의 경우에는 연출된 광고가 전체화면의 1/4이내에서 최대한 활용을 높여 다양한 모션이나 텍스트를 보여주는 방식이다. 각각의 가상광고는 판매 1군과 2군에 포함되며 주목도는 높고 적용률도 높게 구성되었다.

가상광고 판매 패키지별 유형 분류

디스플레이 사례

〈출처〉 연합뉴스 (2014).

그라운드

〈출처〉 PD 저널 (2018).

풀샷

2) 가상광고 구성요소 분석을 통한 유형

이수범, 이희복, 신명희 (2010)는 가상광고의 유형화를 위해서 2010년 3월 26일부터 11월 30일까지 집행된 지상파 TV 가상광고를 바탕으로 구성요소를 통해 유형화 하였다. 전체 가상광고 중에서 스포츠 종목 3가지를 피겨, 축구, 야구로 선정하였다. 피겨, 축구, 야구의 가상광고 전수를 대상으로 발현적 코딩을 분석한 결과 크게 내용, 제시형태, 위치, 해상도, 배치시점, 등장시점, 자연스러움 7가지로 구분하였다. 먼저 내용상으로 비주얼 없이 카피 등 자막으로만 구성한 텍스트와 비주얼을 활용한 영상으로 구분하였다. 둘째, 제시형태에 따라 가상광고가 화면의 일정한 장소에 고정(Fixation)되어 나타났느냐, 일정한 움직임을 보여주는 이동(Motion)이냐로 구분하였다. 셋째, 판매 패키지에서 제시된 것과 같이 기존 화면의 일정 공간을 가상광고로 대체하는 디스플레이(Display), 운동장에 한 곳에 가상광고를 보여주는 그라운드(Ground), 화면의 일부를 광고로 활용하는 풀샷(Full Shot)으로 구분하였다. 넷째, 해상도와 표현된 가상광고의 기술에 따라 2차원의 가상광고는 2D, 3차원의 가상과고는 3D로 구분하였다. 다섯째, 배치시점은 경기 전체를 전반, 중반, 후반으로 나누고 이중 언제 가상광고가 배치되었나를 살펴본 것이다. 여섯째, 등장시점은 경기전, 경기 중, 경기 사이, 경기후로 나누어 가상광고가 등장한 시점을 살펴 분석하였다. 마지막으로, 경기장 시설과의 조화로움에 따라 조화로운 노출이냐 부조화스러운 노출이냐를 판단하여 구분하였다. 다음과 같이 분류되었다(표 8-1).

표 8-1 가상광고의 유형 분류

구분	세부구분	특징
내용	텍스트 영상	비주얼 없이 카피 등의 자막으로 구성 비주얼을 활용한 가상광고
제시형태	고정(Fixation) 이동(Motion)	화면의 한 장소에 고정되어 제시 일정한 움직임을 보여줌
위치	디스플레이(Display) 그라운드(Ground) 풀샷(Full Shot)	화면의 일정 공간을 대체 운동장의 한 곳에 가상광고 시연 화면 일부에서 부자연스럽게 광고 노출
해상도	2D 3D	제시된 비주얼이 일반 사진이나 이미지 입체감이 있는 비주얼
배치시점	전반 중반 후반	경기의 전반부에 배치 경기 중에 배치 경기 후반부에 배치
등장시점	경기 전 경기 중 경기 후 경기 사이	게임이 시작되기 전에 노출 게임 중에 노출 게임이 끝난 후 노출 중간 휴식시간에 노출
자연스러움	조화 부조화	화면에 자연스럽게 노출 화면에 부자연스럽게 노출

3) 가상광고의 효과

2010년 3월 27일 '2010 세계피겨선수권' 여자 프리 경기에서는 현대자동차 '쏘나타'의 가상광고가 총 5회 노출되었다. 첫 가상광고의 시청률은 쇼트 프로그램에서 노출된 삼성전자 하우젠이 21.6%, 다음 날 프리 프로그램에서 노출된 현대자동차 쏘나타가 22.7%(AGB 닐슨 기준)로 기존 광고 시청률에 비해 매우 높게 나타났었다.

이노션에서 조사한 자료에서는 구체적 노출 내용을 살펴 보면 현대자동차의 '김연아 편' 가상광고는 지상파 SBS의 Live 중계 56게임에 2회씩 112회가 노출 되었으며, 기타 재방송과 하이라이트에 63회 노출로 총 175회의 누적 노출을 기록, 20대 성인 남녀 기준 약530GRP를 획득 하였으며, 시청 빈도는 약 6.7회로 나타났다(김종필, 2010).

이와는 별도로 현대자동차의 Reply 가상광고는 지상파(1,627)+케이블(2,997)을 통해 4,644회 노출 되었으며, 20대 이상 성인 남/여기준 6,760GRP를 획득한 것으로 집계되었다.

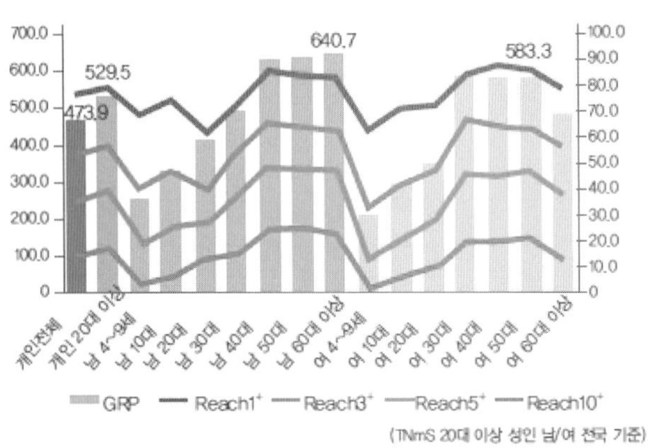

[그래프 1 현대자동차 - 김연아 편 가상광고 성/연령대별 노출 효과]

성/연령대별로 노출 효과를 살펴보면 역시 남/여40대 이상의 전통적 TV Heavy Viewer 층에서 높은 노출량을 보이고 있으며, 스포츠라는 콘텐트 효과로 40대 이상 남자의 노출량과 도달률이 여자보다 높게 나타나, 통상 여자보다 TV를 덜 접하는 40대 이상 남자의 일반적 광고 노출 효과와는 대조가 되었으며, 30대 여자의 노출량과 도달률이 상당히 높게 나타났다.

한편, 신한금융투자의 경우, 지상파 라이브 112회, 기타 재방 및 하이라이트에 43회 총 155회가 노출 되었으며, 이를 통해 20대 이상 성인 남/여 기준 약532GRP를 기록 현대자동차와 유사한 노출량과 도달률 그리고 시청빈도(6.7)를 나타냈다.

노출 횟수가 현대자동차에 비해 20회 낮았지만, 대 그리스 전(6월12일)과 나이지리아 전(6월18일)의 한국팀 승리, 무승부 경기 후 높은 시청률을 기록한 시점에 가상광고를 노출한 효과를 본 것으로 보여진다.

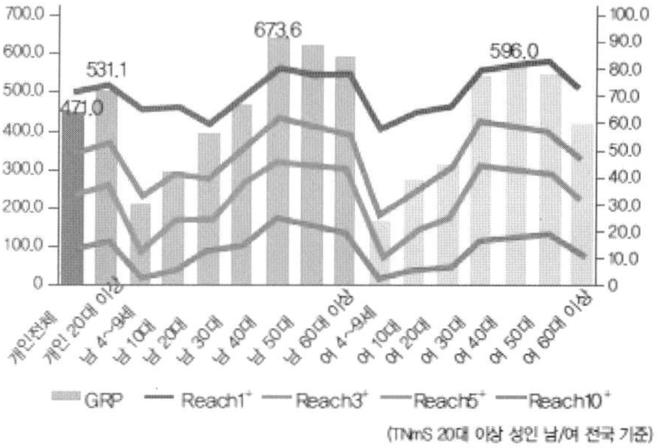

[그래프 2 신한금융투자 가상광고 성/연령대별 노출 효과]

현대자동차(김연아 편)와 마찬가지로 신한금융투자의 성/연령 대 별 가상광고 노출 효과도 매우 비슷한 양상을 나타내고 있으며, 오히려 노출 횟수가 현대자동차(김연아)에 비해 적었던 상황 대비 근소하게나마 20대 이상 성인 남녀의 노출량 우위를 보이고 있으며, 또한 남자 40대의 노출량이 다른 연령대에 비해 좀 더 높이 형성 되었다.

4) 가상광고의 판매제도

지상파TV의 가상광고의 미디어렙 업무는 기존 방송법의 규정에 따라 한국방송광고공사가 맡게 되었다. 한국방송광고공사(2009)의 판매설명회 자료에 나타난 가상광고 업무 플로우를 살펴보면 한국방송광고공사의 가상광고 판매제도가 문철수(2002)의 모델과 유사한 형태이면서, 한편으로는 한국방송광고공사의 가상광고 판매제도는 기존의 방송광고와 거래 흐름을 같이 한다. 다만 광고회사와 가상광고업체 사이의 가상광고의 소재 제작의뢰와 방송사와 가상광고업체 간의 장비구매.대여, 대금지급이 추가되었다고 할 수 있다. 기본적으로 광고주와 광고회사, 미디어렙인 한국방송광고공사의 역할은 동일하며 방송광고 소재전송시스템(Kodex)을 활용하여 업무의 효율성을 기할 수 있지만, 선결조건으로 방송사와 협회, 중계권 보유자등 이해관계자가 사전에 협의해야 하며, 방송사와 미디어렙 사이의 가상광고 판매가능 블록, 위치, 초수 등 상세 구성안의 동의가 필요하다. 광고주(또는 광고회사)가 청약할 때 사전 소재제작과 방송광고 소재전송시스템에 탑재해야 한다.

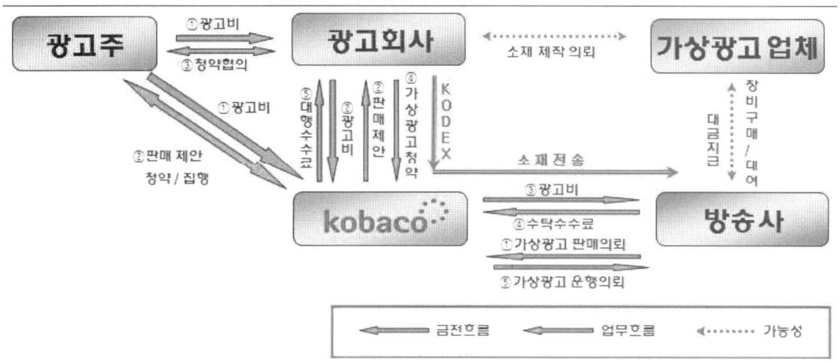

가상광고 업무 과정

5) 가상광고 운영 현황

(1) 국내 가상광고 운행현황

2010년 3월 26일 처음 시행된 가상광고는 도입 첫해 8개월간 삼성전자, 현대자동차를 비롯한 10여개 광고주의 참여로 약 46억8천만 원의 매출을 올렸다. 방송사별로 살펴보면, KBS 4억2천만 원, MBC 5억8천만 원, SBS 36억8천만 원으로 SBS에 집중되었다. 광고주의 경우는 증권과 은행 등 금융권과 자동차, IT업종이 주류를 이뤘는데 이는 대형광고주들 중심으로 가상광고에 참여했다. 물론, 당초 도입 1차년도에 300~400백억원에서 수백억원에 이를 것으로 예측한 낙관적인 전망과는 차이가 있었다 (이수범, 이희복, 신명희, 2010). 향후에 광고주와 업계가 가상광고에 대한 관심과 이해를 넓힌다면 가상광고의 판매는 향상될 것으로 전망된다.

다음 표는 2010년 3월 26일부터 11월 말 까지 가상광고 운행현황이다.

SBS 세계피겨선수권대회

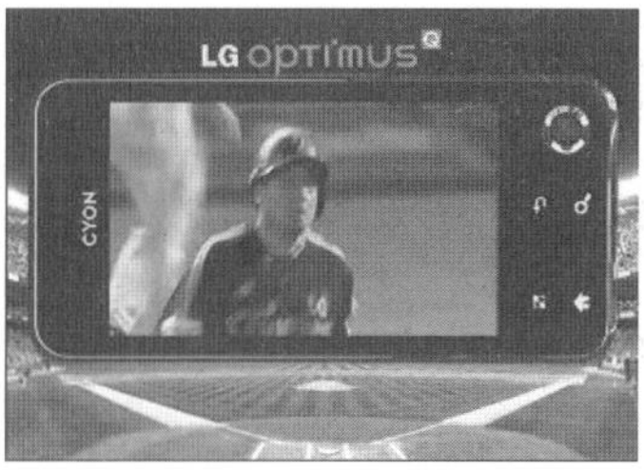

케이블 프로야구

SBS 스포츠 프로야구

표 8-2 FCB 2010년 3월–11월 말 운행현황

방송사	프로그램	일자	광고 내용
KBS	2010 프로야구	4월4일	삼성전자 한국야쿠르트
	월드컵 평가전(한국:에콰도르)	5월16일	신한금융지주 한국야쿠르트
	신한동해오픈골프	10월3일	신한금융지주
	2010 프로야규 한국시리즈 1차전	10월15일	키움증권 SK텔레콤 삼성전자
	2010 프로야규 한국시리즈 4차전	10월19일	삼성전자 SK텔레콤
	KBS 소계		4억 1,900만 원
MBC	2010 프로야구 개막전	3월27일	삼성전자 등 4사
	한일골프대항전	9월10일	현대캐피털
	2010 프로야구 한국시리즈 3차전	10월18일	엘지전자 삼성전자 키움증권 SK텔레콤
	LPGA 하나은행 챔피언쉽 골프	10월29일, 31일	하나은행
	MBC 소계		5억 7,800만 원
SBS	세계피겨선수권	3월26–28일	삼성전자 등 4사
	미, 마스터즈 오플 골프	4월12일	현대자동차
	발렌타인 챔피언쉽 골프	4월25일	현대자동차
	월드컵 축구	6월11일–7월12일	현대자동차 신한금융투자 삼성카드
	2010 프로야구 한국시리즈 2차전	10월16일	엘지전자 삼성전자 키움증권 SK 텔레콤
	하이트컵챔피언쉽 골프 4라운드	10월17일	기아자동차
	SBS 소계	36억 8,100만 원	
총계		46억 7,8백만 원	

위의 표에서 알 수 있듯이 프로야구와 프로축구, 골프 등 케이블TV 스포츠 중계에서 가상광고를 많이 찾아볼 수 있다. 약 8개월간 삼성전자, 현대자동차를 비롯한 10여 개 광고주의 참여로 약 46억8,000만 원의 광고비가 지출 되었다. 방송사별로 살펴보면, KBS 4억2,000만 원, MBC 5억8,000만 원, SBS 36억8,000만 원으로 나타났다.

2017년에 집행된 사례는 꽃담초로 프로그램 연령가이드 화면에 나타난 형태였다.

〈출처〉 김영신 (2017).

(2) 해외 현황

① 미국

미국의 가상광고는 스포츠 경기를 중심으로 운영되는데, 1995년 중부지역의 한 은행이 마이너리그 야구 경기장에 900달러를 들여 시작한 이후 빠르게 성장하고 있다. 그 후 샌프란시스코 자이언츠팀의 홈경기에 노출된 도요타 자동차 광고가 메이저리그의 첫 번째 가상광고다. 미국의 경우, 가상광고는 광고주의 요구를 충족시키는 동시에 경기 침체기 방송국에 새로운 재원을 창출해주었다. 중간광고를 허용하여 혼잡(Clutter) 현상이 심각한 미국 방송광고 시장에서 가상광고의 비중은 더욱 커질 것으로 예상된다. 기술적으로는 녹화방송뿐 아니라 생방송 스포츠 중계방송 시 경기장, 링크, 트랙 등에 브랜드나 제품을 넣을 수 있다. 주요 방송사들이 현재 가상광고를 시행하고 있으며, 가상광고를 규제하기 위한 구체적인 법 규정은 존재하지 않는다. 미국은 가상광고의 실행이 다른 나라에 비해 자유로워, 그 활용 범위가 스포츠 분야 뿐만 아니라 다른 TV 프로그램에까지 확대되었다.

미국 스포츠 시장에서 가상광고가 이용되는 대표적인 분야는 MLB(Major League Baseball)로 기업 로고를 주로 사용하고 있으며, 각 이닝 중간에 펜스나 포수 뒤에 위치한 플레이트를 이용해 가상광고를 삽입하고 있다. 또한 NFL(National Football League)은 한 쿼터가 끝난 후 또는 경기가 멈춘 휴식 시간을 이용해 가상광고를 송출하고 있다. 해당 경기의 특성에 맞춘 다양한 크리에이티브로 가상광고를 효과적으로 도입하고 있는 것이다. 2009년 NHL(National Hockey League) 정규 시즌의 마지막 주에는 뉴욕 지역에서 서브웨이의 가상광고를 노출하기도 했다. 뉴욕 레인저스와 워싱턴 캐피털스의 플레이오프 경기에서 서브웨이 로고가 대시보드에 자연스럽게 등장해 눈길을 끌었다(이수범, 2011).

② 영국

영국에서는 2000년 11월 ITC(Independent Television Commission)가 가상광고에 대한 지침인 'Virtual Advertising Guidance Note'를 공표했다(ITC, 2000). 이는 단지 가상광고 시행을 위한 지침일 뿐이지만, 프로그램에 대한 광고주의 관여에 대한 규정뿐 아니라 가상광고의 기법과 그 사용에 대한 설명도 담고 있다. 지침서에는 경기장 내 실제 존재하는 일반 광고판과 동영상 광고판을 대체할 때만 허용하며, 모든 방송 프로그램의 시작과 끝에 시청자들에게 가상광고가 포함돼 있다는 것과 가상광고 시스템의 목적을 설명해야 한다고 규정하고 있다.

ITC는 가상광고에 대한 또 다른 지침으로 이벤트 중 전자영상 시스템은 광고 신호판을 대체하기 위해서만 사용할 수 있다고 명시하고 있다. 즉, 이벤트 현장에 있는 광고를 추가적으로 배치하기위해 이 시스템을 사용해서는 안 되며, 사용한 적이 없는 빌보드 광고판이나 다른 위치에 광고를 집어넣기 위해 사용해서도 안 된다는 것이다. 따라서 움직이는 이미지는 그 자체로 실제의 버추얼 A보드 위에만 사용될 수 있다(이수범, 2011).

생각해 볼 문제

1. 가상광고의 장점과 단점에 대해서 생각해보세요.
2. 가상광고의 가치를 증대하기 위한 확충되어야할 광고 산업영역에 대해서 생각해보세요.
3. 향후 유망할 것으로 생각되는 가상광고 유형에 대해서 아이디어를 제시해보세요.

참고문헌

광고계동향 (2002) 가상광고제도, 무엇이 문제인가? 9월호.

김봉철, 이용성, 이귀옥 (2004),우리나라 방송광고 개선 방안에 관한 연구,한국방송광고공사 연구보고서.

김영신 (2017). 요즘 핫(Hot) 한 방송콘텐츠를 연계해 광고하는 Tip – PPL, 가상광고 사례, https://blog.hsad.co.kr/2316 [HS애드 공식 블로그 HS Adzine]

이수범,이희복, 신명희 (2010). 가상광고 활성화를 위한 광고효과 및 효율적인 운용방안연구, 한국방송광고공사 보고서.

이수범 (2011). [Special Theme] 엄격한 규제 속 자유로운 상상의 날개를 달아라! 대홍 커뮤니케이션즈 기사입력 2011.06.07 03:13 조회 103

이희복 (2011). [Special Theme] 집행 1년, 가상광고 시장의 현황과 전망, 대홍커뮤니케이션즈

김종필 (2010). 가상광고 사례 : 가상광고 Single–Source Survey, 광고계동향 9월호.

한국방송공사 (2010). 보도자료. 3,25, 4.22

김효규 (2000). 실체없는 이미지, 광고 아닌 광고로 급성장 거듭하는 가상광고, 광고정보, 7월호, 98.

문철수 (2002). 버추얼광고 시행에 대비한 방송광고 법제 개선방안 연구. 방송연구, 54호, 205~243.

신윤우 (2005). 가상광고에 대한 시청자의 선호도와 도입방안에 관한 연구. 동국대학교 대학원

이경렬 (2005). 가상광고의 도입에 따른 공론화와 쟁점에 대한 논의, 방송연구, 61호, 85~109.

이명천, 김요한 (2010). 광고학개론, 서울: 커뮤니케이션북스.

한국광고단체연합회 (2002). 광고계동향.

한국일보 (2010). KT, 보름달에 '올레' 가상광고 새겨

연합뉴스 (2014). https://www.yna.co.kr/view/AKR20140911188000003

방송법(2차 일부개정 2010. 6. 8. 제10363호).

방송법시행령(일부개정 2010. 3. 15. 제22075호).

PD저널 (2018). http://www.pdjournal.com/news/articleView.html?idxno=61643

CHAPTER 09

극장광고

사례

"차별화가 살길" 영화관 이색광고 봇물

입력 : 2019-07-31 01:30 | 수정 : 2019-07-31 01:42

TV · 모바일 영상과 경쟁… 생존 자구책

빵빵한 음향 · 4D효과 입혀 관객에 호소

500만~1000만원 추가비용 광고주 OK

작년 67억원 뒷걸음질한 극장광고 시장

올해 매출액 87억 늘어 2300억 이를 듯

▲ 삼성전자 자회사인 하만이 메가박스에서 상영 중인 광고의 한 장면. 스크린에 자동차 경주대회 이미지를 띄워 놓고 '빵빵한' 극장 스피커를 이용해 차량이 미끄러지듯 달리는 소리를 표현해 내고 있다.

#1. 삼성전자의 자회사인 하만은 본래 영화 상영을 위해 전국 메가박스 100여곳에 설치된 자사 스피커를 이용한 광고를 진행 중이다. 극장 화면에 최소한의 영상만 나오는 대신 동굴 속 울림, 빗소리, 5000m 심해의 신비로움을 극장의 '빵빵한' 스피커로 들려주고 있다. 안상헌 제일기획 제작팀장은 "일반 광고는 10개 안팎의 음향효과를 삽입하는데, 이번 하만 광고는 300여개의 음향효과를 적용해 입체감을 극대화했다"고 말했다.

〈출처〉 한재희(2019) 서울신문에서 일부 발췌.
https://www.seoul.co.kr/news/newsView.php?id=20190731023025#csidx5e2c375d5d91a00bbaf0fd7c722917c

1 배경

우리나라는 선진국 진입의 발판이라는 1인당 국민 소득 2만달러 시대에 접어들면서 여가에 대한 인식 및 가치관의 변화와 함께 국민들의 다양한 여가 생활 수요가 증대되어지고 있다. 실례로 영화진흥회(2010)가 실시한 영화소비자보고서에 따르면, 외부에서 여가시간을 보낼 때 비용대비 가장 만족하는 여가수단으로 극장영화관람(24.9%), 체육활동(23.3%), 외식(14.5%)순으로 나타났다. 또한 최근 1년간 극장 영화 관람률은 93.7%로, 2009년 조사 결과(86.7%) 대비 7% 상승하였다.

이렇듯 영화관람률이 높아지면서 영화산업 상승세와 함께 극장광고 산업도 자연스레 성장하고 있다. 특히 CJ(CGV), 중앙그룹(MEGABOX), 롯데(롯데시네마)등의 대기업이 극장산업에 뛰어들면서 관람객을 위한 극장의 위치 및 교통시설은 물론 한 건물 안에 다수의 상영관과 식당, 카페, 쇼핑타운 및 각종 오락시설을 갖춘 멀티플렉스화로 인해 극장시장의 체계화 및 극장광고매출에 또 다른 활로를 마련해주고 있다.

또한 각 해당 기업들은 디지털 기술을 기반으로 제작, 전송, 상영 및 분석 시스템의 도입, 과학적인 단가 책정 및 효과 측정시스템을 도입하여 기존 극장광고 산업이 지녔던 한계들을 탈피하였다. 뿐만 아니라 전통적인 매체로는 도달하기 어려운 세분화된 시장에 메시지를 전달하는데 효과적일 수 있다는 차별적 매체 특성을 지닌 광고 수단으로서 인식되어짐에 따라 극장광고를 활용하려는 기업들이 점차 늘어가고 있다(강태중, 2009). 이에 따라 최근 극장광고는 TV에서 방영되던 CF를 그대로 방영하는 방식에서 벗어나 극장광고 매체나 환경적 특성을 반영하는 새로운 극장광고 포맷들이나 극장광고 전용 CF 등을 제작하여 본 영화상영 전에 롱타임 이미지 광고 또는 에티켓관련 광고 등으로 활용되어지고 있다. UP communications(2009)가 실시한 CGV이용객 1,025명을 대상으로 극장 광고효과를 조사한 결과를 살펴보면 관람객의 41.9%가 극장광고가 TV광고보다 더 낫다고 응답하였으며, 극장광고에 대한 선호도와 주목도도 더 높게 나타났다.

극장주의 묵인 하에 영사기사의 아르바이트로 시작 되었다고 하는 극장광고는 1990년대 들어 몇몇 회사에 의해 사업화 초기 기반을 다진 후 2000년대 들어 멀티플렉스의 발전과 함께 비약적으로 성장했다. 2009년 극장광고는 연간 1,000억원을 바라보는 수준까지 올라갔으며 발전 속도로 보면 영화를 보는 관람객수나 극장 매출액 증가 속도보다도 훨씬 빨랐다(이주환, 2009). 2001년부터 2008년까지 관객수는 1.7배, 극장 매출액은 1.9배, 극장광고 매출은 3.4배 증가한 것으로 나타났다.

제일기획 (2019)에 의하면 극장광고비는 2015년 2120억, 2016년 2251억, 2017년 2280억, 2018년 2213억, 2019년 2300억(추정)으로 매년 성장하다가 2018년에는 2017년 보다 감소하였지만 2019년에 다시 성장할 것으로 보고 있다.

2 극장광고 정의와 특성

극장광고에 대한 개념은 스크린 광고를 중심으로 하여 극장 공간에서 보여지는 모든 광고물을 일컫는다(Austin, 1986; Secunda & Nebenzahl, 1995). 극장광고는 타 매체 광고에 비해 임팩트가 높은 수단으로 간주될 수 있으며(Ewing et al, 2001), 상대적 이점들을 많이 지니고 있다. 첫째, 극장광고는 영화상영전에 앉아 있는 관객을 대상으로 집행되어, 다른 광고매체와 비교해 높은 주목도와 전달력을 확보할 수 있다는 차원에서 매우 효과적이다. 다시 말해 이미 일정한 금액을 지불하면서 선택한 영화를 보러온 관객들은 상영 직전 어두운 공간에서 오직 스크린만을 응시할 수밖에 없는 소비자들이기에 이들을 대상으로 집행되는 광고는 주의가 분산될 여지가 거의 없기 때문이다. 둘째, 극장광고는 TV광고를 보완하는 차원에서 보다 자세한 내용을 도달하기 어려운 세분화시장에 메시지를 전달하는데 효과적일 수 있으며, 집행시기, 집행 지역, 영화의 성격에 따른 탄력적인 집행이 가능하기 때문이다. 마지막으로 현재의 한 극장안에는 보통 10개 정도의 스크린이 있어 그에 따라 다양한 영화를 선택할 수 있게 되었다. 즉 극장의 멀티플렉스화는 극장과 스크린의 수를 증가시켰으며, 관객의 입장에서도 다양한 영화를 접할 수 있으며 굳이 영화를 보기 위해 멀리 가지 않아도 되는 환경이 조성되었다. 또한 극장은 단지 영화를 관람만을 위한 공간이 아니라 식사를 하면서 영화를 관람하거나, 영화를 보기 전에 간단한 쇼핑과 오락을 함께 즐길 수 있는 문화공간으로 변모하고 있다. 이런 공간적인 변화는 극장을 '복합문화공간'으로 변모하게 했으며, 이를 통해 더욱 많은 관객들을 끌어들이고 있다(DMC, 2008).

스크린 광고는 TV광고의 15초의 한계를 벗어나 다양한 방식으로 진행되고 있다. 예를 들면, 극장 상영을 사전에 염두에 두고 제작된 롱타임 이미지 광고라든지, 극장 이용 상황에서의 에티켓 관련 광고라고 할 수 있다. 여기서 에티켓 광고는 극장광고의 변화에 있어 가장 주목할 만한 부분인데, 극장과 광고주의 공동마케팅 차원에서 관람객이 영화 관람시 꼭 지켜야 할 에티켓을 광고와 결합하여 제작함으로서 관람객의 참여를 유발하고 기업의 사회적 책임을 부각시켜 제품과 기업의 이미지 상승을 유도하고 있다. 최동욱(2008) 연구에서 에티켓광고는 광고에 대한 태도와 광고 재인 효과가 높은 것으로 알려져 있다.

3 극장광고 유형

극장광고의 유형은 세부적인 기준에 따라 로비 타입광고, 오디오 타입광고, 스크린 광고로 분류할 수 있다(Arbiton, 2007). 로비 타입의 광고는 영화를 보기 위해 극장을 찾은 관객들의 기다림과 이동동선으로서 소비자와의 접점 공간이다. 이는 영화관의 로비나 보도, 벽면 등에 설치하는 광고로 최근에는 LCD, LED, PDP 등의 디스플레이 장치를 설치하여 광고를 하는 경우가 증가하고 있다. 또한 극장 내 설치된 터치 스크린 방식의 무인 정보시스템(키오스크), 입장권, 팝콘 팩, 티켓 후면 쿠폰 등을 통해 다양하게 이루어지고 있다. 이러한 로비 타입의 극장광고는 세일즈 프로모션과 연동되어 영화관을 체험의 공간으로 활용하여 기업 이미지 제고의 효과적인 형태로 주목을 받고 있다. 특히 멀티 디스플레이 기술의 발전으로 LCD 디스플레이 장치와 키오스크 동영상 시스템의 보급으로 이에 대한 사용이 증가하고 있으며, 이를 본 관객들의 회상률이 매우 높아지고 있다(Arbiton, 2003).

극장광고의 또 다른 유형인 오디오 타입의 광고는 극장 내 방송 오디오 시스템 등을 통해 광고 메시지를 노출하는 형태로 국내에서는 이루어지고 있지 않는 광고 형태이다. 그러나 Arbiton(2003)의 연구 결과 오디오 타입의 광고는 극장에 대한 긍정적 경험을 강화시키는 것으로 알려져 있다. 마지막으로 스크린 광고는 극장 내 영화가 상영되는 스크린을 통하여 광고 메시지가 노출되는 형태로 극장광고의 대표적인 광고형태이다. 스크린 광고가 지니는 특성은 높은 해상도, 큰 화면, 풍부한 색감, 우수한 사운드 시스템은 물론 편안한 의자, 조용하고 어두운 분위기 등으로 인해 관람객들이 몰입한 상태에서 광고에 노출되어진다(Dunnett & Hoek, 1996; Prendergast & Wah, 2005).

스크린 광고는 극장 내 영화가 상영되는 스크린을 통하여 광고 메시지가 노출되는 형태로 극장광고의 대표적인 광고형태이다. 스크린 광고가 지니는 특성은 높은 해상도, 큰 화면, 풍부한 색감, 우수한 사운드 시스템은 물론 편안한 의자, 조용하고 어두운 분위기 등으로 인해 관람객들이 몰입한 상태에서 광고에 노출되어진다(Dunnett & Hoek, 1996; Ewing, Du Plessis, Foster, 2001; Prendergast & Wah, 2005). 스크린 광고는 TV광고의 15초의 한계를 벗어나 다양한 방식으로 진행되고 있다. 특히 극장광고의 포맷 측면에서 TV등에서 방영되던 CF등을 다시 방영하는 방식에서 탈피하여, 극장광고 매체나 환경적 특성을 반영하는 새로운 극장광고 포맷들이나 극장광고 전용 CF 등이 제작되어 활용되고 있다.

한편, 국내 디지털 스크린 광고의 유형과 편성 안에 대해 살펴보면 그림 9-1과 같다. 스크린 광고의 유형은 극장마다 세부적인 기준에 따라 차이는 있으나 대부분 크게 네 가지 유형으로 분류된다. 첫 번째는 '일반형 스크린 광고'로 1구좌당 30초로 구성되어있다. 이러한 일반형 스크린 광고는 영화 예고편(약 2분)이 완료되고 상영되는 스크린 광고로 일반적으로 10구좌로 편성되어 있다. 두 번째 스크린 광고의 유형은 '프리미엄형 스크린 광고'이다. 이는 일반형 스크린 광고가 끝나고 영화가 시작되기 전까지 다음 예고편이 방영될 때 마다 상영되는 프리미엄형 스크린 광고로 단계에 따라 '프리미엄 1'. '프리미엄 2', '프리미엄 3'으로 구성된다. 이들 프리미엄 스크린 광고는 각각 5구좌, 1구좌, 1구좌로 편성된다. 이러한 일반형 스크린 광고와 프리미엄형 스크린 광고는 브랜딩 차원에서 효과가 높으며, 특히 '프리미엄 3'으로 갈수록 구좌수가 줄어들어 광

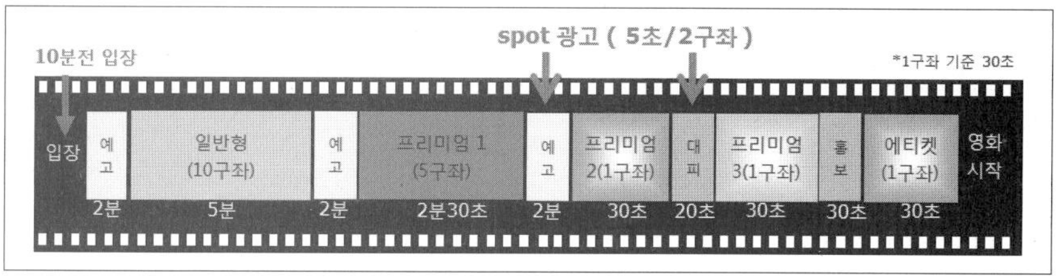

출처: 이종민, 한광석 (2009) 논문

그림 9-1 디지털 스크린 광고의 유형과 편성안

고 혼잡도가 낮아 광고 효과는 그만큼 높은 것으로 알려져 있다. 세 번째 스크린 광고의 유형은 '스크린 Spot'광고이다. 이는 '프리미엄 2'와 '프리미엄 3'이 시작되기 전에 하는 광고로 5초의 2구좌로 구성되어 있다. 일반적으로 5초의 정지화면에 음성메시지가 노출되는 형태로 광고의 주목도를 높이는 특성이 있다(이종민, 한광석, 2009).

마지막 네 번째 스크린 광고의 유형은 '에티켓 광고'이다. 이는 극장 관람객이 영화 관람시에 반드시 지켜야 할 공공 예절을 광고로 통해 알려 관람객의 참여와 동시에 기업의 제품이나 브랜드의 긍정적 이미지를 심어주기 위하여 시행되어 왔다. 최근 많은 기업들이 이러한 스크린 에티켓 광고를 제작하여 방영하고 있는 데 공동마케팅과 공익성이라는 차원에 서 기업이나 브랜드 이미지에 긍정적인 영향을 미치고 있기 때문이다. 최근 많은 기업들은 스크린 에티켓 광고에 대한 효과에 관심을 기울이면서 많은 광고비를 지불하고 있다(서문식, 안진우 & 최동욱, 2008; Bitner et, al., 1997)(그림 9-1).

4 극장광고의 현황

2000년대 이후부터 본격적으로 진행되고 있는 극장 시스템의 개선과 관련된 일련의 시도들은 극장환경에 대한 양적, 질적 변화를 초래하고 있다. 관련 업계를 중심으로 그동안의 노후화된 극장 시스템을 과학적이고 체계적으로 바꾸고자 하는 시도들, 즉 극장의 프렌차이즈화, 대형 멀티플렉스화, 극장의 환경적 특성을 감안한 전용 CF의 제작, 광고의 제작, 송출, 모니터링 등을 체계적으로 할 수 있는 디지털 시스템의 도입, 집행결과에 대해 신뢰성 있는 데이터를 제공하는 효과적인 광고 측정방식의 도입 등은 관객들에게 보다 유쾌하고 편리한 극장 환경을 경험하게 하는데 도움을 주고 있다(강태중,2008; 강태중과 김재영, 2008). 2009년 한국은 인구 1인당 연평균 3회 극장에서 영화를 관람하고 있다. 미국은 연평균 5회를 방문 한다고 한다. 한국 국민이 최대 미국국민만큼 영화를 좋아하게 된다는 가정하에 관람객 수는 1.6배 정도 늘어날 가능성이 있다(이주환, 2009).

2017년에는 한해 극장을 찾은 관객수가 2억2000만명에 육박한 것으로 나타났다. 2018년 1월 1일 영화진흥위원회 영화관입장권통합전산망을 보면 작년 총관객수는 전

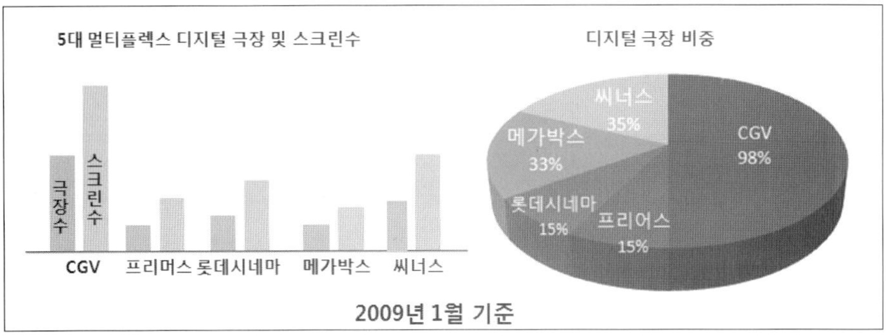

출처: 이종민, 한광석 (2009) 논문.

그림 9-2 5대 극장 멀티플렉스 시스템 구축 현황

년보다 284만명 늘어난 2억1987만명으로 집계됐다. 연간 관객 수는 2013년 처음으로 2억명을 돌파한 뒤 2억1000만 명대를 유지하는 것으로 나타났다. 한국영화 관객 수는 1억1390만명으로 6년 연속 1억 명대를 유지했다(이혜인, 2018). 영화진흥위원회가 발표한 2018년 한국 영화산업 결산 보고서에 따르면 극장 관객수는 2억 1639만명으로 2018년 대비 1.6% 감소했다. 전체 극장 매출액은 9128억원을 기록했다. 이 수치는 전년 대비 3.3% 증가한 것으로 역대 최고치다. 2억 1639만명 중 한국 영화를 관람한 관객은 1억 1015만명이다. 한국 영화는 이로써 2012년 이후 7년 연속 1억 관객을 넘어섰다. 한국 영화의 관객 점유율도 전년에 비해 0.9% 포인트 감소한 50.9%를 기록했다. 하지만 2011년 이후 8년 연속 50%대를 유지하고 있다(정유진, 2019). 2009년 1월 국내 대표적인 5대 멀티플렉스 극장의 디지털 시스템화는 'CGV'가 98%로 스크린 디지털화 구축에 가장 적극적이며, 다음으로 '씨너스'가 35%에 이르고 있다. 2009년말에는 대부분의 멀티플렉스 극장이 디지털 시스템을 완비하였다(그림 9-2).

영화진흥공사 (2017년)의 자료에 의하면 2016년에는 CGV가 49.7%, 롯데시네마 30.1%, 메가박스가 17.3%으로 나타나 있다(표 9-1).

디지털 스크린 광고가 아날로그 스크린 광고에 비해 크게 세 가지 차원에서 큰 장점을 가지고 있다. 첫째 광고 타겟팅 차원에서 기존 스크린 광고는 영화별, 지역별 타

표 9-1 극장별 매출액 기준 시장 점유율(2013년~2016년)

	2013년	2014년	2015년	2016년
CGV	49.5	50.7	50.6	49.7
롯데시네마	28.4	28.6	29.9	30.1
메가박스	18.1	17.4	16.6	17.3
합계	96.1	96.7	97.1	97.1

출처: 영화진흥 위원회(2017)

겟팅이 불가능 하였으나 디지털 스크린 광고는 광고주가 원하는 지역, 영화, 관객 등을 세분화하여 타겟팅이 가능하여 매우 효과적인 광고 전략을 수립할 수 있다. 둘째, 광고 집행 및 운영 차원에서의 장점을 가지고 있다. 아날로그 스크린 광고 방식은 기존에 패키지로 묶인 스크린 중에서 무작위로 상영되어 개별 극장 상황에 따른 명확한 집행이 불가능 하나 디지털 스크린 광고에서는 원격제어를 통해 소재 교체나 일별 광고 효과 레포팅 등 명확한 스케쥴 관리가 가능하다. 셋째 디지털 스크린 광고는 광고 효과 측정에 있어 순수 관람객을 기준으로 광고 도달률, GRPs, 빈도 등을 산출하여 실시간으로 광고 효과에 대한 결과를 볼 수 있다(이종민, 한광석, 2009).

5 극장광고효과에 관한 연구들

이처럼 극장광고의 차별적인 특성으로 인해 학계와 업계에서는 주로 스크린 광고를 대상으로 스크린 광고에 대한 주목, 태도 및 회피에 관한 연구와 스크린 광고에 영향을 미치는 수용자들의 특성을 파악하려는 연구가 이루어져 있다. 이와 관련된 연구들을 살펴보면, Prendergast 와 Wah(2005)의 연구에서는 특성들을 6가지 상황적 자극(큰 스크린, 돌비 스트레오 사운드, 조용한 환경, 편안한 의자, 스크린에 집중, 어둡고 고정적인 분위기)등으로 구분하여 회상 정도와의 상관관계를 살펴본 결과 어둡고 고정적인 분위기를 제외한 나머지 5가지 자극 요소들은 회상에 긍정적 상관관계가 있음을 보여주었다. 이러한 결과는 극장 광고를 시청하는 관객이 TV광고 시청 상황과 비교해 볼 때 비교적 잡음이나 혼잡, 주의분산 등의 방해요소가 덜한 상황에서 광고에 대한 주목과 몰입을 유도할 수 있는 요소로서 작용하며, 이런 요소들을 기반으로 기억효과가 상대적으로 높은 수준에 이르게 되었다.

Paul(2001)은 스크린 광고와, TV, 인쇄, 라디오 매체에 동일한 광고를 노출시킨 다음 하루가 지난 후에 회상을 측정한 결과 스크린 광고가 일반 매체에 비해 68%~83% 높게 나타나는 것으로 나타났다. Nate(2002)의 연구 결과에서도 TV, 인쇄, 라디오 매체와 대비하여 극장광고의 회상률이 2배이상 더 높은 것으로 밝혀졌다.

UP communications(2009)는 CGV이용객 1,025명을 대상으로한 스크린광고효과 조사보고서에 따르면 스크린 광고에 대한 선호도가 TV광고에 대한 선호도보다 2배이상 높게 나타났는데 스크린 광고의 강제적인 노출임에도 불구하고 응답자의 53.5%가 평소 스크린광고 시작 전에 상영관에 입장한다고 응답하여 비교적 거부감이 적은 것으로 조사되었다. 또한 극장광고는 TV광고와는 달리 광고시간이 더 긴데도 불구하고 스크린광고 집중률 77.0%, TV집중률 45.7%로 스크린광고의 높은 집중도를 보여, 더 많은 내용과 풍부한 스토리를 집중력 있게 전달할 수 있음을 보여주었다(표 9-2).

표 9-2 스크린광고/TV광고 선호도 비교 [단위: %]

	집단	사례수	스크린광고 선호	TV 광고 선호
성별	남자	(372)	42.2	27.7
	여자	(653)	41.7	25.0
연령	10대 이하	(195)	42.1	18.5
	20대	(361)	39.1	27.1
	30대	(239)	41.8	28.5
	40대	(173)	50.3	24.9
	50대 이상	(57)	33.3	36.8
관람 시간대	오전	(496)	41.3	26.0
	오후	(529)	42.3	25.9
소득 수준	200만원 미만	(134)	34.3	28.4
	200~299만원	(249)	40.2	29.7
	300~399만원	(244)	41.8	26.2
	400~499만원	(144)	44.4	25.7
	500만원 이상	(242)	47.5	19.4

표 9-3 스크린광고에 대한 인식 및 행동(집단별) 긍정 응답률 [단위: %]

	집단	사례수	스크린 광고 상영 전 입장	스크린 광고 제품 공감성	스크린 광고 주의 집중도	구입 행동 유발성	구입 희망 제품에 대한 광고 상영
성별	남자	(372)	51.3	20.7	41.9	34.1	24.5
	여자	(653)	54.7	23.4	42.7	37.5	24.5
연령	10대 이하	(195)	51.3	23.1	48.7	45.6	29.7
	20대	(361)	49.9	20.8	39.1	33.2	24.9
	30대	(239)	55.6	20.9	41.4	36.8	23.4
	40대	(173)	59.5	27.2	48.0	35.3	19.7
	50대 이상	(57)	56.1	22.8	29.8	24.6	22.8
관람 시간대	오전	(496)	54.6	21.2	41.9	36.5	25.0
	오후	(529)	52.4	23.6	42.9	36.1	24.0
수준 소득	200만원 미만	(134)	50.7	17.2	34.3	32.8	22.4
	200~299만원	(249)	51.4	22.1	46.2	36.5	21.7
	300~399만원	(244)	55.7	23.4	40.2	33.6	26.6
	400~499만원	(144)	54.9	22.9	45.1	42.4	26.4
	500만원 이상	(242)	55.4	24.8	44.2	37.6	25.2

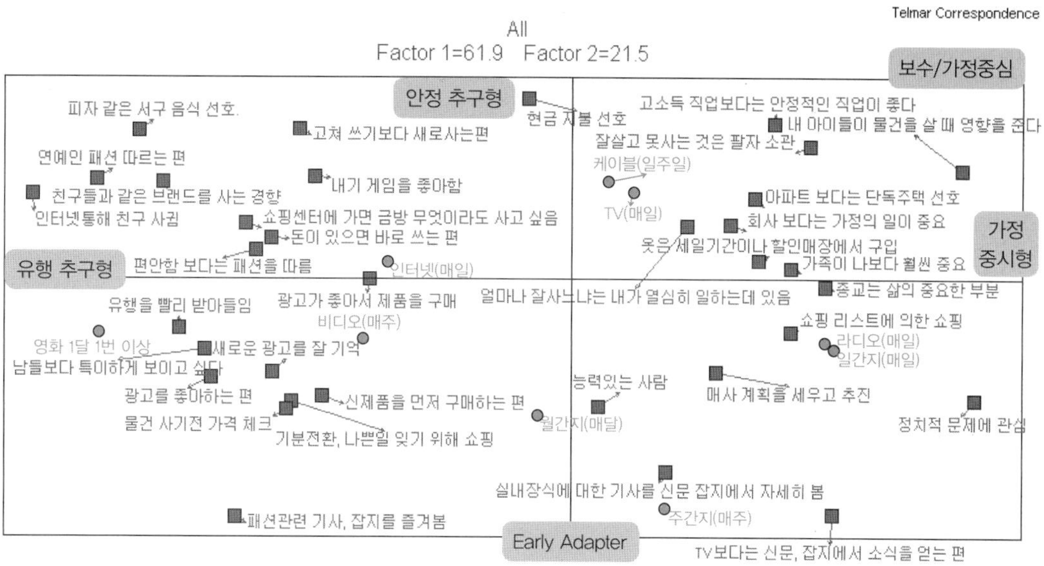

출처: 한국리서치(2004)

그림 9-3 라이프스타일과 매체 이용자 분석

한국리서치(2004)의 영화관람객에 대한 라이프스타일과 매체이용자 분석에 따르면, 영화관에서 영화를 자주 보는 Movie Intimacy Group은 가구소득 300만원 이상으로 패션 · 유행을 지향하며, 유명브랜드를 선호하고, 신제품을 먼저 구매하며, 인터넷 또한 자주 사용한다. 반면, 주간지, 월간지, 일간지, 라디오 등은 고소득자 타켓이며, 케이블과 TV는 평균치를 보여 구체적인 타겟으로 보기 어려운 가정 중시형이며, 이들은 패션, 브랜드 지향 구매와는 거리가 멀게 나타났다. 안정 추구형 역시 TV나 케이블을 선호하며, 안정적인 직업을 선호하며, 세일기간, 할인매장에서 제품을 구입하는 알뜰구매형이었다(그림 9-3).

이와같이 극장광고를 통해 메시지의 도달을 기대할 수 있는 수용자 집단은 연령, 부의 정도, 학력, 성별 등의 인구 통계학적 변수 등을 기준으로 볼 때 비교적 특정적이라는 것을 알 수 있다. 표 9-2에서 이런 수용자들의 특성은 20~30대 뿐만 아니라, 40대 이상도 영화인구로 유입되어 있으며, 소득 수준이 400만원이상 높은 집단으로서 나타났다 성별 측면에서는 일부 연구들이 대체적으로 남성보다 여성이 더 효과적으로 도달될 수 있는 반면에, 남녀간의 차이가 크지 않다는 연구 결과는 (Bouvard et al, 2003)도 제시되고 있다. 한국리서치(2004)는 영화를 관람하기 전에는 집에서 오는 비율이 많으나, 영화보고 난 후에는 식당, 레스토랑, 쇼핑의 비율이 전체에 61%로 소비활동과 영화는 직결되어 있는 경우로 나타났으며, 중앙리서치(2007)에서도 영화관람객들의 여가생활에 관한 태도에 대한 리서치 결과 응답자의 64.3%가 "DVD보다 영화관에서 본다"라고 응답하고, "영화 관람은 나의 주요 여가활동이다"라고 58.7%로 높게 나타나

표 9-4 영화 관람객들의 여가 생활에 관한 태도 [Base =1200/단위=%]

항목	응답비율
영화 관람은 나의 주요 여가 활동이다	58.7
주5일 근무 실시 후 영화 관람 횟수가 늘었다	39.0
여가생활을 주로 여러 사람들과 즐기는 편이다	52.5
영화는 DVD보다 주로 영화관에서 본다	64.3
영화관람을 할 때 여러 가지 소비활동(외식, 쇼핑 등)을 함께 한다	59.8
여가생활에 비용을 많이 지불하는 편이다	43.3
영화와 관련하여 인터넷에 의견을 자주 올린다(댓글 포함)	14.4

출처: 중앙리서치(2007)

대체로 영화 관람에 지출하는 비용에 대해서는 관대한 것으로 나타났다. 영화관람을 할 때 여러 가지 소비활동을 함께 한다"라는 응답도 60%로, 영화와 관련된 여러 마케팅 활동의 가능성이 매우 높은 것으로 나타났다(표 9-4).

6 극장광고의 국내외 사례

극장용 광고의 시초는 'NG 장면'을 활용한 것이었다. TV로 볼 수 없었던 NG장면이 화제가 된 덕에 관객들이 좌석을 채우는 일이 벌어졌다. 이후 TV용 CM에 '영화 재미있게 보세요' 멘트를 넣는 등의 '극장용 편집본(사례 1 참조)'이 앞다퉈 나왔고 2009년에는 아예 극장에서만 운영하기 위해 제작한 '극장전용 CM(사례 2)도 있었다(이주환, 2009).

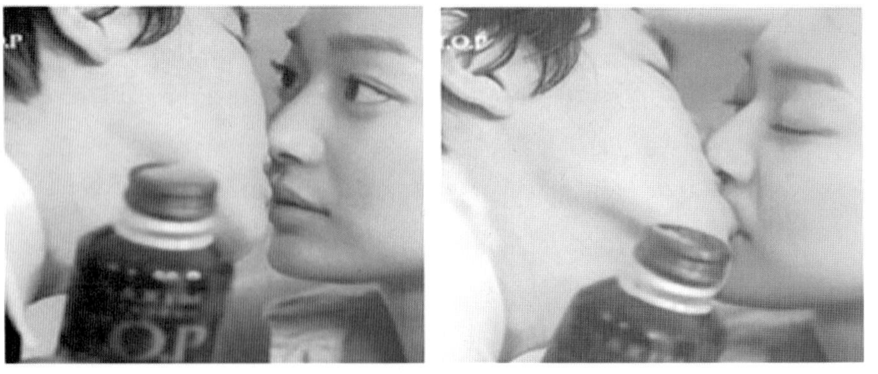

사례 1– 맥심 T.O.P TV용 CM에서 원빈과 신민아 입술이 닿을 듯 하지만 극장용에서는 닿고 있다. TV와 극장간 상호 연상 및 상승작용을 유도한다.

사례 2 – 대림산업

대림산업에서는 북극의 장관과 함께 환경보호 메시지를 담은 임팩트 있는 1분 영상물을 기업PR 광고로 운영하고 있다. 극장의 물리적 특성(대형화면, 고출력 사운드)과 심리적 특성을 활용한 사례이다. 2009년 한국광고대상 SP부분 우수상 수상작이다.

2018년 금호타이어의 경우, 극장광고를 많이 활용하고 있다. 다음과 같은 극장 에티켓 광고를 집행하였다(그림 9-4).

한편, 저녁식사를 즐기며 편안하게 영화를 관람할 수 있는 특별 상영관에서 하이엔

출처: https://blog.hsad.co.kr/2682 [HS애드 공식 블로그 HS Adzine

그림 9-4 금호타이어 2018년 CGV 극장 광고 탈출옴니버스 편

출처: 강승지, 2019

그림 9-5 메가박스 부티크관 × 버버리

드 타깃을 공략하는 브랜드들도 있다. 2018년 영국 패션 브랜드 버버리는 메가박스의 부티크관을 통해 20년 만에 바뀐 새로운 로고를 공개했다. 영화가 시작되는 것처럼 커튼이 열리면서 로고가 공개되는 순간 관객들은 버버리 백을 생각할 수 밖에 없었다. 하이엔드 타깃과의 접촉을 늘리고자 하는 프리미엄 브랜드의 미디어 전략이었다(강승지, 2019)(그림 9-5).

7 극장광고의 방향

타 매체광고가 지니지 못한 극장광고만의 차별적인 특수성을 인식하고, 이를 크리에이티브 과정에 적절히 활용하여 영화관람객에게 메시지를 전달한다면 극장광고의 독특하고 긍정적인 경험을 통하여 극장광고 전반에 대한 긍정적 태도를 형성하게 될 것이다. 그리고 앞으로 3D영화의 등장으로 3D 극장광고가 등장하여 소비자의 관심을 끌고 있다. 이는 지금까지 경험하지 못한 광고로써 소비자가 가상현실을 느끼게 한다. SK텔레콤은 2011년 7월 1일 롱텀에볼루션(LTE) 서비스 상용화를 앞두고 3D 극장광고를 선보였다. SK텔레콤은 4세대 이동전화 서비스인 LTE 특징을 대중에게 쉽게 알리기 위함이다.

극장 광고에서는 초고화질 영상통화와 스트리밍 서비스처럼 LTE 환경에서만 경험할 수 있는 콘텐츠가 3D 영상으로 극장을 찾은 관객에게 전달되었다. 지금은 4D광고로 진화하고 있다. 극장 의자가 흔들리고, 바람 · 향기 등이 동반되는 '4차원(4D) 광고'는 훨씬 회상율이 좋을 것이라 예상된다. 4D 효과를 입히려면 보통 500만~1000만원

의 추가 비용이 드는 것으로 알려져 있다. 예를 들어, 자동차 브랜드 지프는 올해 초 전국 CGV의 4D 상영관에서 마치 관람객이 차량에 탑승한 느낌이 들도록 의자가 덜컹거리고 쾌적한 바람이 불어오는 '4D 광고'를 선보였다. 속옷 브랜드인 BYC는 지난 2월 영화 '보헤미안 랩소디'의 주인공인 프레디 머큐리가 영화의 하이라이트 때 러닝셔츠를 입고 등장하는 것에 착안해 극장 의자에 한정판 BYC 러닝셔츠를 걸어 놓고 이를 무료로 가져갈 수 있도록 했다(한재희, 2019).

2019년에는 극장광고는 멀티플렉스 극장의 증가와 함께 약 2300억원 수준까지 성장할 것으로 예상된다. 이제는 양적성장 뿐만 아니라 질적성장이 이뤄져야할 시점이다. 그리고 극장광고의 취약점으로 인식돼온 광고효과 측정과 관련한 개발과 연구가 더욱 발달하여 객관적인 효과모델이 제시될 예정이다. 이는 향후 객관적이고 신뢰할 수 있는 데이터 제공의 필요성이 더욱 강조되기 때문이다.

생각해 볼 문제

1. 기존 매체와 비해 극장광고의 강점에 대해서 생각해보세요.
2. 극장광고의 효과적 집행을 위해서 고려되어야 할 사항에 대해서 생각해보세요.

참고문헌

강승지 (2019). 극장, 스크린 광고만 해 봤니?, http://blog.cheil.com/magazine/38234

강태중 (2008). 극장광고에 대한 태도 및 광고회피에 영향을 미치는 주요 관객층의 특성에 관한 연구. 옥외광고학연구, 5(2), 57-78.

강태중 (2009). 극장 주요 관객층의 극장광고 유형별 접촉 정도에 관한 탐색적연구. 옥외광고학연구, 6(1), 97-117.

강태중, 김재영 (2008). 극장관객의 심리적 요인과 극장광고 태도 및 회피와의관계성 연구: 심리적 반발, 공정성 지각 및 경험성 지각을 중심으로. 한국광고홍보학보, 10(3), 197-223.

서문식, 안진우, 최동욱 (2008). 극장에티켓 광고 효과에 영향을 미치는 요인에 관한 탐색적 연구: 관람객 특성을 중심으로. 광고연구, 81(겨울). 159-190.

영화진흥회 (2010), 영화소비자보고서.

이종민, 한광석 (2009). 스크린 광고에 대한 침입성 수준이 기억과 태도에 미치는 영향 – 에티켓 광고와 일반 스크린 광고 간의 비교 옥외광고학연구, 6(4), 35-59.

이혜인 (2018). 지난해 극장 관객수 '역대 최다' 2억2000만명, 한국영화 흥행 덕 http://news.khan.co.kr/kh_news/khan_art_view.html?art_id=201801011051001#csidx6b0c49c0363daa6bca758808ea84d6b

이주환 (2009). 극장광고 guilty pleasure · Social Media 광고계동향, 2009.11.30

정유진 (2019). 2018년 韓 영화, 극장 매출 '9128억원' 역대 최고…관객은 감소, https://www.msn.com/ko-kr/entertainment/movies/2018%EB%85%84-%E9%9F%93-%EC%98%81%ED%99%94-%EA%B7%B9%EC%9E%A5-%EB%A7%A4%EC%B6%9C-9128%EC%96%B5%EC%9B%90-%EC%97%AD%EB%8C%80-%EC%B5%9C%EA%B3%A0%E2%80%A6%EA%B4%80%EA%B0%9D%EC%9D%80-%EA%B0%90%EC%86%8C/ar-BBTVILQ

제일기획 (2019). 광고연감.

최동욱(2008). 극장에티켓광고 수용에 영향을 미치는 관람객 특성에 대한 연구. 부산대학교 대학원 석사학위논문.

DMC (2008). 디지털극장광고 시장분석 보고서.

DMC (2010). 미디어관련 회사자료.

파이낸셜뉴스 (2010), 현대차 신형 그랜저 세계최초 4D 극장광고.

한재희 (2019). "차별화가 살길" 영화관 이색광고 봇물, https://www.seoul.co.kr/news/newsView.php?id=20190731023025#csidx926333fc08bce60a213c5af3780eda3

한국리서치 (2004). 스크린광고효과조사

중앙리서치 (2007). 스크린광고효과보고서

Arbitron, D. (2003). The arbitron cinema advertising study: Appointment viewing by young, affluent, captive audiences. Arbitron Inc.

Arbitron, D. (2007). The arbitron cinema advertising study 2007: Marketing Brands Shine in the Dark. Arbitron Inc.

Austin, B. A. (1986). Cinema screen advertising: An old technology with new promises for consumer marketing. Journal of Comsumer Marketing, 3(1), 45-56.

Bitner, M. J., Faranda, W. T., Hubbert, A. R., & Zelthami, V. A. (1997). Customer contributions and roles in service delivery. International Journal of Advertising, 8(3), 193-205.

Dunnet, J., & Hoek, J. H.(2002). Forced exposure and psychological reactance: Antecdents and consequences of the perceived intrusiveness of pop-up ads. Journal of Advertising, 31(3), 83-95.

Ewing, M. T., Du Plessis, E., & Fosterm, C.(2001). Cinema Advertising re-considered. Journal of Advertising Research, 41(1), 78-85.

Nate, H. (2002). Cinema advertising comes of age. Marketing Magazine,107(18), 16.

Paul, P. (2001). Coming soon: More ads tailored to your tastes. American Demographics, 23(8), 28-31.

Prendergast, G., & Wah, C.L. (2005). The effectiveness of cinema Advertising in Hong Kong. International Journal of Advertising, 24(1), 79-93.

Secunda, E.,& Nebenzahl, I. D. (1995). Consumers' attitudes toward the intermission time utilization in movie theaters. International Journal of Advertising, 14(2), 115-132.

UP Communications (2009). CGV이용객대상 스크린광고효과 조사 보고서

[HS애드 공식 블로그 HS Adzine] https://blog.hsad.co.kr/2682

CHAPTER 10

소셜미디어 광고

사례

웹드라마 · 영화로 진화하는 기업 소셜미디어 광고
국내 최초 인터랙티브 영화 제작

기업의 소셜미디어 광고가 영리해지고 있다. 과거 소셜미디어를 활용한 광고는 TV광고와 다를 바 없이 짧은 영상, 인플루언서(소셜미디어 유명인) 간접광고에 머물렀다. 하지만 최근에는 웹드라마와 영화 등 자체 제작 컨텐츠까지 선보이고 있다.

오비맥주가 유튜브와 손잡고 국내 최초의 '인터랙티브 영화' 아오르비(AORB)를 제작하기로 했다고 3일 밝혔다. 인터랙티브 영화는 시청자 선택에 맞춰 영화의 줄거리가 달라지는 것을 말한다. 오비맥주 주력 상품인 카스의 '야스(YAASS)캠페인'의 일환으로 기획됐다.

영화 기생충에 출연한 배우 최우식이 아오르비 주연을 맡았다. 역시 기생충에 출연했던 배우 이정은도 등장한다. 1분 30초 분량의 영상 하나가 끝나면 시청자들은 마지막에 나오는 2가지 영상 중 하나를 클릭해 줄거리를 이어간다. 총 다섯 번을 선택하면 이야기가 끝난다. 야스 캠페인 브랜드처럼 자신의 선택을 믿고 즐기라는 메시지를 담았다. 오비맥주는 6일에는 트레일러 영상을 공개하고 이어 14일에는 본 영상 등을 순차적으로 선보일 예정이다.

유튜브 등 소셜미디어에 광고 목적의 영상 콘텐츠를 론칭하는 일이 점점 늘어나고 있다. 영상 뒤에 나오는 15초짜리 짧은 광고나 인플루언서 영상의 PPL광고에 의존하던 것에서 웹드라마와 영화를 직접 제작하는 방향으로 진화했다.

SK하이닉스는 지난해 9월 '테너시티 신드롬을 찾습니다'라는 신입사원 채용 홍보 영상을 공개했다. 기업 광고임에도 조회수 500만회를 넘을 정도로 사랑받았다. 길이가 1분 남짓인 기업 홍보 영상 '안에서 밖을 만들다' 편은 조회수가 3000만회를 넘었다. 현대건설도 자체 유튜브 채널을 개설해 기업형 웹드라마 '설레는 직딩청춘, 현대건썰' 선보였다. 우리카드도 지난해 '워라벨'을 주제로 한 유튜브 웹드라마를 제작했다. 이처럼 웹드라마가 최근 몇 년 사이 검증된 마케팅 수단으로 떠오르면서 대기업은 물론 중소 브랜드, 공익광고까지 웹드라마로 만들어졌고 아예 영화 형태로도 제작되고 있다.

무분별한 광고를 피하는 소비자들에게 유튜브 콘텐츠를 통한 자연스러운 접근이 주효했다는 평가가 나온다. 한 업계관계자는 "유튜브 광고는 광고를 피하는 소비자들에게 적은 제작비로 거부감이 적은 콘텐츠를 선보일 수 있다는 장점이 있다"며 "브랜드에 어느 정도 흥미를 느낀 사람들이 찾아오기 때문에 굳이 제품에 대한 설명을 장황하게 할 필요도 없다"고 말했다.

이택현 기자 alley@kmib.co.kr

[출처] – 국민일보

[원본링크] – http://news.kmib.co.kr/article/view.asp?arcid=0924086793&code=13110000&cp=nv

1 배경

디지털 미디어의 환경과 이러한 환경안에서 소비자의 역할이 커지면서 소셜미디어의 영향력이 더욱 커지고 있다. 스마트폰이 활용화되면서 소셜미디어의 사용이 더욱 활발해졌다. 이제는 실시간으로 온라인상의 상대에게 자신의 상황을 전달할 수 있으며 친구들은 이에 즉각적인 반응을 보인다. 또한 소셜미디어 이용자는 오프라인 친구뿐만 아니라 온라인 친구들을 사귀며 온라인상에 인맥을 구축하며 또 다른 세상을 열고 있다. 앞으로의 소셜미디어가 어떻게 전개될 지는 아무도 예측할 수 없지만 영향력은 더욱 커질 것이라 기대된다(심성욱, 2012). 이러한 상황에서 소셜미디어광고가 각광받고 있으며 증가추세에 있다.

현재 소셜미디어는 전 세계적으로 증가하고 있다. 시장 조사 전문기관 스태티스타(Statista)에 따르면 전 세계 소셜네트워크서비스(SNS) 이용자는 현재(2018년) 27억 7천만 명을 넘겼고, 2021년께는 30억 명 가까이 이용자가 늘어날 것으로 보고 있다 (Statista, 2018). 글로벌웹인덱스(GlobalWebIndex)의 시장조사 리포트에서는 인터넷 사용자 중 98% 이상이 SNS를 이용하고 있으며, 한 사람당 평균 7.6개의 계정을 보유하고 있는 것으로 나타났습니다. 일평균 SNS 이용 시간은 2시간 22분 정도로 일부 지역에서는 약간씩 수치가 감소하고 있는 것으로 나타났다.

국내 상황도 비슷하게 나타나고 있다. DMC 미디어(2018)에 따르면 한국 인터넷 사용자는 전체 인구의 90% 이상을 차지하고, 이 중 70% 이상이 SNS를 이용한다고 합니다. 국내 소비자의 SNS 이용 시간은 하루 평균 2017년 42.9분에서 2018년 35.5분으로 7.4% 포인트 감소한 것으로 나타났습니다. 구체적으로는 다음과 같다. 2018년 국내 SNS 이용자 수 1위는 밴드로 나타났고 2위는 인스타그램, 3위는 페이스북으로 나타났다. 전체 이용자 수는 전년 대비 13% 감소로 나타나 사용자는 줄어든 것으로 나타났다. 2017년 대비 에브리타임, 다음 카페, 인스타그램 이용자 수가 증가한 것으로 나타났으며 1020세대 선호도 높은 SNS는 스타일쉐어, 에브리타임로 나타났고 리워드 앱 '허니스크린'이 일평균 실행횟수 77회로 가장 높았다(모비인사이드, 2019 재인용).

이와 같이 소셜미디어가 활용이 커진 상황에서 소셜미디어에서 노출되는 소셜미디어광고가 더욱 늘어나고 있다. 대표적인 페이스북, 트위터 등의 소셜미디어 사이트가 주목을 받고 있지만 이제는 이미지, 동영상이 증가하면서 인스타그램, 유튜브 등이 더욱 주목받고 있다. 최근에는 유튜브가 젊은 세대에서는 주요 매체로 인식되면서 광고가 증가하고 있어 이제 소셜미디어광고는 전통매체중심의 광고를 대체하고 있는 상황이라 할 수 있다. 이 장에서는 이렇게 소셜미디어광고에 관련된 정의, 특성, 사례, 효과 등에 대해 알아보고자 한다.

2 소셜미디어의 정의 및 특성

소셜 미디어란 사람들이 자신의 의견이나 생각 또는 직접 제작한 콘텐츠 등을 다른 사람들과 공유하기 위해 사용하는 온라인 틀과 플랫폼을 뜻한다. '위키피디아(www.wikipedia.org)'에서는 좀 더 상세한 개념정의를 하고 있다. 소셜 미디어는 미디어 설계 자체가 인터넷을 통해 인간의 사회적 상호작용성을 충족시켜 줄 수 있게 디자인되었으며, 다대다(many to many) 형태로 콘텐츠 전송이 가능하며, 콘텐츠 생산을 위한 기술적 접근성이 높다. 이러한 소셜 미디어는 지식과 정보의 민주화를 지원하고, 사람들을 콘텐츠 이용자에서 콘텐츠 생산자로 전환시킨다. 비즈니스 영역에서도 이용자 중심의 콘텐츠나 소비자 중심의 콘텐츠에 주목시킨다(최민재, 2009). 예전의 커뮤니케이션이 전통매체에 기반을 둔 것 이라면 소셜미디어는 인터넷을 기반으로 한 플랫폼으로써 다양한 형태의 커뮤니케이션이 가능한 공개영역이라 할 수 있겠다.

한편, 소셜 미디어의 특징은 표 10-1에서와 같이 나타나 있다. 블로그나 트위터와 같은 마이크로 블로그, 한국의 인터넷 카페와 같은 동아리 서비스는 소셜 미디어의 이러한 특징을 가장 잘 보여주고 있다.

아래의 특성에 나타난처럼 소셜미디어 사용자들을 다양한 형태로 소셜미디어를 통해 그들의 의견을 제시하고 공유하며 커뮤니케이터로 활동을 하고 있는 것이다. 이러한 플랫폼에서 이루어지는 공간에 수익모델로 광고가 등장하게 된다. 예를 들어, 페이스북의 경우 뉴스피드상에 광고에 'Sponsored'의 형태로 나타나게 된다. 이것이 일명 네이티브광고라 불리우고 있으며 소셜미디어 이용자들은 친구들의 게시물과 함께 이 광고 메시지에 노출되는 것이다. 다양한 플랫폼에 다양한 광고가 노출되고 있으며 이러한 광고형태에 주목을 하고 있다. 다음으로 소셜미디어 광고에 대해 알아보고자 한다.

표 10-1 소셜 미디어의 특성

구분	해설
참여(Participation)	소셜 미디어는 관심 있는 모든 사람들의 기여와 피드백을 촉진하며 미디어와 오디언스의 개념을 불명확하게 함
공개(Openness)	대부분의 소셜 미디어는 피드백과 참여가 공개되어 있으며, 투표, 피드백, 코멘트, 정보 공유를 촉진함으로써 콘텐츠 접근과 사용에 대한 장벽이 거의 없음
대화(Conversation)	전통적인 미디어가 'broadcast'이고 콘텐츠가 일방적으로 오디언스에게 유통되는 반면 소셜 미디어는 쌍방향성을 띰
커뮤니티(Community)	소셜 미디어는 빠르게 커뮤니티를 구성케 하고 커뮤니티로 하여금 공통의 관심사에 대해 이야기하게 함
연결(Connectedness)	대부분의 소셜 미디어는 다양한 미디어의 조합이나 링크를 통한 연결상에서 번성

출처: FKII 조사연구팀(2006, 12). 소셜 미디어(Social Media)란 무엇인가?. 「정보산업지」, p53.

3 소셜미디어 광고 정의 및 특성

1) 정의

소셜미디어광고의 정의는 다음과 같다. 소셜미디어광고는 소비자가 광고내용을 올리고 공유하는 등 소비자 상호작용을 포함하는 온라인 광고이다. 결과적인 광고 내용은 소비자가 광고 내용안에 소비자의 개인적 내용(사진, 이름)을 올리는 것이 된다(www.iab.net). 소셜미디어광고 세 분야로 구성된다. 먼저, 광고 콘텐츠이다. 소셜미디어광고는 메시지를 맞춤화하기 위해 광고내의 개인적 데이터나 소셜데이타를 활용한다. 두 번째, 타킷팅이다. 소셜미디어광고는 프로파일 데이터를 활용하여 광고를 타킷팅한다. 그와 더불어 이러한 타킷팅은 개인이 광고를 선택하여 친구들에게 전달하는 것도 포함한다. 세 번째, 기능성이다. 소셜미디어광고는 광고내에서 사회적 연결(친구와 공유)를 가능하게 한다. 이렇게 예전에 단순한 일방향적 광고가 아닌 양방향적인 특성을 가지고 있는 것이 새로운 점이라 할 수 있다. 이러한 광고형태는 기업에서 전달할 뿐 아니라 개인이 자신이 만든 광고 콘텐츠를 가지고 전달하고자 한다. 이는 과거에는 없던 형태로 새로운 광고을 의미하게 되었다.

2) 소셜미디어광고의 특성

소비자가 제공하는 소셜데이타는 마케터에게 의해 유용하게 사용된다. 첫 번째, 소셜사이트는 개인의 프로파일데이타를 이용하여 특정의 개인에게 아주 적합한 광고를 타킷팅할 수 있다. 예를 들어 서울 강남구에 사는 개인이 서울 모 대학 출신이라는 것을 알고 달리기에 관심이 있는 사람이라면, 그 개인에게 적절한 광고를 전달하기 위해 맞춤화 된 광고를 할 수 있다. 두 번째, 어느 개인이 로컬매장를 추천하는 친구를 인지하게 된다면, 이러한 광고경험은 광고내에서 소비자 인증(endorsement)측면에서 적합할 것이다. 로컬 매장과 친구간의 상호작용한 것 (친구의 사진이나 인증)이 광고내에서 표현되면 결과적으로 효과적인 개인화광고가 될 것이다(www.iab.net).

광고 경험은 개인이 광고에 반응한 측면에서 제3의 사회적 요소가 될 것이다. 단순하게 랜딩 페이지를 클릭한 것이 아닌 소셜웹사이트는 광고자체내에서 사회적 반응 매커니즘을 제공한다고 볼 수 있다. 예를 들어, 소셜미디어에 노출된 광고를 통해 친구가 댓글을 통해 반응을 보이면 타킷은 곧 다른 친구들에게 광고를 보내는 매체 같은 역할을 하게 된다. 이를 통해 곧 다른 친구와 광고주가 연결이 된다. 이와 같이 소셜미디어 광고는 이런 상호작용을 통해 한 사람 또는 소수 아니면 다수의 사람들과 연결하게 하는 특성을 지님으로써 잠재성은 매우 높다고 볼 수 있다.

3) 소셜미디어 이용동기와 소셜미디어광고 관계

소셜미디어의 이용동기를 파악하고자 하는 연구들이 있었다. 소셜미디어를 왜 이용하는지에 대한 동기들을 살펴봄으로써 소셜미디어의 활용성을 높이고자 하는 노력이었다. 아울러, 이러한 이용동기가 소셜미디어에서 노출되는 광고에 어떠한 영향을 주는지에 대한 연구가 있었다. 이용동기에 따른 광고의 노출에는 어떤 관계가 있을 것인지를 알아보고자 하는 것이었다. 예를 들어, 심성욱, 김운한 (2011)의 연구에서는 대학생들의 소셜미디어의 이용동기와 광고이용 동기 및 의도 간의 관계를 알아보고자 했다. 이를 위해 미디어의 이용과 충족 이론을 토대로 소셜미디어의 이용 동기 요인을 추출하고, 이들 요인이 소셜미디어 광고 이용 의향에 어떠한 영향을 미치는지를 조사하였다. 이 연구결과에서는 첫째, 국내 대학생들은 소셜미디어를 이용하는 것이 주로 실용적 동기에서 비롯됨을 알 수 있었다. 둘째, 소셜미디어 이용동기는 신뢰성 있는 광고추구 동기에 긍정적인 영향을 미쳤다. 세부 이용동기 항목별 영향력을 살펴보면 '사회적 연결'을 제외한 '컨텐츠 이용', '네트워크검색', '오락추구 동기'가 '신뢰성 있는 광고추구'에 긍정적인 영향을 주었다. 셋째, 소셜미디어 광고 이용동기는 소셜미디어 광고의 이용의향에 유의미한 영향을 미쳤다. 이 연구결과로 소셜미디어를 광고 매체로 활용함에 있어 이용자의 '컨텐츠 이용'이나 '네트워크 검색', '오락추구 동기'가 중요한 역할을 하며, 소셜미디어 광고의 신뢰성이 충족되는 것이 중요하다는 것을 알 수 있었다.

4 광고 사례

1) 페이스북 동아제약 사례

박카스 페이스북에 등록된 이벤트 웹툰으로 20~30대가 익숙한 웹툰을 페이스북을 통해 광고 효과를 높이고자 했다.

출처: 강기헌, 2019.

최근에 제약회사들도 전통매체를 활용한 광고보다 소셜미디어광고를 더 많이 활용하고 있다. 그 밖에 일반기업들도 페이스북을 많이 활용하고 있다. 아래와 같이 브리지라는 회사도 다양한 사진을 통해 정보를 알리고 있다.

출처: 김세진 (2018).

2) 인스타그램 광고

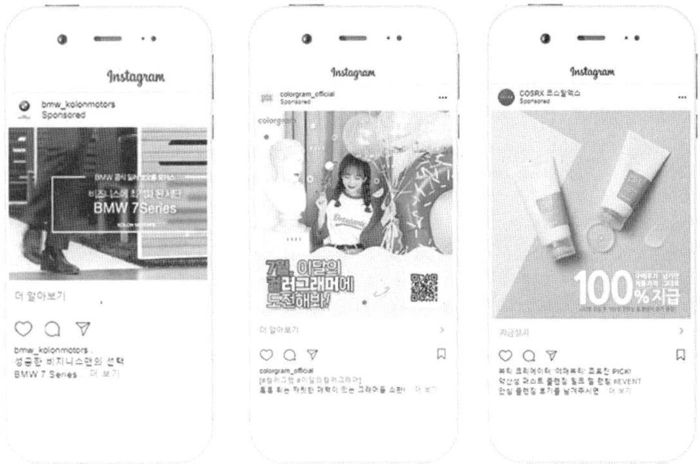

출처: instast.co.kr

위와 같이 인스타그램 공식광고 상품을 집행하고 있다. 기업에서 노출하고 싶은 인스타그램 게시물을 홍보하거나 고객을 웹사이트나 앱으로 유도 할 수 있다. 사진 뿐만 아니라 동영상을 많이 활용하고 있다. 특히나 인스타그램은 이미지를 콘텐츠의 기본 도구로 활용하면서 이용자들의 호응을 많이 이끌어 냈다.

3) 트위터 사례

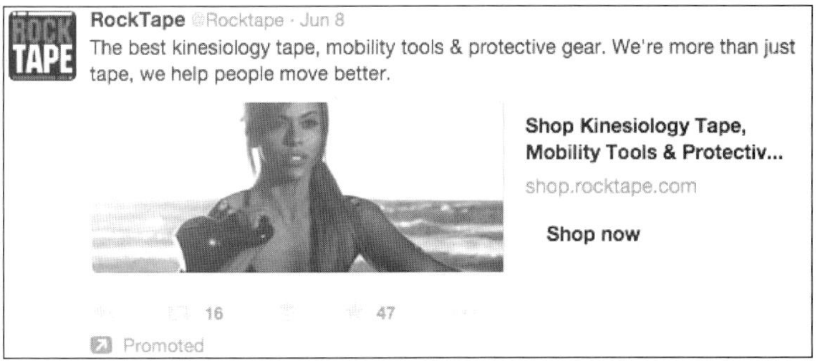

출처: Jolly (2019).

락 테이브의 경우, 운동요법을 소개하면서 직접적으로 소비자가 쇼핑할 수 있도록 유도하고 있다.

4) 유튜브 광고

위와 같이 검색어를 친 후 다음 화면에 5초 광고가 실행된다.

5 페이스북을 활용한 광고집행 사례

페이스북을 통해 광고집행 사례를 살펴보고자 한다. 아래의 그림처럼 학력과 회사까지 타킷을 맞출 수 있으며 도달할 수 있는 예상 숫자까지 알 수 있다. 그리고 캠페인, 비용 및 일정을 조정하여 대략적인 입찰 가격까지 제시하고 있다. 이렇듯 광고주 입장에서 편리한 조건을 제시하여 자신들이 도달할 수 있는 타킷을 최적화하고 있다.

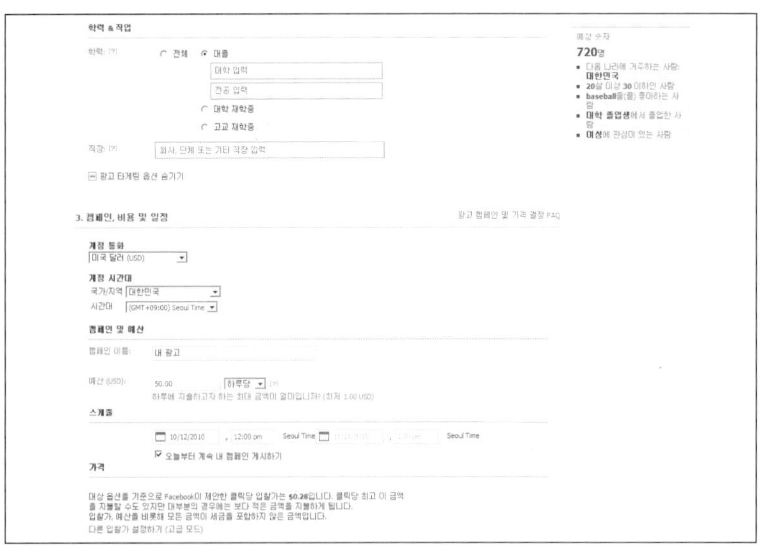

페이스북 광고집행 실행 전

아래의 그림은 데스트탑 상의 페이스북 광고이다. 오른쪽 상단에 스폰서 광고가 있으며 개인의 뉴스피드상에도 광고가 노출되어 친구들의 게시된 내용과 같이 보게 된다. 친구들의 소식과 같이 보게 되면서 광고의 노출이 자연스럽다.

광고 게시판

6 소셜미디어 광고 효과

1) 소셜미디어 광고효과 측정

위와 같은 기준으로 미국의 IAB (2009)기관은 다음과 같이 측정기준을 가지고 있다. 이 기관은 소셜미디어 광고 형태를 소셜미디어사이트, 블로그, 위젯 및 소셜미디어 어플리케이션으로 나누고 있다. 여기에서 소셜미디어사이트에 관련된 효과지표를 설명하면 다음과 같다.

(1) 순방문자수(Unique Visitors)

순방문자수는 방문자가 사이트에 접근했을 경우에 해당되며 등록이나 쿠키에 의해 알아지게 된다. 아니면 닐슨 같은 제3자 기관에서 파악한다. 측정기간 중 1회 이상 해당 사이트에 방문한 중복되지 않은 방문자이다. 즉, 어떤 사람이 지난달에 특정 사이트에 1회 방문하거나 100회를 방문해도 유니크하게 방문한 한 사람으로 카운트된다.

(2) 순방문자당 드는 비용 (Cost per unique visitor)

어플리케이션에 드는 총 비용으로 방문자 수로 나뉘어져 산출된다.

(3) 페이지 뷰 (Page Views)

페이지 뷰는 유저가 실질적으로 페이지를 본 경우이다. 어떤 경우에는 유저가 클릭했을 경우만 페이지 뷰로 산정되기도 한다.

(4) UGC/ 소셜미디어 방문 수 (Visits specific to UGC/Social Media)

하나의 행위를 측정할 수 있는 지표로 사이트에서 텍스트를 보거나 그래픽을 다운로드해서 보는 경우에 산출된다.

(5) 리턴 방문수 (Return Visits)

특정한 시간 후에 사이트나 어플리케이션에 돌아온 유저의 평균 숫자임을 가리킨다.

(6) 상호작용률, 인터랙션률 (Interaction Rate)

광고나 어플리케이션과 상호작용한 유저 비율로 스크린에 나타난 광고나 어플리케이션에 따라 다르다.

(7) 체류시간 (Time Spent)

방문해서 끝날때까지 드는 시간으로 웹사이트나 어플리케이션에 들어온 행위를 가리켜야 한다.

(8) 비디오 설치(Video installs)

유저에 의해 설치된 비디오 플레이어 수를 가리킨다. 일종의 위젯이라 볼 수 있다.

(9) (위젯이나 어플리케이션에 적합한) 행위와 행위 당 드는 비용, 행위는 다음과 같은 예들이 있다.

- 콘테스트/스윕스(Contest/Sweeps Entries)
- 다운로드된 쿠폰 (Coupons downloaded/redeemed)
- 플레이된 게임 (Games played)
- 시청한 비디오 (Videos viewed)
- 업로드 (Uploads: images, videos)
- 투표 (Poll votes)
- 전송된 메시지 (Messages sent:Bulletins, Updates, Emails, Alerts)
- 전송된 초청 (Invites sent)
- 포스트된 뉴스피드 (Newsfeed items posted)
- 포스트된 코멘트 (Comments posted)
- 친구 수 (Friends reached)
- 토픽 수 (Topics/Forums Created)
- 그룹이나 팬 수 (Number of Group Members or Fans)
- 리포스트/공유 (Reposts:Shares)

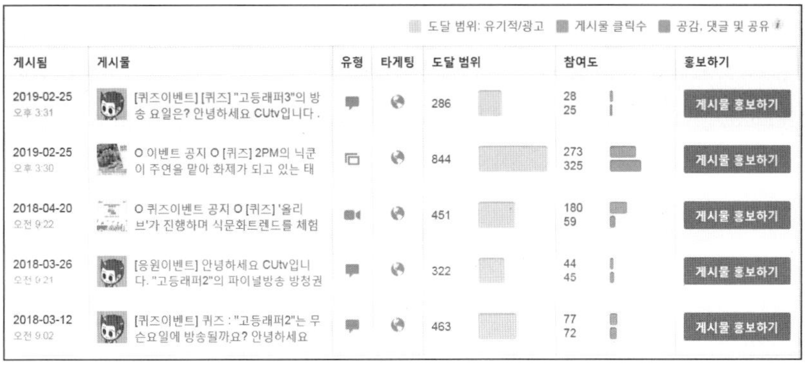

출처: 페이스북

그림 10-1 페이스북 페이지 인사이트

예를 들어, 페이스북은 다음과 같은 성과분석을 제시할 수 있다. 현재 집행하고 있는 광고에 대한 현황이 대쉬보드에 표시되고 있다. 여기서부터 광고, 현황, 일일 예산, 지속 기간 등을 조정할 수 있으며 또한 광고가 포함하고 있는 주요 성과 지표들에 대한 보고서도 확인할 수 있다. 그리고 운영 중인 모든 광고를 포함해 과거에 시행했던 것들에 대한 정보에도 쉽게 접근할 수 있다. 페이스북에서 제공되는 주요 성과 지표(the major performance indicators)는 현황, 입찰, 타입(CPC or CPM), 클릭 수, 노출, CTR %(클릭하는 비율), 평균 CPC, 평균 CPM, 지출된 비용 등이다(심성욱, 2012). 위의 페이스북 페이지의 관리 화면의 사례이다.

위의 사례처럼 유형, 타케팅, 도달범위, 참여도가 나타나게 되어 광고집행한 광고주나 광고대행사는 유용한 편의성을 가질 수 있다(그림 10-1).

7 맺음말

위에서 살펴본바와 같이 소셜미디어광고는 이제는 모든 기업이 선호하는 매체로 활용되고 있다. 전통매체가 과거에 필수적인 광고매체였다면 이제는 소셜미디어광고가 디지털시대에 필수광고 배체가 되었나. 텍스트를 위주로 메시지가 선달되다가 사진, 이미지로 메시지가 전달된 형태로 변화하다가 지금은 동영상을 통해 광고 메시지가 전달되고 있다. 점점 소셜미디어광고는 진화하고 있다. 소비자의 이용행태에 따라 다양한 형태의 광고가 등장하고 있다.

앞으로 소셜미디어 광고는 더욱 발전하리라 본다. 다양한 기관의 조사결과에 나오듯이 소셜미디어 광고는 더욱 증가할 것이다. 인터넷 진흥원 (2018)의 보고서에 의하면, 2017년 온라인광고 가운데 모바일광고는 스마트폰 보급 · 이용의 확대에 추세에 따라 전년 대비 13.9% 성장한 2조2585억원을 기록한 것으로 나타났다. 개인용컴퓨터(PC) 기반의 인터넷광고는 2조 1700억원으로 2016년과 비슷한 수준을 유지했다. 라인광고를 집행한 광고주를 대상으로 한 광고 유형별 만족도는 매출 연계성 측면에서는 검색광고가 31.5%로 가장 높은 것으로 나왔고, 타겟 도달성에서는 소셜미디어광고가 25.5%로 가장 효과적인 광고로 나타났다. 이 같은 자료를 보듯이 소셜미디어 광고의 발전가능성을 높다(한국경제, 2018 재인용).

한편, 소셜미디어공간내에 광고가 예전보다 더 많이 노출되는 것에 대해 소비자의 불만이 커지는 것도 문제이다. 아울러, 소비자의 프라이버시에 대한 염려도 있다. 소셜미디어 광고는 타킷팅에 대해 강점을 가지고 있지만 이런 소비자의 정보를 얻는데 있어 소비자 자신은 반대하는 입장이기도 하다. 향후 이런 개인 프라이버시에 대한 논의를 해결하는 것이 소셜미디어가 발전하는 데 큰 디딤돌이 될 것으로 본다.

생각해 볼 문제

1. 소셜미디어 광고의 강점에 대해서 생각해보세요.
2. 소셜미디어광고의 효과적 집행을 위해서 고려되어야 할 사항에 대해서 생각해보세요.
3. 소셜미디어광고의 향후 방향에 대해 생각해보세요.

참고문헌

강기헌 (2019). 웹툰부터 ASMR까지..제약사들 SNS 광고로 이미지 변신 몸부림, https://news.joins.com/article/22958539.

글로벌웹인덱스 (2019). The consumer trends to know: 2019, https://www.globalwebindex.com/2019-consumer-trends

김세진 (2018). 스타트업 '저비용 고효율 SNS 마케팅' 10선, https://www.venturesquare.net/756131

모비인사이드 (2019). 2018년 대한민국 SNS 이용 현황, https://www.mobiinside.com/kr/2019/01/11/snsuser-2018/

심성욱 (2012). 소셜미디어 광고. 한국방송학회 방송과수용자연구회(편), 소셜미디어 연구 (pp. 240-270). 서울: 커뮤니케이션북스.

심성욱, 김운한 (2011). 대학생들의 소셜미디어 이용동기가 소셜미디어 광고 이용의향에 미치는 영향, 한국광고홍보학보, 13(2), 342-377.

한국경제 (2018). http://www.hani.co.kr/arti/economy/it/832972.html#csidx5e388cdd4cb1a55a898b23b583e32ed

DMC리포트 (2018). 2018 소셜 미디어 이용 행태 및 광고 접촉, http://www.dmcreport.co.kr/content/ReportView.php?type=Consumer&id=13437&gid=8

FKII 조사연구팀(2006, 12). 소셜 미디어(Social Media)란 무엇인가?. 「정보산업지」, p53.

Jolly,W (2019). The 6 Most Effective Types of Social Media Advertising in 2019, https://www.bigcommerce.com/blog/social-media-advertising/#3-twitter-advertising

Statista (2019). Number of social media users worldwide from 2010 to 2021 (in billions) https://www.statista.com/statistics/278414/number-of-worldwide-social-network-users/

CHAPTER 11

AR, VR, MR

사례

**[MWC 2016] 삼성전자, 360도 카메라 '기어360' 공개…
기어 VR 5000대로 VR 언팩 첫선(2보)**

글 / 박성우 기자, 정용찬 기자

입력 2016.02.22. 03:05 | 수정 2016.02.22. 03:44

베일에 가려져있던 삼성전자 '기어 360'이 세상에 공개됐다. 기어 360은 전문가 영역에 속해 있던 360도 사진과 영상을 일반인도 쉽게 촬영할 수 있는 카메라다. 둥글고 매끈한 원구 형태로 180도 광각 촬영이 가능한 두 개의 어안렌즈를 탑재했다.

삼성전자는 세계 최대 모바일전시회 '모바일월드콩그레스(MWC) 2016 개막을 하루 앞둔 이 날 스페인 바르셀로나 컨벤션센터(CCIB)에서 '삼성 언팩 2016'를 갖고 360도 촬영이 가능한 기어 360을 선보였다.

삼성전자 언팩에 참석한 취재진들이 기어VR을 착용하고 갤럭시S7의 디자인을 보고 있는 모습
/박성우 기자

기어 360은 어안렌즈가 찍은 영상을 하나로 합쳐 수평과 수직 방향 어디든 360도로 감상할 수 있는 콘텐츠를 만들 수 있다.

양쪽 렌즈를 모두 사용하는 듀얼 모드로는 360도 고해상도(3840x1920) 동영상과 3000만 화소의 사진을 촬영할 수 있다. 렌즈 한쪽만 사용하는 싱글 모드를 선택할 경우 180도의 동영상과 사진 촬영이 가능하다.

또한 기어 360은 F2.0 렌즈를 적용해 저조도에서도 밝은 이미지를 얻을 수 있다. 둥근 공 모양의 기어 360은 콤팩트한 디자인에 맞춰 미니 삼각대가 기본으로 제공되며, 하단에 위치한 삼각대 연결 소켓은 표준 사이즈로 시중에 판매하는 카메라 액세서리들과 호환이 가능하다.

기어 360은 편리하고 쉬운 사용성을 통해 사용자의 일상을 새로운 방식으로 촬영하고 공유할 수 있다. 직접 촬영한 콘텐츠를 VR 헤드셋인 '기어 VR'을 통해 가상현실로 감상 할 수 있다.

기어 360은 갤럭시 S7 · S7 엣지, 갤럭시S6, S6 엣지, S6 엣지 플러스, 갤럭시노트5 등과 연결이 가능하다.

삼성전자는 이날 가상현실(VR) 기기인 기어VR을 이용한 신제품 공개행사(VR)를 진행했다. 삼성전자는 전 세계 언론, 협력사 5000여명이 참석하는 이날 행사에서 5000대의 VR 헤드셋을 동원했다. 언팩 참석자들은 마치 눈 앞에서 갤럭시S7을 보듯 VR 헤드셋을 통해 미래 모바일 시대의 비전을 엿볼 수 있었다.

고동진 삼성전자 무선사업부 사장은 "모바일 업계에 중요한 변곡점인 지금, 삼성전자는 스마트폰 뿐만 아니라 이를 둘러싼 다양한 제품과 콘텐츠 서비스를 통해 종합적인 제공할 것"이라며 "앞으로도 소비자들의 소리에 더욱 귀를 기울이고 끊임없이 새로운 기술과 영역에 도전해 모바일 시장을 선도해 나가겠다"고 말했다.

[원문보기]

조선비즈 http://biz.chosun.com/site/data/html_dir/2016/02/22/2016022200228.html

1 AR, VR, MR 개념과 특징

모바일을 포함한 디지털 기술의 발달은 스마트 디바이스의 출현을 가능하게 하며 가상현실(Virtual Reality: VR), 증강현실(Augmented Reality; AR), 혼합현실(Mixed Reality: MR) 관련 기술과 서비스의 대중화를 이끌고 있다.

행정안전부와 한국정보화진흥원은 2018년 주목해야 할 전자정부 10대 유망기술의 하나로 체감형 서비스 분야 중 혼합현실 기술(AR과 VR 기술을 통합, 확장하는 몰입유형)을 선정하는 한편(이아름, 2018: 2), 가트너는 2019년 10대 디지털 전략기술 중 하나로 몰입 경험을 위한 기술이 차세대 디지털 비즈니스 생태계구축을 위한 핵심 미래 기술로 선정하였고 IDC는 세계의 AR/VR 관련 소프트웨어 시장규모를 2016년 약 21억 달러에서 2021년 약 926억 달러로 약 44배 성장을 전망하였다. 하드웨어(HW) 시장의 경우 CCS 인사이트 전망치에 따르면 스마트폰 VR 헤드셋 판매량은 2017년 대비 2021년 약 5배의 성장세를 나타내며, VR, AR 전체 기기 출하 대수는 9,000만 대 이상이 될 것으로 전망하고 있다(윤현영, 2019: 2에서 재인용)

이에 따른 전체 시장은 2021년 기준, 가상현실(VR)의 경우 140.5조 원, 증강현실(AR)은 73.4조 원, 혼합현실(MR)은 약 11조 원의 시장규모를 예측해 볼 수 있다(이아름, 2018: 05에서 재인용)(그림 11-1).

가상현실 기술(VR, AR, MR)은 1990년대에 활발한 투자와 연구 이후 다소 침체기를 겪었는데 관련 ICT(Information and Communications Technologies) 기술과 5G

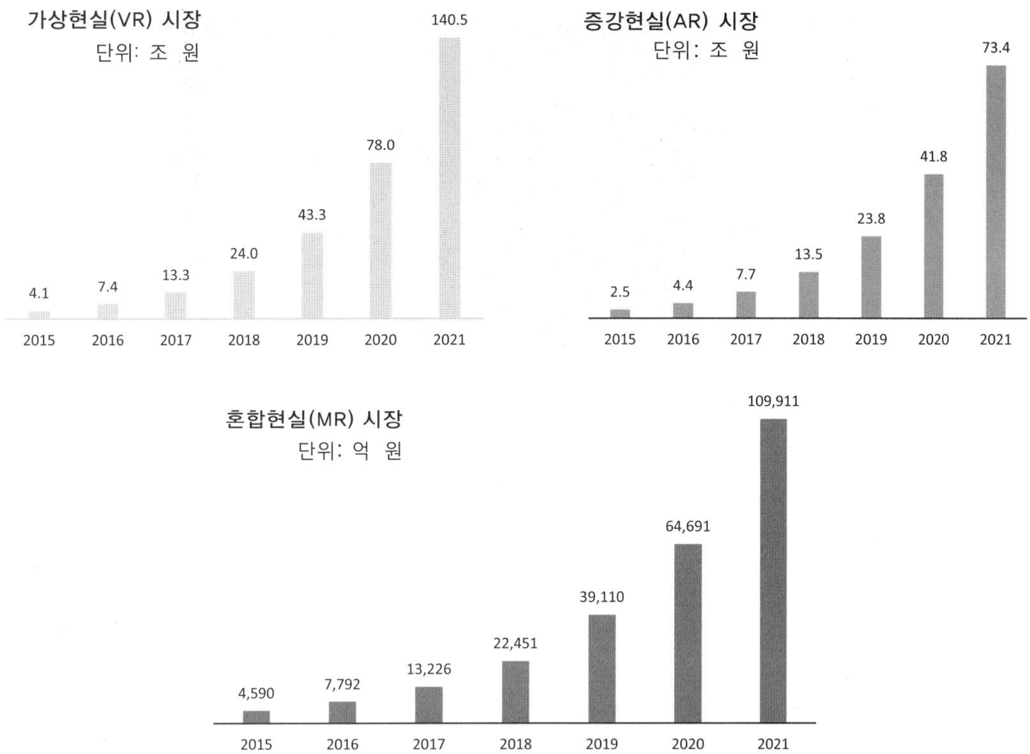

출처: TrendForce(2016) 참고, KT경제경영연구소가 재구성한 내용을 이아름(2018: 5)의 연구에서 재인용

그림 11-1 전세계 시장 규모 및 전망

등의 인프라의 발전에 따라 차세대 기술의 핵심으로 다시 주목받으며(이현주, 김화숙, 2018: 2) 구글, 페이스북, 마이크로소프트, 삼성전자 등의 글로벌 IT 기업들의 투자가 이어지고 있다. 최근에는 가상현실(VR), 증강현실(AR), 혼합현실(MR)을 일컬어 사용자에게 몰입 경험을 제공해주는 실감형 미디어로 통칭하며 확장현실(Extended Reality: XR)이라고 불리기도 한다(윤현영, 2019: 4에서 재인용).

가상현실(VR), 증강현실(AR) 그리고 혼합현실(MR) 기술은 초기에는 게임, 영상 등의 엔터테인먼트 산업을 중심으로 성장하다가 의료, 교육, 쇼핑, 제조업 등의 다양한 산업 분야로 확산하고 있으며 광고 분야에서도 고객 경험의 차원에서 관심이 높아지고 있다. 특히 광고 분야의 경우 방송 통신 융합과 디지털화로 인한 미디어 환경변화와 관련이 있다.

미디어 환경은 대중을 대상으로 하는 매스미디어 시대에서 개인이 미디어를 소유하고 사용자가 콘텐츠 편성권을 가지고 있는 맞춤형 미디어 시대로 전환하였고 스마트 디바이스를 기반으로 자신이 원하는 형태와 시간에 따라 미디어를 이용할 수 있는 능동적인 이용행태가 등장하였다. 또한 물리적 공간과 가상의 공간을 연결한 확장된 공간에서 상호작용하는 것이 가능해졌다. 이는 수동적 콘텐츠 이용자에서 직접 참여하고 경험하는 능동적 이용자로 변화하는 행동 패러다임 전환이라고도 할 수 있는데 소통의 범위는 문자나 이미지, 영상 등의 재현을 넘어 감각을 확장하며 실제 존재하는 것과 같은 실감형 미디어 이용으로 진화하고 있다. 확장되고 능동적으로 변화하는 미디어 환경에서 중요한 요소는 마치 현실과 같은 실재감과 몰입감을 전해줄 수 있는 사용자 경험이라고 할 수 있다. 가상현실(VR), 증강현실(AR) 그리고 혼합현실(MR) 기술과 같은 실감형 미디어는 실제 혹은 가상의 환경 및 객체와 상호작용을 통해 이용자에게 실재감과 몰입 경험을 제공해 줄 수 있는 중요한 수단으로 주목받고 있다(김해석, 2018: 3-4에서 재구성).

1) 가상현실(VR)

가상현실은 컴퓨터 그래픽 등을 통해 실제가 아닌 환경 혹은 상황에서 그것을 사용하는 사람이 실제인 것처럼 느끼며 상호작용할 수 있는 인간과 컴퓨터 간의 인터페이스를 말한다(이아름, 2018: 3). 가상현실이라는 용어는 프랑스 극작가 '앙토냉 아르토(Antonin Artaud)'가 1938년 관객을 몰입시키는 극장을 '가상현실 공간'으로 표현한 것을 시초로 보고 있는데(오정석, 윤호창, 전현주, 고상미, 2019: 171) 광고 분야에서는 장치 혹은 제품, 건물 혹은 기타 엔터테인먼트 공간의 외관과 내부를 보여주기 위한 3D 랜더링 영상 등이 2000년 초반에 웹사이트를 통해 선보이기 시작했다.

가상현실(VR)의 대표적인 장치인 헤드 마운트(HMD, Head Mount Display)는 1968년 이반 서덜랜드(Ivan Sutherland)가 최초 개발하였으며 1989년 재론 래니어(Jaron Lanier)가 '가상현실'이란 단어를 대중적으로 사용하기 시작하면서 VR 장갑 및 고글 등의 VR 제품을 처음 제작한 것으로 알려졌다(오정석, 윤호창, 전현주, 고상미, 2019: 171)(그림 11-2).

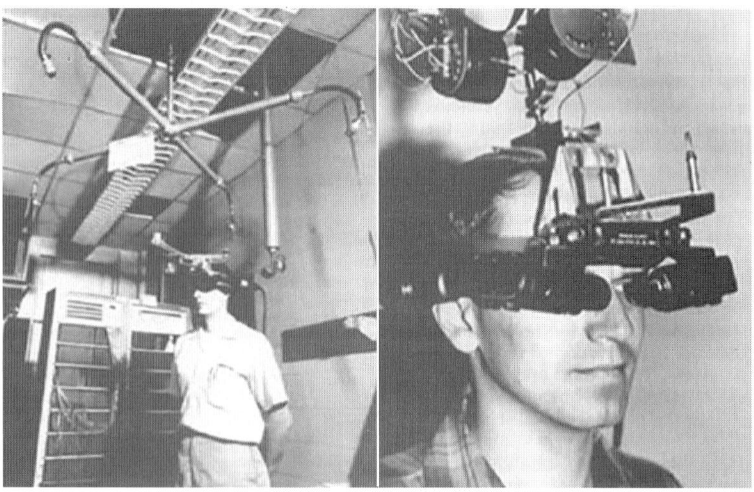

출처: IT동아(https://it.donga.com/21254)

그림 11-2 이반 서덜랜드가 개발한 초기형 헤드마운트(HMD) 장치인 '다모클레스의 검'

2) 증강현실(AR)

증강현실(VR)은 가상현실(VR) 기술 중 하나의 분야에서 파생된 것으로 실제 환경 또는 상황에 가상의 정보와 사물을 합성하여 실제 환경에 존재하는 것처럼 보이게 하는 기술을 말한다(이아름, 2018: 3). 기본적으로는 현실이 주가 되며 가상의 정보와 사물은 이를 보조하는 수단이다. 증강현실(AR)은 스마트폰의 보급과 더불어 일상화되었다. 초기에는 관광지 등에서 대표적인 유적 혹은 사물을 비추면 화면 안에 관련된 정보가 제시되는 형태의 서비스가 출시되었으며 2016년 AR 기반 게임인 '포켓몬 GO' 의 출시에 따라 대중에게도 널리 알려졌다(그림 11-3).

3) 혼합현실(MR)

혼합현실(MR)은 현실세계에 가상현실이 접목되어 현실의 물리적 객체와 가상의 객체가 상호작용할 수 있는 환경을 말하는데(이아름, 2018: 3에서 재인용) 현실과 가상이 겹쳐진 모든 환경 혹은 시스템이라고 정의할 수 있다.

가상현실(VR)은 사용자와 현실이 완전히 구분된 상황으로 현실적 몰입감이 떨어질 수 있지만 증강현실(AR)은 현실을 포함하고 있기에 가상현실(VR)보다 현실감과 몰입감이 높은 편이라 할 수 있다. 혼합현실(MR)은 가상에서의 경험이 현실과 연결되며 실재하지 않지만 마치 실제로 존재하는 현실처럼 느끼게 할 수 있다(안태영, 윤혜영, 2019: 34).

4) 기술적 특징

가상현실(VR), 증강현실(AR) 그리고 혼합현실(MR) 기술은 목적에 따라 다양한 구분이 가능하지만 'KISTEP 기술 동향 브리프'에 따르면 크게 디스플레이, 트래킹, 랜더링, 인터랙션 및 사용자 인터페이스의 4가지로 분류할 수 있다(박기창, 2018: 7에서 재인용).

먼저, 디스플레이 기술은 인간의 오감에 대한 감각적 정보를 표현하는 기술이다. 현

출처: 유튜브(https://www.youtube.com/watch?time_continue=3&v=SWtDeeXtMZM)

그림 11-3 포켓몬GO 게임 화면

표 11-1 가상현실(VR), 증강현실(AR), 혼합현실(MR)의 비교

구분	가상현실(VR)	증강현실(AR)	혼합현실(MR)
구현 방식	• 현실세계를 차단하고 디지털 환경만 구축	• 현실 정보 위에 가상 정보를 업혀서 보여주는 기술	• 현실 정보 기반에 가상정보를 융합
장점	• 컴퓨터 그래픽으로 입체감 있는 영상 구현 • 몰입감 뛰어남	• 현실 세계에 그래픽을 구현하는 형태로 필요한 정보를 즉각적으로 보여줌 • 현실과 상호작용 가능	• 현실과 상호작용 우수 • 사실감, 몰입감 극대
단점	• 현실 세계와 차단되어 있어 현실과 상호작용 약함 • 별도의 컴퓨터 그래픽 세계 구현해야 함	• 시야와 정보 분리 • 몰입감 떨어짐	• 처리할 데이터 용량이 커서 다루기 어려움 • 장비나 기술적 제약 있음
제품	• 오큘러스 HMD 등	• 포켓몬GO 등	• MS 홀로렌즈 등

출처: 중앙일보 기사(2018.03.06.) 기사를 인용한 이아름(2018: 4)에서 재인용 후 추가 구성

재 상용화된 대부분의 기술은 시각과 청각 기술이지만 촉각, 후각, 미각 등의 확장된 감각 등에 대해서도 활발한 연구가 진행되고 있다. 보통 가상현실(VR) 전용 디스플레이 장치로 헤드 마운트(HMD)가 주로 쓰이고 있으며 관련된 회사로 오큘러스(Oculus), HTC의 바이브(VIVE)가 대표적이다(박기창, 2018: 7).

증강현실 전용 디스플레이 장치로 마이크로소프트(MS)는 2015년, 윈도우 10 기반의 '홀로렌즈(HoloLens)' 개발자 버전을 출시하였다. 홀로렌즈는 WiFi와 블루투스 환경에서 연결되며 사용자의 음성과 제스처 인식이 가능한데 현재의 우리가 생각하고 있는 증강현실에 가장 근접한 기기로 평가받으며 기대를 모으고 있다(그림 11-4).

트래킹 기술은 사용자의 시선 및 동작 등을 추적하여 반응하는 기술로 대표적인 장치로는 립모션(Leap Motion), 마이오(Myo), 옴니(Omni), 버추얼라이저(Virtualizer)가 있다. 립모션과 마이오는 손동작에 관한 트래킹을, 옴니와 버추얼라이저는 발동작에 관한 추적이 가능하다(박기창, 2019: 10)(그림 11-5).

랜더링 기술이란 사실적인 콘텐츠의 표현과 관련된 기술로 대표적으로 유니티(Unity) 3D와 언리얼 엔진(UNREAL ENGINE)이 있다. 유니티 3D는 모바일 게임과 VR 콘텐츠 제작에 많이 활용되고 있으며, 전 세계 VR 콘텐츠 점유율 75%, 홀로렌즈 콘텐츠 점유율 91%, 오큘러스 콘텐츠 점유율 60%를 차지하고 있다. 그리고 언리얼 엔진은 디자인, 건축, 항공 산업 등 대규모, 고비용 사업영역을 중심으로 활용영역을 넓히고 있다(박기창, 2018: 11)(그림 11-6).

인터랙션 및 사용자 인터페이스 기술은 몰입할 수 있는 콘텐츠를 지각, 인지, 조작, 입력할 수 있도록 돕는 상호작용 기술로서(박기창, 2019: 6) 사용자의 위치, 방향 추적 기술과 사용자의 시선을 포함한 동작 및 오감 인터페이스 인식 기술 그리고 모션 시뮬

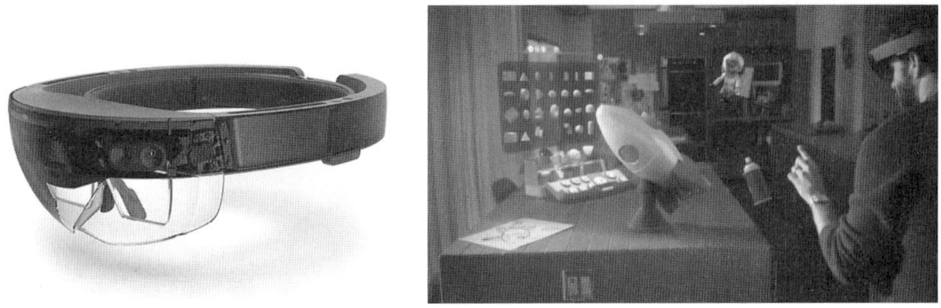

(좌)네이버 캐스트(https://terms.naver.com/entry.nhn?docId=3580400&cid=59088&categoryId=59096)
(우) 유튜브(https://www.youtube.com/watch?time_continue=92&v=tUcNVFVg4Zw)

그림 11-4 홀로렌즈(좌)와 사용자 시점의 화면(우)

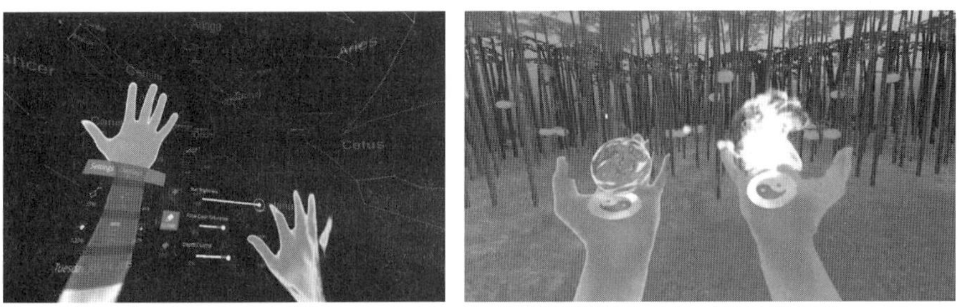

출처: 립모션 블로그(http://blog.leapmotion.com)

그림 11-5 립모션의 손동작 인식 화면

출처: 유니티 웹사이트(https://unity.com/kr/solutions/game)

그림 11-6 유니티의 콘솔 및 PC 게임(좌)과 AR 및 VR 게임 화면 일부

레이터 기반 체감 기술로 구분할 수 있다(이헌주, 김화숙, 2019: 9−10)

사용자의 위치, 방향 추적은 GPS, 중력센서, 가속센서 등을 이용하여 위치와 방향 등에 대한 정보를 얻을 수 있다. GPS의 경우 오차가 있을 수 있기에 WiFi 등의 무선 측위 기술이나 카메라 추적 기술 등을 보완적으로 이용할 수 있다(이헌주, 김화숙, 2019: 9).

시선과 동작, 오감 인터페이스의 경우 시선을 추적하기 위한 아이−트래킹(Eye-Tracking) 장치, 사용자의 생체 신호를 읽기 위한 링, 팔찌, 밴드 등의 다양한 부착 장

표 11-2 가상현실(VR), 증강현실(AR), 혼합현실(MR) 관련 기술

구분	내용
디스플레이 기술 (Display Technology)	몰입 콘텐츠를 사용자가 감각적으로 경험할 수 있도록 제공하는 표시 장치 기술
트래킹 기술 (Tracking Technology)	몰입콘텐츠에서 사용자의 생체데이터를 실시간으로 추적하는 기술
랜더링 기술 (Randering Technology)	표시장치에 보여지는 몰입 콘텐츠를 고해상도/고화질로 구현하는데 필요한 하드웨어 및 소프트웨어 기술
인터랙션 및 사용자 인터페이스 기술 (Interaction & UI Techmology)	몰입 콘텐츠를 지각, 인지, 조작, 입력할수록 돕는 상호작용 및 인터페이스 기술

출처: KISTEP, AR/VR 기술(2018.09)를 인용한 박기창(2018: 6)의 연구에서 재인용

치 등이 있으나 햅틱 인터페이스(Haptic Interface)라고 하는 사용자의 손 동작 인식에 관한 기술이 대표적이다. 이에 따라 손과 손가락의 위치, 동작, 힘 등을 정확하게 추적하기 위한 다양한 센서와 알고리즘 등이 연구되고 있다(이헌주, 김화숙, 2019: 10).

음성 기반 인터페이스는 사용자의 음성을 정확하게 인지할 수 있는 기술과 공간에서 증강된 가상 객체들과 상호작용할 수 있는 공간감, 방향감 등이 함께 고려될 수 있는 연구가 진행되고 있다(이헌주, 김화숙, 2019: 10).

후각에 관해서는 아직 상대적으로 미흡한데 주요 화학 물질들을 합성하여 다양한 냄새 효과를 낼 수 있게 하는 연구가 진행 중이며, 3차원 공간에서 공기의 흐름에 따라 냄새의 분포를 효과적으로 표현하기 위한 연구도 진행 중이다(이헌주, 김화숙, 2019: 10).

모션 시뮬레이터 기반 체감 기술은, 사용자가 실제 움직이는 탑승물 등에 있는 것과 같은 효과와 느낌을 제공하는 기술이다. 가상현실(VR, AR, MR) 환경에서 실제처럼 몰입감을 높이기 위해 시각, 청각, 촉각, 균형감각 등을 사용하며 소리, 시야, 움직임, 충돌 등의 입력 신호를 전달하기 위한 다양한 하드웨어들이 사용된다(이헌주, 김화숙, 2019: 10).

2 가상현실(VR)

1) 가상현실(VR) 개념과 특성

가상현실(VR)은 사용자가 원거리 실재감(Telepresence)을 경험할 수 있는 실제 또는 시뮬레이션된 환경을 말하며 원거리 실재감은 매체에 의해 매개된 환경 속에 스스로

가 실제로 존재한다고 느끼는 실재감을 말한다(장주연, 추호정, 박소윤, 2019: 225에서 Steuer, 1992의 연구 재인용).

가상현실은 크게 가상현실은 크게 '비몰입형 가상현실(non-immersive VR)'과 '몰입형 가상현실(immersive VR)'로 구분될 수 있다. 비몰입형 가상현실은 평면의 TV 혹은 컴퓨터 스크린 등을 통해 가상 콘텐츠를 표시하는 기술을 말하며 몰입형 가상현실은 헤드마운터 등 몰입 경험을 증폭시키는 추가 장비를 사용해 상호작용을 할 수 있는 기술을 말한다(장주연, 추호정, 박소윤, 2019: 225).

이때 가상현실(VR)을 경험하는 유형에 따라 콘텐츠를 경험할 수 있는 환경이 달라질 수 있기에 상호작용 중 사용자의 인지적/정서적 반응에도 차이가 발생할 수 있다(장주연, 추호정, 박소연, 2019: 225에서 Kozhevnikov & Dhond, 2012; Suh & Prophet, 2018의 연구 재인용).

비몰입형 가상현실을 이용한 사용자 경험의 예로 TV의 가상광고를 말할 수 있다.

TV 가상광고의 경우 축구장이나 야구장을 비춘 화면 한쪽 구석에 상품과 상표 등을 노출하는 형태로 2010년 1월부터 시행되었으며 상업화의 우려 때문에 '운동경기를 중계하는 방송프로그램'에만 활용할 수 있고 전체 화면의 4분의 1을 넘기지 말아야 한다(ICT 시사용어 300: 인터넷).

몰입형 가상현실을 이용한 사용자 경험은 보통 교육용 콘텐츠와 게임 분야에서 활성화되어 있다. 2017년 관람객에게 개방된 에버랜드의 로봇VR은 헤드 마운트(HMD)의 영상과 연동된 모션 시뮬레이터에 탑승한 사용자에게 마치 롤러코스터를 탄 것과 같은 경험을 전해줄 수 있는 어트랙션 장치로 관람객에게 큰 인기를 끌고 있다. 로봇VR 시즌 1은 어느 가까운 미래, 서울에서 로봇들의 반란을 진압하기 위해 인간형 로봇에 탑승한 사용자로부터 이야기가 시작된다(그림 11-7). 이 밖에도 오큘러스, 삼성전자 등의 헤드 마운트(HMD) 제조사 역시 햅틱 글러브 등의 장비를 통해 사용자가 더욱 몰입할 수 있는 몰입형 가상현실 환경을 발전시키고 있다.

출처: (좌) 유튜브(https://www.youtube.com/watch?v=tOZXoTfPeSg)
(우) 유튜브(https://www.youtube.com/watch?time_continue=82&v=xYVKoJc5N1M)

그림 11-7 로봇VR 탑승 모습(좌)과 헤드 마운트(HMD) 영상 일부(우)

2) 가상현실(VR)과 광고

가상현실(VR) 기술을 활용한 광고는 컴퓨터 그래픽 기술을 이용해 가상의 환경 혹은 제품과 서비스, 브랜드를 마치 실제와 같이 체험할 수 있도록 하는 광고를 말한다.

가상현실(VR) 광고는 사용자에게 실재감과 몰입감을 형성시켜줄 수 있는 것이 중요하며 이는 프레즌스(Presence)와 관련있다.

프레즌스는 가상현실에서 실제와 같이 경험하는 심리적 반응과 상태를 말하며 '자신이 실제 존재하는 환경보다 매개된 가상의 환경 안에 존재하는 주관적 느낌'이라고 정의된다(이희지, 조광민, 2019: 67에서 Lombard & Ditton, 1997; Wimer, 1998; 이옥기, 2005의 연구 재인용).

가상현실(VR)에서 프레즌스가 높다는 것은 컴퓨터 혹은 스마트 디바이스의 존재를 잊고 실제 존재하는 듯한 실재감을 느끼며 제품과 서비스, 브랜드 경험에 더욱 몰입할 수 있음을 말한다.

프레즌스는 긍정적인 감정반응을 형성하며 제품, 서비스 및 브랜드에 대한 태도를 높이고 높아진 태도는 구매의도 및 추천 등의 행동의도에 유의한 영향을 미칠 수 있다(이희지, 조광민, 2019: 66)

맥도날드, Happy Goggles

스웨덴 맥도날드는 많은 아이들이 스키키를 탈 수 있는 스포츠 휴가(2016.03 ~ 03.12) 시즌에 VR 헤드셋을 통해 스키경기를 체험할 수 있는 '해피밀 VR 세트'를 출시하였다.

'해피밀 VR 세트' 포장 박스를 해체한 후 다시 조립하면 구글 카드보드(Google Cardboard)처럼 '스마트 폰'을 끼워 넣어 사용할 수 있는 헤드 마운트(HMD) VR 기기인데 맥도날드는 아이들이 재미있게 즐길 수 있도록 스키게임(Slope Stars)을 무료로 제공하며 큰 인기를 끌었다. '해피 고글(Happy Goggles)'은 스웨덴 14개 매장에서 3500개를 한정판매하였다(그림 11-8).

출처: 유튜브(https://www.youtube.com/watch?v=bnYg752URcE)

그림 11-8 Happy Goggles

록히드 마틴, The Field trip to Mars

미국 우주항공업체인 '록히드마틴'의 가상현실(VR) 기술을 활용한 캠페인으로써 스쿨버스에 탄 학생들에게 마치 화성에 있는 듯한 생생한 체험을 선사했던 프로젝트이다.

아이들이 화성 탐사 사실을 모른 채 평소와 다름없이 스쿨버스를 타면 고글 혹은 헤드 마운트(HMD)을 착용하지 않아도 버스의 동선과 움직임에 따라 버스 유리창 넘어 화성의 모습(VR)을 경험할 수 있도록 하였다. 인류가 곧 화성에 도착할 수 있으리라는 희망과 영감을 불어넣은 이 프로젝트는 가상현실(VR) 제작 기간에만 6개월 이상 걸렸으며 화성 표면의 200제곱마일을 그대로 재현해 놓았다.

버스는 큰 호응을 얻으며 미국 내 도시를 순회할 수 있었고 '록히드 마틴'의 기술력과 철학을 알릴 수 있었다(그림 11-9).

이케아, IKEA VR Experience

이케아는 2016년 가상현실 공간에서 주방을 체험할 수 있는 무료 가상현실 앱을 출시하였다.

앱은 헤드 마운트(HMD)를 착용한 사용자의 손동작을 인식할 수 있으며 주방기기의 시연과 함께 쇼룸을 통해 자신이 원하는 인테리어 또한 구현할 수 있다. 또한, 쇼룸에서 마음에 드는 품목이 있으면 온라인을 통해 주문할 수도 있다(그림 11-10).

3 증강현실(AR)

1) 증강현실(AR) 개념과 특성

증강현실(AR)이란 현실 세계에 텍스트 혹은 이미지 등의 정보를 겹쳐 하나의 시점(화면 혹은 영상)으로 보여주는 기술로서 최근 다양한 산업에서 활용되고 있다.

증강현실(AR) 개념에 관한 시초가 누구인지에 대해서는 의견이 분분하지만 통상

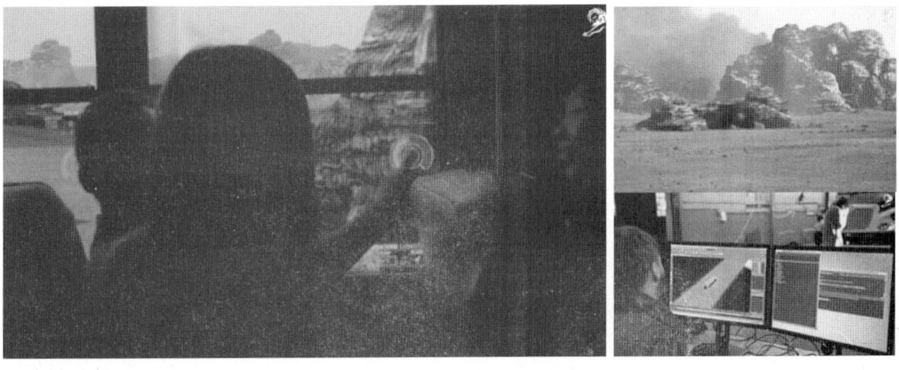

출처: 유튜브(https://www.youtube.com/watch?v=a_bSOwFWu-A)

그림 11-9 The Field trip to Mars

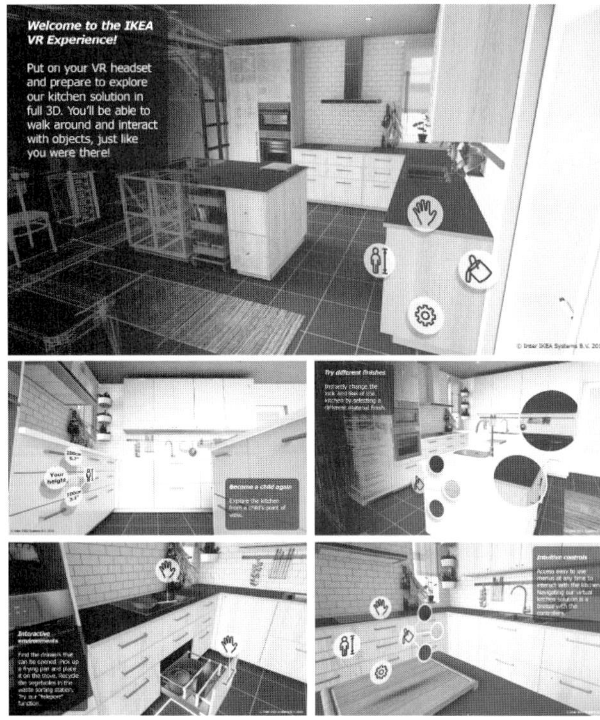

출처: 이케아 웹사이트(https://www.ikea.com/us/en/about_ikea/newsitem/040516_Virtual-Reality)

그림 11-10 IKEA VR Experience

라이먼 랭크 바움(L. Frank Baum)이 1901년 출간한 '더 마스터 키'(The Master Key)에서 주인공이 착용하는 안경을 이야기 한다(조희경,김성훈, 2019: 444). 이 안경은 만나는 사람의 성격과 본성이 안경 유리에 표기되는데 2012년 구글이 출시했던 구글 글래스를 떠올리게 하는 대목이다.

증강현실(AR)이라는 단어는 1990년에 들어서며 '보잉(Boeing)'사의 연구원 '톰 코델(Tom Codell)'이 사용하기 시작하였는데 비행기 제조 공정을 개선하기 하여 진행한 연구에서 탄생한 착용형 기기가 증강현실 기술의 시작이었다(조희경, 김성훈, 2019: 444)(그림 11-11).

증강현실(AR)은 실제환경에 가상의 정보를 제공받아 상호작용하며 실제에 대해 더 나은 정보와 이해력을 개선하고 향상시킬 수 있는 기술로서 사용자(User), 실제 세계(Real World), 클라우드(Cloud), 렌즈(Lens), 필터(Filters) 그리고 콘텐츠 제공자(Contents Providers)의 6가지 기본 구성 요소를 필요로 한다(조희경, 김성훈, 2019: 445).

먼저 현실세계를 가상의 정보 혹은 이미지와 결합시키기 위한 물리적 장치가 필요한데 스마트폰과 같은 물리적 장치가 '렌즈'를 의미한다. 클라우드는 웹서비스를 의미하는데 사용자가 정보를 제공받을 수 있는 공간 혹은 데이터를 업로드 하거나 다운로드 받을 수 있는 상태를 말한다. 클라우드 속의 수많은 정보 중 사용자가 필요한 정보

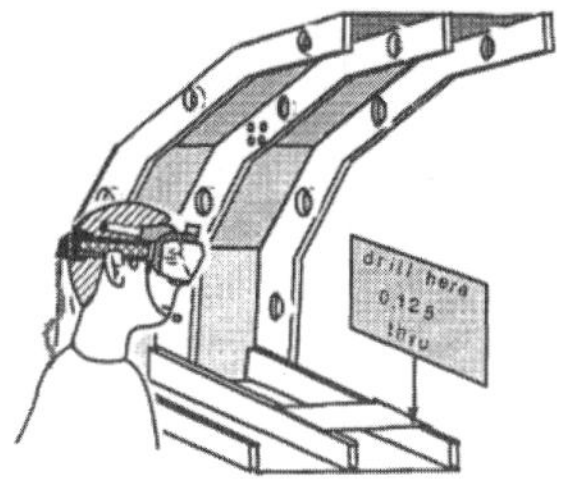

Figure 1. An application where the HUDset is used to dynamically mark the position of a drill/rivet hole inside an aircraft fuselage.

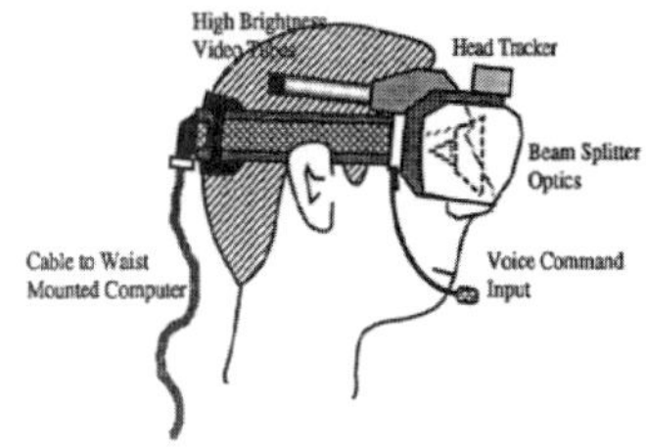

Figure 4. A drawing of the components of a HUDset. The video tubes provide high brightness VGA graphics that are folded into the users line of sight with beam splitting relay optics. The head is tracked in six degrees of freedom. Interaction with the control software may occur through voice input if ambient conditions permit.

출처: T. P. Caudell, & D. W. Mizell(1992)의 연구를 조희경, 김성훈(2019: 444)에서 재인용

그림 11-11 톰 코델((Tom Codell)과 그의 동료가 개발한 착용용 증강현실 기기

혹은 콘텐츠를 선별하는 것을 필터라고 한다. 이 필터를 통해 적합한 정보가 사용자에게 전달되게 된다. 증강현실(AR) 환경을 매개로 사용자와 현실세계를 연결해 줄 다양한 콘텐츠를 구축하여 제공하는 것을 콘텐츠 제공자라고 할 수 있다(조희경, 김성훈, 2019: 445).

2) 증강현실(AR)과 광고

증강현실(AR) 광고란 스마트 디바이스를 특정 사물이나 QR 코드와 같은 정보에 접촉했을 때 텍스트, 이미지, 영상 등의 관련된 정보를 보여주는 기법으로 국내에는 2010년 당시 QR 코드와 결합하여 본격적으로 활용되었다.

증강현실(AR) 광고는 사용자가 어떤 상황이나 환경에서 상호작용하려는 지에 대한 맥락(Context)이 중요하며 이와 관련한 위치 정보(GPS 혹은 WiFi 등의 무선 측위 정보 등) 기술과 결합하여 발전하고 있다.

백승국, 이주희, 안효정, 채지선(2011)은 증강현실(AR) 광고의 효과과정에 관해 관심, 탐색, 상호작용, 몰입에 따른 실재감과 재미의 형성과정으로 파악하였다.

먼저 입체적이고 풍부한 콘텐츠는 사용자의 관심을 유발시키고 경험할 수 있는 콘텐츠로의 탐색을 유도한다. 이때 콘텐츠와 사용자 간의 상호작용이 발생한다. 상호작용은 더욱 높은 몰입을 유발하는데 몰입은 실재감과 재미를 유발할 수 있다. 실재감은 제품 혹은 서비스, 브랜드에 대해 직접적인 감각으로 이해하게 되어 광고정보의 학습과 습득능력이 극대화되고 재미는 광고를 통해 제공되는 다양한 경험을 지속하게 되어 결국 광고 및 제품과 서비스, 브랜드에 관한 인식이 강화될 수 있다(백승국, 이주희, 안효정, 채지선, 2011: 302).

결국 증강현실(AR) 광고란 눈 앞의 현실 위에 콘텐츠 제공자가 구축한 다양한 경험을 통해 제품, 서비스, 브랜드에 관한 인식을 강화하는 활동으로 미디어 정보가 다양해지고 풍부해지는 효과를 얻을 수 있는데 텍스트와 이미지 혹은 동영상으로 구성된 웹페이지가 텍스트 위주의 웹페이지에 비해 상징성 및 사회적 실재감이 높았다는 연구

결과(박봉원, 이중만, 이종원, 2011: 385)는 미디어 풍부성에 대한 시사점을 전해줄 수 있다.

펩시, Unbelievable Bus Shelter

한산한 정류장, 무료하게 앉아 버스를 기다리는 이때 버스 정류장 밖에는 유성이 떨어지고 UFO가 날아오는 한편 괴물조차 출현한다.

이 믿기지 않은 상황은 버스 정류장에 설치된 투명 유리(스마트 글래스)에 비추어진 증강현실로서 말 그대로의 믿을 수 없는 버스 정류장은 런던 사람들에게 큰 웃음과 활력을 전해주며 펩시와 유쾌한 경험을 함께 할 수 있었다.

한편 Unbelievable Bus Shelter 캠페인은 국내는 물론 해외 여러 나라에서도 영감을 전해주며 관련한 캠페인을 선보였는데 미국 드라마 워킹데드(WORKING DEAD) 시즌 5의 홍보 캠페인으로도 제작되어 호응을 얻은 바 있다(그림 11-12).

아큐브, EYE DEFINE STUDIO

2014년 아큐브(ACUVUE)는 서울 명동에서 사람들의 홍채 특성에 맞는 뷰티 렌즈 추천과 그에 맞는 적합한 화장법을 제안해줄 수 있는 팝업 스토어(EYE DEFINE STUDIO)를 열었다.

체험을 희망하는 사람들이 스튜디오에 입장하며 자신의 눈동자를 촬영한 후 의자에 앉으면 바로 앞 거울에서 환영 메시지와 함께 자신의 홍채에 관한 정보(가로길이와 세로길이, 각도, 컬러와 투명도)에 관한 정보를 확인할 수 있다. 이어 뷰티 컨설턴트의 안내에 따라 체험자는 자신의 홍채와 얼굴형에 따라 가장 잘 어울리는 뷰티 렌즈를 착용(가상)해 본 후 해당 렌즈를 착용한 모습 위에 자신에게 가장 잘 어울리는 메이크업을 코칭받을 수 있었다.

거울 위에 비추어진 자신의 모습 위로 홍채 특성이 나타나고 뷰티 렌즈 착용 및 메

출처: 유튜브(https://www.youtube.com/watch?v=Go9rf9GmYpM)

그림 11-12 Unbelievable Bus Shelter

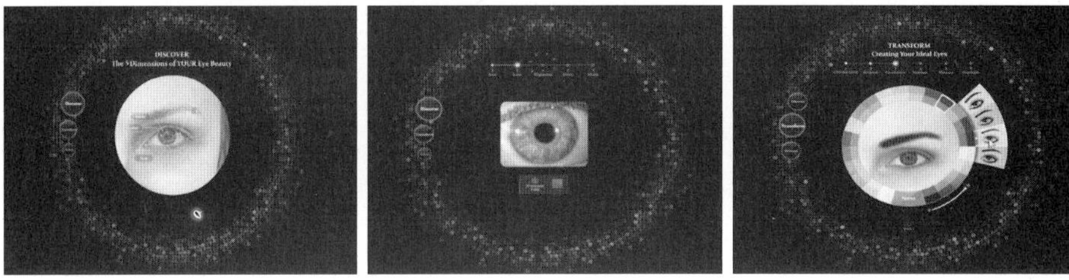

출처: 필자제공

그림 11-13 EYE DEFINE STUDIO

이크업 등 모든 것이 가상으로 이루어진 증강현실(AR) 환경은 고객이 직접 렌즈를 착용해보는 부담감을 해소하고 실제와 같은 몰입감을 전해주며 긍정적인 브랜드 태도를 형성시켜 줄 수 있었는데 캠페인 종료 후 존슨앤드존슨 글로벌 마케팅 어워드(James EBurke)에서 Innovation 대상을 수상하기도 했다.

한편, 즉각적인 홍채 정보 분석을 위해 캠페인이 시작되기 전 약 300명에 이르는 사람들의 홍채 정보를 미리 분석한 후 데이터 베이스를 구축하여 분석 시간을 앞당길 수 있었다(그림 11-13).

로레알, Makeup Genius

2016년 로레알은 스마트폰 카메라를 이용해 가상으로 로레알 화장품을 발라보고 자신의 화장(Makeup)한 모습을 확인하여 제품 선택에 도움을 줄 수 있는 모바일 앱을 출시하였다. 앱에 활용된 안면 인식 기술은 64개의 얼굴 데이터 포인트를 기반으로 100가지 표정을 캡처할 수 있고 개개인의 입술, 눈매 및 얼굴 윤곽을 구별할 수 있다. 메이크업 지니어스(Makeup Genius) 앱은 매장에서 화장품을 고를 때 직접 얼굴에 발라보지 못하고 손등에 발라 컬러를 확인하는 정도로 만족해야 하는 고객 불편을 해소하기 위해 개발되었으며 가상 메이크업 기능에 더해 광고 속에 나오는 화장품이 어떤 색상인지 알 수 있는 서비스를 추가하였다(그림 11-14).

출처: 유튜브(https://www.youtube.com/watch?v=F_C4nojuCtE)

그림 11-14 Makeup Genius

4 혼합현실(MR)

1) 혼합현실(MR) 개념과 특성

폴 그램(Paul Milgram, 1994)은 혼합현실(MR) 개념에 대해 실제 세계(Real World)와 가상현실(VR) 사이에 존재하는 모든 것들을 혼합현실이라 정의하고 그 사이에서 실제 세계와 가상현실(VR)이 겹치는 부분을 증강현실(AR)이라고 하였는데(조희경, 김성훈, 2019: 444에서 재인용), 증강현실(AR)이란 현실에 가상이 겹쳐진 것을 말하고 증강가상(Augmented Virtualtiy: AV)이란 가상에 현실이 겹쳐진 것을 말한다(그림 11-15).

예를 들어 크리스마스를 맞이하여 건물 벽면에 썰매를 끌고 오는 산타 할아버지가 보인다든지 집안의 가구를 가상으로 재배치한다거나 영화 '킹스맨'에서도 볼 수 있듯이 홀로그램 안경을 통해 멀리 떨어져 있는 사람들이라도 함께 모여 회의를 할 수 있는 환경 등을 이야기할 수 있는데 실제 – 가상 연속체(Reality-Virtualtiy Continuum)에 따르면 혼합현실(MR)은 이미지 구성 측면에서 4개의 공간을 가진다(한정엽, 안진근, 2010: 171).

먼저 현실공간(Real World)은 실제 사물이나 공간을 사용자의 시선을 통해 보여지는 공간이다. 증강현실(AR)은 실제 공간에서 가상의 이미지가 중첩된 것으로 역시 사용자의 시선을 통해 보여지는 공간으로 말할 수 있다. 증강가상(AV)은 증강현실과 반대로 실제의 공간에 사용자 혹은 물체가 가상공간으로 들어가 형성되는 이미지로 실제 공간에 출력되는 디스플레이 등을 통해 인지되는 공간을 말하는데 예를 들어 헤드마운트(HMD)를 착용한 사용자가 현실 세계에서 구현되는 가상세계와 상호작용할 때 TV 중계 등을 통해 사용자가 보는 가상세계와 사용자의 모습이 동시에 합성된 모습 등을 말한다. 가상현실(VR)은 가상세계에 직접 들어와 있는 것처럼 보여주고 조작할 수 있는 공간을 말한다(한정엽, 안진근, 2010: 171).

2) 혼합현실(MR)과 광고

광고에 있어 혼합현실(MR)은 브랜드 경험의 차원에서 현실과 가상 혹은 가상과 현실이 겹쳐지는 어느 지점에서 그 순간의 공간 이미지를 사용자의 경험으로 전환하는 것

출처: 조희경, 김성훈(2019: 445)에서 재인용

그림 11-15 폴 그램(Paul Milgram)의 실제 – 가상 연속체(Reality–Virtualtiy Continuum)

이 중요하다.

혼합현실(MR)은 가상현실(VR)의 실재감과 몰입감, 증강현실(AR) 및 증강가상(AV)의 미디어 풍부성을 모두 포함하며 사용자가 쉽게 적응하며 이용할 수 있는 편리성(통제감)을 제공해 줄 수 있어야 한다. 그리고 무엇보다 혼합현실(MR)은 현실과 가상이 자연스럽게 교차하며 연결되어 하나의 사용자 경험으로 통합될 수 있는 환경과 경험 스토리 구축이 전제되어야 한다.

이에 본 장에서는 현실과 가상이 자연스럽게 연결되며 통일된 브랜드 경험을 만들어 내었던 사례를 소개해 본다. 이미지 구현의 기술적 측면에서는 가상현실(VR)과 증강현실(AR), 증강가상(AV)을 모두 포함할 수 있다.

나이키, React Land

2018년 나이키는 신제품인 '나이키 리액트 플라이니트'(Nike React Flyknit) 런닝 슈즈를 홍보하기 위해 중국 상하이와 광저우 등의 매장에서 고객들이 운동화를 착용한 후 '리액트 랜드'(React land)라는 가상세계의 주인공이 될 수 있는 비디오 게임을 선보였다. 고객들은 3분 동안 런닝 머신 위를 실제로 달리면 자신이 아바타를 통해 가상세계를 체험해 볼 수 있었는데 디지털과 실제가 융합된 나이키의 사용자 경험은 더 깊이 브랜드에 관여하게 되고 구매 가능성을 더욱 높일 수 있었던 활동으로 평가되었다. '리액트 랜드'(React Land)게임은 더 먼 거리를 달릴수록 더 높은 점수가 표시되며 3분이 지나면 소셜 미디어에 자신의 달리는 모습을 공유할 수 있는 10초 동영상을 받을 수 있다(그림 11-16).

혼다, Sound of Honda – Ayrton Senna 1989

1989년 일본 스즈카 서킷에서 열린 그랑프리 대회에서 우승한 맥라렌-혼다 팀 소속의 '아일톤 세나'를 기념하기 위한 이벤트로 당시 아일톤 세나(Ayrton Senna)는 1분 38초

출처: 유튜브(https://www.youtube.com/watch?v=JJlilaKTtEo)

그림 11-16 React Land

출처: 유튜브(https://www.youtube.com/watch?v=8vMZ_ZxvjSY)

그림 11-17 Sound of Honda – Ayrton Senna 1989

041이라는 기록적인 랩타임을 기록하였다. 그러나 아일톤 세나는 1994년 불의의 사고로 유명을 달리했지만 혼다는 1980년대부터 F1 경기에 도입한 '텔레메트리'라는 시스템을 통해 당시 아일톤 세나가 기록했던 속도, 엔진음, 주행소리, 기어 변속, 코너링 순간 등의 모든 데이터를 보유하고 있었다. 이에 혼다는 약 25년 후의 2013년 스즈카 서킷에서 LED 조명과 사운드를 통해 당시 아일톤 세나의 주행을 완벽히 재현하며 오래전부터 이어져 왔던 자사의 기술력을 효과적으로 홍보할 수 있었다(그림 11-17).

언더아머, I WILL WHAT I WANT

치열하게 땀을 흘리며 "난 내가 원하는 것을 이룰 거야"(I will what I want)라고 외치는 지젤 번천(Gisele Bundchen)의 모습 위로 그녀를 응원하는 사람들의 트윗 멘션을 실시간으로 투사했던 캠페인.

언더아머는 그녀를 통해 누구든지 자신이 원하는 사람이 될 수 있다는 메시지를 전하며 차별화된 브랜드 이미지를 구축할 수 있었는데 다양한 소셜미디어를 통합적으로 이용하며 500억 회 이상의 미디어 노출 효과를 거둘 수 있었다(그림 11-18).

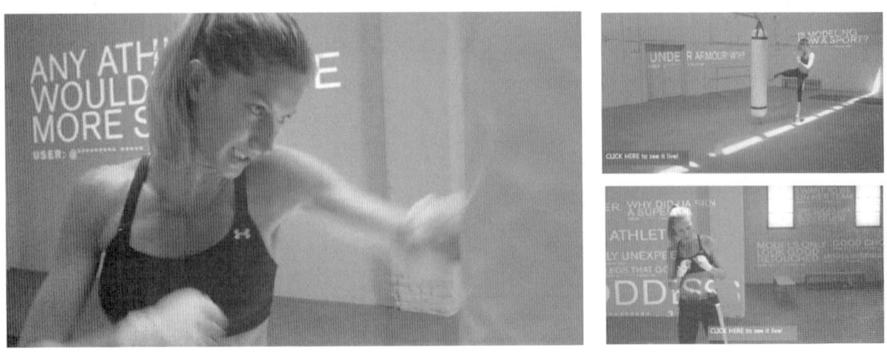

출처: 유튜브(https://www.youtube.com/watch?v=H-V7cOestUs)

그림 11-18 I WILL WHAT I WANT

생각해 볼 문제

1. VR, AR, MR의 개념과 차이에 대해서 생각해 보세요.
2. 가상현실(VR) 광고 기획을 위해 중요하게 고려해야 할 요소가 무엇인지 생각해 보세요.
3. 증강현실(AR) 광고의 효과과정에 대해서 생각해 보세요.
4. 혼합현실(MR) 광고에 있어 가장 중요한 것은 무엇인지 생각해 보세요.

참고문헌

이아름. (2018), 혼합현실(Mixed Reality, MR) 시장 및 산업동향, 서울: 융합정책연구센터.

윤현영. (2019), VR · AR · MR 관련 기술 및 정책 동향, 서울: ITFIND 동향보고서.

이헌주, 김화숙. (2018), 가상 · 증강현실 기술 및 산업 동향, 서울: ITFIND 동향보고서.

김해석. (2018), VR/AR산업 현황 및 전망, 서울: 정보통신산업진흥원 이슈리포트.

오정석, 윤호창, 전현주, 고상미. (2019). 가상현실의 새로운 인식에 관한 사유. 한국콘텐츠학회 종합학술대회 논문집, 171-172.

안태영, 윤혜영. (2019). 5G시대에 혼합현실(MR)기술 기반을 활용한 도시재생 : 청주 이정골 신항서원 축제를 중심으로. 글로벌문화콘텐츠학회 학술대회 논문집, 33-37.

박기창. (2018), VR · AR · MR 기술 동향, 서울: ITFIND 동향보고서.

조희경, 김성훈. (2019). 증강현실(AR) 기반 교육용 콘텐츠 디자인에 나타난 에듀테인먼트 콘텐츠 요소 연구. 한국디자인문화학회지, 25(1), 441-452.

장주연, 추호정, 박소윤. (2019). 몰입형 가상현실 기술과 패션 유통. 한국유통학회 학술대회 발표논문집, 224-227.

이희지, 조광민. (2019). 가상현실 스포츠 이용자의 프레즌스(Presence)와 감정반응, 스포츠 태도 및 행동의도의 구조적 관계. 한국스포츠산업경영학회지, 24(3), 66-84.

백승국, 이주희, 안효정, 채지선. (2011). AR 광고콘텐츠의 문화기호학적 접근. 한국프랑스학논집, 73, 295-312.

박봉원, 이중만, 이종원. (2011). 콘텐츠 제작방식, 지각된 위험, 미디어 풍부성이 고객만족에 미치는 영향 분석. 한국콘텐츠학회논문지, 11(6), 385-396.

한정엽,안진근. (2010). 혼합현실공간(MRS)의 미디어환경 특성연구. 한국콘텐츠학회논문지, 10(11), 160-179

T. P. Caudell, & D. W. Mizell, Augmented Reality: An applicatio n of Heads-Up Display Technology to Manual Manufacturing Proce sses Proc., p.660-661,

[MWC 2016] 삼성전자, 360도 카메라 '기어360' 공개…기어 VR 5000대로 VR 언팩 첫선(2보)

조선비즈, http://biz.chosun.com/site/data/html_dir/2016/02/22/2016022200228.html

초기형 HMD 장치인 '다모클레스의 검'

[IT인물열전] 컴퓨터 그래픽 기술의 선구자 - 이반 서덜랜드

https://it.donga.com/21254

포켓몬GO 게임영상 캡쳐

https://www.youtube.com/watch?time_continue=3&v=SWtDeeXtMZM

홀로렌즈, 네이버 캐스트

https://terms.naver.com/entry.nhn?docId=3580400&cid=59088&categoryId=59096

홀로렌즈, 사용자 화면 시점(유튜브)

https://www.youtube.com/watch?time_continue=92&v=tUcNVFVg4Zw
립모션 블로그
http://blog.leapmotion.com
유니티 웹사이트
https://unity.com/kr/solutions/game
가상광고, ICT 시사용어 300
https://terms.naver.com/entry.nhn?docId=3587049&cid=59277&categoryId=59280
로봇VR 탑승 모습, 유튜브
https://www.youtube.com/watch?v=tOZXoTfPeSg
로봇VR 헤드 마운트(HMD) 영상, 유튜브
https://www.youtube.com/watch?time_continue=82&v=xYVKoJc5N1M
Happy Goggles, 유튜브
https://www.youtube.com/watch?v=bnYg752URcE
The Field trip to Mars, 유튜브
https://www.youtube.com/watch?v=a_bSOwFWu-A
IKEA VR Experience, 이케아 웹사이트
https://www.ikea.com/us/en/about_ikea/newsitem/040516_Virtual-Reality
Unbelievable Bus Shelter, 유튜브
https://www.youtube.com/watch?v=Go9rf9GmYpM
Makeup Genius, 유튜브
https://www.youtube.com/watch?v=F_C4nojuCtE
React Land, 유튜브
https://www.youtube.com/watch?v=JJliIaKTtEo
Sound of Honda – Ayrton Senna 1989, 유튜브
https://www.youtube.com/watch?v=8vMZ_ZxvjSY
I WILL WHAT I WANT, 유튜브
https://www.youtube.com/watch?v=H-V7cOestUs

CHAPTER 12

OTT와 MCN 브랜디드 콘텐츠

사례 **더욱 진화된 동영상 플랫폼 시장**

제일기획, cheil magazine – 미디어와이드뷰, 2018년 11월 02일

동영상 플랫폼 춘추전국시대라고 해도 무방할 만큼 최근 동영상 플랫폼들은 다양화되고 세분화되어 각각의 시장을 형성하고 있다. 디지털 내에서 검색까지도 동영상으로 한다는 말 또한 더 이상 젊은 세대에 국한된 이야기가 아니다. 최근 동영상 플랫폼 시장의 판도와 특징을 살펴보자.

글 | 강혜정 프로 미디어플래닝 1팀

자체 콘텐츠 제작을 강화하는 넷플릭스와 유튜브 프리미엄

유튜브는 2008년 국내 진출 이후 동영상 플랫폼으로는 명실공히 독보적인 1위를 유지하고 있는 플랫폼이다. 기존 유튜브 레드를 뮤직과 함께 '유튜브 프리미엄'으로 변경했으며 BTS, 지드래곤 등 다큐멘터리 형식의 콘텐츠 중심으로 자체 제작 콘텐츠를 강화 중이다.

2016년 국내에 진출한 넷플릭스는 초반에는 콘텐츠 경쟁력이 기대에 못 미쳤지만, 막강한 오리지널 콘텐츠를 바탕으로 현재 유료 회원수 30만으로 2년 만에 영향력 있는 동영상 플랫폼으로 자리매김하고 있다. 국내 콘텐츠에 대한 투자는 2017년 영화 〈옥자〉, 최근 〈미스터 션샤인〉을 비롯해 유재석, 유병재가 출연하는 예능프로그램 자체 제작 등을 통해 활발히 이뤄지고 있다. 넷플릭스의 이러한 전방위적 콘텐츠에 대한 투자 영향으로 지난해 8월 디즈니는 넷플릭스에 대한 콘텐츠 공급 계약을 중단하겠다고 발표하기도 했다.

이 같은 글로벌 기업들의 동영상 서비스는 국내 진출 초반 '유료 구독'에 대한 기대와 우려가 많았지만, 콘텐츠 경쟁력을 중심으로 동영상 시장의 한 축을 형성하고 있다.

넷플릭스의 오리지널 콘텐츠들 © netflix.com

경쟁력 강화하는 국내 플랫폼들

유튜브와 넷플릭스 등 글로벌 기업들의 동영상 플랫폼 시장 내 입지가 강화되고 있지만, 그에 대응하는 국내 플랫폼들 또한 다양한 방법으로 경쟁력을 갖추고 있다. 가장 대표적인 것은 TV 콘텐츠를 중심으로 한 티빙과 푹(Pooq)으로 국내 OTT(Over the Top)의 원조 격인 서비스들이다. CJ E&M 콘텐츠를 기반으로 한 티빙과 지상파 콘테츠로 시작한 푹은 국내 TV 콘텐츠에 있어서는 다른 플랫폼 대비 큰 강점이 있다.

최근 성장세가 뚜렷한 왓차는 이용자의 별점과 리뷰를 바탕으로 한 맞춤 추천 서비스를 강점으로 가지는 영화 중심의 플랫폼이다. 넷플릭스와 유사한 방식이지만, 가격 경쟁력을 바탕으로 국내 사용자를 늘려가는 추세이다. 또한 통신사를 기반으로 한 SKT의 옥수수 또한 강력한 자본력을 바탕으로 입지를 다지고 있다.

국내 OTT(Over the Top)의 원조 격인 티빙 © tving.com

콘텐츠 통합 플랫폼 지향하는 카카오페이지

국내 포털들은 기존 웹툰, 웹소설, 만화, 장르 소설 중심의 플랫폼을 동영상까지 확장해 콘텐츠 통합 플랫폼으로 경쟁력을 강화하고 있다. 카카오페이지는 올해 초부터 동영상 콘텐츠를 탑재했고, 네이버는 최근 다양한 콘텐츠 서비스를 통합한 네이버 시리즈를 내놓았다. 이 두 개 플랫폼을 주축으로 주요 포털 간 경쟁이 더욱 심화될 것으로 보인다.

콘텐츠의 특성상 시리즈물이 많은 콘텐츠 통합 플랫폼은 '기다리면 무료' 방식을 많이 사용하고 있는데, 이는 이용자가 정해진 시간을 기다리면 무료로 콘텐츠를 볼 수 있게 해주는 서비스로 카카오페이지에서 처음으로 시작해 지금은 업계의 유료 콘텐츠 비즈니스 방식으로 자리 잡았다.

기존 다양한 콘텐츠에서 동영상까지 흡수한 한 단계 더 나아간 통합 플랫폼 시장의 판도가 어떻게 지속될지 귀추가 주목된다.

통합 플랫폼으로 경쟁력 강화에 나선 카카오페이지 © page.kakao.com

소셜미디어 내에서도 동영상 강화

동영상 측면에서는 타 플랫폼 대비 주춤했던 소셜미디어들의 동영상 강화 움직임도 계속되고 있다. 최근 페이스북은 Watch, 인스타그램은 IGTV를 통해 동영상 콘텐츠를 강화하고 있다. 페이스북의 Watch는 지난해 8월 미국에서 처음 론칭 후 최근 국내에도 도입됐다. 국내에서는 Mnet, JTBC 룰루랄라 스튜디오 등 콘텐츠 제작사들의 콘텐츠들도 Watch에서 시청할 수 있다. 여기에 중간광고 도입 계획까지 발표해 콘텐츠 크리에이터들의 수익 창출이 가능한 모델까지 지원할 예정이다.

페이스북 Watch

영 타깃 중심으로 한 Short Form Video 시장

앞서 나온 플랫폼들이 대부분 콘텐츠 중심의 Long Form Video였다면 최근 10대들을 중심으로 1분 이내의 Short Form Video 시장의 성장세가 뚜렷하다. 대표적인 서비스로는 음악을 중심으로 시작해 짧은 뮤직비디오 형식의 영상을 만들 수 있는 틱톡, 립싱크 영상을 통해 화제가 된 콰이, 사진 앱으로 시작했지만 짧은 동영상까지 만들 수 있는 스노우 등이 있다.

각 앱의 특성은 다르나 짧은 동영상을 중심으로 10대 사이에서 선풍적 인기를 끌고 있다는 점에서 앞으로 이러한 앱들의 성장세가 기대된다.

1 OTT 서비스

OOT(Over The Top)는 인터넷을 통해 볼 수 있는 TV서비스를 말한다. OOT는 전파나 케이블이 아닌 범용 인터넷망(Public internet)으로 영상 콘텐츠를 제공한다. 'Top'은 TV에 연결되는 셋톱박스를 의미하지만, 넓게는 셋톱박스가 있고 없을 떠나 인터넷 기반의 동영상 서비스를 모두 포괄하는 의미로 쓰인다. OTT서비스가 등장한 배경에는 초고속 인터넷의 발달과 보급이 자리잡고 있다. 인터넷 속도가 보장되어야 동영상 서비스를 불편함 없이 즐길 수 있기 때문이다. 그래서 대부분의 OTT서비스들은 2000년대 중 · 후반부터 나오기 시작했다. 구글은 2005년 '구글 비디오'를 풀시했으며, 2006년에는 유튜브를 인수했다. 넷플릭스는 2007년 인터넷 스트리밍 서비스를 시작했고 애플은 2007년부터 '애플 TV'를 선보였다(네이버, 2015)(그림 12-1).

방송통신위원회가 발표한 '2016년 방송 시장 경쟁상황 평가'에 따르면 국내 OTT 서비스 시장은 2016년 4천884억 원으로 전년 대비 약 53%가량 성장했음을 보여 주고 있다(방통위, 2017). 국내에서 가장 높은 OTT 사용 빈도를 차지하고 있는 푹(Pooq)은 현재 유료 가입자 53만 명, 1개월 무료 이용자 포함 약 280만 명의 가입자를 확보했

출처: ARS Technica, 2014

그림 12-1 애플 TV 사례

다(나원재, 2017). 국내 OTT 서비스뿐만 아니라 해외 OTT 사업자, 그리고 해외 OTT 사업자와 국내 유료 방송 사업자 간 제휴 OTT 서비스들도 국내 시장에서 확장하고 있다. 또한 아마존은 일본의 아이돌 육성 게임의 스핀오프(spin-off)인 〈아이돌 마스터 KR-꿈을 드림〉의 한국판 오리지널 시리즈를 제작하였다.

넷플릭스(Netflix)

2016년 1월 국내 시장에 진출한 글로벌 OTT 서비스 기업 넷플릭스(Netflix)는 한국 시장 진출 전부터 글로벌 시장을 공략해 온 기업이다. 2017년 기준 전 세계 1억 400만 명(미국 가입자 5085만 명)의 가입자를 유치한 넷플릭스는 매년 큰 상승폭을 기록하며 현재 글로벌 미디어 시장의 새로운 대체제로서 자리매김하고 있다(이지민, 2017). 특히 넷플릭스의 서비스 특성화 방식은 비즈니스 모델의 성공적인 변화 전략으로 평가받고 있다. 인터넷 스트리밍을 통해 다양한 콘텐츠를 제공하는 한편, 독자적인 오리지널 프로그램 제작에 투자함과 동시에, 제작한 콘텐츠의 전 에피소드를 한 번에 공개해 수용자들의 '몰아보기(binge watch)' 소비문화를 주도하였다. 이 외에도 과금 방식의 차별화, 빅데이터를 통한 영상 추천 시스템과 오리지널 콘텐츠 제작이라는 차별성을 통해 글로벌 시장에서 가장 많은 이용자를 확보하고 있다. 국내에서는 〈옥자〉의 독점 개봉과 무료 이용권 제공, 국내 시장을 겨냥한 콘텐츠 제공, 그리고 국내 제휴 셋톱박스 제공 등을 통해 OTT 서비스 시장에 진입하였다(그림 12-2).

출처: 뉴스웨이, 2017

그림 12-2 넷플릭스 〈옥자〉관련 기사

현재 미디어 시장에서는 시간과 공간에 제약을 두지 않고 원하는 콘텐츠를 제약 없이 시청할 수 있는 OTT 서비스를 통해 이용자들의 콘텐츠 소비가 더 능동적으로 변화하고 있다. 변화된 이용자들의 능동적인 소비 행태를 지속적으로 충족시키기 위해 미디어 콘텐츠 기업들은, 이용자의 요구와 편의를 모두 고려해야만 서비스를 지속할 수 있다. 이는 앞으로의 미디어 사업이 단순히 과거처럼 콘텐츠를 일방적으로 제공하는 방식을 통해서는 지속되기 힘들다는 것을 뜻하며, 콘텐츠와 제공되는 서비스에 있어서 다른 미디어 플랫폼과는 차별화를 둘 수 있는 전략을 취해야 한다는 것이다.

OTT 서비스 개념의 확장과 사업자별 재유형화를 통해 OTT 서비스가 본격적으로 제공되기 이전에 인터넷을 통해 이용할 수 있는 동영상 콘텐츠는 일반인들이 제작해 올린 UGC나 방송사업자들이 자사 웹사이트를 통해 제공하는 다시보기 정도였다. 그러나 OTT 서비스의 등장은 인터넷에서 이용 가능한 동영상 콘텐츠의 종류와 양을 무한 확장시켰고, OTT 서비스를 제공하는 사업자들의 유형도 다양해졌다. OTT 서비스의 개념과 관련하여 하윤금(2014)에 따르면 OTT 서비스는 인터넷을 통한인터넷의 발달로 콘텐츠를 유통하는 플랫폼은 극장, 지상파, 케이블에서 다양한 인터넷 사이트로 확대되고, 특히 세계 최대 무료 동영상 공유사이트인 YouTube(유튜브)는 미디어의 새로운 플랫폼으로 부상하였다. 미국의 젊은 층을 대상으로 인터넷미디어사업을 하는 Defy Media의 2014년의 조사에 의하면 13세에서 24세의 시청자는 유튜브와 유사한

출처: ARS Technica, 2014

그림 12-3 美 13–18세에게 영향력 있는 인물 Top 10 (Variety, 2015)

출처: 트렌드모니터 · 연합뉴스, 2018

그림 12-4 국내 10대 청소년 유튜브 인식 조사

소셜미디어를 하루 평균 11.3시간 시청하고, 일반방송의 경우 8.3시간만 시청하는 것으로 나타났다(Defy Media, 2015). 한편 콘텐츠를 제작하고 유튜브에 올리는 스타는 청소년에게 영향력이 이미 기존의 가수 또는 헐리우드 스타를 넘어서고 있다. 헐리우드 소식을 전하는 매체인 Variety에 의하면 2015년 미국 10대에게 영향력 있는 스타의 상위 10명 중 8명은 소위 '유튜브 스타'가 차지했다(Variety, 2015)(그림 12-3).

국내의 경우 시장조사전문기업 엠브레인 트렌드모니터의 2018 인터넷 개인방송 및 유튜버 관련 인식 조사에 따르면 전체 59.2% "인터넷 개인방송이 TV프로그램 못지 않게 재미 있어", 젊은 층일수록 이런 인식 강하게 나타는 것을 확인할 수 있었다. 또한 과거 대비 긍정적으로 이미지가 변화하였으며 연예인만큼이나 영향력이 크다고 답하였다. 또한 교육부(2018)에 따르면 최근 들어 학생들의 장래희망을 '유튜버'(동영상 크리에이터)로 선정하는 경우가 많아 졌다고 한다(그림 12-4).

그리고 글로벌 Top MCN 중 하나인 현재 Maker Studios는 5만5천 명의 창작자를 통해 6.5억 명의 구독자를 가지고 있으며 매달 100억 View 이상을 기록한다고 한다(Makers Studios Homepage). 이렇듯 급속도로 확대되는 창작자, 1인 사업자 즉 크리에이터들과 MCN은 어떻게 시작되었으며 영향력을 확대해 온 것인가? MCN 사업의 시작을 이끈 첫 번째 요인은 콘텐츠 유통 플랫폼의 변화에서 시작되었다고 생각된다. 그리고 두 번째 요인은 이러한 콘텐츠를 소비하는 소비층의 변화 및 행태에 기인한다고 판단된다. 마지막으로 소비행태를 반영한 콘텐츠를 제작하는 창작자와 플랫폼을 연결해주고 이를 사업화 시키는 역할이 요구되면서 MCN은 만들어지게 된 것이다. 동영상 콘텐츠 서비스 전체를 OTT 서비스로 보는 광의의 개념과 초기 제3의 독립사업자들에 의해 셋톱박스에서 출발한 협의의 OTT 서비스, 두 가지 개념이 혼재되어 사용되고 있다. 현재 광의의 OTT 서비스는 온라인 동영상 서비스와 동의어로 사용되기도 한다.

조영신(2011)은 OTT 사업자를 애플이나 MS, 티보(Tivo) 등과 같이 플랫폼/단말 파워로 콘텐츠를 유인하는 사업자군, 넷플릭스, 구글, 아마존과 같이 플랫폼 파워로 단말과 콘텐츠를 유인하는 사업자군, 훌루 등과 같이 콘텐츠 파워로 단말을 유인하는 사업자군, 로쿠, DivX Player 등 단말 판매를 목적으로 콘텐츠와 수평적 관계를 유지하는 사업자군까지 네 가지 유형으로 분류하였다. 이은민(2012)은 OTT 사업자의 유형을 지상파 방송사업자나 케이블 방송사업자와 같은 기존의 콘텐츠 사업자들이 유통 플랫폼으로 진출하는 유형, 구글이나 야후, 아마존 등과 같은 기존의 플랫폼 사업자들이 가치사슬 내 영역을 확대하려는 목적으로 OTT에 진출하는 유형, 단말 사업군이 OTT 서비스에 진출하는 유형 등 세 가지로 분류하고 있다. 한편, 시장조사업체 프라이스워터하우스쿠퍼스(PwC)는 광의의 OTT 서비스를 영화 오락 분야(Filmed entertainment)로 분류한다. 영화오락은 영화와 홈비디오로, 홈비디오는 다시 전자적 홈비디오와 물리적 홈비디오로 나눠진다. 광의의 OTT를 의미하는 온라인 동영상 서비스는 전자적 홈비디오 부분에 해당된다. 전자적 홈비디오에는 넷플릭스 등과 같이 독립사업자 중심의 OTT 서비스 사업자와 애플 등과 같은 스트리밍 사업자를 포함하는 협의의 OTT 서비스와 TV 방송사 중심의 가입형 서비스(Through-TV subscription)가 포함된다.

이러한 기존 연구자들의 OTT 서비스의 개념 정의와 유형 구분은 현재의 진화된 OTT 서비스를 포괄하지 못하는 한계를 지니고 있다. 무엇보다도 OTT 서비스에 진출한 사업자의 범위가 기존의 방송, 통신사업자로까지 확대되었고, 셋톱박스와 상관없이 유무선인터넷을 통해 영화, TV 프로그램, UGC(User generated content) 등의 다양한 동영상콘텐츠가 제공되고 있다. 서비스는 실시간 방송을 포함하여 주문형 비디오(VOD) 방식, 스트리밍 방식이 혼합되어 제공되고 있고, 이용자가 지불하는 비용의 경우 무료 혹은 유료로 과금체계도 다양화되었다. 콘텐츠 유통이 모바일로 확장되면서 TV PC, 스마트 TV, 셋톱박스, 콘솔, 블루레이, 스마트폰, 태블릿 등의 연결가능한 모든 단말기에 제공하는 서비스로 외연이 확장되었다. 온라인 동영상 서비스를 포괄하는 광의의 OTT 서비스를 정의하면 다음과 같다(표 12-1).

표 12-1 확장된 OTT 서비스의 개념

개념	내용
OTT사업자	제3의 독립사업자, 지상파 방송사업자, 유료방송사업자, 콘텐츠 제공업자(CP), 통신사업자, 단말사업자 등
서비스망	유선 인터넷(브로드밴드), 무선 인터넷(모바일)
콘텐츠 종류	실시간 방송 콘텐츠 및 오디오, 동영상 콘텐츠, 영화, UGC
서비스 방식	실시간 스트리밍, 주문형 비디오(VOD)
과금 방식	유료(월정액/건당과금), 무료(광고 기반)
디바이스 종류	스마트 TV, PC, 테블릿PC, 스마트폰, 게임콘솔, 셋톱박스/동글(dongle) 등과 연결된 일반 TV

기존의 OTT 사업자 유형 분류와 확장된 OTT 서비스 개념을 반영하여 이 연구에서는OTT 사업자를 콘텐츠 기반 사업자, 플랫폼 기반 사업자, 디바이스 기반 사업자로 재유형화 하였다. OTT 사업자 유형은 미국과 한국 모두 콘텐츠 기반의 사업자군, 플랫폼 기반의 사업자군, 디바이스 기반 사업자군으로 나눌 수 있다. 우선, 콘텐츠 기반 사업자가 제공하는 OTT 서비스는 넷플릭스와 같은 제3의 신규 독립사업자나, 기존의 사업자인 지상파 방송사, 콘텐츠 사업자(CP)에 의해 제공된다. 한국에는 제3의 사업자와 콘텐츠사업자(한국의 경우 채널사용사업자인 PP)가 제공하는 서비스가 없다는 점이 미국과 다른 부분이다. 한국과 미국 모두 지상파 방송사 연합으로 OTT 서비스가 제공되는데 한국은 푹(Pooq), 미국은 훌루가 여기에 해당된다. 다음으로 플랫폼 기반 사업자의 경우 한국과 미국 모두 케이블 방송사업자들이 OTT 서비스를 제공하고 있다. 미국은 컴캐스트와 버라이즌, 한국은 MSO인 CJ 헬로비전과 현대 HCN이 각각 티빙, 에브리온 TV라는 이름으로 서비스 하고 있다. 미국의 경우 위성TV사업자인 디시(Dish)도 2015년 OTT 서비스인 '슬링 TV(Sling TV)' 서비스를 시작했다. 디즈니, 스크립스 네트워크, 터너 브로드캐스팅 등 콘텐츠 사업자(CP)와 제휴하고 위성이 아닌 OTT 방식으로 다양한 단말에 실시간 채널과 동영상 서비스를 제공하고 있다(Strabase, 2015, 1, 16). 플랫폼 기반 서비스에서 한국은 통신사업자들의 OTT 서비스가 매우 활성화되어 있다는 점이 특징적이다. 통신 3사가 모두 자사 스마트폰들을 대상으로 OTT 서비스를 제공하고 있다(표 12-2, 12-3).

콘텐츠 사업자들의 경우, 유료방송사업자의 플랫폼에 편성되어 전송되어야만 최종 소비자를 만날 수 있다. 이들은 전통적으로 자체 제작한 방송 콘텐츠를 판매하거나 제공함으로써 수익을 얻는 비즈니스모델을 가지고 있고, 플랫폼과의 관계에서는 늘 유리한 고지를 선점하지 못했다. 플랫폼을 갖지 못한 콘텐츠 사업자들이 이제 온라인과 모바일 영역에서는 자체적으로 플랫폼을 운영하기 위하여 OTT 서비스로 사업을 확대 중이다. 콘텐츠 사업자로서 OTT 서비스에 진출한 기업은 3가지 유형으로 분류된다. 첫

표 12-2 미국 OTT서비스의 사업자별 유형과 특성

운영주체		주요사업자	특성
콘텐츠 사업자	제3의 신규 독립사업자	넷플릭스, 아마존프라임. 부두(Vudu)등	– CP들로부터 콘텐츠를 구매하거나 자체제작 – 높은 콘텐츠 수급비용이 문제
	지상파 사업자	훌루	– 훌루는 지상파방송사들이 제휴 운영 – 모회사로부터 콘텐츠 확보
	채널 사업자 (Channel Provider)	HBO GO, HBO Now, Disney	– CP가 직접 OTT서비스 운영 – 자체 OTT플랫폼에서 자사 콘텐츠 서비스 – 별도의 콘텐츠 수급 비용이 들지않음 – 기존 플랫폼(유료방송사업자)를 통하지 않고 소비자에게 직접 서비스가 가능해짐
플랫폼 사업자	유료방송 사업자	디시, 컴캐스트, 버라이즌 등	– 케이블 방송, 위성방송 등 기존의 유료방송사업자가 제공 – 가입해지(코드커팅)을 막기위한 보완재적 성격
디바이스 사업자	애플, 구글, 아마존, 로쿠, 소니 등		– 셋톱박스: 애플 TV, 아마존Fre TV, 구글 넥서스플레이어 – 동글형단말: 구글크롬캐스트, 아마존Fre TV 스틱, 로쿠(Rocu), 스트리밍 스틱 등 – 콘솔게임기 연동: 소니의 PlayStaion Vue – TV등의 스크린에 연결하는 하드웨어 형태의 OTT기기를 통해 서비스 제공 – 하나의 디바이스로 하나 이상의 OTT서비스 이용 가능

표 12-3 한국 OTT서비스의 사업자별 유형과 특성

운영주체 성격		사업자	특성
콘텐츠 사업자	지상파 사업자	Pooq, K player, 콘팅(conting)	– 지상파 방송사 KBS, MBC, SBS 등이 연합하여 OTT서비스 제공 – 지상파 방송사가 운영하는 OTT서비스 – 경쟁력 있는 지상파 콘텐츠 확보
플랫폼 사업자	통신 사업자	올레 TV모바일 BTV모바일 LGU+ HDTV 호핀	– 통신사업자가 운영하는 OTT서비스 – 자사 인터넷 가입자 대상으로 부가서비스 제공 – 호핀은 SK텔레콤 자회사인 SK플래닛 제공
	유료방송 사업자	티빙, 에브리온 TV	– 케이블방송사업자(MSO)가 운영하는 OTT서비스 – 티빙은 CJ헬로비전이 제공 – 해당 사업자가 보유하고 있는 채널(콘텐츠) 위주 서비스
디바이스 사업자	티빙, 에브리온 TV, SK텔레콤, 다음		– 셋톱박스: 다음 – 동글형: 티빙스틱, 에브리온 캐스트, 스마트미러링 – TV등의 스크린에 연결하는 하드웨어 형태의 셋톱박스, 동글형 단말 등 OTT기기를 통해 서비스 제공 – 기존 OTT서비스 사업자(티빙, 에브리온캐스트), 포털사업자(다음)의 플랫폼 확장 도구 – 사업자가 보유한 콘텐츠 중심으로 OTT서비스 플랫폰 확장

째는 넷플릭스나 아마존 프라임과 같은 제3의 신규 독립사업자다. 이들에게 가장 큰 문제는 안정적인 콘텐츠 확보와 고가의 콘텐츠 수급비용이다. 넷플릭스는 이러한 콘텐츠 수급 문제를 해결하기 위해 〈하우스 오브 카드〉(House of Cards), 〈기묘한 이야기〉(Stranger Thing) 같은 다수의 오리지널 드라마를 자체 제작해 서비스하는 전략을 취한다. 한국의 경우 넷플릭스나 아마존과 같은 콘텐츠 사업자들의 경우, 유료방송사업자의 플랫폼에 편성되어 전송되어야만 최종 소비자를 만날 수 있다. 이들은 전통적으로 자체 제작한 방송 콘텐츠를 판매하거나 제공함으로써 수익을 얻는 비즈니스모델을 가지고 있고, 플랫폼과의 관계에서는 늘 유리한 고지를 선점하지 못했다. 플랫폼을 갖지 못한 콘텐츠 사업자들이 이제 온라인과 모바일 영역에서는 자체적으로 플랫폼을 운영하기 위하여 OTT 서비스로 사업을 확대 중이다. 콘텐츠 사업자로서 OTT 서비스에 진출한 기업은 3가지 유형으로 분류된다. 첫째는 넷플릭스나 아마존 프라임과 같은 제3의 신규 독립사업자다. 이들에게 가장 큰 문제는 안정적인 콘텐츠 확보와 고가의 콘텐츠 수급비용이다. 넷플릭스는 이러한 콘텐츠 수급 문제를 해결하기 위해 〈하우스 오브 카드〉(House of Cards), 〈기묘한 이야기〉(Stranger Thing)같은 다수의 오리지널 드라마를 자체 제작해 서비스하는 전략을 취한다. 한국의 경우 넷플릭스나 아마존과 같은 채널을 제공하고 있는 유료방송시장의 가입자 감소를 촉발할 수 있기 때문에 일종의 제살 깎기가 발생할 수 있어 매출 감소에 대한 우려가 제기되기도 한다(그림 12-5).

출처: 넷플릭스(Netflix)

그림 12-5 (좌) 하우스 오브 카드(House of Cards), (우) 기묘한 이야기(Stranger Thing)

한국의 경우 미국과는 달리 PP(방송채널사용사업자)가 독자적인 OTT 서비스에 진출한 경우는 없다. 이는 플랫폼사업자로 OTT 서비스를 제공중인 티빙이나 에브리온 TV가 MSO이면서 다수의 PP를 소유하고 있는 MSP이기 때문으로, 이들 PP의 경우 이미 OTT 서비스에 콘텐츠 제공자로 참여하고 있다고 볼 수 있다.다음은 플랫폼사업자가 OTT 서비스에 진출한 경우다. 여기에는 케이블방송사업자, 위성방송사업자, IPTV사업자 등이 제공하는 OTT로 구분이 된다. 이들이 처음부터 OTT 사업에 적극적으로 진출한 것은 아니다. 넷플릭스와 같은 신규 OTT 사업자들의 저가 전략 때문에 코드커팅이나 더 싼 가격의 패키지로 이동하는 코드셰이빙이 발생하면서 기존의 유료방송사업자들은 일종의 방어전략으로 OTT 서비스에 진출해야 하는 상황에 처했다. 초기 유료방송사업자들의 OTT 진출은 가입해지나 저가상품으로의 이동을 막기 위한 소극적인 대처로 보완재적 성격이 강했다. 그러나 최근의 행보는 오프라인에서 플랫폼사업자로서 시장에서 누려온 지위를 온라인, 모바일 영역으로까지 확대하려는 좀 더 공세적인 전략으로 볼 수 있다. 특히 미국의 유료방송사업자들은 소비자들의 TV시청행태 변화에 대응해 스마트폰이나 태블릿 PC 같은 대체 단말로 콘텐츠를 제공하는 방안을 적극 모색 중이다(Makers Studios).

최근 미국의 위성방송사업자 디시(Dish)가 자사 위성망이 아닌 인터넷 망을 통한 OTT 서비스로 출시한 슬링TV(Sling TV)가 대표적이다. 슬링TV는 다수의 채널 대신에 시청률이 검증된 소수의 채널을 낮은 가격에 선별적 제공하는 OTT 서비스다. 다수의 단말로 실시간 채널 및 DVR 서비스를 제공하기 때문에 타 유료방송사업자와 OTT 사업자 모두에게 위협이 될 가능성이 크다는 전망이다. 기존의 유료방송에 비해 저렴한 가격, 다양한 단말로 시청할 수 있는 연결성 측면에서의 경쟁우위, 무약정 월단위 계약으로 가입 및 해지가 용이할 뿐 아니라 기존의 OTT 서비스와 비교해 실시간 채널이라는 콘텐츠 우위를 가지고 있기 때문이다. IPTV 사업자 버라이즌(Verisen) 역시 IPTV와 별도로 온라인 유료 방송서비스를 실시할 예정이다. AT&T의 경우 100개 이상의 실시간 채널을 포함하는 모바일 TV 애플리케이션 'U-Verse App'을 출시했다. 유료 TV 시장에서의 경쟁이 시간과 장소의 제약이 없는 콘텐츠 서비스 중심으로 진행되고 있다는 진단이다(Strabase, 2013, 10, 15).

미디어의 패러다임의 변화는 콘텐츠를 유통하는 플랫폼의 다변화에서 시작되었다. 전 세계적으로 OTT는 2013년에 이미 179억 달러의 시장을 형성하였고, 2019년 약 3배 성장한 554억 달러 규모가 될 것으로 전망된다.[1]

기존의 유료방송사는 OTT서비스로 고객들이 이탈하였다고 하고, 스트라베이스(2014)에 의하면 실제로 미국의 경우 2011년 1억 명을 넘었던 유료방송가입자는 2013

---

[1] OTT란 Over The Top. 기존의 통신 및 방송 사업자와 더불어 제 3사업자들이 인터넷을 통해 드라마나 영화 등의 다양한 미디어 콘텐츠를 제공하는 서비스

년에는 약 9,938만 명으로 감소하였다(KT경제경영연구소, 2015).

초기에 OTT는 셋톱박스와 같은 단말기를 통해 콘텐츠를 VOD(Video on Demand) 방식으로 제공하는 것을 의미했으나 기술의 변화에 따라 유통이 모바일로도 확대되면서 인터넷을 통한 콘텐츠 서비스로 확대되었다. 대표적인 OTT 서비스인 유튜브는 2005년에 시작되었고, 이듬해 Google(구글)에 인수되면서 사업은 확대되었다. 2007년에는 유료로 영화를 제공하는 사이트로 Netflix(넷플릭스)가 시작되었다. 이후 넷플릭스가 자체 제작하고 온라인에서만 방영한 'House of Cards' 드라마시리즈로 2013년 Emmy 시상식[2]에서 14개 부문에 후보가 되고 3개의 상을 수상하게 되었다. 2008년에는 주로 TV Series를 무료로 제공하고 광고로 수익을 올리는 Hulu(훌루)가 News Corporation, General Electric과 NBC Universal의 파트너십으로 서비스를 시작하였다(USA Today, 2008). 결국 유튜브와 더불어 넷플릭스, 훌루가 기존의 전통 매체와 더불어 플랫폼의 역할을 하며 기존의 유료방송 사업자도 새로운 플랫폼에 적극적으로 뛰어들게 된 것이었다. 전통적인 영화사나 방송사에서 제작된 콘텐츠를 유통하는 넷플릭스와 훌루와 달리 유튜브는 개인 크리에이터들이 만든 콘텐츠도 서비스하는 큰 차이가 있지만 중요한 것은 소비자 입장에서는 콘텐츠를 확인할 수 있는 플랫폼이 다변화 됐다는 점이다. 나아가 다변화된 플랫폼에 모바일과 라이브스트리밍 기술은 다양한 콘텐츠의 확산이 더욱 용이하게 하였다.

2 MCN 브랜디드 콘텐츠

크리에이터가 성장하게 되면서 MCN이 등장하였다. MCN(Multi-Channel Network)이란 "1인 콘텐츠 창작자들을 발굴 · 지원하고 이들을 종합적으로 관리하는 인터넷 방송 서비스"이다(임정수, 2016). 다시 말해 MCN은 유튜브 생태계에서 탄생했다. 유튜브에서 인기가 높아지고 수익을 내는 채널이 많이 생기자, 이들을 묶어 관리해주는 곳이 생긴 것이 출발이다. 여러 유튜브 채널이 제휴해 구성한 MCN은 일반적으로 제품, 프로그램 기획, 결제, 교차 프로모션, 파트너 관리, 디지털 저작권 관리, 수익 창출 · 판매 및 잠재고객 개발 등의 영역을 콘텐츠 제작자에게 지원하는 역할을 맡고 있다. SM이나 YG, JYP, 안테나뮤직이 소속 가수를 발굴해 육성하고 방송 활동을 지원하듯 MCN은 인터넷 스타들의 콘텐츠를 유통하고, 저작권을 관리해 주고, 광고를 유치하는 일을 대신해 준다. 그 대신 이들 MCN 소속 창작자(크리에이터)는 유튜브나 아프리카 TV 같은 인터넷방송 플랫폼에 출연한다. 연예인들의 활동을 세밀히 관리하듯, MCN은 인터넷 콘텐츠 창작자들의 매니저 역할을 맡는다(네이버, 2015).

기술의 발달과 더불어 MCN 사업의 시작을 이끈 요인은 콘텐츠를 소비하는 소비자

[2] 미국 방송계 최고 권위의 시상식. 영화 Academy, 공연 Tony, 음악계에는 Grammy 시상식이 있음.

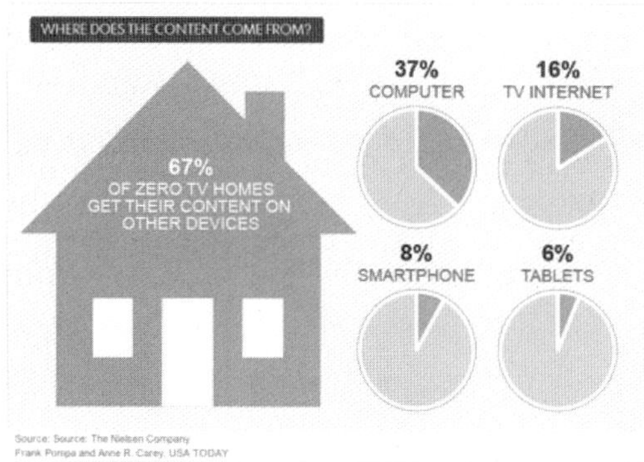

출처: The Nielsen Company

그림 12-6 'Zero-TV' 소비 행태

의 소비층의 변화와 이들의 행태 변화라고 할 수 있다. 최근 콘텐츠를 소비하는 소비층으로서 밀레니얼 제너레이션(양유신, 2010)으로 부상하게 되었다. 이들은 컴퓨터가 없는 세상을 알지 못하고, 버튼 하나만 눌러 정보를 얻고 오락을 즐기고 다른 사람들을 만나는데 익숙해져 왔다(양유신, 2010). 이들이 콘텐츠를 소비하는 방식은 편하게 제공되는 콘텐츠를 보는 방식인 Lean-Back이 아니라 직접 원하는 콘텐츠를 찾아보는 Lean-Forward 방식이었던 것이다. 결국 앞서 언급한 바와 같이 미국의 유료방송 가입자는 줄고, 이러한 행태는 가정에서 TV를 보지 않은 'Zero-TV' 가정이 늘게 되었으며, 2007년 이후 2백만 가구가 늘어나 5백만 가구가 되었으며 전체 시청가구 중 5%나 되게 되었다. Zero TV 가구는 콘텐츠를 시청하지 않는다는 것은 아니라 이중 67%는 다양한 디바이스를 통해 콘텐츠를 소비하고 있었던 것이다(Nielsen, 2013). 밀레니얼 제너레이션이 다양한 디바이스를 통해 콘텐츠를 소비하는 것과 더불어 큰 행태의 변화는 콘텐츠를 소통, 즉 소셜과 더불어 소비한다는 것이다(그림 12-6).

소비자는 소셜미디어와 소셜미디어를 활용한 소셜 TV[3]를 통해 콘텐츠를 소비하고 크리에이터들은 실시간 채팅이나 댓글을 통해 시청자와 쉬지 않고 소통을 하며 방송을 진행하기도 하고, 소비자의 의견을 반영한 콘텐츠를 즉각해서 만들어 내기도 한다(DNC Report, 2015). 그리고 이러한 크리에이터들이 만들어내는 콘텐츠는 이전까지는 Niche(니치)형 콘텐츠였으나, 다양한 니치형 콘텐츠를 원하는 소비자들이 늘어나며 규모의 경제가 만들어 지고, Mass(매스)에 견줄만한 영향력을 키워가게 되었다. 미국에서 전통미디어에서 OTT까지 플랫폼이 다변화 될 때 크리에이터의 니치형 콘텐츠를 서비스하는 대표적인 사이트로 탄생한 유튜브가 MCN의 태생과 성장에 가장 중요한

[3] 소셜 TV란 TV를 보며 이모티콘, 메시지 따위를 화면에 띄워 의견을 교환하거나 스마트폰이나 PC로 의견을 교환하는 방식이다.

역할을 하였다. 구글이 유튜브를 인수하기 전에는 UGC(User Generated Content)가 주류를 이루는 사이트였지만 수익화에는 어려움을 겪고 있었다. 하지만 구글의 유튜브 인수 후 현재의 True View(트루뷰)라는 광고 형식이 만들어지고, 광고주가 유입되기 시작하며 유튜브 스타들이 탄생하기 시작하였다(조영신, 2015). 유튜브 스타들은 게임 해설을 하고, 화장하는 모습을 중계하며, 코미디를 하거나 노래를 부르기도 한다. 이들 중 스웨덴 출신의 Felix Kjellberg(필릭스 셀버그)는 PewDiePie(퓨디파이)란 이름으로 활동하며 주로 게임의 리뷰 등을 중계한다. 퓨디파이의 유튜브채널은 2016년 2월까지 4천1백만 명이 구독하고 있으며 연간 1천2백만 달러 이상의 수익으로 유튜브스타 중 가장 많은 금액을 벌어들이고 있다(People, 2015). 반면 다양한 화장법을 보여주는 미국의 Michelle Phan(미셸 판)의 채널은 8백3십만 명이 구독하며 연간 3백만 달러 이상의 수익으로 올리며 또 다른 대표적인 유튜브스타로 활동 중에 있다. 이들과 같은 크리에이터들이 급속도로 늘며 이들의 사업을 보다 체계적으로 관리하는 사업이 필요하게 되며 MCN 사업 생겨나게 되며 크리에이터들과 함께 빠르게 성장하기 시작하였다.

1) MCN 브랜디드 콘텐츠의 동향

브랜디드 콘텐츠는 수많은 미디어와 콘텐츠 경쟁에서 살아남기 위해 새롭게 제시되는 광고 전략 중 하나로 언급되고 있다(홍다현, 전종우, 2018). 앞에서 살펴본 것처럼, 브랜디드 콘텐츠는 브랜디드 엔터테인먼트를 포괄하는 개념으로, 콘텐츠 제작사와의 협력(co-operation) 또는 공동창조를 통해 브랜드 메시지가 녹아 있는 콘텐츠를 말한다(김운한, 2016; 홍다현, 전종우, 2018). 즉 브랜드 커뮤니케이션의 목표를 달성하기 위해 제작되는 모든 콘텐츠를 총칭한 다고 볼 수 있다. 브랜디드 콘텐츠의 유형은 크게 웹드라마, 웹툰, 1인 미디어인 MCN, 웹무비, 웹예능(신일기, 2014; 이승영, 2017) 등으로 분류된다. 이중 1인 미디어로 대표되는 MCN이 가장 대표적인 유형이라 할 수 있다. 최근 들어 MCN 시장은 유튜브의 성장에 힘입어 빠르게 성장하여왔다. Z세대를 중심으로 유튜브 동영상 콘텐츠가 소비되면서 누구나 쉽게 동영상 콘텐츠를 제작하여 배포할 수 있게 된 것이다. 또한 검색을 통해 콘텐츠에 접근하는 것도 매우 용이해졌다. 그 결과 유튜브 동영상 시장은 최근 들어 급격하게 성장할 수 있었지만, 동시에 무수한 양의 동영상 사이에서 살아남기 위한 오리지널 콘텐츠의 중요성이 본격적으로 제기되었다(조영신, 2016). 정보통신정책연구원(2016)의 '멀티채널네트워크(MCN) 시장 동향' 보고서에 따르면, 10대와 20대의 모바일 동영상 시청자 수는 각각 331만 명과 498만 명으로 나타났다. 이는 같은 기간 TV 시청자의 수(10대 314만명, 20대 465만 명)를 뛰어넘는 수치이다. 뿐만 아니라 10대와 20대는 유튜브 동영상을 다른 세대보다 3배 이상 소비하는 것으로 나타나 MCN 콘텐츠 소비에 있어서 중요한 세대 층임을 보여줬다(닐슨코리안클릭, 2017). Z세대들의 유튜브 동영상 소비는 자연스럽게 수많은 MCN 크리에이터들이 탄생하는 토대가 되어주었다. 자신만의 전문성과 재미를 기초로 동영상을 제작하는 '대도서관(게임)', '씬님(뷰티)', '밴쯔(먹방)' 등이 큰 인기를 끌면서 분야별로 100만이 넘는 다양한 구독자를 탄생시켰다. 기업들 역시 전통 미디어의 효과가 떨어지는 Z세대들에게 효과적으로 접근할 수 있는 방법으로 MCN과의 협업을 진행하였다. 점차 증가하는 협업 시도는 다양한 우수 사례들을 탄생시켰다. 일례로, 뷰티 MCN인 '씬님'은 최근 파우치 리뷰 콘텐츠를 제작하여 유통하였는데, 콘텐츠 게재 24시간 만에 모든 제품을 완판하는 성과를 보여주었다(민혜정, 2017). 이러한 온라인 바이럴 성공 사례들은 뷰티에서 시작하여 게임, 식음료 등 다양한 분야로 점차 확대되고 있다.

2) MCN 브랜디드 콘텐츠의 유형 분류

MCN(Multi Channel Network: 다중채널네트워크)은 기본적으로 개인방송들의 플랫폼이라 할 수 있다. 유튜브(Youtube)에서 파생되어 생겨난 MCN은 빠른 속도로 성장하고 있으며 새로운 비즈니스 플랫폼의 하나로 자리 잡고 있다. MCN은 일반적으로 제품이나 프로그램에 대한 기획 관리, 프로모션, 저작권 및 파트너 관리, 수익 창출 등의 역할을 대신 하게 된다. MCN에 소속된 1인 영상 제작자들은 크리에이터(Creator) 혹은 1인 창작자라고 불리며 MCN은 이들을 인플루언서(Influencer)로 키우고 있다(고문정, 윤석민, 2016). 사실상 MCN은 현재진행형이고 아직까지 뚜렷한 플랫폼을 갖추었다고는 말할 수 없다. 단순히 콘텐츠를 모아 제작자를 관리하는 형태부터 직접 콘텐츠를 제작하는 형태까지 다양하게 존재하고 있으며 장르 역시 뷰티, 패션, 게임 등 다방면으로 분포되어 있다. 이러한 상황을 고려할 때, MCN에 있어서 'MCN은 원래 이런 형태다'의 접근은 사실상 불가능하다고 볼 수 있다. 미국과 유럽에서 먼저 시작된 MCN 역시 유튜브에서 시작되었다. 유튜브가 수용자들의 이목을 끌기 시작하면서 조금 더 전문적이고 본격적인, 오리지널 콘텐츠가 필요하게 된 것이다(조영신, 2016). 그렇게 유튜브 스타들을 이용하여 그들이 만들어내는 콘텐츠의 가능성을 보게 된 것이다. 색다르고 독특한 그들의 콘텐츠를 발전시키게 되면 기존의 TV 시장과는 또 다른 시장을 개발할 수 있고 광고를 끌어올 수 있다고 본 것이다(조영신, 2016). 이렇듯 유튜브라는 영상 제작 기반 플랫폼의 가능성을 확인하고 이를 전문적인 형태로 발전시킨 것이 MCN이라고 할 수 있다. 우리나라에서도 2013년 대형 기업들이 MCN을 인수 합병하면서 MCN의 발전이 가속화되었다. 3년간 MCN 회사의 75%가 미디어 그룹에 의해 인수되었으며 상위 100개의 MCN 회사의 가치는 약 12조원에 달할 것이라는 전망이다(Ampere Analysis, 2015). CJ E&M이 '크리에이터 그룹'이라는 명목 하에 MCN 사업을 시작한 이후로 계속 해서 다양한 MCN 기반 회사들이 설립되고 있다. 특히 CJ E&M이 시작한 MCN 사업은 현재 '다이아 TV'라는 이름으로 국내에서 가장 영향력 있는 MCN으로 성장했다. 이후 페이스북을 기반으로 하고 있는 비디오 빌리지, 스타 UCC등 많은 MCN 회사들이 등장하고 있는 추세다. 이 뿐만 아니라 KBS 등 방송사들,

표 12-4 국내 MCN 브랜디드 콘텐츠 채널

채널	로고	내용
다이아TV (DIA TV)		– 국내 최초, 최대 규모의 MCN 사업 – 에코시스템을 통해 운영현황을 정기적으로 분석해 크리에이터에 컨설팅 – 저작권 관리, 세금업무, 음원, 외국어 등의 종합적인 서비스 지원 – 2017년 1월 케이블체널 '다이아TV' 개국 – CJ E&M이 크리에이터 그룹이라는 이름으로 2013년 아프리카TV 인기BJ들과 계약을 통해 한국 MCN사업 개시가 시초
비디오 빌리지		– 2017년 9월 기준 60여 명의 크리에이터 보유 – 국내 MCN 중 가장 많은 플랫폼과 유통계약 체결 – 자체 채널을 개설하여 오리지널 콘텐츠 공급
캐리소프트		– 유튜브 '캐리와 장난감 친구들' 어린이 대상 채널 – 구글, 유튜브, 네이버, SK, KT, LG와 케이블TV 등에서 채널 운영

SK와 LG U+등의 통신사, SM 엔터테인먼트까지 MCN 사업에 진출해 MCN의 시장이 급격한 성장을 하고 있다(고문정, 윤석민, 2016)(표 12-4).

MCN의 비즈니스 구조를 살펴보면 1인 창작자, 크리에이터들이 스스로 플랫폼을 기반으로 수익을 만들어 낸 반면 제 3자인 MCN이 수용자와 플랫폼 사이에 개입한다(고문정, 윤석민, 2016). 개인적으로 영상을 만들고 유통하기에 어려움이 있는 크리에이터들을 기업 차원에서 모집, 하나로 묶어 회사를 중심으로 하여 네트워크를 형성한다. 이렇게 형성된 네트워크는 1인 창작자들의 콘텐츠 생성, 자금 지원, 저작권 관리 등을 도우며 크리에이터들의 수입의 일부를 공유하고 있다. 크리에이터들은 이러한 영상기반 플랫폼을 기반으로 하거나 기업 및 광고주와 직접 계약을 체결해 자신들의 콘텐츠에 광고를 덧붙인다(고문정, 윤석민, 2016)

MCN에 대한 선행연구는 미비한 실정이지만 MCN의 비즈니스 모델을 탐색적으로 연구한 선행연구에 의하면 MCN의 비즈니스 모델을 명확하게 규정하기는 힘드나 계속해서 MCN 산업이 형성되어 가는 과정이라고 있다. MCN은 명확한 형태가 존재하지 않아 '비정형'의 비즈니스라고 칭해지나, 창작자 중심의 '디지털 콘텐츠 비즈니스'라고 규정할 수 있다(고문정, 윤석민, 2016). MCN의 비즈니스 모델에 대한 탐색 연구를 살펴보면, 모든 미디어의 비즈니스 모델은 광고이며 콘텐츠 판매와 판권화를 제외하면 대부분 광고로 움직인다고 말하고 있다. MCN 역시 마찬가지로 기존에 존재하는 콘텐츠계의 수익모델과 같은 모델을 취하고 있다는 것이다. 하지만 MCN의 특성 상 창작자의 자율성과 창의성이 중심적인 역할을 한다는 것과 창작자에 대한 통제가 강하지 않다는 것이 기존 미디어와의 차별점이다(고문정, 윤석민, 2016). 이렇듯 MCN에서 메인이 되는 것은 소비자(수용자), 크리에이터 그리고 광고주인데 영상을 제작하는 크리에이터가 가장 큰 역할을 지니고 있다는 점에서 다른 미디어들과 확연하게 구분되어진다. 가장 중요한 것은 MCN이 크리에이터에게 제공하는 콘텐츠 매니지먼트이다. 기업에게 광고비를 받고 특정한 제품 및 브랜드를 콘텐츠에 노출시키는 경우 MCN의 역할이 더 중요시된다(그림 12-7).

대부분의 MCN 회사들의 주 수익원은 브랜디드 콘텐츠이다. 다양한 장르를 기반으로 뷰티 크리에이터에게는 화장품 업체를, 게임 크리에이터에게는 게임 업체를 연결시켜주고 프로젝트를 진행해 수익을 만들어내는 것이다. 관련 기사에 의하면 MCN의 주요 수익원은 유튜브 광고와 협찬 광고가 다수이며 매년 2배 이상의 높은 성장률을 보이고 있다 (중앙일보, 2016). 주로 PPL과 브랜디드 콘텐츠를 위한 수익 다각화를 추구하고 있는데 이는 크리에이터가 자신의 영상에서 기업으로부터 협찬 받은 제품을 사용하거나, 해당 제품을 중심으로 한 콘텐츠를 제작하는 방식으로 진행되고 있다(Pd journal, 2016). DIA TV 소속 뷰티 크리에이터 씬님의 경우 'The Face Shop', '페리페라(Peripera)' 등 화장품 브랜드의 제품을 협찬 받아 해당 제품을 중심으로 한 '브랜디드 콘텐츠'를 제작하고 있다. MCN 콘텐츠의 경우 크리에이터의 자율성이 보장되는 만큼 형식, 콘텐츠 성격에 구애받지 않고 제작할 수 있다는 장점을 가지고 있다. 이처럼 MCN 사업이 크리에이터의 콘텐츠에 광고를 덧붙여 수익을 만들어내는 것 외에도 오리지널 콘텐츠 제작 및 크리에이터 관련 제품 생산 및 판매 등을 통해서도 수익을 창출

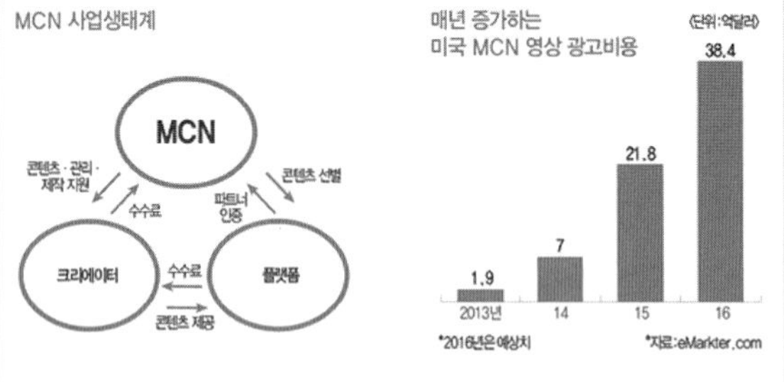

국내외 주요 MCN 사업자 현황

구분	MCN	설립연도	보유채널	월 방문자	투자유치	특이사항
해외	메이커스튜디오	2009년	6만개	73억명	9억5000만달러	폭넓은 주제와 연령대
	풀스크린	2011년	150개	48억명	3억달러	브랜드와 협업 활발
	머시니마	2007년	1만2000개	35억명	4200만달러	게임 엔진, 그래픽
	어섬니스TV	2012년	8만6000개	23억명	1억1700만달러	젊은 층 겨냥 코미디
	스타일홀	2011년	1만5000개	15억명	1억700만달러	여성 위한 뷰티, 패션
국내	CJ E&M (다이아TV)	2013년	650개	8억2000만명	-	해외 플랫폼 제휴 활발
	트레저헌터	2015년	150개	1억9000만명	157억원	크리에이터 발굴 육성

*2016년 1월 기준 *자료:KT경제경영연구소, 각 사

그림 12-7 MCN사업 생태계

하는 방법을 도모하고 있다(권혜미, 2015).

앞에서 살펴본 바와 같이 유튜브를 중심으로 제작되는 MCN 브랜디드 콘텐츠는 소비자들 사이에 효과적인 온라인 바이럴을 일으키는 방법으로 큰 주목을 받고 있다. 콘텐츠에 브랜드 메시지를 자연스럽게 결합시키는 방식은 기존 TV 광고의 전형적인 30초 포맷과 다르게 광고 메시지의 노출이나 방식에 제약이 없다. 미디어플랫폼의 인기 속에서 'B급 감성'을 제대로 표현하며 웹드라마의 시작을 알린 '72초 드라마'의 경우 기존의 72초 드라마가 가지고 있는 다소 우스꽝스러우면서도 냉소적인 메인 드라마 포맷과 내부 캐릭터 설정을 그대로 유지하면서 결정적인 순간마다 섬성 이어폰제품을 어색하게 끼워넣으며 웃음을 유발하였다. 이 콘텐츠는 기존의 TV 광고가 광고임을 숨기기 위해 자연스럽게 스토리 안에 녹이고자 했던 것과는 달리 소비자가 광고 콘텐츠임을 알 수 있도록 '[72초 특별편] 나는 오늘 드디어 협찬을 받았다. 72초X 삼성 레벨U'와 같이 제목에서부터 브랜드명을 노출하였고, 소비자들은 오히려 이러한 광고 콘텐츠를 보면서 72초 만의 재미를 느끼고 본 영상은 SNS마케팅으로써 큰 반향을 일으키는 시초가 된다(그림 12-8).

기업에서 콘텐츠 제작 시 광고 메시지를 최대한 결합시키려는 시도를 하는 것은 이러한 이유에서이다. 브랜디드 콘텐츠는 영상 포맷의 제한이 없고 스토리 위주의 재미를 추구해야할 뿐 만 아니라 소비자가 광고로 인지하지 않고 하나의 콘텐츠로 인식하게 되면서 자발적으로 정보를 습득하고 공유를 유도하게 된다. 하지만 과도한 광고 메시지는 오히려 소비자에게 거부감을 줄 수 있다. 이승영(2017)은 MCN이 인기를 끌고 효과적인 이유가 상업광고 콘텐츠에 부정적인 태도를 지닌 소비자들이 광고라는 자각 없이 자연스럽게 브랜드에 노출될 수 있기 때문이라고 하였다. 이러한 실무 및 이론적 논쟁을 고려해볼 때, 브랜디드 콘텐츠에 있어 어떠한 광고 메시지 노출방식이 소비자들의 반응을 효과적으로 이끌어낼 수 있는가 하는 것 은 매우 중요한 문제라 할 수 있다.

최세정, 김태영, 부건훈(2017)은 실제 유튜브에 게재된 MCN 브랜디드 콘텐츠들을 분석하여 콜라보레이션, 간접광고, 라이센스 등의 유형으로 구분하였다. 이 유형들은

그림 12-8 (좌) 72초 드라마–삼성 레벨U

비즈니스 측면에서 구분되었다는 것에서 의의가 있다. 연구자들은 브랜드 메시지를 콘텐츠에 결합시킨다는 이유를 들어 MCN 브랜디드 콘텐츠를 간접광고의 형태로 규정하였다. 하지만 MCN 브랜디드 콘텐츠를 간접광고 형태로만 설명하기는 어렵다. 왜냐하면 크리에이터들이 브랜디드 콘텐츠를 제작하면서 콘텐츠의 목적에 따라 직접적으로 광고라는 사실을 밝히는 경우도 있기 때문이다. 따라서, 직접광고 역시 MCN 브랜디드 콘텐츠의 유형 중 하나로 보는 것이 필요하다. 다시 말해, MCN 브랜디드 콘텐츠의 유형을 직접광고와 간접광고 등 광고 메시지의 노출방식에 따라 구분하여 살펴보는 것은 실제적인 사례에 적합한 접근방식이 될 수 있다. 그럼에도 불구하고 MCN 브랜디드 콘텐츠에서 광고 메시지의 노출 방식에 따라 소비자의 반응 및 효과를 고찰한 국내 연구는 전무한 실정이다. 이에 본 연구에 서는 전통적인 광고 메시지 노출방식에 관련된 선행연구를 참고로 하여, 직접광고와 간접광고 등 광고 메시지의 노출방식을 MCN 브랜디드 콘텐츠에 적용하여 설명하고자 한다.

광고 메시지의 노출방식에 대한 연구는 광고표현 전략에 기반하고 있다. 광고 진행은 마케팅 목표를 달성하기 위한 커뮤니케이션 수단으로서, 어떤 메시지를 전달할 것인가(What to say)에 대한 광고 메시지를 도출하는 데서 시작된다. 그런 다음 메시지를 소비자들에게 어떤 아이디어와 콘텐츠를 통해 표현할 것인가 하는 광고표현 전략(How to say) 단계를 통해 최종적으로 광고물로 제작된다(Mueller, 1987; Okazaki, 2010a; 이지훈, 염정윤, 정세훈, 2012). MCN 브랜디드 콘텐츠의 경우 어떻게 메시지를 효과적으로 전달할 것인가에 대한 접근을 하는 콘텐츠의 일종이라는 점에서, 광고표현 전략은 매우 중요하다. 한편, 광고 메시지의 표현 유형에 대한 대표적인 연구로는 경성 소구(Hard-sell Ad Appeal)와 연성 소구(Soft-sell Ad Appeal)라는 개념을 제안한 Mueller(1987)의 연구를 들 수 있다. 연성 소구란 아름다운 장면, 감정을 자극하는 이야기, 분위기 등을 통해 간접적으로 광고 메시지를 전달하는 방식을 의미한다. 반면 경성 소구는 제품이 가진 사실, 정보와 기능 등을 직접적으로 표현함으로써 광고 메시지를 전달하는 방식이다(이지훈, 염정윤, 정세훈, 2012).

이러한 개념들을 MCN 브랜디드 콘텐츠에 적용해보면, MCN 브랜디드 콘텐츠 역시 경성 콘텐츠(Hard-sell Contents)와 연성 콘텐츠(Soft-sell Contents) 등 두 가지 유형으로 분류해볼 수 있다. 이러한 유형 분류를 실제 사례에 적용해보면 다음과 같다. 구독자 150만명으로 뷰티 분야 1위를 차지하는 '씬님'의 유튜브 채널에서 '다이어트에 좋은 단백질 음식을 찾아보자' 라는 콘텐츠는 연성 콘텐츠에 해당한다. 브랜드를 직접 소개하지는 않지만 자연스럽게 제품들의 브랜드를 노출하는 간접적인 메시지 노출방식이다. 반면 '박PD와 씬님의 마스크팩 리뷰'라는 콘텐츠는 직접적으로 브랜드 메시지를 노출하는 경성 콘텐츠에 해당한다. 기업의 의뢰를 받아 제작된 이 콘텐츠는 동영상 초기 화면에서부터 유료 광고 콘텐츠임을 명기한다. '닥터자르트'라는 마스크팩 브랜드를 각종 대사, 자막, 제스처를 통해 직접적으로 언급하면서 제품 체험 전후의 효능을

표 12-5 메시지 노출 방식에 따른 MCN 브랜디드 콘텐츠 유형

분류	MCN브랜디드 콘텐츠 차원
연성 콘텐츠 (Soft-sell)	느낌(Feeling): MCN브랜디드 콘텐츠가 감정을 유발, 감정의 전이가 이루어지도록 호고, 자극함 ex) 쿠쿠크루의 차뿌시기 몰카
	암시적(Implicit): MCN 브랜디드 콘텐츠에서 광고 메시지가 숨겨진 의미가 있음. 비유, 은유법, 삽화를 사용 ex) 허팝의 더위탈출! 아이스크림 라면
	이미지(Iimage): MCN 브랜디드 콘텐츠에서 표현 요소들은 제품 특성과 상징적 연결 고리 역할을 함. 상징적 연계는 대부분 추상적이며 제품이나 제품 사용과 동떨어진 언어적/비언어적 요소가 사용됨 ex) 피츠라이브 맥주방송
경성 콘텐츠 (Hard-sell Contents)	생각(Thinking): MCN 브랜디드 콘텐츠가 소비자의 합리적인 사고를 유발, 논리적 사고를 유발하는 정보를 전달 ex) 햇살의 신라면과 아몬드 초코볼 비교
	명시적(Explicit): MCN 브랜디드 콘텐츠에서 광고 메시지가 명백하고 뚜렷한 의미를 나타냄. 주로 언어적 표현 ex) 쿠쿠크루의 GS샵과 자취박스 프로모션
	사실(Fact): MCN 브랜디드 콘텐츠에서 제품 자체 제춤 정보를 설명하는데 초점을 둠. 사실적이고 객관적인 정보 전달 ex) 대도서관의 기네스 맥주 협업

시연한다. 이상의 실제 사례와 광고표현 전략의 선행연구를 종합해보면, MCN 브랜디드 콘텐츠의 연성 콘텐츠는 콘텐츠 내에서 상품을 소품으로 활용하거나 적절히 배치함으로써 암시적으로 제품을 연상시켜 간접적으로 노출하는 방식이라 할 수 있다. 반면 경성 콘텐츠는 MCN 브랜디드 콘텐츠에서 직접적으로 제품 정보 및 브랜드를 소개하고 관련 스토리를 전달하는 방식이다. 아래 표는 Okazaki(2010a)가 제시한 경성 소구와 연성 소구의 세 가지 차원을 실제 MCN 브랜디드 콘텐츠에 적용하여 새롭게 분류한 것이다(표 12-5).

3) 국내의 MCN 현황

국내에서도 MCN이 사업화되기 시작하였다. 국내에서 가장 먼저 MCN 사업을 시작한 회사는 CJ E&M이고 2013년 7월 Creator Group으로 사업을 시작하여 DIA TV로 출범하였다. 2016년 1월에는 개인 창작자, 크리에이터 650명, 구독자 3,600만 명에 월 평균 8억 View(뷰)를 돌파했다(매일경제, 2016). CJ는 크리에이터들의 콘텐츠와 더불어 자사의 콘텐츠도 유통하고, 자사의 채널을 통해 홍보하며, 그룹의 광고와 연계하기도 하며 시너지를 모델을 만들어 가고 있다. 나아가 2014년 중국의 동영상 플랫폼 Youku.com(유쿠), 일본의 MCN 사업자 UUUM(움), 유럽의 동영상 플랫폼 Dailymotion(데

일리모션) 및 동남아시아 MCN 사업자 WebTV Asia(웹티비아시아)와 협력하는 등 글로벌 진출을 추진하고 있다(아시아경제, 2015). 한편 인터넷개인방송으로 유명한 아프리카 TV도 2014년 MCN 사업에 진출하여 사업을 하고 있다. 2015년 지상파 방송으로 인기를 끌게 된 MBC의 '마이리틀텔레비전'은 '다음 TV팟'의 생방송을 편집하여 방송한 것이지만 포맷이 아프리카 TV에서 이전부터 진행해온 포맷으로서 많은 시청자들은 해당 프로그램이 아프리카 TV와 연계되었다고 오인하였다고 한다(아프리카TV, 2016). CJ E&M과 아프리카 TV 또는 카카오와 같이 상장된 규모 있는 기업 외에도 유명 창작자들과 협력하여 독립 MCN를 설립한 Treasure Hunter(트레져헌터)도 있다.

트레져헌터는 CJ E&M에서 MCN 부문 팀장으로 근무했던 송재룡대표가 퇴사 후 설립한 회사이다. 양띵, 김이브, 악어 등 89개 팀의 크리에이터들과 사업을 진행하고 있으며 뷰티전문 MCN 자회사 레페리를 포함해 150개의 채널과 월 평균 1.2억 뷰를 기록하고 있다. 트레져헌터를 포함한 몇 개사의 국내 MCN들은 규모 있는 투자유치를 하였으며 양띵, 김이브 등의 크리에이터들도 상당한 수익을 올리고 있다. 트레져헌터의 경우는 설립한지 1년도 채 되지 않아 157억 원의 투자 유치를 하였다. 그리고 콘텐츠 제작에 강점을 가지고 있는 Make Us(메이크어스)는 DSC인베스트먼트, KTB네트워크 등의 벤처캐피탈로부터 202억 원을 유치하였다(뉴스1, 2015). 메이크어스는 페이스북, 유튜브, 카카오스토리 등 플랫폼에 2,570만 명의 구독자를 보유하고 있으며 딩고 등의 채널을 운영 중이며 방송업계의 유명 PD들을 영입하기도 했다(뉴스1, 2015). 그 외의 MCN으로서는 콩두컴퍼니는 20억 원, 샌드박스네트워크는 10억 원, 비디오빌리지는 6억 원의 투자 유치를 하였다(그림 12-9).

한편 몇몇 국내방송사업자들은 직접 MCN 운영에 나섰는데, KBS는 2015년 7월에 런칭한 예티를 개선한 MCN를 진행 중이며, '마이리틀 텔레비전'을 방송한 MBC는 SMC란 MCN 사업체를 설립했다. 그리고 동영상 공유 서비스인 판도라 TV는 프리에이티브, 크랙앤리버 등의 다양한 MCN과 협약을 하고 다양한 유통 플랫폼을 통한 콘텐츠 전달을 시도하고 있다. 이러한 MCN에서 활동 중인 크리에이터는 약 1만명 수준이라고 한다. 이 중 100명 이상은 수입이 1년에 1억 원 이상 인 것으로 전해진다. 대도

그림 12-9 국내 MCN 사업자

표 12-6 국내 주요 MCN 사업자 현황 (각사 홈페이지 및 관련 기사)

MCN사업자	주요특징
CJ E&M DIA TV	국내 최초 MCN 사업자 650개 채널, 3,600만 구독자, 8억 월평균 뷰 (글로벌순위 30위) 해외파트너십 유쿠, 움, 데일리모션, 더아이콘티비 등
Treasure Hunter	89개 팀, 150개 채널, 1.2억 월평균 뷰(글로벌순위 83위), 네시삼십삼분, DSC 인베스트먼트 등으로부터 157억원 투자유치
Africa TV	인터넷 기반 일 평균 3,500개의 동시방송(국내 1인 트래픽 1위)소속 BJ, MCN 활동 지원 2015년 매출 629억 원, 영업이익 76억 원
판도라 TV	국내 최초 동영상 공유 사이트(2014년) 캐리소프트, 클릭앤리버, 프리에이티브 업무 제휴
KBS	2015년 7월 MCN 전문 에띠스튜디오 오픈 트레져헌터와 해외 공동 진출 업무 협약(2016)

서관, 양띵, 김이브 등은 이미 널리 알려진 상위 0.1%(10명 가량) 크리에이터의 연봉은 5억 원을 넘는다(MK뉴스, 2016). 대도서관은 본인의 수익이 월 2~3천만 원 정도라고 말한다. 하지만 아직까지 억대 연봉을 받는 크리에이터의 숫자는 적은 편이며 투자유치를 한 후 규모 있는 수익을 창출하고 있는 MCN 기업 역시 많지 않다고 할 수 있다(표 12-6).

양방향 디지털TV 방송이 가능해지면서 상품정보를 TV에서 바로 검색하고 상품을 주문 및 결제할 수 있는 T커머스(T-Commerce)가 등장했으나, 예상외로 지난 10년간 자리를 잡지 못했다. 반면, 동영상 콘텐츠를 기반으로 전자상거래와 연계하는 V커머스(Video Commerce)는 급속히 성장하고 있다. 특히 새로운 개념의 V커머스 2.0 시대의 도래와 활성화가 주목받고 있다. 기존의 V커머스가 제품 소개의 한 방식으로 동영상을 활용하는데 그쳤다면, 최근의 V커머스 2.0 콘텐츠는 제품정보 전달 기능에 충실하면서도 재미와 공감을 주는 콘텐츠로 진화했기 때문이다. 최근 뜨는 옆머리 스타일 때문에 고민하는 남자들의 동영상이 페이스북에서 공유되기 시작하더니, 부스스한 머리 스타일의 남성이 신생 브랜드 '블랙몬스터'의 다운펌을 사용해서 이를 해결했다는 before & after 체험 동영상이 화제를 일으켰다. 대표적인 V커머스 기업으로 알려진 블랭크TV라는 신생 업체는 이 콘텐츠를 통해, 한 달 동안 매출액 5억원을 달성했다. 이런 식으로 '1분 먹방'을 보고 바로 음식 주문을 하고, 창업 1년 새 매출 10억을 내다보는 V커머스 스타트업 기업도 등장하고 있다.

한편, 다중채널네트워크(Multi Chanel Network)를 기반으로 한 이른바 MCN산업 역시 지난 수 년 간 급속한 성장세를 지속해왔다. 미국에서 유튜브를 기반으로 200년대 중반부터 활성화되기 시작한 MCN콘텐츠는, 2013년을 기점으로 국내에서도 본격적으로 산업화되기 시작했다. CJ E&M의 다이아TV를 비롯, 트레져헌터, 샌드박스 엔터테인먼트, 레페리, 메이크어스, 72초TV 등의 관련 기업들이 등장했으며, 1인 크리에이터들의 한국형 플랫폼으로서 아프리카TV도 새롭게 조명되었다. 그리고 이른바 디지털 네이티브(Digital Native)로 불리우는 10, 20대 세대들에게 기존 레거시형 미디어를 능가하는 영향력을 인정받으며, 새로운 개념의 넥스트 미디어(Next Media)로서 다양한 문화적, 산업적 시도들이 이어지고 있다.

V커머스는 동영상을 뜻하는 비디오(Video)와 상업을 뜻하는 커머스(Commerce)가 합쳐진 말로, 소비자들이 동영상을 보면서 상품을 구매하는 것을 말한다(Encyclopedia of Naver, 2017). 넓은 의미로는 기존의 TV홈쇼핑이나, T커머스 등도 포함할 수 있으나, 보통 그와 구분하여 기존 방송과는 달리 규제가 적고 내용에 제약을 덜 받는 인터넷을 기반으로 하는 전자상거래 중심형 모델을 일컫는다. 기본적으로 V커머스는 동영상을 기반으로 하기에, 텍스트와 이미지 중심의 기존 커머스 모델이 담보하기 어려운 종합적이고 직관적인 정보를 제공한다. 여기에 초고속 인터넷망의 보급으로 인한 동영상 콘텐츠의 활성화와 커머스 기업 간의 차별화 경쟁의 심화로 인해, 200년대 이후 인터넷 기반 전자상거래 업체의 새로운 서비스 방식으로 떠올랐다. 그리고 이는 상품 페이지에 사진 중심의 설명을 뛰어 넘어, 상품 소개 동영상을 제공하는 부가적인 서비스 형식이 주류를 이루었다. 미국의 대표적인 온라인 쇼핑몰인 6pm.com은 바로 이러한 방식으로 급성장한 좋은 예이다. 초창기 신발 전문 쇼핑몰로 시작한 6pm은 기존의 상품 이미지에 더하여, 대부분의 상품 페이지에 신발을 직접 신어보고, 그 특징을 간단히 설명해주는 일반인 모델이 등장하는 짧은 동영상을 제공하였다. 그림 12-10에서 보듯이, 페이지 하단에 상품인 신발의 각 방향의 이미지 사진과 더불어 가장 오른쪽에 Video 아이콘을 배치하고, 이를 클릭하면 일반인 모델이 등장하는 1분 내외의 짧은 동영상이 나온다. 내용은 간단한데, 해당 신발을 직접 신어보고, 만져보면서 그 느낌을 설명한다. 이를 통해 이미지와 텍스트 설명만으로는 알기 힘든 재질의 느낌, 착용감, 일반 소비자로서의 종합적인 평가 등을 보다 직관적으로 전달하는 것이다. 작은 스타트업 벤처 기업이었던 6pm.com은 이를 통해 해당 카테고리 최고의 쇼핑몰로 떠올랐으며, 이후 글로벌 기업인 아마존에 높은 가격에 인수되는 큰 성공을 거두었다(그림 12-10).

MCN산업은 웹 2.0시대에 개인들이 유튜브와 같은 플랫폼을 통해 1인 창작 미디어 콘텐츠를 만들 수 있게 되면서 등장하였다. MCN은 이러한 창작자들과 제휴하여 콘텐츠를 유통, 판매, 펀딩, 저작권 관리, 관객 개발의 지원, 외부 협업 및 관리를 전담하고 수익을 공유하는 조직을 의미한다(S. H. Hwang et. al., 2017). MCN이 활성화되면서, 기존의 1인 미디어형 콘텐츠는 전문화, 산업화되어 기존의 레거시 미디어형 콘텐츠와는 다른 새로운 개념의 콘텐츠로 진화되고 있다. 이러한 MCN형 콘텐츠 급성장의 배경에는 특히 모바일 기기의 대중화에 따른 모바일 친화적 콘텐츠화와 SNS를 기반으로

출처: V–commerce Style Product Page 6pm.com

그림 12-10 6pm.com의 동영상 상품 페이지

공유하는 스낵컬처형 동영상의 인기가 핵심 요소로 자리 잡고 있다. 그리고 이런 흐름에 따라 국내외 대형 IT기업들도 콘텐츠 확보를 위해 공격적인 투자를 하고 있다.

초대형 글로벌 기업이자 1위 플랫폼 사업자인 구글은 창작 지원 공간인 '유튜브 팝업 스페이스'를 운영하고 있고, 다양한 MCN 지원 프로그램 역시 확대하고 있다. 페이스북은 페이스북 라이브 서비스를 런칭하여, SNS기반 실시간 동영상 방송의 시대를 열고 있다. 네이버는 향후 3년간 150억의 예산을 투자하여 한국이 강점을 보이고 있는 분야인 웹드라마, 웹예능, 뷰티, 키즈, 게임 등 5대 분야의 MCN형 콘텐츠 창작자를 육성하기로 했다(MK뉴스, 2016). 카카오는 아프리카TV와 유튜브에서 주로 활동하는 유명 크리에이터인 대도서관, 도티, 김이브 등을 참여시킨 새로운 동영상 플랫폼인 통합형 '카카오TV'를 런칭했다. 국내에서 압도적 점유율을 보유하고 있는 메신저 서비스인 카카오톡과의 연계라는 점에서 상당한 파급효과가 예상된다.

4) 국내 MCN산업의 수익모델 창출 필요성

미국에 비해 절대적 시장 규모가 작은 국내 MCN산업의 가장 큰 과제는 수익성의 확보다(C. H. Kim, 2016). 인프라와 제도의 미비에도 불구하고 국내에서도 많은 MCN 기업이 등장하고, 지속적인 투자를 하고 있지만 아직 손익분기점을 상회할 뚜렷한 수익모델이 없는 실정이다. 가장 기본적인 수익모델은 유튜브 광고 수익을 45:5 비율로 유튜브와 분배하고, 이 5%를 다시 MCN사업자와 크리에이터가 나눠 갖는 방식이다. 그러나 이는 국내 시장의 규모 상, 근본적인 수익 모델이 되기에는 한계가 있다. 국내 시장에서 대단한 성공이라 할 수 있는 10만 뷰를 달성해도, 수익은 수백만 원에 그치기 때문이다. 여기에 아프리카TV의 별풍선과 같이, 소비자가 크리에이터를 후원하는 방식의 기부형 수익모델이 추가될 수 있으나, 기본적으로 소수의 팬덤형 소비자를 대상으로 하는 한계점을 가지고 있다. 이에 따라 일부 스타급 크리에이터나 MCN기업은 플랫폼과 무관하게 개별적으로 광고를 유치하거나, 콘텐츠 PL 형식의 수익모델을 시도하는 등의 인플루언서 마케팅에 눈을 돌리고 있다. 그러나 광고 유치와 집행의 효율성 부족, 마케팅의 노하우 미흡, 플랫폼과의 이해관계 조율 문제 등 아직 안정적 수익모델이 되기에는 요원한 것이 현실이다. 개인 비즈니스의 차원을 넘어 산업화로 급속히 진화하고 있는 MCN산업의 입장에서는 이제 양적, 질적으로 안정적인 새로운 수익모델의 확보가 절실한 것이다.

5) V커머스 2.0과 MCN 콘텐츠의 연결점

V커머스 2.0과 MCN산업은 바로 이러한 맥락에서 상호 윈- 윈할 수 있는 연결 고리를 갖는다. V커머스는 이제 2.0시대로 진화하면서, 재미와 공감을 담보할 수 있는 콘텐츠 경쟁력의 확보가 성공의 핵심요소가 되었다. 그리고 MCN기업은 새로운 안정적 수익모델 확보 전략으로서 V커머스와의 결합이 강력한 대안으로 떠오르고 있다. 전술한 V커머스 2.0 콘텐츠의 유형과 특성을 고려하면, 이는 더욱 분명해진다. V커머스 2.0 콘텐츠의 주요 유형인 인플루언서 콘텐츠와 브랜디드 콘텐츠 유형은 기본적으로 MCN콘텐츠의 대표적 유형이자, 그 특성을 그대로 가지고 있기 때문이다. 즉, 누구보다도 V커머스 2.0의 특성에 부합하는 콘텐츠를 잘 만들 수 있으며, 이를 검증된 콘텐츠 생산력을 기반으로 안정적이고 체계적으로 공급할 수 있는 것이 MCN기업인 것이다. V커머스 2.0은 공유와 추천을 기반으로 한 홍보와 구매 제고를 궁극적 목표로 한다. 따라서 같은 기반에서 비슷한 원리로 콘텐츠 소비자가 어떤 콘텐츠에 반응하는 지, 이를 어떻게 콘텐츠에 반영할 것인지에 대한 데이터와 노하우를 가지고 있는 MCN기업의 콘텐츠 개발 능력이 시너지를 발휘할 것이다.

6) MCN의 사업구조

상당부분의 MCN의 시작이 유튜브의 크리에이터 채널에서 시작한 바, 유튜브에 수익을 의존하는 사업구조를 가지고 있다. 2005년 사업을 시작한 유튜브는 TV 네트워크와도 비슷한 성격이며 개방형 플랫폼으로서 크리에이터가 제작한 콘텐츠를 올리면 시청자들이 볼 수 있도록 해주는 역할을 한다. 유튜브는 전 세계에서 온라인 비디오 시장의 63% 점유율을 차지하고 있으며 매월 15억 명 이상의 방문자가 10억 시간 이상을 보는 사이트이다(Nielson, 2012). 그리고 유튜브는 2006년 구글에 인수되면서 광고수익구조가 강화되고, 시청자들이 크리에이터가 제작한 동영상의 시청 횟수가 증가하게 되면 이에 따른 광고주로부터 지불되는 광고비를 크리에이터와 나누게 된다. 그 후 MCN이 등장하게 되며 MCN은 크리에이터의 콘텐츠의 기획, 제작, 마케팅, 저작권, 유통 및 사업의 전반적인 지원을 제공하는 역할을 하게 된다. 단 수익모델은 유튜브가 광고에서의 매출을 45%를 차지하고 55%를 크리에이터에게 지불하게 된다. 55%에 대해서는

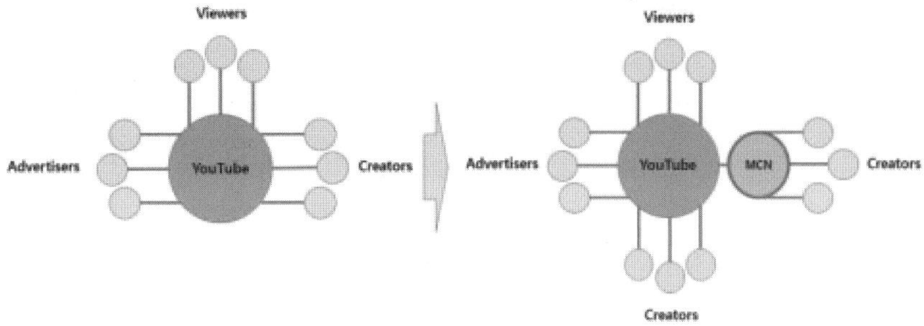

그림 12-11 유튜브와 크리에이터간의 사업구조에서 MCN을 포함한 사업구조로의 변화

크리에이터와 MCN이 분배하고 과거 5:5에서 현재는 7:3 에서 9:1 정도의 분배로 변화되어 왔다. 유튜브의 2013년 CPM은 $7.60이였다(Tubefilter, 2014). 이중 유튜브에 45%를 분배하고 크리에이터가 남은 55% 중 70%를 지불 받게 된다면 결국 MCN이 가져갈 수 있는 수익은 $1.25에 불과하다. 헌데, Pre-roll(프리롤) 광고가 붙지 않은 영상은 분배를 못 받으며 한국의 경우 평균 CPM이 이보다 낮은 실정이다(그림 12-11).

결국 MCN이 분배 받는 CPM을 1천원으로 계산 시 클릭당 1원에 가까운 수익이며 도달하기 쉽지 않은 1백만 뷰 기록 시 고작 1백만 원 정도의 수익이 가능하다는 계산이 나온다. 그럼에도 불구하고, 해외 크리에이터 중 천만 달러가 넘는 수익을 올리고, 국내에서도 연간 수억원 단위의 수익을 올리는 크리에이터가 탄생하였으며 다양한 MCN이 생겨나고 몇몇 MCN은 높은 가치평가로 투자 유치를 하고 있다. 앞서 언급된바와 같이 2015년 가장 높은 수익을 올린 퓨디파이의 경우 연간 1천2백만 달러를 벌었다고 하고, 대도서관도 유튜브를 통해서 5억 원 이상의 수익을 올렸다고 한다. 한편 2015년 세계에서 가장 수익을 많이 올린 배우는 아이언맨의 배우, Robert Downey Jr.는 8천만 달러를 벌었으며, 같은 리스트의 최하단인 33위의 쥬라기월드의 Chris Pratt과 홍콩의 유덕화는 1천3백만 달러를 벌었다. 비교를 세계에서 가장 수익을 많이 올린 스타와 한다면 복서 Mayweather가 3억 달러로 1위, 가수 Katy Perry가 1억3천5백만 달러로 3위 였으며, 리스트 하단에는 가수겸 배우 Jennifer Lopez가 2천8백만5십 달러로 5인과 95위로 기록되었다(The World's Highest-Paid Superstars, 2015). 물론 비교대상으로 적합하지 않을 수도 있으나 MCN에서 가장 높은 수익을 올려도 아직까지는 세계적인 배우 또는 셀럽리스트에는 포함되지 못하는 수준이다. 대표적인 MCN 중 하나인 Awesomeness TV는 2014년 4천9백만 달러의 매출을 기록했다. 같은 기간 모 회사인 드림웍스의 전체 매출 6억8천만 달러에 비교하면 7% 정도밖에 안 되는 수준이다(Dreamworks Animation Homepage, 2014). 그리고 디즈니에서 인수 한 Maker Studios의 경우 인수 2014년 인수 당시 매출목표 도달 시 9억5천만 달러까지 지불하는 계약을 하였으나, 이듬 해 결국 일부 매출 미달성으로 7억 달러에 마무리하게 되었다(The Wrap, 2015). 한편 국내 MCN의 경우 1위 사업자인 DIA TV를 포함하여 아직까지 의미 있는 손익을 달성한 회사는 없는 실정이다. 결국 유튜브와 크리에이터 간의 생태계에서 MCN이 포함되는 생태계로 변화가 되었고, 많은 글로벌 미디어 기업과 벤처투자사가 높은 가치평가로 지분투자를 하였으나, 전통적인 미디어 사업 대비 의미 있는 재무적이 성과를 내는 데에는 아직까지는 미진한 상태이다.

생각해 볼 문제

1. OTT플랫폼과 MCN 브랜디드 콘텐츠가 광고에 미치는 영향을 생각해 보자.
2. 동영상 플랫폼 시장의 발전 과정에 대해 살펴보고 현재 플랫폼 시장의 현황과 문제점에 대해 논의해 보자.
3. 광고의 한 형태로서 OTT 플랫폼과 MCN 콘텐츠의 활용방안과 고려해야 할 점에 대해서 생각해 보자.
4. 향후 동영상 플랫폼 시장의 발전방향을 제시해 보자.

참고문헌

임정수, “MCN에 대한 미국 레거시 미디어 기업의 대응 전략 모델,” 방송통신연구, 제95호, pp.35-63,2016.

고문정, 윤석민 (2016). 온라인 플랫폼에서의 다중 채널 네트워크(MCN) 비즈니스 모델 탐색, 〈정보통신정책연구〉, 23권 1호, 59-94.

유지훈, 박주연 (2018). 글로벌 OTT 서비스 이용자의 지속적 이용 의도에 미치는 요인 연구. 방송통신연구, 46-79

김영주 (2015). OTT 서비스 확산이 콘텐츠 생산, 유통, 소비에 미친 영향에 관한 연구. 방송문화연구,27(1), 75-102

김치호 (2016). MCN 사업의 현황과 과제. 인문콘텐츠(40), 167-187

홍다현, 전종우 (2016). MCN(Multi Channel Network)의 브랜디드 엔터테인먼트 콘텐츠 효과. 지역과 커뮤니케이션, 20(4), 171-194

신일기, 최수형, 신현신 (2011). 모바일 광고의 상호작용 구성요인이 모바일 광고 수용에 미치는 영향: 몰입과 침입성을 매개변인으로, 〈한국디자인포럼〉, 33호, 299-308.

최모세, 조창환 (2019) MCN 브랜디드 콘텐츠 유형과 상호 작용성에 따른 소비자 반응 연구 : 지각된 실재감과 지각된 진정성의 매개효과를 중심으로 , 광고학연구, 30:3, 107-139

이승영. (2017). 다채널 미디어 환경에서 브랜디드 콘텐츠 마케팅의 유형에 관한 연구. 한국디자인문화학회지, 23(1), 445-456.

신일기. (2014). 마케팅 커뮤니케이션의 새로운 방향 브랜디드 콘텐츠. 마케팅, 48(5), 39-41.

최세정, 김태영, 부건훈. (2017). MCN 브랜디드 콘텐츠의 광고효과 분석. KOBACO.

홍다현, 전종우. (2018). MCN 브랜디드 콘텐츠의 소비자 심리, 크리에이터, 콘텐츠 효과. 광고학연구, 29(7), 56-72.

이지훈, 염정윤, 정세훈. (2012). 다국적 기업과 국내 기업의 광고 소구 전략 비교 연구: 경성 소구와 연성 소구를 중심으로. 한국소통학보, 19, 38-65.

김치호, 엠넷아시안뮤직어워드(MAMA)의 현황과 과제 ,『인문콘텐츠』, 제 34호, 2014, 202쪽

정원식(207)국내 V커머스 2.0 콘텐츠와 MCN 연계 전략 디지털콘텐츠학회논문지Vol. 18, No. 3, pp.

599-606

Mueller, B. (1987). Reflections of Culture: An Analysis of Japanese and American Advertising Appeals. Journal of Advertising Research, 27(3), 51-59.

Okazaki, S., Mueller, B., & Taylor, C. R. (2010a). Global consumer culture positioning: testing perceptions of soft-sell and hard-sell advertising appeals between US and Japanese consumers. Journal of International Marketing, 18(2), 20-34.

Okazaki, S., Mueller, B., & Taylor, C. R. (2010b). Measuring soft-sell versus hard-sell advertising appeals. Journal of Advertising, 39(2), 5-20.

J. E. Park, S. W. Kim, E. Kim and S. C. Kim, "A Multi-criteria Aproach toward Identifying Determining Factors of T-Commerce Adoption", Korean Journal of Broadcasting and Telecommunication Studies, Vol. 31, p. 5-37, January 2017.

S. H. Hwang, E. Y. Kim, K. J. Chae and S. H. Chun, "Revenue Model of MCN and Marketing Strategies : Focusing on Domestic MCN Cases", Asia-pacifc Journal of Multimedia Services Convergent with Art, Humanites, and Sociology, Vol. 7, No. 1, p. 17-24, January 2017.

C. H. Kim, "Present and Future of MCN Busines", Humanites Contents, Vol. 40, p. 167-187, March 2016.

사이트

STRABASE (2014, 11, 12). Amazon, "Fire TV Stick" 전격 출시...Google · Roku와의 동글형 OTT 단말3파전 본격화.

"Nexus Player vs Fire TV". URL: http://www.strabase.com/contents/view.php?num=17196

STRABASE (2015, 1, 6).

STRABASE (2015, 2, 16). 온라인 유료방송 앞세운 올드미디어의 반격... 미국방송시장 구조변화의 향방.

STRABASE (2015, 3, 6). 美 케이블TV 사업자 Cablevision, 방송사업자에서 커넥티비티 사업자로 전환.

Acumen Report Constant Content, Defy Media, p.16.

Digital Star Popularity Grows Versus Mainstream Celebrities , Variety, 2015

Makers Studios Homepage, http://www.makersstudios.com/about

조영신 (2015. 08. 10), [칼럼] MCN 시장의 진화와 미래

KT경제경영연구소,『2016 한국을 바꾸는 10가지 ICT 트렌드』, 한스미디어, 2015, 241쪽.

Hulu goes live with free TV shows, movies online , USA Today, 2008

양유신,『밀레니얼 제너레이션』, 더숲, 2010, 13쪽.

Zero-TV Doesn't Mean Zero Video , Nielsen, 2013

DMA Media, 소셜 미디어, TV를 만나다 ,『DMC Report』, 2015,

조영신, MCN 시장의 진화와 미래 ,『Naver Letter』, 2015

Here Are the World's Highest-Paid YouTube Stars - and What They Can Busy with Their Epic Salaries , People, 2015

1인 방송이 뜬다 MCN(다중채널네트워크)사업 각광,『매일경제』, 2016

CJ E&M 'DIA TV', 1인 크리에이터와의 상생 글로벌로 확대,『아시아경제』, 2015

아프리카 TV, 신병휘본부장 인터뷰, 2016년 1월 27일

벤처캐피탈 4곳 '메이크어스'에 202억 공동투자..MCN 투자로는 최대 ,『뉴스 1』, 2015

May 2012 - Top U.S. Online Video Sites , Nielson, 2012

The Average YouTube CPM is $7.60, But Making Money Isn't Easy , Tubefilter, 2014

The World's Highest-Paid Actors 2015 , Forbes, 2015

DreamWorks Animation Reports Fourth Quarther And Year-End 2014 Finanacial Results , Dreamworks Animation Homepage, 2014, p. 5.

What's Behind Maker Studios' Dilemma: Executive Exits, Missed Revenue Targets , The Wrap, 2015

Terminology Dictionary of Han-kyung Economy, "Video Commerce", Encyclopedia of Naver, 2017.

H. I. Le, "Korean IT Company Progres geting Kiler Video Contents", MK News, 2016

[네이버 지식백과] OTT - 인터넷을 통해 볼 수 있는 TV (용어로 보는 IT, 권혜미)

[네이버 지식백과] MCN(다중 채널 네트워크) [Agile] - 페이스북 · 유튜브 스타들의 기획사 (용어로 보는 IT, 권혜미)

http://www.thewrap.com/whats-behind-maker-studios-dilemma executive-exodus-revenue-woes/ celebrity-100-the-worlds-highest-paid-superstars-of-2015/#42eedff75c6a

http://www. dmcreport.co.kr

http://www.dreamworksanimation.com/

http://www.forbes.com/actors/#582192db2740

http://www.forbes.com/sites/zackomalleygreenburg/2015/06/

CHAPTER 13

공간 기반한 애드 테크놀로지와 퍼포먼스

사례 디지털의 미래에 대한 수많은 의견들이 존재한다. 그 중 가장 많은 관심을 끄는 분야는 Smart city이다. 미세먼지, 지구온난화, 교통체증, 새로운 질병, 에너지 부족, 도시로의 몰림 현상 등의 문제는 시간이 갈수록 심각해 질 것이고 인류는 삶과 직결된 문제를 해결하기 위해 디지털 기술들을 집약해 보다 효율적으로 사용할 것이다. 따라서 초기이기는 하지만 블록체인 같은 신개념의 네트워화 된 디지털 기술을 이용해 스마트시티를 통해 인류의 삶의 질을 지속 유지하고 개선 시켜려 할 것이다.

중국 항저우시의 City Brain

중국 항저우시는 혼잡도가 높은 도시로 정부는 이를 줄이기 위해 알리바바 컴퓨팅 플래폼과 협력하여 도시에 설치된 교통시설, 간판 등 다양한 사이니지에 카메라를 설치하여 데이터를 분석하여 실시간 교통상황을 제공하고 수많은 교차점을 제어하여 보편 일률적인 신호가 아닌 시시각각 변하는 교통에 따라 정보를 제공한다. 또 블록체인의 기능을 통해 교통 속도를 20% 이상 증가 시켰고 불법주차, 교통 사고등을 감치 처리하여 도시에 거주하는 시민들의 삶을 향상 시켰다. City Brain은 스마트시티의 초기 모델이다. 미국이나 유럽 같은 선진국가들은 그 기능을 뛰어넘어 개인화된 기기인 스마트폰과도 연결하여 의료, 음식, 언어 등 우리의 삶 전체를 포함 모든 것을 데이터베이스와 하고 실시간으로 분석하고 최적의 솔루션을 제공하는 진정한 스마트시티를 연구 발전 시키고 있다. 이러한 시대가 도래하면 옥외도 단순한 디스플레이에서 벗어나 새로운 역할을 추진하게 될 것이다.

1 Tech의 발전

1970년대부터 2010년 까지는 기계 기반의 전통 가전기기인 TV, 오디오, 휴대폰, 컴퓨터 중심으로 테크가 발전하고 운영됐다. 하지만 자율주행자동차, 드론, 웨어러블기계 등 가전의 진화가 시작됐고 그와 더불어 옥외에서는 Smart productive & display 등이 대세를 이루고 있다. 인간의 삶 자체를 빠르게 변화 시키고 있는 다양한 테크놀러지의 2019년은 물론 다가올 미래 세대에 혁명을 일으킬 것이다. 그 변화는 아웃바운드에 설치 될 무수히 많은 디지털사이니지에 결합되어 우리가 상상하지 못 할 광고 마케팅의 혁신을 가져 올 것이다.

가전/IT
PC/음향기기
휴대폰/휴대폰 디바이스

→

Auto
소비자 가전의 진화
VR/AR 활용 기술 등장
Drone/Robot의 등장
IOT의 진화

→

5G Connectivity
자율주행
스마트시티
미디어 콘텐츠의 중요성
스포츠용 AR/VR 증가
스마트홈의 진화
Smart Display

기술의 진화

2 Digital Trend

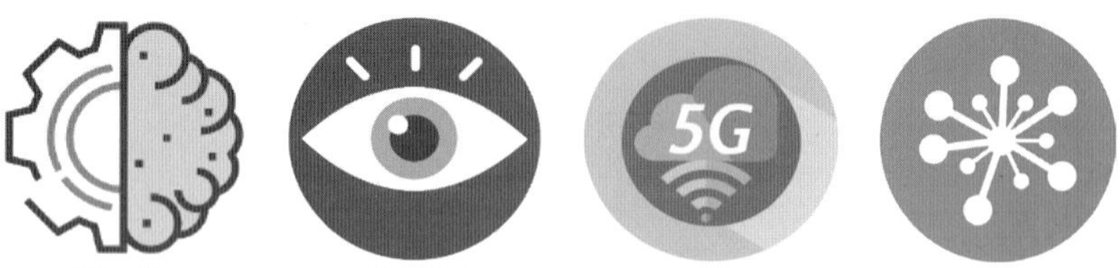

인공지능 가상현실 5G IOT

인공지능 기술은 인간의 뇌 신경과 학습능력, 상식의 이해력 등을 흉내 낸 지식 컴퓨터 기술이며 주로 기계류의 무인화, 용배수, 재배환경, 시설등의 제어, 자재도입 등의 모든 계획, 판단, 예측, 상담 등에 응용된다. 인공지능 기술 원리 및 프로세스를 간단히 살펴보자.

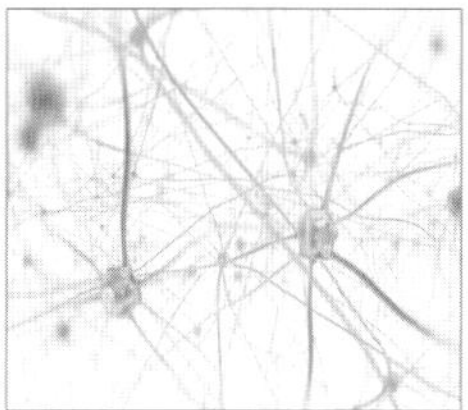

인간의 신경망

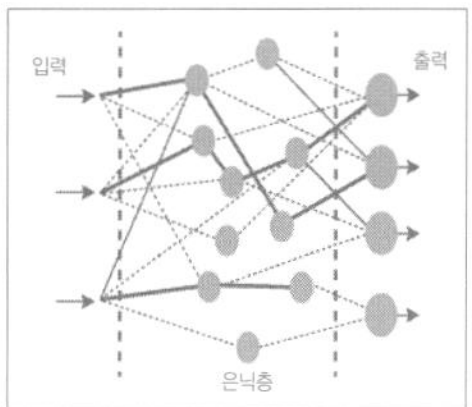

인공지능의 신경망

인공 신경망 기본 원리

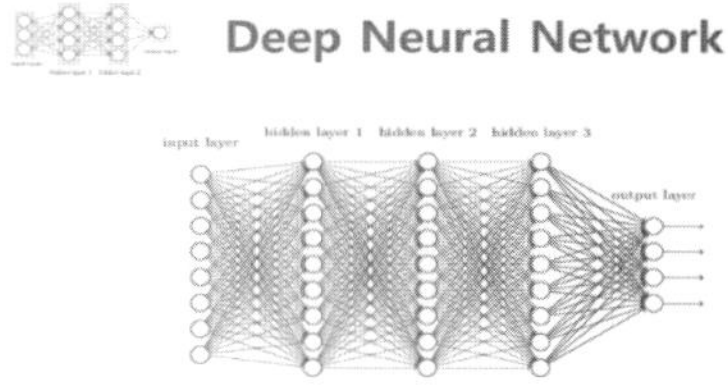

인공기능 초기 기술 딥러닝

인공신경망은 신경세포로 전달되는 여러 개의 자극 값들의 합이 일정치를 넘어가면 다음 세포로 전달, 못 미치면 소멸되는 방식이다. 인공지능 연구자들 또한 이와 동일한 메커니즘을 기반하여 초기 기술을 구축했다. 딥러닝은 컴퓨터의 연산법인 OR / AND에서 벗어나 데이터 입출력의 흐름이 WIDE하고 DEEP해진 DEEP LEARNING 연산 구조를 가진다. WEIGHT 개수를 늘리고 조금 더 다양한 가설들을 계산하여 결과에 최적화된 추정을 만드는 기술이다. 하지만 현재의 인공지능은 스스로 생각하고 분석하는 수준이 아닌 데이터 분석 및 학습을 통해 결과치를 만들어 낸다는 한계점이 있다.

가상현실의 기본 개념은 실제와 유사하지만 실제가 아닌 인공 환경을 의미한다. 단순히 가상공간을 구현하는 것을 넘어 사용자 오감에 직접 작용하고 실제에 근접한 공간, 시간을 체험하는 기술이다. 보통 가상현실이란 오로지 가상으로 만들어진 세계간 보이는 VR(Virtual Reality)을 의미하나 넓은 의미로는 증강현실(AR:Augmented Reality), 융합현실(MR:Merged Reality)까지 유사한 개념으로 분류된다. 디지털 기술을 통해 가상의 무언가를 구축 한다는 관점에서는 AR, VR, MR 모두 동일하다. VR은 현실과 다른 가성공간에 360도 카메라로 찍은 사진이나 동영상을 입힌 뒤 우리의 시각, 청각 등에 반영시키는 것이고 AR은 우리가 사는 현실 공간에 가상 디지털정보를 띄워 하나의 영상으로 보여주는 기술이다. MR은 현실 공간에 가상의 존재를 띄우고 이와 실시간으로 상호작용하는 기술이다.

대표적인 MR(융합현실) 시뮬레이션 (영화 아이언맨)

5G는 1GB 용량의 동영상을 10초 내로 다운로드 받을 수 있는 속도의 5세대 무선통신 기술이다. (초 고대역 주파수 활용) 4G에 비해 데이터가 넘나드는 스펙트럼의 크기

가 커지면서 데이터의 용량과 이동 속도가 증가하고 데이터의 수용 범위가 넓어짐에 따라 다양한 산업에 걸쳐 활용 가능성이 확대되고 있다. 5G 기술 원리는 5G의 메인 기술로 볼 수 있는 Massive MINO 기술을 통해 새로운 기지국 증설 없이 네트워크화가 가능하고 100개 이상의 안테나로 전송 용량과 속도 개선을 할 수 있다(4G 각 4개의 송수신 안테나가 최대). 하나의 신호를 다중 전송 할 수 있는 공간 다중화 기술과 원하는 사용자에게 신호를 보내는 빔포밍 기술이 적용된다. 특히 옥외광고의 한계성인 대용량 콘텐츠 및 광고를 실시간으로 전달 할 수 있게 됨으로써 고화질,고퀄러티의 콘텐츠를 즐길 수 있게 되고, 스마트폰 외 기타 미디어와 자연스럽게 연결되어 그 파급 효과는 크다고 할 수 있다.

MINO:Multiple Input and Out
SU:Single User / MU:Multi User

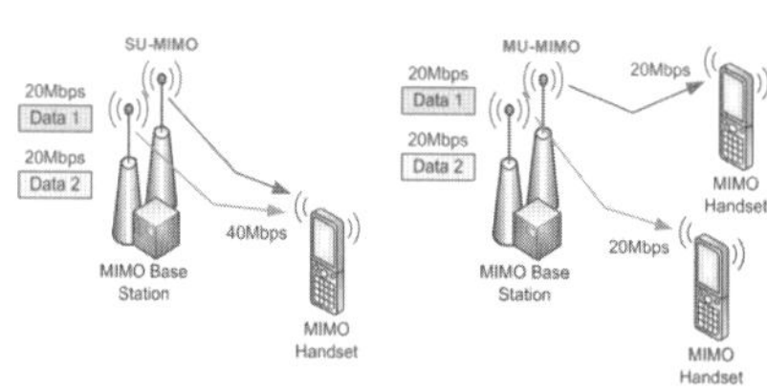

Massive MINO 기술

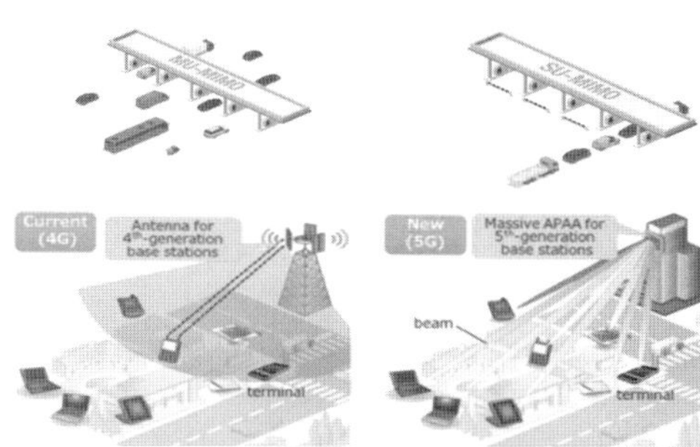

전송 방식과 속도 변화

Iot 기술은 사물이 인터넷에 연결되어 다양한 정보를 활용하여 본연의 기능을 충실히 행하도록 하는 기술이다. 일반 컴퓨팅으로도 가능한 기술들이 대부분이지만, 최소한의 과정으로 사용자에게 편의성을 제공하기 위해 지속적으로 연구 중이다. 디바이스의 전제로는 최첨단 센서 등의 기본 기능, 진화된 네트워크, 클라우드 컴퓨터, 빅데이터 분석 등이 포함되어야 한다. 소비자들이 디바이스를 활용하여 축적되는 거대한 양의 패턴을 5G같이 진화된 네크워크를 통해서 빠른 속도로 클라우드에 저장, 저장된 데이터를 분석하여 개선된 데이터 값으로 사용자에게 편의를 제공한다.

[Iot 기술 구현을 위한 4가지 기본 요소]

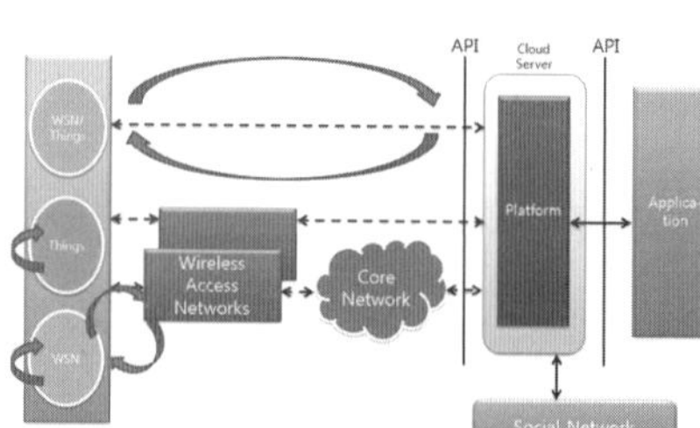

[Iot 기술 동작 기본원리]

1. 스마트 디바이스 통신 모듈: OS,메인칩 등
2. 진화된 네트워크: 스마트디바이스와 연결되는 통신기술

3. 클라우드 컴퓨팅: 저장용량, 시공간 제약 극복 가능

4. 빅데이터 분석: 폭증하는 데이터를 실시간 시스템적 분석

지금까지 미래를 선도할 최신의 기술 트렌드를 살펴 보았다. 미국, 중국, 일본 등이 앞다퉈 해당 분야에 투자를 지속적으로 하고 있으며, 미래의 세계 기술 패권을 장악하기 위해 세계경제의 침체도 아랑곳 하지 않고 무역전쟁을 벌이고 있다.

위 기술들을 이용한 사례들과 인텔, 삼성 등 기업체들의 준비 상황을 살펴보자. 인간이 가진 지적 능력을 컴퓨터를 통해 구현하고 스스로 데이터를 분석하고 상황에 맞는 솔루션을 끊임없이 발생시켜 인간을 대체하는 '로봇/휴머노이드'가 생겨났고, 운전자는 사라지고 오직 탑승자만 존재하여 사람이 탑승하지 않아도 움직이는 무인 주행 차가 진 일보하고 있다. 19년부터는 본격적으로 5G 인터넷을 기반으로 모든 것이 연결되는 'Connectivity'화가 진행되면서 스마트폰과 컴퓨터를 뛰어넘어 구석구석에 센서가 장착되고 스마트 기기 중심으로 스스로 예측하고 스스로 작동하는 스마트시티의 개념 도입이 진행될 것이다. 따라서 최근 서울시에 스마트시티 관련 팀이 생겨나 미래의 도시를 준비하고 있는 것이다. 인텔의 경우 클라우드 플래폼, 데이터 센터와 같은 칩 생태계 및 초고속 프로세싱 역량 강조를 위해 실시간 영상 3D 이미지 처리 업체 Replay를 인수하는 등 신기술 확장에 미래 비전을 찾고 있으며 AI 딥러닝 H/W, S/W 개발 업체 Nervana 인수 및 AMD와의 기술 협력으로 AI 핵심 기술 딥러닝 알고리즘을 강화하는 AI Accelerator 칩을 개발했다. 삼성전자는 임직원 대상 사내벤처 육성 프로그램으로서 창의적 조직 문화 확산 및 임직원의 신사업 관련 자율을 확대 시켰다. 사내벤처에서는 앞이 보이지 않는 저시력인을 위한 시각 보조 스마트 안경/어플리케이션(안경의 카메라를 통해 물체 인식, 이미지 처리 후 디스플레이 투사), 목밴드형 1인칭 360도 카메라로 자동 stitching 기술을 이용하여 풀 HD로 실시간 방송이 가능해졌다. 그 외에 수많은 시제품들이 출시됐다. LG전자는 전통 전자제품, 모바일 기기, 가전제품 제조 업체에서 AI/IOT 적용한 'Smart home' 컨셉 주도로 사업의 핵심을 잡았다. 구글, 아마존의 AI 기능의 냉장고 탑재 및 자체 알고리즘 탑재한 스마트 에어컨을 출시하여 타 가전 회사 대비 스마트 홈의 선두 주자를 달리고 있다. TV, 스마트폰, 에어컨 대상 다양한 기업과의 협업으로 기술 고도화 및 AI플래폼 개발에 노력하고 있으며 미국의 음향 기업 '돌비'/ 명품 오디오 브랜드 '뱅앤올룹슨'과 협력하여 첨단 입체 음향기술을 올레드 TV에 적용했다. 그리고 AI, IOT의 기술 개발 역량 일환으로 스마트폰사업부하 융복합사업개발센터를 신설해 운영하고 있다. 판매량 기준 세계 3위까지 올랐던 현대자동차는 대화형 음성인식 시스템 공개 및 자율주행차 공동 개발을 위해 '오로라'와의 파트너십을 발표하며 자율주행&모빌리티 영역을 적극 개발중에 있다. 미국 AI 음성인식 업체 '사운드하운드'와 공동 개발한 'Cockpit'이라는 시스템으로 에어컨, 제어음악재생 등 음성 대화 기능이 가능하다. 그리고 자율주행 s/w 시스템&V2X 솔루션 개발 업체 'Aurora'와의 파트너십 체결로 '21년'까지 운전자 개입 없는 자율주행자를 선보일 예정이다.

3 하드웨어의 발전

옥외 미디어의 기본이 되는 하드웨어에서도 발전을 거듭하고 있다. 기존 LED 전광판의 소자의 픽셀이 점점 세분되어 화질이 좋아지고, 외부에 설치해도 비와 바람에 잘 견딜 수 있게 내구성도 향상되고 있다. 그리고 새로운 기술이 적용된 하드웨어도 새롭게 생겨나고 있는데 빔프로젝트를 활용해 구 형태에 빛을 발사하여 완전한 구형에 360도 영상 표출이 가능하게 됐고, 4K를 넘어 8K 시제품이 만들어져 어느 벽면에 투사해도 고화질의 콘텐츠를 감상할 수 있다. 그 외에도 3D 홀로그램, 투명 LCD, 영상 구현이 가능한 얇은 재질의 필름, 열화상 카메라, 원 거리에서도 물체의 인식이 정확히 가능한 카메라 등 우리가 과거에 상상했던 일들이 가능하게 발전하고 있다.

곡면형 대형 LED 패널 상용화

2016년 선보였다가 중단된 투명 LCD 상용화

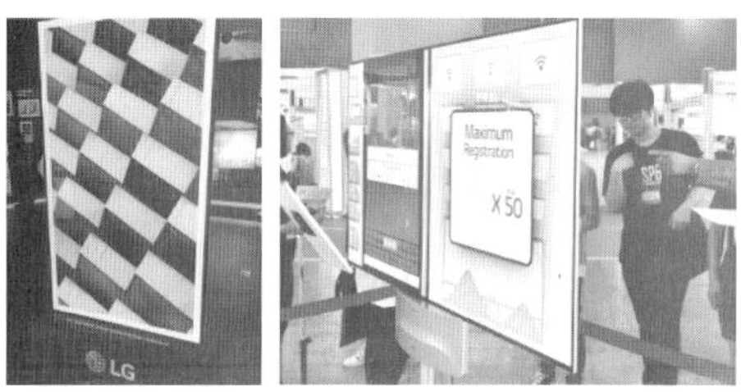
두께 8.94mm 초박형 양면형 OLED DISPALY 상용화

HDR 8K 디스플레이 구현

최신 하드웨어의 발전

4 OOH의 변화

수십 년간 옥외 광고는 전달 방식에 있어서 수많은 변화를 거듭해왔다. 4대 매체를 보조하는 광고 매체였으며, 무의식 속의 브랜드 노출이라는 목표로 일방적으로 소비자에게 브랜드나 제품을 반복 노출하는 전달 매체였다. 하지만 2000년 초부터 신기술의 도입으로 체험형 옥외 광고가 활성화되었고, 더 나아가서 다른 매체와의 통합으로 소비자와의 접점을 높이는 새로운 광고로 두각을 나타내기 시작했다. 지금까지 광고의 흐름이 Creative Content 그 자체에 집중하였다면 새로운 형태의 Media와 신기술이 결합되어 소비자에게 특별한 방법으로 원하는 정보와 메시지를 전달하는데 집중하게 되었다. 이런 통합적 터치포인트를 통해 타겟하는 소비자에게(To right person) 적합한

메시지를(Relevant adverts)를 전달하는 것이 중요한 시점이 되었다.

일방적(단순) 노출 → 신기술 (AI, AR,VR, 3D,홀로그램, 고화질, 대형화 등) + 통합매체 (스마트폰, 인터넷 등)

4차 산업혁명, 스마트시티, 블록체인, 디지털 신기술 등
초 연결적 Connected화
소비자와의 소통/공감/경험

1세대 LCD, PDP 등 모니터를 통한 단순 영상 노출

LED / PDP

LED 전광판, 마트 동영상,지하철 행선안내기, KTX 동영상 등

2세대 기술 발전에 따른 초고화질 영상 도입

UHD 초고화질 및 초대형 사이즈

지하철 역사 내 PDP, 쇼핑몰내 매체, 대형 건물 미디어 파사드

3세대 다양한 동작인식 등 인터랙티브 인스톨레이션

터치 및 증강현실 인터랙티브

커피전문점 미디어테이블, IFC몰 인터랙티브 전광판 매체, 삼성 채널코엑스

4세대 인공지능, 5G, 사물인터넷, 가상현실

실시간 데이터 분석을 통한 고용량 데이터를 가상현실에 적용

AI전광판, 안면인식 미디어
융복합 공간 창조

5 DOOH(디지털사이니지의)의 진화

초기 단계의 디지털사이니지는 통신 기술의 발달로 콘텐츠를 원거리에서 송수신 가능해지면서 도심 전광판, 버스/지하철/엘리베이터 내부 및 편의점 입구 주위에 설치된 디스플레이 패널과 같이 단방향의 일방적 콘텐츠 노출 방식의 화면이었다면, 현재는 IT · 콘텐츠 기술과의 융합을 통해 양방향 커뮤니케이션이 가능한 매체로 한 단계 업그레이드되어 시간 · 장소 · 목적 등 사용자 상황에 맞는 정보와 서비스를 제공하거나 엔터테인먼트 · 인터랙티브 등 콘텐츠를 제공하고 있다. 향후 미래의 디지털사이니지

표 13-1 모바일 광고 유형별 장단점

	과거의 D/S	기술개발 및 기획중인 D/S	미래의 D/S
서비스	네트워크 기반 광고 서비스 공공 · 재난 · 알림 정보 서비스	M2M기반광고 · 영업서비스 개인단말–D/S간, D/S–D/S간 연동 서비스	M2M응용서비스 공간정보 연계 H2T서비스 현실과 가상공간의 접목을통한 공간 재창조서비스(가상체험)
입출력	PUSH형 단방향 서비스	PUSH · PULL형 양방향연동서비스 시간 · 위치 맞춤형 서비스	공간 정보 연계형 오감서비스 3D · 증강현실 실감형 서비스 인공지능형 홀로그램 등
내용	광고 · 정보전달 · 문화예술	기업활동 추가	기타 다양한 내용 추가
설치	옥내외 고정형 D/S	옥내외 고정형 D/S, 사이니지의 개인화, 이동형 D/S	특정 공간에서 오감 사이니지 가상공간 디지털사이니지
발전단계	정보제공단계 (사용자가 정보를 요구하면 즉각적으로 해당정보를 제공)		
		상황인지단계 (사용자가 지시한 내용에 따라 지속적으로 상황 파악, 요구사항이 발생 시 정보 제공)	
			추론단계(상황인지 서비스에서 사용자가 사전에 지시한 내용 이외에 상황에 따라 정보 추천 제공)
			자율지능 단계(상황을 파악하여 필요한 행위 및 조치를 기기에 전달하고 스스로 수행)

* M2M : 기기간 인터넷(Machine to Machine), H2T는 사람–기기간 인터넷(Human to Things)
* 자료 : 산업연구원 최광훈 · 이경실 (2016) "디지털사이니지의 진화 방향과 경제적 효과"

는 기술의 완성도가 높아지면서 방대한 정보를 학습한 인공지능 및 복합적 비정형 디스플레이 구현이 가능한 수준으로 발전 할 것으로 예상된다(표 13-1).

6 Tech OOH 트렌드

[Simple & New Tech]

[Social ISSUE]

[Big Scale]

단순하고 직관적인 메시지 사용이 증가 되고 실시간 AR, 안면인식, 모션감지, LED파사드, 인공지능 신기술이 옥외광고에 적용 되고 있다. 특히 LED 등 하드웨어 기술의 발전과 함께 대형 사이즈의 미디어가 설치되고 옥외 전용 콘텐츠, 광고들이 생산되어 소비자들에게 볼거리를 제공한다. 그리고 사회적 이슈들이 옥외광고에 적용한 사례들이 점점 많아 지고 데이터 기반의 인공지능 활용 기술이 옥외에 적용되면 마케팅적 효용성의 관점 외에도 사회의 다양한 분야에서 옥외의 가치가 새롭게 부각 될 것이다.

[1단계]	[2단계]	[3단계]
다양한 데이터 분석을 통한 인사이트 발굴	기존 데이터 분석 통한 새로운 가치 데이터 생성	새로운 가치 데이터를 바탕으로 의미 있는 값 산출

인공지능의 방식

인공지능은 어떤 변화를 만들어 내야 하는 것이며, 데이터를 기반으로 의미 있는 새로운 가치를 창출 하는 것이다. 지금까지 계속 해온 옥외미디어를 인공지능 가능 바탕하에 보다 효율화 시킬 필요가 있다. 그렇다면 최근 일본 롯본기에 설치되 시범 운영되고 있는 AI 전광판을 살펴보자.

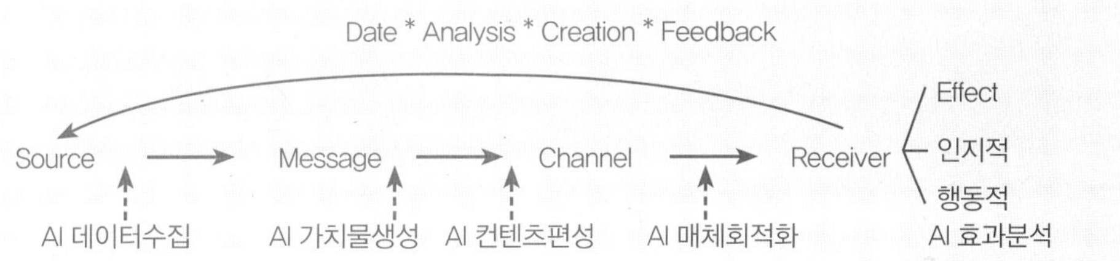

디지털사이니지와 인공지능

일본 롯본기 AI 전광판

광고회사 덴츠와 협력사들은 카메라의 촬영 영상을 받아 도로를 주행하는 차종을 인공지능으로 실시간 인식하여 옥상에 설치된 대형 영상을 통해 인식된 타겟 분석을 통해 그에 적합한 커뮤니케이션 메시지를 표출하는 테스트를 진행했다. 지금까지는 타겟팅이 어려워 단순하게 편성 스케쥴에 따라 광고를 내보내고 있었다. 그러나 앞으로는 데이터 분석인 Deep Learning을 통해 카메라가 인식하는 자동차의 브랜드명, 모델, 연식 등을 실시간으로 인식, 판별함으로써 대상 차량에 최적화된 내용으로, 맞춤 광고를 전달 시킬 수 있게 됐다. 그리고 19년 초에 진행했던 스타필드 '미아찾기 캠페인'에서도 Deep Learning를 사용하여 캠페인을 진행했다.

세상에서 가장 큰 미아 찾기 캠페인

'세상에서 가장 큰 미아 찾기' 공익 캠페인이다. 22m 높이 대형 미디어타워에 실제 아이 키만한 실종 아동의 사진이 비친다. 그 앞을 지나던 사람이 그 아이와 눈을 마주치면 앳된 얼굴의 아이는 10초 만에 쑥쑥 자라나 어른이 된다. 실종 아동의 현재 모습을 추정 하기 위해 아이 사진과 부모님, 친척들 사진을 모았다. 인공지능 기술의 강화학습 기법(Deep Learning)을 활용해 다양한 데이터를 분석하고, 보다 정확하게 성인이 된 모습을 추정했다. 미디어타워 하단부에는 인터랙티브가 가능하게 동작 감지 센서를 설치했다. 공간의 특성상 가족단위 방문이 많은 곳이라 자녀들과 동행하던 많은 부모들이 미디어 앞에 서서 한동안 관련 영상을 지켜봤다. 때로는 가슴이 뭉클해 눈물을 흘리시는 분도 계셨고, 설 연휴에는 JTBC 방송에 기획 취재 영상까지 전국에 방영됐다.

7 신기술 Showing

AD Technology 를 활용한 신기술 Showing 솔루션은 디지털 수단들을 이용하여 소비자로 하여금 전에 보지 못했던 새로운 영상을 보여줌으로써 호기심 유발과 관심을 유도하는 마케팅이다. 따라서 인터랙티브 솔루션과 같이 소비자 상호작용이나 참여를 통해 경험을 제공하는 것이 아니라 단순한 시각적 경험을 통해 광고를 기억하게 만든다.

현재 개발되어 광고 매체화 된 사례를 통해 신기술 Showing 솔루션을 분류하자면 크게 두가지로 나눌 수 있는데 3D 입체 형태로 강한 임팩트를 제공하는 크리에이티브와 기존과 다른 전혀 새로운 기술로 표현된 영상 크리에이티브이다.

3D 입체 형태의 영상을 만드는 방법에는 현재 여러가지 기술이 사용되고 있다. 전통적으로 가장 널리 알려진 홀로그램 방식과 투명한 스크린을 설치하고 사전에 제작된 영상을 투사하여 공중에 입체 영상이 보이게끔 하는 홀로스크린 방식, 대형 건물이나 조형물의 세부적인 위치를 맵핑(Mapping)하여 컴퓨터그래픽으로 동영상 컨텐츠를 만들고 고휘도 프로젝터로 투사하여 건물이나 조형물 자체가 변화하는 것처럼 보이도록 한 맵핑방식, 그리고 최근 개발된 3D LCD, 3D LED 등의 3D 스크린방식이 최근 광고에서 가장 많이 활용되고 있다.

그림 13-1은 코엑스몰에서 집행된 홀로그램 광고이다. 이 광고는 휴대폰이 공중에 떠 있고 제품의 4면을 모두 볼 수 있다는 점이 소비자에게 호기심을 불러 일으켰다. 하지만 역피라미드형 유리관에 들어 있어야 하고 크기도 제한적이며 하나의 이미지만 보여질 수 있다는 한계가 있다. 그림 13-2은 홀로스크린 광고를 최초로 개발한 VIZOO사의 샘플 동영상으로서 허공에 사람이나 자동차를 띄워 입체로 보이도록 한 기술이다.

기존과 다른, 전혀 새로운 기술로 표현된 영상 크리에이티브는 기존의 LCD, LED, 프로젝터와 같은 평면형 동영상 매체와 달리 새로운 소재, 새로운 기술을 이용하여 전혀 예상하지 못했던 장소에 광고를 표출하도록 하여 소비자의 관심을 유도한다.

2016년 대표적인 바이럴 효과를 목표로 만들어진 그림 13-3은 가상 화성 여행은 준비된 화성의 이미지가 전혀 뜻밖의 상황에서 나타남으로써 놀라움과 재미를 준 사례이다. 즉 일반적인 스쿨버스의 유리창을 모니터로 이용한 사례인데 이것은 앞서 설명한 투명 LCD 기술이 적용된 것으로서 아이들이 눈치채지 못하게 버스가 출발하고 나

그림 13-1 홀로그램을 이용한 휴대폰 광고

그림 13-2 홀로스크린 광고

그림 13-3 가상 화성여행

그림 13-4 제주공항 디오라마

서 어느 순간 모니터의 전원이 켜지고 준비된 화성 영상이 버스의 움직임과 연동되어 나타나 아이들의 환호성을 불러일으킨 사례이다. 또한 그림4 제주공항 친환경차 '아이오닉' 디오라마의 경우 가장 뜨고 있는 카페촌과 김녕해안도로를 모형물로 제작하고, LED, 와이드칼라를 설치한 사례로 소비자의 스마트폰과 연동한 가상 현실 이벤트도 기획했다.

2000년 초만해도 옥외 하면 대표적으로 연상되는 단어는 아날로그, 보조매체, 진부, 터프 등의 단어가 연상 되었다. 시간이 한참 흘러 사회인프라의 끊임없는 발전과, 환경의 변화와 더불어 NEW 미디어들이 새롭게 생겨나면서 세간의 인식이 점점 바뀌었다. 그 이유는 옥외만이 가지고 있는 Digital과 Unique한 Creative 때문이다. 앞으로 다가올 4차 산업 혁명에는 개별 단일 기술이 아닌 기술의 혁신과 융합, 과거 인류가 경험하지 못한 엄청난 속도의 기술 진보, 데이터 지식이 경쟁 원천인 플래폼, 생태계 중심의 산업 경쟁 등이 우리 삶에 깊숙이 자리 잡을 것이다. 그리고 디지털미디어는 CPND(콘텐츠, 플랫폼, 네트워크, 디바이스)의 모든 기술이 융합되는 융합산업으로 ICT 기술 발전에 따라 4대매체 중 가장 발빠르게 변화하는 중이다. 하지만, 국내에서는 아직 법규상 제제, 옥외 콘텐츠 개발에 따른 비용 부담 등의 사유로 여전히 일방향 메시지 전달 또는 전통매체(특히 교통매체)에 의존하고 있는 상황이다. 스마트한 OOH 시장을 개척하고, 변화를 주도하기 위해서는 신기술을 적극적으로 수용하고, 정부기관 · 제작사 · 대행사 · 광고주가 유기적으로 연합하여 노력하면 글로벌을 대표하는 옥외광고사례를 만들 뿐만 아니라 언젠가는 광고 산업을 해외에 수출할 수 도 있다.

8 Space AD Technology OOH Performance 사례

스마트폰, 고화질LED, 인공지능, IOT를 중심으로 개인 · 가정 · 사무실 등 비개방적 영역에서 진행되던 스마트 혁명이 공공 장소로 까지 확산되면서 색다른 의미 및 가치를 가진 Smart OOH 융합 사례가 등장하고 있다. 특히 통신 기술의 발달로 데이터 전송의 한계를 뛰어 넘으며 집 밖에서 일어나는 다양한 마케팅 활동이 가능해 졌고, 미디어를 매개로 해서 더욱 발전되고 있다. 그럼 국내외 사례를 통해 옥외미디어에 기술이 적용된 Performance 사례를 살펴보자

① 안면 인식 시스템(facial recognition system)

구분	내용
원리	– 하드웨어와 카메라 기술의 발달로 디지털 이미지를 통해 각 사람을 자동으로 식별하는 컴퓨터 지원 응용 프로그램 – 주변의 밝기나 환경에 따라 인식율에 많은 차이를 보이기 때문에, 주면환경을 제어할 수 있는 솔루션 확보 필수 – 고객의 성별 및 나이대를 인식해 고객 성향에 맞는 타겟광고 가능 , 마케팅 데이터 활용
사례	현대자동차 Hyundai Brilliant Interactive Art 현장 방문객이 최첨단 얼굴인식 카메라 앞에서 다양한 포즈와 표정을 선보이며 촬영된 얼굴을 '미스터 브릴리언트'가 다양한 테마의 이미지로 꾸며 자신의 캔버스에 하나의 예술작품으로 완성한 뒤 뉴욕 타임스 스퀘어전광판에 전시한 프로젝트 

② 투명-미러 OLED 디스플레이

구분	내용
원리	– 기존 디지털 인포메이션 디바이스(DID)를 혁신적으로 업그레이드 시킨 Future Display – OLED는 양쪽에 전극이 있고, 그 아래에 전자/전공 수송층, 가운데에 발광층으로 이루어진 구조로 되어 있어 여러층으로 이루어진 LCD에 비해 구조가 단순함 – OLED의 동작원리는 유기물박막에 음극과 양극을 통하여 주입된 전자와 정공이 만날 때 발생하는 빛을 이용한 디스플레이 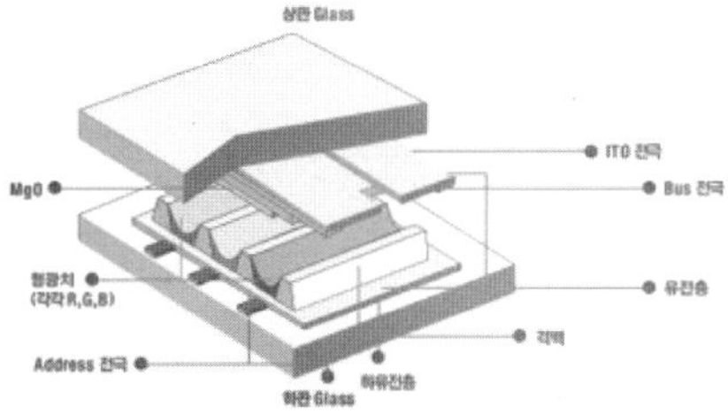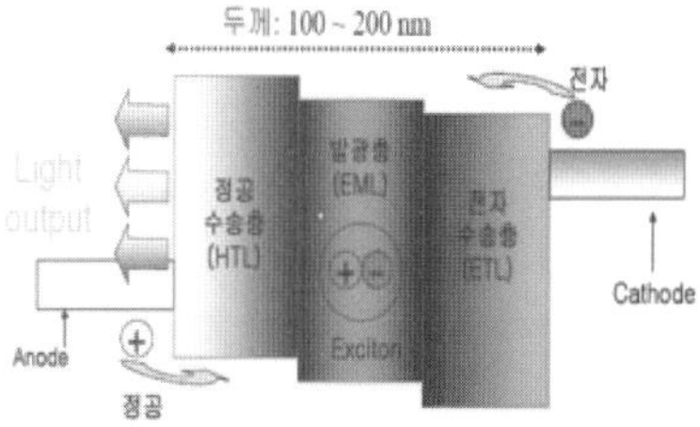

사례	삼성디스플레이 공개한 디스플레이 사례 (미러/ 투명)  

③ 사물인터넷

구분	내용
원리	– 매장거울, 포스, 테이블 등의 다양한 시설들이 인터넷으로 연결되어 새로운 활용을 가능하게 하는 원리 – 미러OLED 디스플레이와 결합하여 다양한 사례 연출
사례	휘트니스 매장에서 DID 후면에 장착된 센서들을 활용하여 운동량 · 근육량 체크 의류매장 內 인공지능으로 계절별 날씨별 의상을 판단 및 제안  

④ 5G 적용

구분	내용
원리	– 컴퓨터 네트웍을 통해 리니지 등 최신 게임 진행 가능, 하지만 대형 화면에 고용량 데이터를 전송 하는 데는 한계 발생 – 5G 기술을 활용해 미국, 노르웨이에 설치된 대형 화면에 라이브 고화질 표출 – 노르웨이 오슬로 센트럴역의 전광판과 뉴욕 타임스퀘어에서 실제 두 나라의 일반 시민들이 옥외 대형 전광판을 통해 체스 게임 대결 – 인터넷 통신 기술의 발달에 따른 대표적인 옥외 이벤트 사례, 향후 옥외광고 시장에서 나라간의 장벽이 무너지고 동시 네트워킹화를 통해 다양한 캠페인 가능

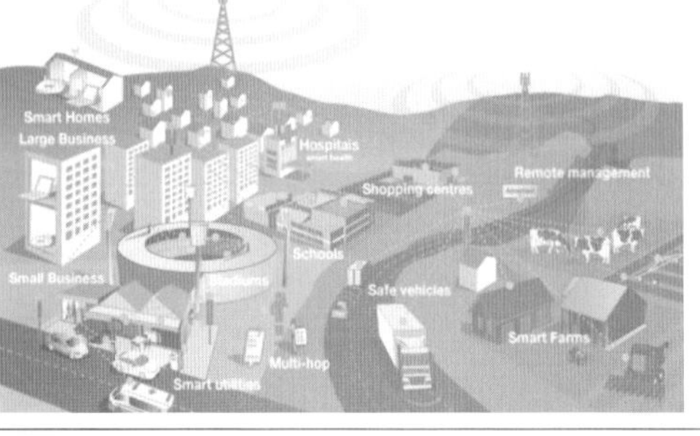

사례

⑤ 3D 홀로그램

구분	내용
원리	– 레이저 빛과 같은 간섭성이 높은 광을 사용하여 물체의 진폭과 위상을 모두 기록해 3차원 영상을 재현 하는 기술 – 현재 공연이나 전시에 사용되고 있는 홀로그램 기술은 고해상도 프로젝터로 영상을 쏘아 2차원의 대형 투명막에 투사하는 플로팅(floating) 방식으로, 360도 전 방향으로 구현되는 진정한 의미의 홀로그램이라고 볼 수 없음 – 영화에서 볼 수 있음직한 홀로그램 영상을 만들어 내는 것은 2020년경이나 되어야 일정 부분 가능할 것으로 예상
사례	스페인시민단체 ǀ No Somos Delito “Holograms For Freedom” – 표현의 자유를 억압하는 정부의 집회금지 법안에 반대하는 세계 최초의 홀로그램 시위

⑥ 비콘

구분	내용
원리	– 블루투스 무선 통신기술을 이용하여 비콘 단말이 발신하는 ID신호를 도달 거리내 스마트폰에 설치된 App이 인식한 후, 비콘 매니저 서버로 전송 (스마트폰의 App을 활성화하는 센서 역할) – 서버에서 확인된 위치 내 매장의 설정 서비스(메시지, 쿠폰)를 스마트폰으로 전송해주는 방식

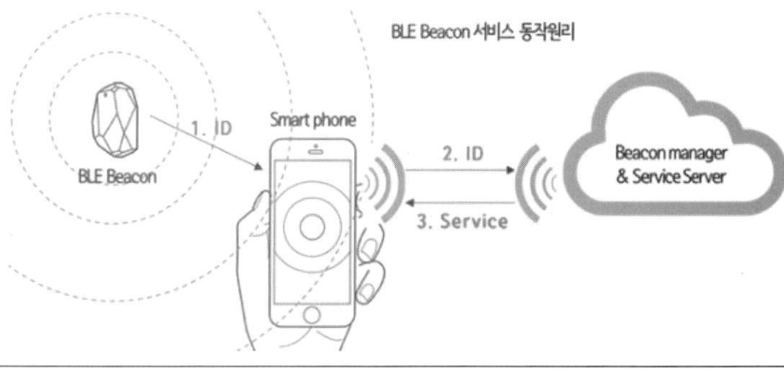

조건	– 아이폰 Ios7.0이상, 안드로이드 4.3이상 – 스마트폰 플루투스 장비 작동(Bluetooth 4.0이상) – 소비자 스마트폰에 비콘 SDK가 내장된 서비스 앱 설치 – 고객사 APP 호환 및 연동 후 소비자 APP 업데이트
사례	풀무원 | 홈플러스 제품 매대에 블루투스 비콘 설치 홈플러스 잠실점 풀무원 두부 제품 매대에 블루투스 비콘 설치 반경 50m 범위 안에 있는 시럽(SYRUP) 앱과 오케이 캐쉬백 앱 사용자에게 모바일 쿠폰 및 모바일 영상 광고 노출  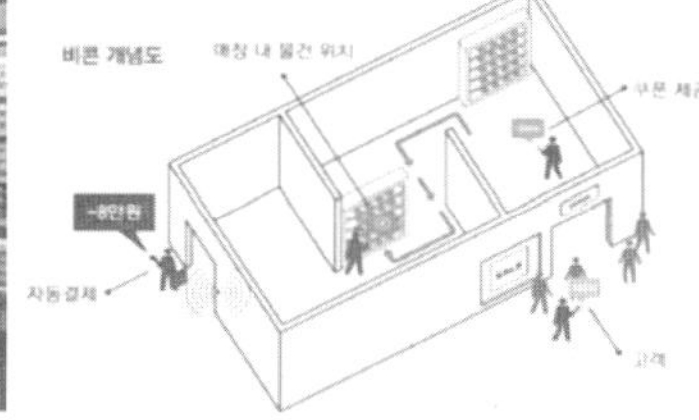

9 미래의 Space AD Technology OOH Performance 사례

미디어는 사회 현상을 반영하여 점점 개인화, 고도화 되가고 있다. ART와 결합하여 시민들에게 마치 예술 작품 같은 미디어를 제공하고 있으며 스마트폰 같은 다른 디바이스 기기와 결합하여 폭넓은 범위에서 사용되고 있다. 최근 반포센트럴시티에 설치된 대형 미디어에는 활용 가능한 도시 공공데이터를 통해 아트웍으로 시각화 시킴으로써 공간 가치를 제고 했다. 미세먼지, 습도, 온도 등 날씨 정보를 실시간 분석 해 그 모양과 색상을 미디어아트로 표현한 예술 작품이 나오고, 데이터 프로세싱 기술을 사용하여 시시각각 변하는 영상이 표출된다. 특히 요즘 같은 미세먼지가 많은 날은 진한 갈색 계통의 패턴들이 영상으로 표출된다. 일방적인 영상 및 이미지 표출 기능에서 탈피하여 타겟 대상 대상과 공간에 즐거움과 베네핏을 더하는 AD TECH MEDIA로서의 역할을 기대했다.

반포센트럴시티 중앙광장 AI 미디어아트

날씨 별 변화	살아있는 공간	MEDIA ART
날씨 별 상태에 맞춰 변하는 테마를 기본으로 환경 감성과 공간 감성의 일치	실시간 정보를 바탕으로 살아 숨쉬는 연출 적용 기능 API	정보전달보다 공간 가치에 중점을 둔 연출 예술작품으로 공간의 품격을 올려 심미적 만족감 충족

현실 공간에서 가상의 게임이 이루어지도록 인터랙티브 프로젝트를 설치한다. 게임 화면이 TV스크린이 위치한 배경으로 확장이 되어 사용자가 게임을 하는 실내 전체가 게임 현장이 되도록 구성한다. 이 기술은 키네틱과 프로젝트를 활용한 시스템을 통해 별도의 다른 추가 설계 없어도 실내 내부의 크기와 구조를 실시간으로 스캔하여 방 전체가 게임을 할 수 있는 환경을 구축하고 게임의 몰입도를 높일 수 있다. 게임 뿐 아니라 축구, 야구 등 스포츠에서도 다양하게 사용이 가능하다.

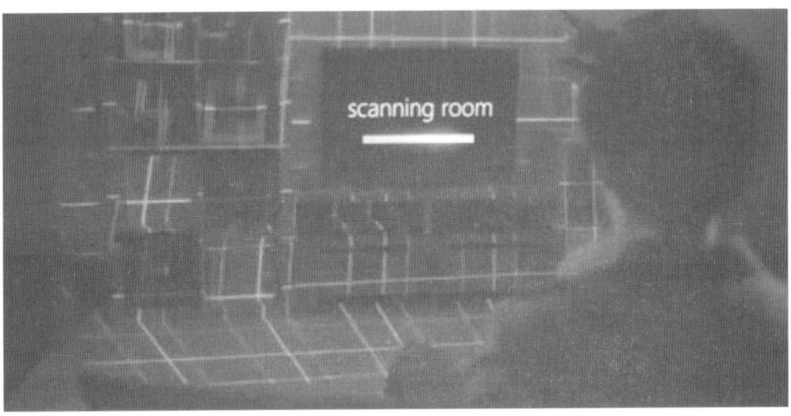

E GAME ROOM

아날로그 매체의 상징인 고속도로 야립이 디지털로 진화되며 공공성을 기반으로 소셜 이슈화가 진행될 것이다. 차량 탑승객 대상으로 메시지와 디자인을 보여주는 게 이전 야립 광고였다면 디지털로 변모하면서 온라인상의 다양한 데이터를 실시간으로 불러와 소비자에게 필요한 메시지&정보를 자연스럽게 노출한다. 컴퓨터, 카메라와 연결하고 각종 데이터를 분석하기 시작하면 디지털 야립은 단순한 정보를 제공하는 것 이상의 핵심 가치를 부여할 것이다.

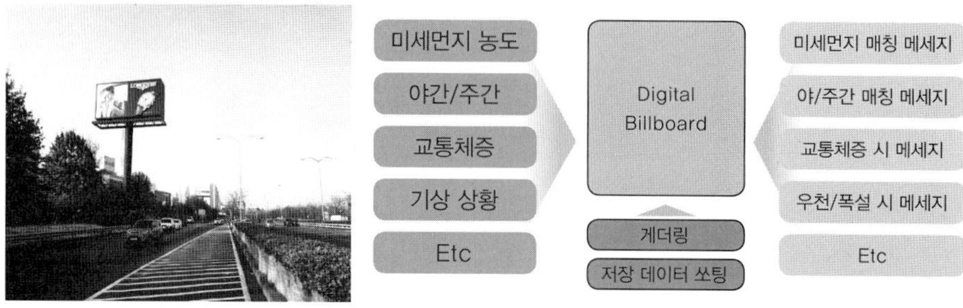

10 개발 업계 동향

삼성, LG, CJP 등 대기업 및 중소 제작사들이 대형 패널을 개발 하면서, 건물 내 또는 야외에 설치 될 다양한 사이니지의 기반을 마련하고 있다. 삼성SDS는 스마트라이프를 전국 곳곳에 구축하는 일을 추진하고 있으며, 전통시장부터 대학교 도서관까지 그 범위도 다양하다. 최근에는 혜화역, 신촌역에 디지털 사이니지를 구축해 사용자의 모습을 화면에 띄워 다양한 옷들을 입어 볼 수도 있고, 주변 지역정보를 제공하기도 한다. 스마트사이니지 관련 자회사로는 오픈타이드코리아, 에스코아, 크레듀 등 32개사가 있다. CJ파워캐스트는 CJ그룹의 계열사로 애니메이션, 영상특수효과 제작과 콘텐츠의 디지털화, 방송 및 인터넷 등의 플랫폼 송출 서비스 등을 전문으로 한다. 최근 삼성동 코엑스 주변 자유광고물표시구역, 강남역 지하상가에 디지털 사이니지를 설치하여 광고매체로 활용하고 있다. 또한 LG전자는 전국 베스트샵에 사이니지를 설치했고, 2014년 5월 서울 논현동에 오픈한 현대모터스튜디오에 옥외 74개, 옥내 40개의 사이니지를 묶은 비디어월을 함께 설치했다. 디스트릭홀딩스는 공연, 전시, 게임 등 다양한 분야를 접목시켜 4D 콘텐츠, 플랫폼을 구현하는 전문 업체로 상암동DMC미디어센터에 국내 제 1호 스마트 카페 솔루션이 선보여, 사람의 감성을 읽는 디지털 사이니지를 배치했다. 이 매장은 날씨나 시간대에 맞춰 사람들이 선호할만한 메뉴를 선보이는가 하면, 다양한 콘텐츠로 사용자 체험 중심의 미디어월도 설치했다. 그외 다양한 콘텐츠 아이디어를 기반으로 많은 아이디어를 기업체에 제공하고 있다. 티아이디라는 업체는 강남 클럽 옥타곤에 디지털사이니지 '썸'을 설치했다. 강렬한 음악과 조명으로 가득찬 클럽의 열기 속에서, 하이힐에 지친 젊은 여성들이 잠시 숨을 돌리는 파우더룸. 이 공간에 아주 특별한 광고매체가 등장했는데, '테이크 아웃' 광고를 표방하는 이색 DOOH이다. 대형터치스크린에서 총 8개의 광고가 번갈아 나오는데 화면을 터치하면 제품 설명과 함께 가위바위보 게임이 펼쳐진다. 이기게 되면 5초간 화려한 스포트라이트를 받으며 이후 툭 소리와 함께 하단의 경품대에서 선물을 가지고 갈수 있다. 단순한 방식이지만 광고를 보고, 게임을 즐기고, 상품까지 가져 가는 일련의 과정을 통해 브랜드의 친밀도는 높아진다. 이외에는 수많은 업체가 스마트OOH 기술 개발에 뛰어들었고 공공시설물 및 건물들의 인프라 리뉴얼과 함께 우리가 생각하지 못한 방식의 스마트 매체가 생겨 나리라 본다. 흥미진진한 디지털 옥외의 미래가 앞으로도 전망이 밝을 것이라 판단되는 이유이다.

생각해 볼 문제

1. 인공지능 기술을 바탕으로 옥외는 어떻게 발전할 것인가?
2. 최신의 기술들 중에 광고와 가장 밀접한 기술은 무엇일까?
3. 당신이 기업체의 마케터라면 신기술을 접목한 어떤 캠페인이 가장 효과적인가?

참고 문헌

2014, 최광훈/ 이경실 e-kiet [디지털사이니지의 진화 방향과 경제적 효과]
2014, 정보통신기술진흥센터 [디지털사이니지 최근 동향 및 발전방향]
2018, 유승철 [YOOAi_OOH사례]
이노션 내부자료

CHAPTER 14

인터랙티브 광고 기획

사례 **인플루언서와 소비자가 함께 만드는 광고**

나이키 'Nothing Beats a Londoner' 캠페인

'Nothing Beats a Londoner' 캠페인은 인플루언서(Influencer)와 소비자가 함께 만든 인터랙티브 광고다. 광고모델이 되는 유명 인플루언서들의 이야기를 매체에 내보내면 소비자들이 반응하고, 그 모습을 소셜미디어에 내보내면 다수의 소비자들이 그 이야기에 동참하게 된다. 이런 일련의 상호적인 활동은 영화화라는 매체에 보여지고 사회 전체의 반향을 얻어낸다. 2018 칸 광고제 그랑프리 수상작.

개요: 이 캠페인은 스타들을 인플루언서로 이용해 보여주고, 이들의 이야기를 일반인들이 듣고 반응하는 형식으로 전개된다. 먼저, 아이들에게는 영웅시되는 스타들이 자신의 이야기를 들려준다. 성공을 위해 매일 고단한 하루를 보내는 런던의 젊은이들은 이 이야기를 듣고 한편으로 힘을 얻지만, 한편으로 자신들의 힘든 삶에 비해 너무 '배부른' 이야기라 생각해 누가 더 힘들게 노력하는지 겨루자고 '배틀'을 제안한다. 이러한 과정에 아이들도 영웅이 될 가능성이 있음을 보여줘 아이들도 성장해나가는 효과를 얻을 수 있었다.

커뮤니케이션: 젊은이들에게 통할 수 있도록 인스타그램을 통해 3분짜리 런던 젊은이들의 이야기를 올린다. 그라임(영국 거라지 등 하우스계 클럽 음악에 랩과 레게 요소를 더한 음악 장르)을 대표하는 래퍼 스켑타(Skepta)가 '사이클을 타야한다'는 등 불평하는 내용을 인스타그램에 포스팅하면, 이를 본 영국의 한 평범한 소년이 그 정도는 아무것도 아니라며, 오히려 불평하는 스켑타가 너무 게으르다고 비판하고, 인스타그램을 통해 누가 더 힘들게 트레이닝하는지 보자고 배틀을 제안한다. 배틀이 시작되고, 더 많은 아이들이 배틀에 참여하게 되며, 한편으로 지피(Giphy)를 이용한 영상이나 스냅챗 스티커 등을 통해 이러한 영상 콘텐츠를 공유한다(그림 참조). 배틀은 마침내 한편의 영화로 만들어지고, 영화는 다시 유튜브에 올려진다.

결과: 배틀 영화는 유튜브에서 선풍적인 인기를 끌었고 콘텐츠 1위에 오르기도 했다. 이어, 스켑타 외에도 영국 런던 시장이나 영화배우 등 많은 유명인들이 무료로 캠페인에 참여했다. 나아가 도시 전체에 무료 스포츠 이벤트가 열리는 등 시민들이 호응하는 도시 전체 이벤트가 되었다. 나이키 선호도, 인지도가 높아진 건 물론이다.

시사점: 이 캠페인은 소셜 미디어와 UCC(User Created Contents)에 영화까지 결합된 사례라는 점에서 차별적이고 영향력이 컸다. 나아가 일반인뿐 아니라 유명인들(셀렙)들을 참여시켜 그 이야기를 공유하기에 유리했다. 일반인은 중요하지만 여전히 인플루언서가 필요하다. 인터랙티브 캠페인을 위해 이야기(스토리텔링)는 좋은 수단이며, 그 이야기는 대립적인 구조

일 때 더 선명하고 흥미롭다. 마지막으로, 참여와 공유를 위해 다양한 미디어를 교차(크로스미디어적) 활용할 필요가 있다. 소비자의 반응을 얻고 싶은가? 다양한 곳(미디어)에서 다양한 볼거리(콘텐츠)를 준비하라.

요약하면, 첫째, 스타 중심이 아닌 실제 삶의 '평범한' 아이를 등장시켜라. 둘째, 대립하는 이야기를 만들어라(일반인 vs 영웅). 셋째, 기존 질서에 대항하는 도전정신(예, 일반인도 영웅이 될 수 있음) 등 가치를 담아라. 넷째, 다양한 장르를 다양한 미디어를 이용해 보여줘라. 다섯째, 자발적으로 만들게 하고(젊은 타깃들이 참여할 있는 콘텐츠 방향 수립), 공유하게 하라.

1 인터랙티브 광고에서의 기획

1) 전략이 가져야할 세 가지 요건

광고 기획(企劃)이란 광고 커뮤니케이션의 목표를 설정하고 이를 수행하는 제반 요소들을 효율적으로 운용하기 위해 필요한 전반적인 계획을 수립하는 것을 의미한다. 한마디로 광고방향을 계획하는 것이라 할 수 있다. 광고 기획이 가져야할 요건은 크게 두 가지이다.

첫째는 전략 구상에서부터 크리에이티브를 담아야 한다. 광고 기획을 광고 계획이라 하지 않는데, 그 이유를 기획이라는 단어가 "창의적 사고"를 내포하기 때문으로 보는 학자도 있다. 실제 현업에서도 현대 기획이 '크리에이티브 전략(Creative Strategy)'이어야 한다고 주장하기도 한다. 왜냐하면 소비자를 움직이는 것이 중요하기 때문이다. 전통적인 기획접근처럼 제품의 특성에 머무르는 팩트(fact)나 마케터의 논리만으로는 변화하는 소비자를 움직일 수 없는 시대가 되었다. 개별 소비자의 내재적 욕구, 즉 인사이트(insight)를 읽어내야 한다. 그래서 소비자에게 공감을 주고 소비자를 참여하게 해야 한다. 즉 어떤 공감을 이끌어내는 창의적 사고, 즉 크리에이티브적인 접근이 필요한 것이다.

둘째는 기업이 갖는 문제를 해결하는 '솔루션(solution)'이 되어야 한다. 솔루션은 기술과 아이디어가 기반 되어 나온다. 단순히 광고 그 이상의 아이디어, 제품판매 그 이상의 기업의 경쟁력을 강화하는 방향으로 전개되어야 한다. 그 동안 광고는 광고물 하나의 '크리에이티브'로 승부했다. 그렇게 해도 소비자들이 믿어주고 반응했기 때문이다. 아름다운 광고에 감동해주기까지 했다. 그러나, 지금은 다매체 시대로 광고가 넘쳐난다. 온라인 환경에서 광고 혼잡도(ad clutter)는 갈수록 높아져 광고를 걸어도 순식간에 파묻히고 만다. 소비자들은 소비자들대로 광고를 보려하지 않는다(광고회피). 특히 TV, 신문 같은 전통 매체 이용률은 갈수록 떨어진다. 광고주는 어떤가? 이러한 시대를 반영하듯 성과(performance)에 대한 요구가 갈수록 강해진다. 이른바 후킹 광고들이 늘고, 결국 광고 전체의 신뢰가 떨어지기 시작했다. 이러한 문제를 해결하기 위해 기술(Technology)과 경영(Management)이 핵심인 시대가 됐다. Adweek지에서 말했듯이, 이제 광고는 '광고와 다른' 무언가를 제공해야 한다. 바로, 제품 문제만이 아닌 사람들의 문제를 해결해주는 것이다. 솔루션으로서 광고, 이를 위해 소비자들이 공감하고 참여하는 커뮤니케이션과 사회 문화적 역할을 담은 콘텐츠로서 광고 캠페인이 중요해졌다.

셋째는 통합적으로 운영되어야 한다. 현대에 들어 브랜드가 중시되고 소비자의 인식과 선택 개념이 중요시됨에 따라 소비자 중심의 전략 수립이 필요해졌다. 이에 따라 마케팅 활동에도 커뮤니케이션 개념이 중요시된 것이다. 특히 최근 디지털 기술의 발달 등으로 인해 마케팅 커뮤니케이션을 위한 미디어가 다양화함에 따라, 마케팅 커뮤니케이션의 통합성(Integration)이 중시되고 있다. 바로, 통합적 마케팅 커뮤니케이션(Integrated Marketing Communication: IMC) 개념이 그것이다. IMC는 1991년 미국 노스웨스턴 돈 슐츠(Don Schultz) 교수가 주창한 이래 지금까지도 여전히 중요한 마케팅 전략으로 여겨지고 있다. IMC는 이미 수많은 책에서 언급되었으므로 본 장에서는 상술하지 않기로 한다. 그러나, IMC가 인터랙티브 광고기획에 유용한 시사점을 제시하고 있음을 부인할 사람은 없다. IMC란 미디어에 기반한 개념으로 다양한 미디어에 대한 메시지 전략은 일관성, 통합성(one voice, one look)이 중시된다. 이런 점에서, 온 · 오프라인에 걸친 광범위한 인터랙티브 미디어를 대상으로 하는 인터랙티브 광고와 IMC는 본질적으로 유사하다.

2) 주요 항목과 흐름

기획서란 기획된 내용이 서술된 것이다. 구체적으로 광고기획서는 "기업 및 상표의 연혁, 현재의 마케팅 상황, 문제점과 기회, 마케팅 및 커뮤니케이션 목표와 전략 등에 관한 내용을 담고 있는 서술"이라 할 수 있다.

일반적으로 광고 기획은 크게 세 가지 측면에서 구성될 수 있다. 첫째는 기업의 마케팅 목표에 맞춘 마케팅지향적 기획, 둘째는 기업의 현재 문제를 해결하는 관점에서의 현안지향적 기획, 셋째는 소비자에 기초한 커뮤니케이션을 중시하는 통합적 마케팅 커뮤니케이션 기획이 그것이다. 이 중에서 통합적 마케팅 커뮤니케이션 기획은 현대 마케팅 환경에서 중시되는 개념이자, 본 장의 인터랙티브 광고 기획을 이해하는 출발점과 같다.

인터랙티브 광고 기획은 크게 다섯 단계로 이루어진다.

첫째, 마케팅 상황분석과 마케팅 목표

둘째, 커뮤니케이션 목표

셋째, 미디어 플래닝

넷째, 크리에이티브 구성과 지원

다섯째, 효과분석 및 전략 보완

이 중, 넷째 단계의 크리에이티브 구성과 지원은 크리에이티브 영역에 포함되며 크리에이티브 인력이 중심이 되어 담당하지만, 크리에이티브 전략의 검토와 실행에 관한 세부 지원 등은 광고 기획(AE) 인력과 협업하여 이루어져야 하므로 광고기획에 포함된다. 광고 기획은 이렇게 다섯 단계 전반에 걸쳐져 실행된다. 인터랙티브 광고기획에 필요한 단계 및 주안점을 정리하면 그림 14-1과 같다.

인터랙티브 광고기획과 전통적인 광고기획의 가장 큰 차이점은 '매체 운영'에 있다고 할 수 있다. '미디어는 메시지'라는 고전적인 맥루한(Marshall McLuhan)의 정의를 따르면, 광고기획이란 "미디어라는 메시지"를 어떻게 효율적으로 전개할 것인가를 고

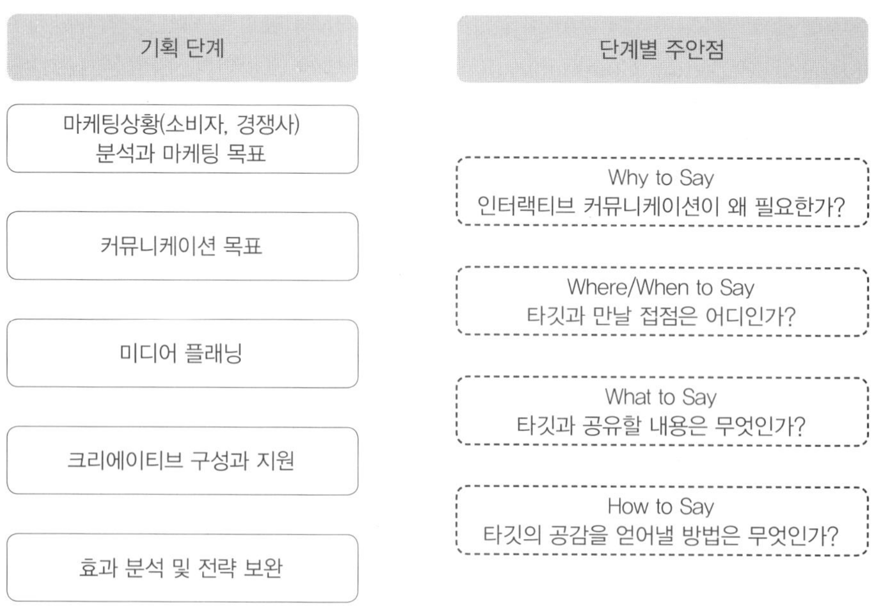

그림 14-1 인터랙티브 광고 기획

민하는 일이다. 광고미디어가 그만큼 중요하다는 뜻이다. 전술한 바와 같이 인터랙티브 미디어가 갖는 메시지 특성은 '상호작용성(Interactivity)'과 '고객맞춤(Customization)'으로 요약된다. 따라서, 인터랙티브 광고기획은 마케팅 커뮤니케이션 목표를 달성하기 위해 "상호작용적이고 고객맞춤적인" 커뮤니케이션 활동을 계획하는 것으로 정의된다. 이를 위해 인터랙티브적인 다양한 미디어를 활용하여야 하며, 다양한 미디어가 일관된 메시지의 임팩트를 증폭시킬 수 있어야 한다.

요약하면, 인터랙티브 광고기획은 광고 타깃과 상호작용하고 타깃에게 맞는 광고 메시지를 전달하기 위해서는 다양한 미디어 간 시너지를 높일 수 있어야 한다. 이를 위해, 고객 접점(contact point) 중심의 매체의 복합적인 운용을 의미하는 이른바 크로스 미디어(cross-media)적 접근이 중요하다. 따라서 미디어 운용과 고객 접점에 대해 충분히 검토되고 이를 기반으로 전략이 수립되어야 한다.

2 마케팅 상황분석과 마케팅 목표의 이해

1) 마케팅 상황 분석

마케팅 상황은 마케팅 환경분석, 소비자 분석, 경쟁상황 분석 등으로 구성된다. 먼저, 마케팅 상황은 크게 미시 상황과 거시 상황으로 구성된다. 미시적 환경이란 고객에게 제품과 서비스를 하는 능력에 영향을 미치는 영향요인으로, 원료공급자, 마케팅 경로 기업, 고객 시장, 경쟁자 및 공중 등으로 구성된다. 거시적 환경이란 좀 더 광범위한 사회적 영향요인이다. 이는 기업의 미시환경 요인들에 영향을 미치는 것으로서, 인구통계적, 경제적, 자연적, 기술적, 문화적 환경 요인과 법률 규제 등을 말한다. 기업을 둘러싼 사회문화적 환경을 예로 들면, 최근 기업 마케팅 활동에 있어 공중(public) 관계가 중요시됨에 따라 환경 및 기업윤리 등을 지향하는 마케팅 커뮤니케이션 활동이 확대되고 있다.

기업들이 자사에 대한 긍정적인 이미지를 제고하기 위해 실시하고 있는 PR(홍보), SP(촉진, sales promotion), 그리고 자선 사업 등의 대의 마케팅(Cause-related Marketing), 사회에 대한 기업의 책임을 실천하는 CSR(Corporate Social Responsibility) 활동 등이 이에 해당한다. 우리나라의 경우 1984년 이후 지금까지 실시되는 유한킴벌리의 〈우리강산 푸르게 푸르게〉 캠페인을 비롯하여, SK의 행복나눔재단, LG의 LG의 착한 기부 릴레이 등을 예로 들 수 있다. 교육 분야도 자주 활용되는 대의명분 중 하나다. 유럽 소비자를 대상으로 한 CSR Europe 조사 결과, 교육 문제가 높은 관심을 받는 분야로 나타났다. 미국의 경우도 정부의 계속된 예산 부족으로 특히 공립학교에 대한 민간 기부가 교육 자금의 중요한 역할을 하고 있으며, 이에 따라 기업의 대의 마케팅 활동이 중요하게 인식되는 추세에 있다.

2) 마케팅 목표의 이해

마케팅 상황 분석이 이루어지면 마케팅 목표를 설정한다. 대체로 마케팅 목표는 사용량이나 사용 빈도에 초점이 맞추어져 있다. 이를테면 브랜드 충성이 강한 집단을 설정하였다면 사용량을 유지하거나 사용 빈도를 늘리는 것 등이 마케팅 목표가 될 것이다. 이러한 IMC 개념의 등장 이후 기업의 마케팅 전략과 커뮤니케이션 전략은 상호 긴밀하게 연결되어 있다. 따라서 마케팅 목표는 이후 커뮤니케이션 전략을 수립함에 있어 매우 중요한 역할을 한다.

이러한 마케팅 목표에 따라 마케팅 전략이 수립된다. 마케팅 전략이란 마케팅 목표를 어떻게 달성할 것인가를 나타낸 것이다. 마케팅 전략에는 가) 시장세분화, 나) 목표시장의 선점, 다) 포지셔닝, 라) 마케팅 믹스 결정에 관한 의사결정과정을 포함한다. 특히 인터랙티브 미디어 환경에서는 시장세분화를 토대로 한 마케팅 믹스 및 고객 접점 관리가 중요하다. 인터랙티브 미디어의 인터랙티브 속성으로 인해 목표 시장에 대한 접근이 용이하고 타깃의 개별 욕구를 충족시키기에 유리하기 때문이다. 단순히 마케팅 채널을 이용한 마케팅 믹스를 넘어 고객접점 관리에 따른 통합적 마케팅 전략이 필요하다.

접점관리(Contact Point Management)란 '브랜드나 기업과 고객이 만나는 접점들에 대한 통합적인 관리와 활용'을 의미한다. 광고, PR, 이벤트, 상품 디자인, 가격 등과 소매점 및 고객센터, 동호회, 웹사이트, 블로그 등 고객과 만나는 다양한 지점을 의미한다. 이런 접점들을 통해 브랜드 정체성을 시장에 심어주고 고객 만족도를 높임으로써 장기적으로 기업 평판과 기업 이익을 높여갈 수 있다. 고객 접점 관리를 위해서는 접점 설정과 접점별 커뮤니케이션 방안 및 통합적 운영을 위한 'Big picture'가 구상되어야 한다.

3 커뮤니케이션 목표 수립

1) 상황분석과 소비자 이해

수립된 전략적 토대 위에 광고 커뮤니케이션을 전개하기 위한 컨셉트를 도출한다. 전통적으로 광고커뮤니케이션 컨셉트는 시장분석, 제품분석, 타깃분석을 거쳐 설정된다. 인터랙티브 미디어 환경에서도 시장상황과 관련한 제반 요소를 이해하는 것은 중요하다. 다만 차이가 있다면, 타깃에 관한 분석방법이 다각화되어야 한다.

소비자와 인터랙션(interaction)하고 쌍방향적 커뮤니케이션이 이루어지기 위해서는 소비자의 생활을 이해하고 공감 요소를 찾아야 한다. 전통적인 인구통계적(Demographics) 분석뿐만이 아니다. 타깃의 동기와 욕구, 가치와 라이프스타일 등을 고려한 사회적, 심리통계학적(Socio/Psychographics) 분석이 필요하며, 타깃의 맥락(When & Where)에 대한 파악이 있어야 한다. 또, 이를 토대로 고객의 욕구와 상황에 맞는 적시

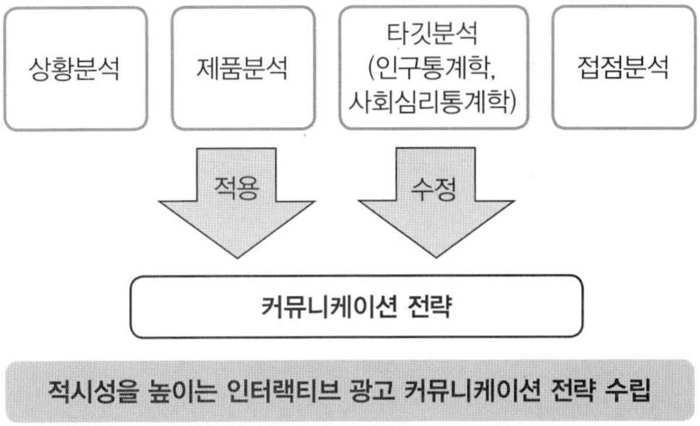

그림 14-2

적(Timeliness) 커뮤니케이션이 이루어져야 한다. 따라서 전통적인 개념에서 타깃분석은 기획 전반부에 이루어지는 일회적(one time) 개념이지만, 인터랙티브 광고 환경에서는 수시반복적(repeated) 개념으로 이해되어야 한다(그림 14-2).

커뮤니케이션 목표는 크게 인지적 측면과 행동 반응 측면으로 구분된다. 전통적인 ATL이 인지 중심의 매체였다면, BTL이나 온라인, 모바일은 행동 중심의 매체라 할 수 있다. 매체별로 간략히 살펴보면, DMB에서는 인지가 강(High)인 반면 행동반응 측면에서는 약(Low)이다. 각 미디어별 커뮤니케이션 효과 및 정도에 관한 소개는 5장에서 다시 언급된다.

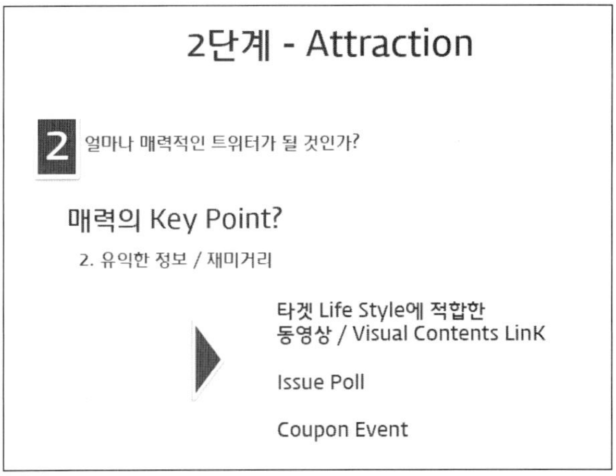

인터랙티브 환경에서의 기획 사례: 트위터를 주력매체로 한 신용카드사 기획서의 일부이다. 커뮤니케이션의 목표는 매력과 재미거리 제공이며 이를 실행할 주요 세부방안으로 콘텐츠 링크, Poll, Event를 제시하고 있다. 이렇게 광고 이외에 '콘텐츠'를 중시하거나 행동적 측면의 상호작용을 유발하는 Tool을 결합하는 것은 인터랙티브 광고 기획의 핵심이라 할 수 있다. 자료: (주)CNA컴퍼니.

2) 넓이와 깊이를 고려한 미디어 운영

미디어 운영전략과 관련하여 인터랙티브 미디어 환경에서의 마케팅 커뮤니케이션 전

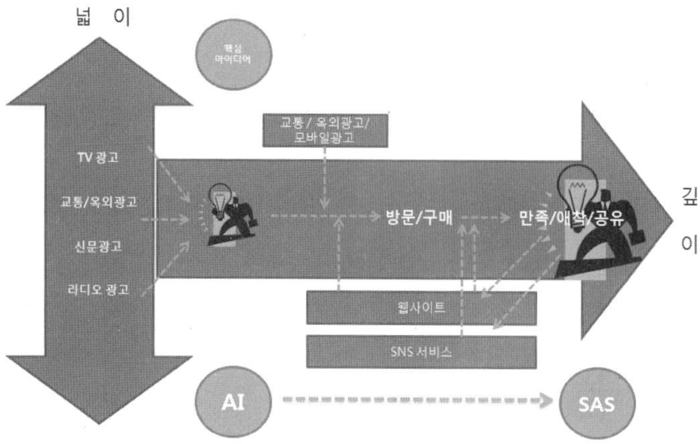

그림 14-3 인터랙티브 미디어 전략 개념도

략은 그림 14-3과 같이 개념화할 수 있다. 이는 크로스미디어 상황에서의 커뮤니케이션 전략을 설명하는 덴츠(Dentsu)사에서 제안한 모형을 재구성한 것이다. 인터랙티브 광고 전략 모형의 핵심은 '넓이'와 '깊이'를 고려하여 커뮤니케이션 전략을 매체에 따라 다르게 전개한다는 점이다. 넓이란 도달(Reach)과 빈도(Frequency), 깊이(Depth)란 관여, 혹은 인게이지먼트 정도를 말한다.

전통적인 개념의 커뮤니케이션 목표인 주의(Attention)와 흥미(Interest)는 TV, 교통, 신문, 라디오 등의 전통매체에서 달성되며, 새로운 개념의 탐색(Search), 행동(Action), 공유(Sharing) 목표는 웹사이트나 SNS(Social Network Service)에서 달성된다. 전통적 관점에서, 넓이는 매체 커버리지(coverage)로 측정될 수 있다. 커버리지란 특정 매체가 오디언스에 도달되는 범위를 말한다. 일차적으로 전통적인 매스미디어의 커버리지(Coverage)를 이용하여 소비자를 온라인으로 유입시킬 수 있다. 비매체로써 오프라인 이벤트는 그 자체로는 커버리지가 좁지만, 모바일 등 디지털 미디어를 통해 홍보할 수 있다. 따라서 디지털 미디어를 이용하여 공유(sharing) 아이디어도 미디어 운영 시 함께 고려되어야 한다.

깊이는 관여를 비롯해 소비자의 참여와 몰입, 즉 인게이지먼트를 높이는 데서 생겨난다. 이는 인터랙티브한 커뮤니케이션 방식을 통해 가능하다. 웹사이트나 OOH(옥외) 미디어 등을 통해 만난 후, 이들을 시나리오에 따라 재차, 3차에 따른 커뮤니케이션 아이디어에 노출될 수 있도록 해야 한다. 이를 위해 소비자들의 라이프스타일과 같은 사회심리적 요인이 반영되어야 한다. 구체적으로 소비자의 인사이트에 중심을 둔 관심사는 정보를 동일한 감각적 크리에이티브를 통해 다양한 매체를 통해 접하게 한다. 이는 소비자의 관심과 흥미차원의 관여를 높이게 된다.

구체적으로, 소비자의 관심영역을 복수의 접점(교통, 옥외광고, 모바일광고, 웹사이트)을 통해 강화하는 한편, 웹사이트로의 접촉 영역을 확산시켜 정보를 공유하고 전달하는 활동을 할 수 있도록 유도한다. 이를 위해서는 단순한 매체의 나열이나 프로모션 간 연계 집행을 넘어서, 핵심적으로 고려되는 소비자의 동선과 매체 이용, 심리적 상태까지 고려된 시나리오가 있어야 한다.

크로스미디어 기반 캠페인이 갖는 장점은 세 가지로 요약된다. 첫째는 양방향 커뮤니케이션을 원활하게 하며, 둘째, 기존매체와의 결합으로 시너지 효과를 주며, 셋째, 단순히 소비자의 인식 속에 인지도나 선호도와 같은 추상적 목표가 아니라 체험하고 공유하고 구매하는 구체적 목표를 달성하는 데에 기여한다는 점이다.

크로스미디어 기반 캠페인의 장점

1. 양방향 커뮤니케이션을 활성화
2. 기존 매체와 결합된 시너지 효과
3. 체험과 공유, 구매 달성에 기여

4 인터랙티브 미디어 플래닝

1) 크로스미디어 광고 개념의 이해

인터랙티브 광고 기획의 핵심은 '매체 운용전략'에 있다. 2000년대 이후 빠르게 등장한 뉴미디어가 기존의 미디어를 대체할 것이라는 예상과는 달리 뉴미디어와 기존 미디어는 상호보완적인 형태를 띠며 복합적으로 사용되고 있다. 소비자들은 시간과 장소를 구애받지 않고 다양한 매체를 자유롭게 이용할 수 있게 된 환경 속에서 특정 매체만을 선호하여 사용하기보다는 제한된 시간 속에서 한 번에 두 가지의 이상의 매체를 동시에 소비하는 매체 소비 현상을 나타내고 있는 것이다. 다양화되고 진화된 매체 등장이 소비자들에게 매체 선택의 우선권을 주기보다는 동시적인 복합사용으로 이끌었다고 할 수 있다. 다매체 환경에서 미디어 이용자는 대개 복수의 미디어로 구성되는 개인별 미디어 매트릭스를 가지고 있으며, 미디어 매트릭스를 구성하는 미디어들을 동시에, 또는 시차를 두고 넘나들며 이용하는 멀티플랫포밍(multiplatforming) 행위를 하게 된다고 설명하였다.

사실 이러한 멀티태스킹은 소비자에게는 오래된 개념이다. 소비자들은 이미 일상 속에서, 운전을 하면서 대화를 한다든지 라디오를 들으면서 공부를 한다든지 등의 동시에 두 가지 이상의 업무를 병행하는 멀티태스킹 활동을 자연스럽게 해왔다. 그러나 미디어 측면에서 볼 때, 4대 매체가 절대적이었던 과거와는 달리, 다양한 매체가 등장하고 이에 따라 수많은 매체가 복합적으로 사용하면서 멀티태스킹 활동이 미디어 소비행태에서도 나타나기 시작했다. 가령 소비자들은 매체를 이용할 때 TV를 틀어놓고 신문을 본다거나, 인터넷을 이용하면서 라디오를 듣는다거나, 혹은 이동 중에 무가지를 읽으면서 라디오를 듣는 등 새로운 매체 소비 행태를 나타낸다. 이렇게 두 개 이상의 매체를 동시적으로, 혹은 비동시적으로 소비하는 행동을 '다중매체 소비(Multiple Media Consumption)'라고 개념화한다. 그러나 대개는 '동시적인 매체소비(SIMM: Simultaneous Media Usage)'라는 용어가 더 많이 사용된다.

요약하면, 크로스미디어 광고란 매체 간 교차 광고를 의미한다. 크로스미디어는 기존 미디어와 뉴미디어가 결합된 개념으로, 효과적인 광고 전략을 위하여 뉴미디어 중 파급력이 높은 인터넷과 기존 미디어를 통합적 전략을 바탕으로 효과적으로 운용하는 마케팅 전략이라 할 수 있다. 신문광고에 등장하는 "인터넷에서 OOO를 쳐 보세요"와 같은 카피 사례는 가장 일반적인 예에 해당한다. 이렇듯 크로스미디어 광고가 효과를 내기 위해서는 광고에 사용되는 매체들의 특성과 타깃의 성향을 파악하여, 상호 시너지 효과를 낼 수 있는 매체들을 결합하는 한편 최적화된 매체를 선택하여야 한다.

크로스미디어란? 타깃 인사이트와 미디어 인사이트에 입각하여 넓이(Reach & Frequency)와 깊이(Depth, 관여의 정도)를 고려하고, 커뮤니케이션의 시나리오 전개를 위해 복수의 컨택 포인트를 효과적으로 결합시켜 설계하는 것.

2) 크로스미디어 플래닝

크로스미디어 개념의 이해

크로스미디어(cross-media advertising)란 다양한 미디어(multi-media)를 복수로 사용하여 최적의 커뮤니케이션 효과를 낼 수 있도록 하는 전략을 말한다. 사전적으로는 크로스미디어 광고는 매체 간 교차광고를 뜻하며, 다양한 미디어를 통해 동일한 캠페인을 펼치는 마케팅 지향적인 판매패키지를 말한다. 예를 들어 인터랙티브 광고에서 복수의 미디어란 전통적인 매스미디어(ATL)와 디지털미디어(온라인, 소셜미디어), 오프라인 BTL(이벤트, 세일즈프로모션)로 구분된다. 이때 크로스미디어 전략이란 캠페인 성격과 목표, 규모, 타깃, 지역 등의 변인을 고려하여 ATL과 인터넷, 모바일 등의 디지털 미디어, 나아가 오프라인 BTL을 적절히, 유기적으로 결합하는 것을 말한다.

소비자와의 단순 접점을 늘리는 미디어 믹스 전략은 소비자의 관심이나 광고에 대한 선입견을 넘어서기 어려울 뿐 아니라, 광고효과과정에 이르는데 매우 많은 과정을 거치게 되는 반면, 크로스미디어의 효과과정은 소비자의 행동 차원과 자발적 활동 영역이 신속하게 진행됨으로서 광고의 마케팅 효과가 신속하게 확인 될 수 있으며, 소비자를 통한 온오프라인의 입소문을 통해 정보의 재활성화를 통한 2차 효과를 기대할 수 있다.

즉, 인터넷, 모바일매체의 양방향적 커뮤니케이션의 특성을 살려 수동적인 단순노출을 목표로 하기 보다는 노출을 통한 자극에 이어 적극적인 정보탐색을 유발하여 광고효과를 높일 수 있다. 따라서 메시지의 내용을 매체의 성격에 맞게 구성, 편집하고 여러 매체를 교차시켜 수용자들의 자발적 정보 수집활동을 이끌어 내는 것이 중요하다고 할 것이다. 이를 위하여 브랜드의 가치를 분명히 확립하고, 일관성 있는 메시지 소구는 필수적인 요소라고 하겠다.

요약하면, 크로스미디어전략은 하드웨어적 성격의 매체선정의 측면에서 보면 다매체 간의 효율적인 조합을 통하여 광고접촉경로를 다양화하고 광고노출 수준 및 효과를 최적화하는 것이라고 볼 수 있다. 여기에 비용효율성과 매체효과 극대화라는 측면에서 균형적 매체기획이 요구되는데 통합적 마케팅커뮤니케이션 관점에서 크로스미디어의 통합(integration)적 설계를 통하여 브랜드 ROI를 극대화하는데 목표를 둔다.

미디어믹스와 크로스미디어의 구분

일본의 세계적인 광고회사인 덴츠에서 발간한 「크로스위치」에서는 크로스미디어 광고를 기업의 과제를 해결하기 위한 캠페인 플래닝 관점에서 타깃 인사이트와 미디어 인사이트에 입각하여 넓이와 깊이를 고려하고, 커뮤니케이션의 시나리오 전개를 위해 복수의 컨택 포인트를 효과적으로 결합시켜 설계하는 것이라고 정의하고 있다. 즉, 종래의 미디어 믹스전략이 단순히 미디어 집행예산에 따라 미디어를 배분하는 데 초점을 두었다면, 크로스미디어는 커뮤니케이션 시나리오에 따라 미디어 운영을 구성하는 데 초점을 둔다고 할 수 있다. 표 14-1은 크로스미디어 전략과 기존 미디어 믹스의 차이점을 요약한 것이다.

미디어 믹스와 크로스미디어 전략의 차이점을 분석하면 다음과 같다.

첫째, 타깃과 관련하여 보면 미디어 믹스 전략은 대부분 연령과 세대 등 인구통계학적 특성으로 소비자를 분류한다. 반면, 크로스미디어 전략은 소비자의 욕구나 생활가치, 미디어 행동 등 타깃 인사이트나 미디어 인사이트를 중시한다. 둘째, 커뮤니케이션 목적과 목표에 있어서도 미디어믹스 전략은 소비자에게 전하고 싶은 메시지를 얼마나 효율적으로 도달시킬 것인가를 중시하는 반면, 크로스미디어는 널리 알리는 것(넓이)뿐 아니라 구매로 이어지는 깊이를 중요시한다. 셋째, 전략수립의 결과에서도 미디어 믹스는 예산의 규모와 배분을 중요시하는 반면에 크로스미디어는 소비자들이 능동적

표 14-1 미디어믹스와 크로스미디어의 구분

구분	미디어믹스	크로스미디어
타깃	인구통계학적 특성 등으로 구분한 타깃설정	타깃 인사이트 및 미디어 인사이트를 중시
커뮤니케이션 목적과 목표	도달 효율 관점의 인지 및 구매 의향의 최대화	넓이(Reach x Frequency)와 깊이(Depth)를 고려
플래닝 결과	미디어 예산 배분	커뮤니케이션의 시나리오(전개도)
사용하는 미디어	광고미디어+ PR+ SP+ 인터랙티브	복수의 접점을 효과적으로 결합

출처: 크로스위치 (2009), p.47의 내용을 일부 수정함.

으로 참여하는 커뮤니케이션의 시나리오를 중요시한다. 넷째, 사용되는 미디어에 있어서도 미디어믹스는 우선 TV광고나 잡지광고, 교통 및 옥외광고 등 '광고' 미디어를 중심으로 효율적 조합을 시도하는 경우가 많다. 그러나 크로스미디어는 소비자와 브랜드를 연결하는 모든 컨텍포인트(접점)를 중립적으로 보고 나서 취사선택한 접점이 전략수립의 대상이 된다. 따라서 미디어 믹스에서 기대되는 효과과정과 크로스미디어에서 기대되는 효과는 다르다.

일반적으로 기존의 미디어플래닝은 매체선정시 목표수용자의 매체접촉량, 광고관심도와 선호도, 광고단가 대비 노출량(비용효율성), 광고유닛에 따른 광고임팩트, 연간 가용예산수준, 매체별 역할, 경쟁사의 매체별 광고비 규모 및 집행패턴, 전달하고자 하는 메시지의 양, 광고콘셉트 및 표현전략 등을 고려하여 최적의 매체믹스안을 수립한다. 크로스미디어전략을 활용한 미디어플래닝은 복합적 커뮤니케이션 채널의 최적조합을 도출하고 매체 간의 연계와 효율성을 극대화하여 궁극적으로 커뮤니케이션의 효율적 투자를 위한 임팩트와 시너지를 추구하는 것으로 정의할 수 있다.

3) 크로스미디어 광고 전략 유형

크로스미디어 광고는 표 14-2에서처럼 '동종 매체 결합', '이종 매체 결합', '이벤트&스폰서링' 등과 같은 유형이 있다.

'동종 매체 결합'은 같은 종류의 매체 간 교차광고를 실시하는 것으로서 TV1과 TV2, 라디오1과 라디오2 등의 채널 간 결합 또는 지역 TV 간 결합을 통해 네트워크를 형성하고 있으며, '이종 매체 결합'은 서로 다른 종류의 매체 간 교차광고를 실시하는 것으로 TV+인터넷, TV+라디오, 라디오+인터넷+잡지 등 서로 다른 매체를 믹스하여 광고를 실시하는 것이다. '이벤트 & 스폰서링'은 방송사와 광고주가 공동으로 이벤트를 진행하거나 광고주가 프로그램 제작을 협찬하는 것으로서 TV+라디오+출판물+인

표 14-2 크로스미디어 광고의 유형

유형	정의	예시
동종매체 결합	• 동종매체간 교차 광고를 실시하는 것. 채널 간 결합 또는 지방 TV간 결합을 통해 네트워크 형성	• TV1+TV2 • 라디오1+라디오2
이종매체 결합	• 이종매체간 교차광고를 실시하는 것	• TV+영화 • TV+라디오 • 네트워크TV+라디오+케이블TV • 라디오+인터넷+잡지 등
이벤트 & 스폰서링	• 방송사와 광고주가 공동으로 이벤트를 진행하거나 광고주가 프로그램 제작을 협찬하는 것	• TV+라디오+출판물+인터넷+옥외광고

터넷+옥외광고 등의 형태를 띤다.

이러한 크로스미디어는 '광고주'에게 One stop buying이 가능하고, 광고 집행 효율성을 강화시킬 수 있다. 또한 맞춤형 마케팅으로서 성공적 타겟 마케팅을 제고하고, 광고 도달범위 확대를 통해 소비자와 효과적 커뮤니케이션을 이룰 수 있다.

한편, 일본의 광고대행사 덴츠에서는 크로스미디어 광고의 중요성을 역설하며, 수용자의 생활 패턴을 분석하여 광고 캠페인이 하나의 시나리오가 되어야 한다고 주장하고, 동일한 포맷으로 구성된 정보와 광고를 변형(Variation)하여 가) 타깃과의 다양한 접점마다 전개하는 시나리오(Power Variation 시나리오), 나) 시간에 따라 메시지를 변화하여 연속성을 줌으로써 관심을 모으는 시나리오(Timeline 시나리오), 다) 첫 발신 메시지로 관심을 유발한 다음 나머지는 다른 미디어에서 전개하여 소비자를 유도하는 방식(Media Split 시나리오) 등을 제시하였다.

4) 크로스미디어 광고 효과

대표적인 동시매체 소비에 관한 연구는 미국의 BIG research에서 미디어 이용자들의 동시 사용행동을 조사하는 동시매체이용(Simultaneous Media Usage, SIMM) 연구를 1990년대 후반부터 지속적으로 수행하고 있다. 초기 연구 결과를 보면 인터넷 사용자의 약 70%가 동시에 TV를 시청하고, 65%가 신문을 읽으면서 동시에 TV를 시청하는 것으로 나타났다. 또한 최근 11번째로 수행한 SIMM연구 결과에 의하면 15,727명을 대상으로 연구한 결과 미디어의 동시사용자수가 앞선 연구보다 증가하였으며 점차 비율이 증가하고 있다고 발표했다(SIMM VIII, 2006).

유럽권에서도 다중매체의 동시소비에 관심을 갖고 이에 관한 연구를 수행하였다. 영국, 프랑스, 이탈리아, 독일, 벨기에, 그리고 네덜란드와 스칸디나비아에서 총 9,095명을 대상으로 한 동시매체 이용 연구에 따르면, 응답자의 약 4분의 1인 38%가 인터넷 서핑을 하면서 텔레비전을 동시에 시청하며, 이러한 미디어 멀티태스킹이 급속하게 증가하고 있다고 밝혔다. 인구통계학적으로는 유럽에서 미디어를 동시에 복합적으로 사용하는 소비자들은 16세에서 24세가 25%, 24세에서 35세가 29%로 주로 10대 중반에서 30대 중반이 다중매체 동시소비 이용자의 50%를 넘는 것으로 보고하였다. 더 나아가 본 연구에서는 멀티태스킹 활동을 하는 소비자의 성향에 관하여 살펴보았다. 결과에 의하면 TV와 인터넷을 복합적으로 사용하는 소비자는 그렇지 않은 소비자보다 온라인을 통해 옷이나 전자제품 등에서 더 많은 아이템을 구입하는 것으로 나타났다. 또한 10명 가운데 6명의 멀티태스커들은 비멀티태스커와 비교했을 때 자신들이 더 나은 상품을 살 것이라고 생각했고, 이들 48%가 비멀티태스커보다 브랜드에 관한 자신들의 마음을 쉽게 바꿀 것이라고 응답하였다(EIAA(European Interactive Advertising Association, 2006).

국내의 경우 이러한 크로스미디어 사용자가 빠르게 증가하고 있다. 이러한 측면에서 사용자의 관심이 머무르는 매체에 기업의 메시지를 전달하는 방식에 대한 고민이 필요한 시점이다.

5 커뮤니케이션 구성과 지원

1) AISAS 행동모형의 이해

정보환경이 변화함에 따라 소비 행동도 급변하고 있다. 다변화하는 소비 행동에 적합한 커뮤니케이션 모델로 일본의 덴츠는 'AISAS' 소비행동 모델을 제안하고 있다. 이는 전술한 '크로스미디어' 커뮤니케이션의 시나리오를 설계하는 지침이 될 수 있다.

기존 소비자가 상품 정보와 광고를 접한 후 구매에 이르기까지를 설명하는 모델로는 'AIDMA'가 유명하다. 'AIDMA'는 1920년 무렵 미국의 경제학자 롤랜드 홀(Roland Hall) 박사자 제창하였으며 현재도 널리 활용되고 있는 모델이다. 그러나 인터넷이 보급되고 누구나 손쉽게 정보를 접할 수 있는 이 시대에서는 상품이나 서비스, 광고에 주목한 소비자가 원하는 정보를 직접 찾아보거나 자신이 찾은 정보를 발신해 다른 사람들과 공유하는 '능동적 정보 접촉'이 매우 활발하게 이루어지고 있다. 즉 기업이 소비자에게 정보를 전달하는 흐름 외에 소비자가 직접 정보를 수집(search)하고 공유(share)하는 두 가지 특징적 행동이 구매를 결정하는 요인으로서 중요해졌다.

이를 커뮤니케이션에 적용하면, 상품과 서비스, 광고에 주목하고(Attention) 흥미를 가진(Interest) 소비자는 자신이 알고 싶은 정보에 대해 다른 사람들이 글을 올린 블로그나 상품 비교 사이트, 기업의 공식 사이트, 실제로 이용한 가족이나 친구, 지인들로부터 정보를 수집한다(Search). 체험자나 구매자의 의견과 사용후기 등을 참고하면서 기업이 발신하는 정보와 함께 종합적으로 판단하여 구매행동을 한다(Action). 구매 후에는 자신의 사용후기를 인터넷에 올리거나 다른 사람에게 말하면서 스스로 입소문의 발신자가 된다(Share)(그림 14-4).

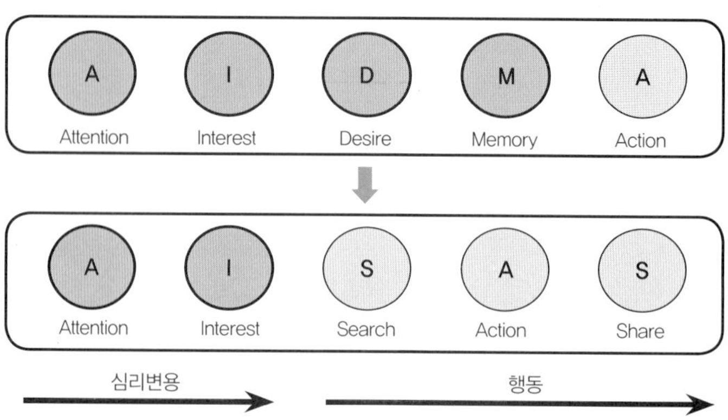

그림 14-4 덴츠의 AISAS 모델. 기존의 '심리변용'에 해당하는 프로세스(A · I)가 축소되고 '행동'에 해당하는 프로세스(S · A · S)가 확대되었다.

2) 시나리오 전개

AISAS 모델을 전제로 현재의 소비행동을 바라볼 때 크로스미디어 커뮤니케이션의 시나리오 설계시 가장 필요한 것은 무엇일까? 바로, 각 프로세스마다 소비자의 마음을 사로잡는 시스템을 전략적으로 설계하는 것이다. 예를 들면 A · I를 기점으로 기업 캠페인 사이트로 유도하는 시스템을 만들어 Search를 유발한다. 그리고 웹사이트에서는 다양한 브랜드 체험을 할 수 있게 하여 브랜드에 공감을 느끼고 매장을 찾아가게 만든다. 매장에서는 단순한 구매촉진뿐 아니라 소비자 스스로 브랜드에 관심을 갖고, 놀고, 즐기고, 다시 사고 싶어지게 만드는 등 그 매장 공간에서만 가능한 브랜드 체험을 하게 만든다. 또한 Share에서는 소비자가 가볍게 글을 올릴 수 있는 커뮤니티 사이트를 만들어 입소문을 활성화시키는 설계도 한다.

크로스미디어 커뮤니케이션에서는 미디어 데이터베이스 활용에도 새로운 아이디어가 필요하다. 미디어 데이터베이스란 TV 시청률과 신문 및 잡지의 발행부수, 열독률 데이터 등을 말한다. 미디어믹스에서는 도달 효율이 주요 관점이다. 예를 들어 '30대 기혼 남성'을 타겟팅 한 다음, 각 미디어 접촉량을 미디어 데이터베이스와 대조하여 계산한다. 그리고 TV 광고에서 일정 예산을 투입하면 30대 기혼남성의 60%에게 도달되고 예산을 추가하면 70%에게 도달된다는 식이다.

그렇다면 크로스미디어 커뮤니케이션의 경우엔 어떨까? 크로스미디어에서도 TV나 인터넷 포털 사이트 등 매스미디어를 활용해서 '넓이'를 확보하는 것이 매우 중요하다. 따라서 미디어 확산이나 도달효율을 파악할 수 있는 데이터는 여전히 필요하다. 단, 여기에다 소비자의 미디어 접촉의 '깊이'와 컨택 포인트끼리의 연결을 파악할 수 있는 데이터를 적극적으로 활용해야 한다. 즉 소비자 관점에서 모든 컨택 포인트를 찾아내서 접촉의 깊이와 연결까지도 파악할 수 있는 데이터를 활용하는 것이다.

6 인터랙티브 광고 효과

모바일 서치(mobile search) 기업 4INFO와 미국 최대 미디어 그룹 가넷(Gannett) 간의 크로스 미디어를 활용한 마케팅 사례이다. Gannett의 USA Today는 스포츠, 날씨 지면에 모바일 서치 기업인 4INFO의 단축코드(Short code)를 노출하여, 독자들이 모바일 기기를 통해 경기 점수나 경기 포토 스탯(stat), 그리고 날씨 정보를 받아볼 수 있도록 하였다(아래 그림 참조). 단축코드는 일련번호(44636)를 통해 정보 디렉토리에 텍스트 메시지를 보낼 수 있다. 이 신문은 5백 2천만 독자가 구독하기 때문에 단축코드 상품을 알리는 데 매우 효과적이었다(그림 14-5, 14-6).

단축코드(44636)를 통해 독자는 신문에서 원하는 내용을 실시간으로 알 수 있다.

또한 Gannett 2006년 초 모바일 서치 기업인 4INFO와의 마케팅 투자 건을 발표한 바 있다. 이 마케팅 투자 건은 USA TODAY의 스포츠, 날씨 그리고 금융과 같은 섹션

그림 14-5 4INFO의 모바일 정보 디렉토리

그림 14-6 크로스미디어를 활용한 기업 PR 사례

에 단축코드를 배치하는 것을 포함하고 있는데 이러한 단축코드를 통해 신문을 읽고 있는 고객은 원하는 내용(경기결과, 날씨정보 등)을 실시간(real-time)으로 알 수 있다. 이러한 크로스미디어 캠페인의 결과, 4INFO는 단축코드 서비스에 대해 경이로운 성과를 거두었으며 모바일 서치 사업 측면에서, 정보를 전달하는 가시적 채널로서의 잠재력과 성장 가능성을 알 수 있었다. USA TODAY는 글로벌 정보를 갖고 있는 풍부한 자원, 4INFO는 실시간 정보를 개인들의 세계로 전달해주는 운반자의 역할을 하였다. 이 장에서는 인터랙티브 광고 효과와 관련된 변인과 주요 관련연과를 소개한다.

1) 효과 변인

그 동안 인터넷을 비롯하여 뉴미디어 광고의 크리에이티브 요소의 효과에 관해 많은 연구가 진행되어 왔음에도, 무엇이 크리에이티브한 것인지에 대해 아직 명확한 정의가 없다. 우선, 크기와 게재 위치 외에도 다양한 크리에이티브 요소들이 디스플레이 광고에 대한 소비자의 주의를 향상시킬 수 있다 일반적으로 어떤 대상이 얼마나 크리에이티브한지 판단할 때 독창성(originality), 신선함(novelty), 새로움(newness), 적합성(appropriateness) 등을 기준으로 한다. 디스플레이 광고를 예로 들면, 그러한 요소들을 포함하고 있는 광고가 그렇지 않은 광고보다 훨씬 더 소비자의 주의를 끌 뿐만 아니라 회상도 역시 훨씬 더 높은 것으로 나타났다.

광고효과와 관련해서 종속 변인으로는 인지, 태도, 행동 등이 있다. 매체와 관련한 효과 변인은 모바일, DMB, 인터넷 등 매체 유형에 따라 달라질 수 있다. 이를테면, 미디어 이용 목적 및 목표가 인지에 초점이 맞춰질 수도 있고 태도나 행동에 맞추어질 수 있다. 여기서 중요한 점은 "인지, 태도, 행동 모든 것을 다 포함할 것인가, 아니면 광고효과 변인을 좁혀 행동적 측면에 초점을 맞출 것인가"이다.

전통적인 효과변인으로 awareness, recall, attitude change, brand choice 등을 들 수 있다. 이를테면 '특정 광고 메시지에 얼마만큼 노출되었는가'를 들 수 있다. 반면 인터랙티브 환경에서는 소비자의 능동적 역할을 고려해야 한다. 단순히 정보에 대한 수동적 반응만이 아니라 정보에 대한 상호작용적 측면을 고려해야 한다.

따라서, 전통적인 환경에서 광고가 기업(광고주)이 소비자를 대상으로 하여 펼치는 것이라면 인터랙티브 환경에서 광고란 소비자들의 광고에 대해 무엇인가 반응하는 것, 소비자의 주의를 끌어 자기 스스로 정보를 선택하게 되는 자기선택(self selection) 과정이 중요하다. 크리에이티브를 효과적으로 전개하기 위해서 이러한 자기선택 과정을 이해할 필요가 있다. 각 효과변인을 요약하면 다음과 같다.

1) 광고관련 변인: 크기, 게재위치(인터넷), 메시지 유형, 메시지 품질
2) 소비자관련 변인: 관여도, 제품지식, 몰입도
3) 효과관련 변인(종속변인):
   ① 단기적 효과: 광고인지, 침입성, 광고태도, 클릭, 네비게이션, 기억
   ② 장기적 효과: 브랜드 태도, 구매관련 행동
4) 상황관련 변인: 적시성, 상황적합성
5) 매체관련변인: 메시지 관련성, 광고 혼잡도

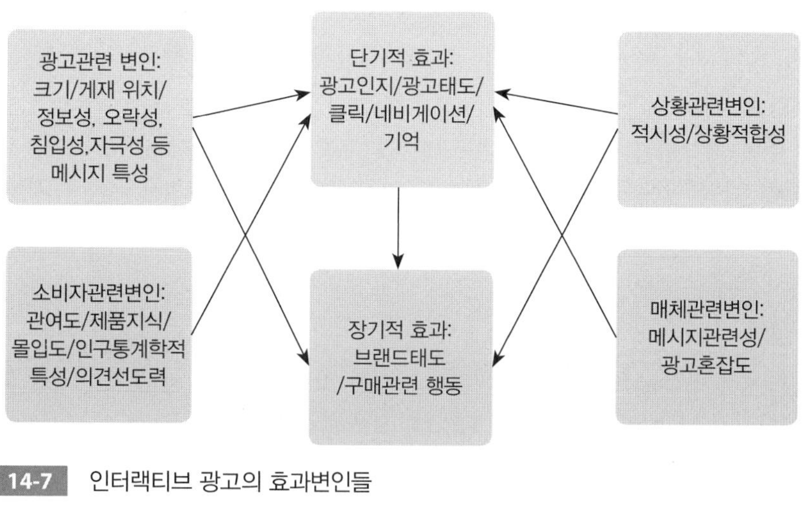

그림 14-7 인터랙티브 광고의 효과변인들

2) 상호작용성

상호작용성은 주로 나와 미디어 이용자, 또는 나와 미디어 간의 작용성에 초점을 둔 개념이다. 두고 있다. 전자의 경우에는 상호작용성을 커뮤니케이션 과정 중 참여자가 커뮤니케이션 과정을 통제할 힘을 가진 정도 또는 상호 대화를 통해 커뮤니케이션 역할을 바꿀 수 있는 정도로 본다. 후자의 경우는 미디어에 대한 작용성을 강조한 관점으로, 매체에 대한 인터랙티비티를 중요한 개념으로 본다. 인터랙티비티는 두 개 이상의 커뮤니케이션 집단들이 서로 상대방, 또는 미디어, 메시지 등에 영향을 미치고 그러한 영향들이 서로 동시에 일어날 수 있는 정도이다.

상호작용성이 커뮤니케이션 효과에 미치는 영향에 대해서는 긍정적일 것이라는 주장이 부정적일 것이라는 주장보다 월등히 우세하다. 특히 컴퓨터가 매개된 환경에서 소비자들의 정보 탐색 활동이 활발해짐에 따라 상호작용성의 역할이 더 강조되고 있다. 상호작용성은 회상 등 커뮤니케이션 효과에 긍정적인 영향을 미치는 것으로 알려졌다.

3) 적시성

적시성(timeliness)은 특히 모바일 매체가 보편화되면서 현실화된 개념이다. 정보는 소비자가 필요로 할 때 이용할 수 있어야 가치가 있다. 광고 메시지 역시 시간의 효용성이 확보되어야 한다. 적시성을 상실한 정보는 정보로서의 가치가 사라져 버린다고 볼 수 있다. 예를 들어, 소비자가 상품 정보를 얻으려고 광고 또는 관련 콘텐츠를 검색할 때 단기 이벤트나 단기 출시 상품에 관한 정보는 시간이 매우 중요하다. 수신자가 원하는 시기에 정보를 제공받을 수 있어야 정보 가치가 있다.

이렇게 제품이나 서비스에 대한 정보를 알림으로써 이용자를 만족시킬 수 있는 능력을 메시지의 '정보성(informativeness)이라 한다. 광고의 가장 근원적인 역할은 제품의 정보를 전달하는 것으로서, 적시적인(timely) 메시지를 제공하는 것은 인터랙티비 광고의 핵심 장점이라 할 수 있다. 이를 위해서는 소비자와 지속적인 상호작용을 해야 하며, 소비자가 처한 맥락(상황)을 잘 파악해야 한다. 그래서 최근에는 광고 전략 수립시 광고의 텍스트(메시지)보다 광고가 처한 맥락으로서 콘텍스트(context)에 주목한다. 즉 주변 맥락에 적절히 어울리는 광고배치(Advertising Placement: APL) 개념이 중요해진 것이다. 단순히 미디어에 광고를 배치하는 것뿐만 아니라, 맥락을 직접 창출하여 광고와 결합할 수 있어야 한다.

4) 공감성

소비자학에서 공감(sympathy)은 광고의 감정적 반응, 즉 다른 사람의 감정을 파악하는 능력과 유사한 의미로 사용되어 왔으며, 현대에 들어 감정이입(empathy)과 혼용되기도 한다. 최근 공감이 현대의 개인화된 마케팅 커뮤니케이션에서 중요한 개념으로 인식되고 있다.

선행 연구에 따르면, 공감은 다른 사람의 마음의 상태나 상황을 파악하는 고양된(heightened) 인지 능력이라 할 수 있다. 공감이 상대의 감정을 '인식'하는 데서 시작된다는 의미이다. 인터랙티브 광고가 효과적이기 위해서는 소비자의 공감을 얻는 것이 중요하다. 이때 공감은 인터랙티브 광고에 등장하는 인물의 감정과 상황을 파악하고 감정적으로 개입되는 정도라 할 수 있다. 특히 개인화된 광고의 메시지에 대해 소비자들은 동일하거나 유사한 감정을 경험하기 쉽다. 이렇게 생겨난 공감은 광고 태도에 긍정적인 영향을 주고, 나아가 다른 사람과의 감정적 공유가 증가하여 구전 의도를 높여줄 수 있다.

5) 인게이지먼트

인게이지먼트(Engagement, 혹은 유대감)은 "주변 맥락에 의해 강화되어 브랜드에 대해 주의를 기울이게 되는 것"을 말한다. 이때 인게이지먼트는 1)아이디어, 2)메시지, 3)미디어 영역에서 일어날 수 있으며, 인게이지먼트는 다시 브랜드에 대한 신뢰가 더해져 브랜드 영향력을 높이게 된다.

Relevance 개념이 메시지의 적절성에 초점을 두었다면, 인터랙티브 환경에서의 인게이지먼트란 메시지의 공감과 참여를 증폭시킬 수 있는 '사전 관련성(pre-relevance)'에 초점을 둔다. 이를테면 소비자 개인이 사전 유대감을 형성할 수 있어야 하며 개인에게 관여도 높은(involving) 메시지를 적시적으로(timely) 제시할 수 있어야 마케터 혹은 브랜드와 소비자 간의 상호적 커뮤니케이션이 가능하다. 검색형 광고, 유니클로의 유니클락과 같은 콘텐츠형 광고(contented ad)가 이에 해당한다. 자세한 내용은 인터랙티브 광고 크리에이티브 장에 다시 언급된다.

6) 인터랙티브 광고 효과에 관한 주요 연구결과

인터랙티브 광고 효과는 다양한 매체 및 효과 관련 변인이 있어 아직 확립된 결과를 보여주지 못하고 있다. 인터랙티브 광고는 크로스미디어로 운영되는 경우가 많아 통합적인 효과를 모두 파악하기 쉽지 않다. 실제로 크로스미디어 광고 캠페인은 광고뿐만이 아니라 PR 및 DM등 다양한 수단이 동원되고 있기 때문이다. 또한 전통적인 효과(광고태도나 인지적 요인) 이외에 광고 가치(advertising value) 등 다양한 관점에서 광고효과를 판단할 수 있는 점에서도, 확립된 효과를 제시하기가 쉽지 않다. 선행연구에서 다루어진 주요 크로스 미디어 관련 효과 및 인터랙티브 광고 효과 변인을 살펴보면 표 14-3과 같다.

표 14-3 크로스미디어 광고 및 인터랙티브 광고 효과

주제	연구결과	연구자
매체간 통합 광고의 효과	–텔레비전과 웹 광고의 통합이 하나의 매체에 반복적으로 광고를 집행하는 것보다 광고주목이나 지각된 메시지 신뢰도 등에서 높은 광고효과를 보임. –매체 간 통합광고 상황의 피험자들은 중심경로를 통해 브랜드 태도를 형성한 반면 단순반복 상황에 놓인 피험자들은 주변경로를 통해 브랜드 태도를 형성	Chang & Thorson(2004)
매체몰입도, 메시지 강도에 따른 교차 광고효과	모바일폰을 통한 SMS 문자메시지와 인터넷 광고의 교차광고효과는 소비자의 지각된 매체몰입도와 메시지 강도, 브랜드 태도에 긍정적인 영향을 줌. 지각된 매체몰입도가 높은 집단에서 브랜드의 태도에 더 긍정적인 반응을 보였으며, 메시지의 강도에 따른 브랜드 태도에서도 높은 결과를 나타냄.	Wang(2007)
반복효과로 인한 크로스 미디어광고 효과의 제한	크로스 미디어의 활용이 특정한 상황에서 광고효과를 모호하게 하거나 왜곡시킬 수 있음. 이미 시장에서 확립된 브랜드의 경우 광고 노출은 점감하는 반복효과(diminishing returns)로 인하여 효과증가가 거의 나타나지 않거나 매우 제한적으로 나타남.	Havlena, et al. (2007)
심리적 효과 변인	크로스미디어 캠페인의 효과에 영향을 주는 심리적 변인을 살펴봄. 크로스미디어 광고 효과에 긍정적 영향을 주는 요인으로 전방부호화(forward encoding, 앞의 미디어 광고가 뒤의 미디어 광고 흥미를 높임), 다중매체인식(multiple source perception, 광고 양에 영향을 받아 브랜드를 좋게 평가하는 것)를 제시함.	Voorveld, Neijens & Smit(2011)
소셜미디어를 포함한 크로스미디어 이용: 비교문화적 연구	페이스북, 트위터 등 소셜미디어를 포함한 크로스미디어 이용과 뉴스 소비 관련성을 살펴봄. 비교문화 연구 결과, 여러 나라에서 TV와 신문 매체를 소셜미디어보다 더 많이 사용하고 있었으며, 소셜미디어를 이용한 크로스미디어적 매체 이용이 중요한 경향으로 나타남. 국가별로 미디어 이용 형태나 사용 정도에 차이가 있었으나, 이러한 경향은 인터넷 사용 정도와 일치하지는 않음.	Nielsen& Schrøder (2014)
페이스북 광고에서의 상호작용성의 효과	페이스북 광고에 대한 이용자 인식 및 태도 조사에서, 지각된 상호작용성(interactivity) 및 광고 회피, 프라이버시가 중요한 영향을 미치는 것으로 나타남. 특히 신뢰성(credibility) 요인은 페이스북 광고태도에 대해 유의한 영향을 미치지 않음.	Yaakop, Anuar & Omar (2013)
인터랙티브 광고의 효과 변인	인터랙티브 광고의 효과과정에서 소비자가 느끼는 통제성, 반응성, 개인화, 실재감이 중요한 영향을 미침. 즉 지각된 통제성(광고태도에 대해 제외), 지각된 반응성, 지각된 개인화, 지각된 실재감이 높을수록 광고태도, 참여의도, 구전의도, 구전의도가 높게 나타남.	이승연 & 조창환 (2011)
크로스미디어 광고와 제휴(파트너) 브랜드의 자산 상황요인의 영향 관계	일반 TV광고에 인터넷포털 검색창이 삽입된 크로스미디어 광고를 가지고 브랜드제휴 관점에서 효과를 탐색. 광고브랜드에 대한 크로스미디어 광고의 긍정적 파급효과는 파트너브랜드의 자산이 큰 상황에서만 유의하게 나타났고 파트너브랜드의 자산이 약한 상황에서는 광고브랜드에 유의한 영향을 주지 못함. 또한 브랜드자산이 강한 포털브랜드와 제휴한 크로스미디어 광고일지라도 기준 브랜드의 자산이 강한 경우보다 약한 경우에 파급효과가 더 크게 나타남으로써, 크로스미디어 광고효과는 제휴에 참여하는 브랜드 자산에 따라 효과가 다르게 나타날 수 있음을 확인함.	유재미, & 이유재 (2013)

7 맺음말

전통적 매체판매 상황에서는 하나의 광고에 대한 방해광고(clutter ads)가 많아짐에 따라 광고 매체를 통합하여 전략적으로 접근해야할 필요성이 더욱 증대되었다. 이에 따라 디지털 미디어의 확산으로 인한 인터랙티브 커뮤니케이션 환경이 조성됨에 따라 광고 전략도 새롭게 수립되어야 할 상황에 놓였다. 새로운 광고전략의 핵심은 역시 '미디어의 운용'에 있다. 소비자의 개별 욕구에 대응하는 적시적(Timely) 커뮤니케이션을 제시하고, 즉각적인 피드백을 통한 쌍방향적 커뮤니케이션을 활용함으로써 소비자 개인별 '맞춤 커뮤니케이션'이 가능해지고 있다. 인터랙티비티와 고객맞춤성(Customization)을 주요 특성으로 하는 인터랙티브 미디어 광고가 환영받고 있는 것은 이 때문이다.

인터랙티브 광고 전략은 미디어 측면에서 보면 크로스미디어 전략과 밀접하게 연결되어 있으며, 커뮤니케이션 틀에서 보면 IMC 전략과 맞물려 있다(그림 14-8).

이미 많은 기업들이 전통적 매체와 디지털 미디어를 병행하여 운용함으로써 소비자와 기업 혹은 브랜드의 접점(contact)을 늘리는 통합적 마케팅 커뮤니케이션(IMC) 활동을 시도하고 있는 실정이다. 이에 따라 광고 커뮤니케이션의 상호작용성(Interactivity) 속성이 더욱 중요시되고 있다. 그럼에도 실행적 측면에서 보면 국내의 인터랙티브 커뮤니케이션 활동은 선진국에 비해 걸음마 수준이다. "아이디어 다양성"과 "다양한 아이디어의 통합성"이라는, 일견 모순되어 보이는 두 속성을 여하히 잘 담아내는 것이 인터랙티브 광고 전략에 부여된 가장 큰 과제라 할 것이다. 인터랙티브 광고란 온 · 오프라인 미디어를 아우르는 개념이자, 광고가 내포하는 상호작용성을 강조하는 개념이다. 소비자와의 상호작용, 미디어와 미디어의 상호작용, 아이디어와 아이디어의 상호작용이 충족되는 크리에이티브가 만들어질 때, 인터랙티브 광고 전략도 빛을 발할 수 있을 것이다.

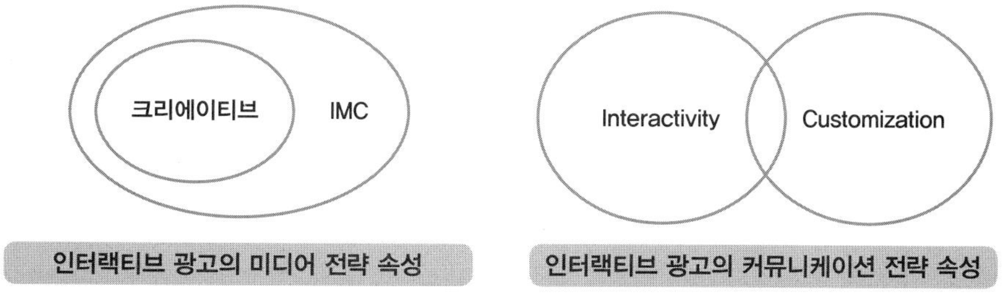

그림 14-8 인터랙티브 광고 미디어 및 전략 개념도

생각해 볼 문제

1. 인터랙티브 광고와 전통적인 광고의 차이점을 생각하고, 이러한 차이가 실제 광고기획 단계에서 어떻게 반영되는지를 살펴보자.
2. 광고 효과에 영향을 주는 변인들이 서로 어떠한 관계에 있는지, 실제 사례를 생각하며 비교해보자.
3. 소셜미디어를 프로모션 목적으로 활용할 때 고려해야 할 점은 무엇인지 효과변인을 중심으로 생각해보자(예를 들어 상호작용성은 어느 정도가 적당한가?).

참고문헌

김광수, 우성택, 권은아 (2010). 「광고학」. 한나래출판사. p.180-181.

덴츠 크로스미디어 개발 프로젝트 팀 (2009). 크로스위치. p.47. p.68-69.

덴츠「광고신시대」(2009)

서구원 외 (2006). 「광고와 사회」. 한국광고학회. p.249.

서구원 외 (2006). 광고와 사회. p.288.

신일기 (2011). IMC의 시작 크로스미디어 마케팅 커뮤니케이션 전략. 마케팅, 45(6), p.9-87.

오세성 (2004). 국내광고시장에 크로스미디어렙의 효과적 도입방안에 대한 연구. 한국방송광고공사 광고연구소.

오창우, 오세성, 박노성, (2007). 크로스미디어렙 제도의 특징 및 이의 기능 및 효과에 대한 광고대행사 종사자들의 인식. 광고학연구, 18(5), 119-139.

Ang, S. H. & Low, S. Y. M. (2000). Exploring the Dimensions of Ad Creativity. Psychology & Marketing, 17(10), 835-854.

Baack, D., Wilson, R. T., & Till, B. D. (2008). Creativity and Memory Effects. Journal of Advertising, 37(4), 85-95.

Kilgour, M. (2006). Improving the Creative Process: Analysis of the Effects of Divergent Thinking Techniques and Domain Specific Knowledge on Creativity. International Journal of Business and Society, 7(2), 79-108.

CHAPTER 15

인터랙티브 광고 크리에이티브

사례

미디어가 힘을 모아 '경험'을 만들다

버드와이저 'Tagwords' 캠페인

배경: 버드와이저 'Tagwords' 캠페인은 예술과 결합한 콜라보레이션 캠페인으로, 버드와이저에 예술적 스토리를 심는 브랜딩 커뮤니케이션이다. 또한 다양한 미디어가 소비자 경험을 만들어 낸 IMC이다. 캠페인 목적은 버드와이저가 음악 산업에 중대한 역사를 가지고 있음을 알리는 것이다.

커뮤니케이션: 커뮤니케이션의 일차 목적은 구글 검색 플랫폼을 활용해 일반 소비자들이 버드와이저 사진을 검색해보도록 유도하게 하는 것이다. 이를 위해, 옥외 매장에 '버드와이저가 조합한 키워드가 포함된' 이미지를 게재한다. 또한, 소셜 미디어, 미디어 디스플레이, 옥외광고(OOH), 매장광고 등에 이르기까지 모든 광고 미디어를 통해 버드와이저가 등장하는 사진에 대한 힌트를 10대의 다른 태그 단어를 조합해 알렸다.

구글 검색 플랫폼에서 버드와이저를 마시는 멋진 사진들을 찾는 방법을 '해시태그 단어 힌트를 통해' 알려준 것이다. 검색엔진을 제대로 사용할 수 있도록 사람들이 사용할 수 있는 모든 단어 조합을 추적했고, 이 데이타를 기반으로 모든 형태의 미디어를 활용해 이를 알렸다. 최종적으로, 소비자가 키워드를 검색(구글링)하면 버드와이저를 마시는 유명인들의 모습(이미지)이 나타난다.

성과: 사람들에게 구글 검색 플랫폼에서 버드와이저를 마시는 멋진 사진들을 찾는 방법을 알려주었다. 사람들이 무언가를 하도록 했고(경험) 그 경험 내용으로 구전을 만들어 기억에 남게 한 것이다. 이를 위해, 단지 검색엔진에 노출되는 내용이 아닌, 버드와이저가 분석한 키워드를 조합해 자신들이 원하는 콘텐츠를 노출시킨 것이다. 평가: 브라질에서 처음 두 달 간 실시되었으며, 음악 공연장소와 페스티벌, 술집(특히 맥주바) 등에 광고를 게시했다. 광고가 대중문화의 일부가 되도록 하는 데 기여한 캠페인으로, 디지털과 전통적 마케팅이 결합된 캠페인, 온, 오프라인이 결합된 크로스미디어적 캠페인이라 할 수 있다.

시사점: 이 캠페인은 크로스미디어의 전형이라 할만하다. 크로스미디어란 단지 미디어의 조합이 아닌, 아이디어의 조합이 되어야 한다. 전체 아이디어의 흐름을 구상한 시나리오를 작성해야 하는데, 이를 위해 이용자들의 데이터가 필요하다. 소비자들이 원하는(관련성 높은) 데이터를 제공하는 것이 바로 인게이지먼트(engagement)를 높이는 전략이다.

인터랙티비티란 광고 한편의 표현 하나로 소비자와 상호작용하는 것을 의미하지 않는다. 모든 미디어가 개별 아이디어를 갖고 협업하여 소비자와 상호작용하는 것을 말한다. 이때 미디어는 단지 디지털 미디어의 협업만이 아니다. 온라인과 오프라인을 넘나들며 동시에(넓게), 그리고 지속적으로(깊이 있게) 소비자와 커뮤니케이션 한다. 그래야 소비자 접점에서 커뮤니케이션이 가능하다. 단지 미디어만 있으면 되는가? 그렇지 않다. 그 속의 콘텐츠가 소비자의 공감을 얻고 경험하게 하는 무엇이 있어야 한다. 바로, 인게이지먼트를 이끌어내는 아이디어여야 한다.

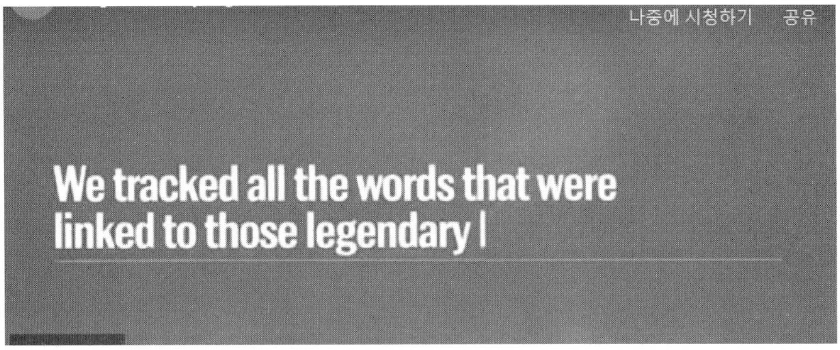

1 인터랙티브 광고와 크리에이티브

인터랙티브 미디어 환경이 되면서 '크리에이티브(Creative)'는 시대에 뒤처진 개념이 된 듯하다. 한편의 광고보다 통합적인 커뮤니케이션을 강조하는 환경이니 크리에이티브 대신 'idea'가 사용되기도 한다. '미디어 크리에이티브'라는 말처럼, 전략과 구분되기 어려운 의미로도 사용된다. 특히 디지털 미디어와 BTL을 포함하는 통합적 마케팅 커뮤니케이션(IMC) 전략이 중요시되면서 크리에이티브라는 단어는 예전의 영화를 누리지 못하는 듯하다. 과연 크리에이티브의 역할은 축소되었는가? 그렇지 않다. 광고 미디어가 변화해도 광고 크리에이티브는 소비자의 반응을 이끌어내기 위한 핵심 요소이다. 오히려 현대에 들어 확장된 개념으로 크리에이티비티(Creativity), 그리고 크리에이티브 아이디어로 사용된다. 이때 크리에이티비티란 전통적인 의미에서 표현으로서 크리에이티브(표현물)을 포함하는 확대된 의미의 '문제 해결을 위한 창의적 아이디어'를 의미한다.

크리에이티브의 역할과 중요성을 구체적으로 살펴보기 위해 크리에이티브 개념을 두 가지 관점에서 살펴본다.

1) 표현에 초점을 둔 개념

첫째, 광고 표현물로서 크리에이티브를 파악하는 관점이다. 이때 크리에이티브는 '표현'이나 '표현물', 제작을 의미하는 개념이며, '카피'와 '영상', '시각요소' 등으로 구성된다. 광고 전략이 인풋(Input)이라면 크리에이티브는 아웃풋(Output)에 해당된다. 여전히 많은 광고회사에서 크리에이티브는 ATL(예를 들어 TV, 신문 등) 광고를 일컬을 때 사용된다. 크리에이티브의 주 목적은 시장에서의 성과보다 브랜드이미지 창출에 있어왔다. 그러나 매체, 비매체가 다양하게 사용되면서 크리에이티브를 광고 표현물로 국한하기에는 한계가 있다. 인터랙티브 광고를 보자. 인터랙티브 광고란 인터랙티브 미디어를 이용하는 광고이다. 인터랙티브의 의미에서 알 수 있듯 인터랙티브 광고는 마케터와 소비자의 쌍방향적 관계를 중요시한다. 따라서, 인터랙티브 광고에서는 소비자의 반응을 유발하는 것이 매우 중요해진다. 소비자의 반응을 유발해 내기 위해서는 관심을 끌고 흥미를 일으키게 하고 참여하게 하는 여러 요소가 필요한데, 광고 표현 요소, 즉 크리에이티브도 그 하나이다. 사람들을 감동시키는 비주얼과 카피는 여전히 소비자를 움직이는 핵심이기 때문이다.

2) 발상의 속성에 초점을 둔 개념

둘째, 커뮤니케이션의 크리에이티비티로서 크리에이티브를 파악하는 관점이다. 이때 크리에이티브는 창의적인 해결방안, 즉 솔루션을 의미한다. 앞의 표현으로서 크리에이티브로 구분하기 위해, 크리에이티브 아이디어, 또는 크리에이티비티라는 용어로 사용하는 것이 보다 분명하다. 광고 미디어를 하드웨어라 할 때 크리에이티브는 소프트웨어에 해당한다. 인터랙티브 광고에서 크리에이티브의 대표적 예는 아이디어의 창의성을 말한다. 이는 곧 인터랙티브 미디어를 채우는 콘텐츠이다.

광고업계에서 가끔 언급되는 '통합적 크리에이티브'는 이러한 관점을 반영하는 표현이다. 즉, 광고물을 다양한 미디어에 적절하게 적용함으로써 문제 해결을 위한 창의적 방안을 구성해내는 전반적 아이디어를 말한다. 따라서 이는 크리에이티브를 보다 광범위하게 규정하는 관점이라 할 수 있다.

본 장에서는 크리에이티브를 후자의 관점에서 파악하려고 한다. 즉 인터랙티브 시대의 크리에이티브란, "인터랙티브 미디어를 이용한 광고의 표현 아이디어를 비롯하여 마케팅 문제를 해결하는 커뮤니케이션 아이디어 전반을 일컫는 개념'으로 정의한다. 이때 크리에이티브는 전통적인 차원에서의 표현이 아니라, 인터랙티브 미디어를 움직이는 핵심 아이디어이자 전략적 요소로 기능한다. 즉, 미디어는 단순히 광고를 싣는 매체(vehicle)로만 존재하는 것이 아니라 '크리에이티브'이자 '전략'이다. 이를 그림으로 표현하면 다음과 같다(그림 15-1).

그림 15-1 인터랙티브 시대의 크리에이티브란? 각각의 인터랙티브 미디어에 적용되는 표현 요소의 크리에이티비티와 마케팅 문제 해결을 위한 커뮤니케이션 아이디어의 크리에이티비티를 모두 일컫는 말

2 인터랙티브 광고 크리에이티브 방향

1) 인터랙티브 미디어와 크리에이티브

사람은 공감하는 존재이다. 광고를 보면서도 사람들은 공감을 형성한다. 그 동안 광고는 경제적 정보를 얻고자 하는 욕구와 관련된 것으로만 인식되었다. 사람들은 필요한 정보를 얻을 때의 만족감을 느낄 수는 있어도, 광고를 보며 공감이라는 '사회친화적'인 욕구를 형성하지 않을 것으로 보았다. 소비자와 광고, 소비자와 광고 속 모델의 관계를 그저 이해득실 관계, 정보전달 관계, 혹은 설득하는 사람과 설득 당하는 사람의 관계로 보았기 때문이다. 그러나, 최근 광고 속 모델도 단순한 정보원이 아니라, 소비자와 심리적 인간관계를 형성한다는 주장이 나오고 있다. 이는 광고를 보는 소비자와 광고 속 모델 간에도 관계 중심적 현상인 공감경험이 발생할 가능성이 있음을 추론할 수 있게 해준다.

이론적으로 공감은 정서의 친숙성과 유쾌함의 정도에 따라 강도가 커진다. 사람들은 더 친근하고 더 유쾌한 정서를 느끼기 쉽다. 이렇듯 유쾌한 자극은 감성 자극으로 기능하며 정서적 공감을 형성하는 데 긍정적으로 작용하게 된다.

인터랙티브 미디어 시대에서의 크리에이티브의 질적 특성을 알기 위해서는 먼저 인터렉티비 광고의 목적을 이해할 필요가 있다. 인터랙티브 광고가 의도하는 목적은 전통적인 광고 목적과 어떻게 다른가? 인터랙티브 광고 목적은 주로 인터랙티비티(상호작용성)를 바탕으로 소비자에게 경험을 제공하는 것이다. 경험은 소비자에게 가치로운 것이고, 광고주에게는 자산을 쌓는 일이다. 인터랙티브 광고의 주 목적이 경험 제공이라는 점에서, 크리에이티브 전략 방향도 전통적인 그것과는 달라야 한다.

(1) 크리에이티브 전략 방향 ① 공감

인터랙티브 시대의 커뮤니케이션은 일방적인 '전달'이 아닌 공감이 바탕이 된 상호적인 커뮤니케이션이어야 한다. 전달 행위에서 중요한 점은 의도하는 바가 정확히 '전달되었는가' 이다. 반면, 공유 행위에서는 상호작용하고 의미를 만들어내고 만들어진 의미를 교환, 재생산하는 것이 중요하다. 이렇게 상호 작용하기 위해 공감 요소가 중요하다. 마케팅 정보에 대해 공감할 수 있고, 그래서 정보를 교환하는 과정에 참여할 수 있어야 공유가 생겨난다. 인터랙티브 미디어의 본질적 특징이 상호작용성이라 할 때, 공감이란 인터랙티브적 크리에이티브를 창출해내기 위해 중요한 전제 조건이다.

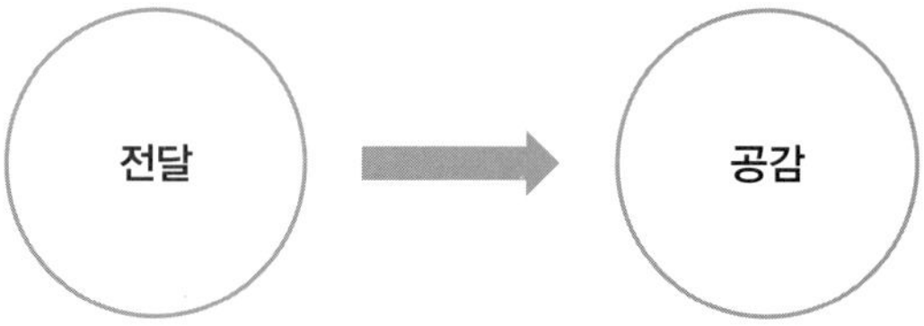

따라서, 크리에이티브는 타깃의 '공감'을 얻는 것이 중요하다. 공감이란 보는 사람이 보는 대상과 동일한 정서를 느끼는 것이다. 광고를 보는 소비자가 대상(예: 광고)에 대해 대상이 의도했던 정서를 느끼게 되는 과정이다.

공감 경험은 크게 두 과정을 통해 발생할 수 있다. 하나는 '인지적 공감'으로, 우리는 타인의 입장에 서서, 타인이 처한 상황을 이해하고, 타인의 역할을 취해보는 인지적 과정을 통해서 공유되는 것을 말한다. 다른 하나는 '정서적 공감'으로, 타인의 정서표현을 그대로 모방하는 과정을 통해 타인과 같은 정서를 느끼는 경우를 말한다. 인지적 공감은 소설이나 수필 등 다른 사람의 상황과 역할을 스토리를 통해 이해할 수 있으며, 정서 표현이 상대적으로 적은 글의 형태에서 더 많이 발생한다. 한 주류광고에는 주류업계에서 금기시하는 '눈물'이 등장하였는데, 금기를 깨는 광고로 주목받았으며 실제 생활에서 일어나는 일을 묘사함으로써 소비자의 공감을 이끌어 냈다는 평을 얻었다.

공감은 의식적이고 인지적인 과정을 통해서만 아니라 자동적이며, 비의식적으로 타인의 목소리, 자세, 움직임, 표정 등을 모방하는 과정을 통해서도 일어난다. 활짝 웃고 있는 사람을 보고 나도 모르게 웃음짓거나, 짜증난 표정의 사람을 보면서 순간 얼굴이 찡그려졌던 경험 등, 우리는 다른 사람의 자세, 몸짓, 표현 등을 의식적이든 무의식적이든 자동적으로 모방했던 경험을 가지고 있다. 거의 반사적으로 다른 사람의 몸짓, 얼굴표정을 따라하거나 그와 유사한 행동을 모방하는 것을 '동작 모방'이라 하는데, 이를 통해서도 타인의 정서를 공유하게 된다. 정서적 과정을 통한 공감은 '정서 감염(emotional contagion)'이라 불리기도 한다.

결과적으로 타인의 정서를 공유하게 되는 것은 똑같지만, 의식적이고 인지적인 과정과 비의식적이고 자동적이며 정서적인 과정이라는 서로 다른 과정을 통해 공감경험이 일어나게 된다. 이러한 과정의 차이는 공감 발생을 촉진하는 요인, 공감을 발생시키는 자극 요소뿐 아니라 공감경험, 또 공감결과 나타나는 현상이 서로 다를 가능성을 제시한다.

(2) 크리에이티브 전략 방향 ② 경험

인터랙티브 광고시대에 들어 소비자와의 관계 형성이 중요시됨에 따라 경험(experience) 요인이 크게 주목받고 있다. 최근 국내 광고회사인 이노션은 'Brand Experience Design'이라는 팀을 새로 만들고, 소비자 경험과 관련한 커뮤니케이션 솔루션을 담당하는 서비스를 집중 개발하고 있다. 이노션 이외에도 여러 온, 오프라인 광고회사에서 경험 창출을 담당하는 팀을 새로 구성하고 있다.

경험은 그 동안 주로 공연 예술이나 여가, 스포츠, 영화관람, 음악 감상, 게임과 같은 상품을 소비하는 것과 관련되어 왔다. 이런 제품의 소비는 경험 그 자체가 목적이 되며, 소유가 아닌 제품을 사용동안 경험하는 감정이나 감각이 지배적인 효용이 되기 때문에 경험적 소비라 한다. 경험적 소비는 물질적 소비에 비해 행복감과 즐거움을 더 가져다주며, 좋은 삶을 영위하는 데 필수적인 부분이라 할 수 있다. 최근 삶의 질 추구에 대한 욕구증가와 더불어 경험적 소비에 대한 실무적, 학문적 관심이 증가하고 있다.

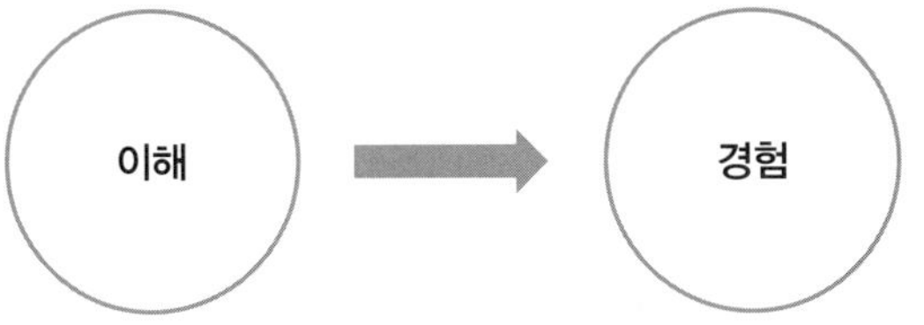

경험의 특성으로는 유희성, 상징성, 공유성, 유익성 등 다양한 측면이 내포된다. 비교적 최근 문헌을 토대로 할 때, 경험은 즐거움을 증가시키며, 소비의 목적이 쾌락적이냐 실용적이냐에 따라 즐거움이 증가되는 정도가 달라지는 것으로 나타났다. 이를테면 쾌락적 목적이 현저하지 않은 집단에서는 상징성, 공유성, 유익성이 즐거움을 증가시키는 요인으로 나타난 반면, 쾌락적 목적이 현저한 집단에서는 유희성, 상징성, 공유성이 즐거움을 증가시키는 요인으로 나타났다. 이외에 즐거움은 재경험의도에 긍정적 영향을 주는 것으로 나타났다. 이를 통해 즐거움은 소비자의 경험 및 정서적 반응에 매우 중요한 역할을 함을 알 수 있다.

경험 유발 아이디어는 다양한 미디어를 통해 실현될 수 있다. 이를테면 오프라인에서의 경험 아이디어는 이벤트 등 오프라인 프로모션을 통해, 인터랙티브적 경험 아이디어는 AR, VR 등 뉴미디어 아이디어를 통해 가능하다. 경험적 요소가 특히 중요한 이유는 경험이 단순히 제품의 정보에 관한 것을 제공할 뿐만 아니라, 환경 혹은 소비자와 관련한 맥락 정보를 제공하거나 협업(collaboration) 관련 정보도 제공하기 때문이다.

2) 크리에이티브 발상 요소 – EPSO

(1) ROI를 넘어 EPSO

앞에서 인터랙티브 광고 크리에이티브를 위해서는 '공감'과 '경험'이 중요한 요소라고 하였다. 공감과 경험을 창출할 수 있는 것은 미디어가 인터랙티브하기 때문이다. 디지털 미디어의 쌍방형적이면서 개인화된(personized) 특성으로 인해, 광고 타깃의 공감을 얻고 경험을 창출하는 것이 가능해졌다.

인터랙티브 미디어 환경에서 공감과 경험을 창출하기 위한 세부 지침은 무엇인가? 전통적인 광고 전략 및 크리에이티 평가 기준으로 'ROI'가 있다. 글로벌 광고회사 디디비니드햄(DDB NEEDHAM)이 성공적인 광고가 갖추어야 할 요소로 제시한 R(Relevance, 적절성), O(Originality, 독창성), I(Impact, 임팩트)의 세 단어는 많은 광고회사에서 광고 전략을 평가하는 핵심 기준으로 사용됐다. 본 장에서는 인터랙티브 크리에이티브 발상과 평가의 기준으로 ROI를 넘어 인터랙티브 광고의 속성을 반영한 "EPSO" 차원을 제안한다. EPSO는 Engagement(인게이지먼트, 인게이지먼트를 담았는가), Playfulness(오락성, 오락적인가), Sustainability(지속가능성, 지속가능한가), Organizing(조직화, 잘 짜여졌는가)"의 네 글자를 딴 것이다(그림 15-2).

인터랙티브 환경에서 크리에이티브가 성공하기 위해서는 광고의 두 가지 측면, 즉 질적 측면과 구조적 측면을 고루 갖추어야 한다. 질적 측면이란 미시적인 관점에서 크리에이티브의 속성을 의미하며, 구조적 측면이란 거시적 관점에서 크리에이티브의 운용 전략을 의미한다. 이를테면, 질적 측면에서 전통적으로 Relevance나 Originality가 중요했다면 새로운 미디어 환경에서 인터랙티브 커뮤니케이션은 인게이지먼트(Engagement)와 오락성(Playfulness), 개인과 사회와 환경을 고려한 지속가능성(Sustainability), 그리고 이들 요소를 적절히 구성하고 효율적으로 운영하는 개념으로서 조직화(Organization)가 중요하다.

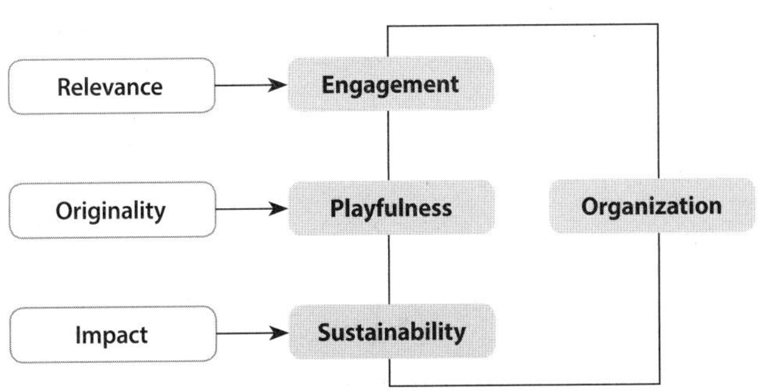

그림 15-2 소비자의 공감과 경험을 만들어내는 인터랙티브 광고의 네 요소: EPSO 개념도

(2) 크리에이티브 전략 방향 ① 인게이지먼트

공감과 경험을 만들기 위해 인터랙티브 광고 크리에이티브가 갖추어야 할 첫 번째 요소는 인게이지먼트이다. 전통적으로 광고 메시지가 갖추어야 할 첫 번째 덕목은 적절성(Relevance)이었다. 광고 메시지는 제품에 적절해야 하고, 목표 집단에 적절해야 하고, 광고의 의도에 적절해야 했다. 그러나, 인터랙티브 환경에서는 타깃과 유대감을 만들어가는 인게이지먼트(Engagement) 속성이 중요하게 되었다. 인게이지먼트는 광고 실무에서는 주로 '경험' 속성으로 사용되고 있다. 반면 여러 문헌에서는 그 이상의 의미로 제안된다. 본 장에서는 인게이지먼트의 원래 의미에 따라, 즉 "메시지에 대해 타깃이 유대감을 형성하는 것"으로 정의한다. 인게이지먼트에 대한 학술적인 정의는 아직 명확하지 않지만, 여러 문헌에서 디지털 광고 커뮤니케이션의 효과변인으로 가정하고 있다.

인터랙티브 광고 크리에이티브에서 인게이지먼트는 메시지의 개인화, 맥락의 제시 등을 통해 유발되는 것으로 간주한다. 미국의 광고연구재단인 ARF(Advertising Research Foundation)에 따르면, 인게이지먼트는 "주변 맥락에 의해 강화되어 브랜드에 대해 주의를 기울이게 되는 것"(Engagement is turning on a prospect to a brand idea enhanced by the surrounding context)으로 정의된다. Engagement가 브랜드에 영향을 미치는 과정은 다음과 같이 설정된다.

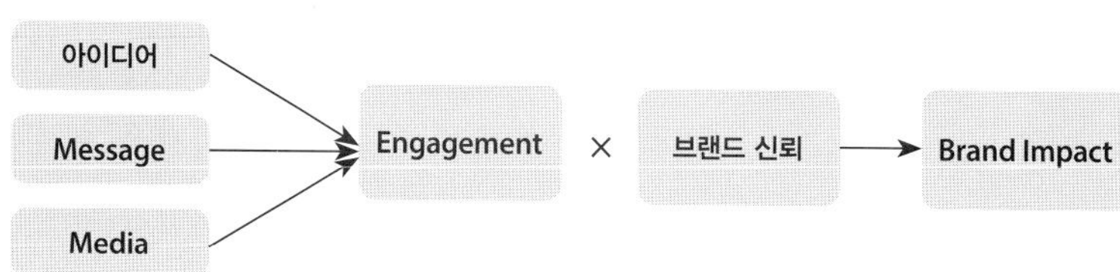

즉, Engagement는 1) 아이디어와 2) 메시지, 3) 미디어 영역에서 일어날 수 있으며, 인게이지먼트는 다시 브랜드에 대한 신뢰가 더해져 브랜드 영향력을 높이게 된다. 여기서 인게이지먼트의 세 요소를 설명하면 다음과 같다.

첫째, 아이디어의 인게이지먼트란 소비자가 브랜드에 대해 인식하고 있는 브랜드 개념을 의미한다. 브랜드 개념은 소비자가 스스로 공감하고 경험함으로써 강화된다. 따라서, 공감과 경험적 요소를 증가시키는 것이 소비자의 인게이지먼트(Consumer Engagement)를 높이는 주요 방법이다.

둘째, 메시지의 인게이지먼트란 광고의 내용적 측면, 즉 크리에이티브의 인게이지먼트를 의미한다. 메시지의 인게이지먼트를 높이기 위해서는 ① 주의(attention), ② 놀람(surprising), ③ 유용성(utility), ④ 관련성(relevance), ⑤ 감정적 유대(emotional bonding)가 필요하다. 감정적 유대란 대표적으로 호감(liking)을 느끼는 것을 들 수 있다. 놀람과 참신함 등의 요소는 생각지 못한(unexpected) 것들이기 때문에 소비자들의 engagement를 높인다. 광고 그 자체도 긍정적인 감정을 불러일으켜 인게이지먼트를 야기시킨다. 광고에 대해 호감이 광고태도(Aad)로 이어지고 이는 광고 메시지를 판단하는 데 영향을 주기 때문이다.

셋째, 미디어의 인게이지먼트란 대표적으로 프로그램의 맥락효과를 들 수 있다. 이를 프로그램 인게이지먼트라 하는데, 소비자들이 특정 프로그램과 광고에 노출되었을 때 프로그램의 영향으로 광고의 특정 내용을 기억하는 것(정도)을 말한다.

그렇다면 구체적으로 크리에이티브에 있어 인게이지먼트는 어떻게 실현될 수 있는가? 전통적인 Relevance 개념이 메시지의 적절성에 초점을 두었다면, 인터랙티브 환경에서의 인게이지먼트는 메시지의 공감과 참여를 증폭시킬 수 있는 '사전 관련성(Pre-Relevance)'에 초점을 두는 것이다. 이를테면 소비자 개인이 사전 유대감을 형성할 수 있어야 마케터 혹은 브랜드와의 상호적 커뮤니케이션이 가능할 수 있다. 인게이지먼트를 높이는 인터랙티브 광고 형태로는 게임형 광고, UCC형 광고, 검색형광고, 콘텐츠형 광고, 그 밖에 메시지의 적시성(timeliness)을 높이거나 몰입을 자극하는 유형들이 이에 해당한다. 다음에 소개하는 페리에(Perrier)의 뮤직비디오도 좋은 예이다.

"지금 내게 필요한 건?"

이용자의 욕구를 제때 들어주는 인터랙티브 광고

광고가 타깃과 유대감, 혹은 관계성을 형성하기 위해서는 광고 타깃의 소리를 제때 듣고, 욕구를 제때 풀어주는 적시적 커뮤니케이션이 필요하다. 적시성(適時性: Timeliness)이 인게이지먼트에 중요하다는 말이다. 이런 점에서 인터랙티브 광고는 인게이지먼트를 높이기 유리하다. 디지털 미디어로 이용자와의 인터렉션이 용이하기 때문이다. 소비자와의 인터랙션(Interaction)을 확대할 수 있는 아이디어는 많다.

구체적으로 온라인의 특성상 실시간 소비자의 니즈 혹은 욕구를 파악한 후 이를 광고와 콘텐츠를 제작하고 수정하는 데에 반영한다. 퀴즈나 게임 형식을 도입하는 것도 좋은 방법이다. 디지털 기술의 발달로 광고지면 특성이 크기나 내용, 형식적 제한이 없어지는 점 등으로 인해 이용자의 몰입을 유도해내고 브랜드 경험(Brand Experience)을 유발하는 방법이 증가하고 있다. 이 밖에 크로스미디어 관리, 즉, 광고 지면에서 제품 정보나 사이트로 연결되거나 CF 동영상이 구현되는 등 미디어별 크리에이티브물 간의 연합 등 커뮤니케이션의 구조(Structure)의 관리 측면도 중요하다.

▶페리에 Le Club 뮤직비디오 캠페인

Perrier는 YouTube를 통해 시청자 수가 많아질수록 더 섹시해지고 자극적인 비디오를 제작하였다. 6개의 버전이 제공되는데 버전마다 조금씩 더 섹시한 느낌을 추가하였다. 유튜브 채널 방문자수가 증가할수록 오른쪽에 있는 온도계 바늘이 올라가고, 새로운 버전을 시청할 수 있다. 시청자들이 이메일이나 페이스북, 트위터 등 소셜 미디어를 통해 이전 캠페인을 공유하면 새로운 비디오를 볼 수 있게 만들었다. 자연스러운 공유를 유도하여 구전효과도 높아 간다. 조회수 3백만을 넘겼다. 다. Babe Youth의 매혹적인 곡들은 다운받을 수 있도록 되어 있다.

시청자 수에 따라 6개의 버전을 제공하는 페리에 Le Club 뮤직비디오 캠페인. "시청자가 많을수록 파티는 뜨거워진다"라는 카피로 타깃의 참여(인게이지먼트)를 높이고 있다.

한편 소비자 개인의 관련성과 관련한 개념으로는 관여(Involvement)가 있다. 관여에 비해 인게이지먼트는 상호작용성이 중시된다. 소비자를 끌어들일 수 있는 대화를 생산해내어야 하며, 동시에 개입된 소비자를 브랜드와 연결지어야 한다. 이러한 개입과정은 온, 오프라인에 동시에 일어나야 하지만, 특히 인터넷은 인게이지먼트의 핵심 통로이다. 인게이지먼트는 소비자들의 광고 회피현상을 극복하기 위한 한 가지 개념적 방안으로, 실제 현업에서나 학계에서도 인터랙티브 환경에서의 새로운 효과 요소로 주목하고 있는 개념이다.

인게이지먼트를 높이는 맥락성(Context)

메시지와 함께 고려되어야 할 요소가 맥락이다. 언제, 어디서, 어떤 상황에 메시지가 제시되느냐의 문제다. 그 상황이란 메시지가 제시되는 공간 그 이상을 의미한다. 상황을 이용하거나 반영하여 메시지를 창출해 내는 것이다. 상황은 수동적인 역할만이 아니라 메시지, 그리고 콘텐츠의 아이디어를 결정짓는 능동적인 역할을 한다.

두 가지 요소가 고려되어야 한다.

첫째는, 맥락을 활용하여 이용자가 바라던 것을 경험하게 만들어야 한다. 맥락을 이용해 어떤 경험을 제공할 수 있을지를 생각해야 한다.

광고에서 상품 정보 이외의 모든 다른 정보들은 모두 하나의 맥락 단서로 작용할 수 있으며, 소비자의 상품 관련 경험은 중요한 맥락단서이다. 심리학적 용어로 '맥락단서'

를 제시하는 것이다. 상표나 제품과의 관련성이 높은 경험을 설계하는 것이 중요하다. 아래는 소비자의 경험치를 높이는 맥락형 아이디어를 만드는 두 가지 가이드라인이다.

가. 환경의 맥락: 정보가 제시되는 환경과 정보 내용이 서로 유사성을 갖는 것.

나. 이용자의 맥락: 정보 이용자(소비자)들과 정보가 서로 맥락적 관련성을 갖는 것.

이는 앞에서 설명한 나와 제품 간의 유대감(engagement)를 높이는 데도 유용하다. 만약, 주식이나 게임 등 개인이 관여도가 높고 실패 또는 성공과 관련된 상황(콘텐츠)이라면, 스트레스를 풀 수 있는 제품을 배치하는 것도 좋은 방법이다.

(3) 크리에이티브 전략 방향 ② 오락성

전통적인 개념에서 크리에이티브의 독창성(Originality)은 여전히 중요한 요소이다. 광고 메시지가 차별적이어야 하며, 경쟁사와 동일한 약속을 하지 않도록 하여야 한다. 인터랙티브 환경에서는 크리에이티브의 독창성에 더해 오락성이 중요시된다. 오락성이란 흥미는 물론 경험(experience)적 측면을 포함하는 개념으로 이해해야 하며, 경험을 위해 쉽게 접근 가능해야 하며(Accessibility), 이용이 쉬워야 한다(Easiness). 여러 선행연구 결과, 오락과 기분전환 요인은 인터넷과 모바일 등 뉴미디어를 이용하는 주요 동기의 하나로 나타났다. 미디어가 다양해질수록 이용자들이 재미있어 하는 무엇(fun)을 만들어내는 것이 필요하다.

대표적인 예로 인터랙티브 광고에 첫째 게임 광고와의 결합 사례를 들 수 있다. 게임요소를 도입하는 이유는 오락성 중 경험(experience)적인 성과를 거두기에 유리하기 때문이다. 소비자의 자발적 참여를 유도하는 데에 게임만큼 유용한 것도 없다. 게임을 활용한 광고를 애드버게임(Advergame)이라고도 한다. 게임요소를 활용하는 방법은 기존 게임을 이용하는 PPL(Product Placement) 방법과 가상(Virtual)의 시뮬레이션 게임을 이용하는 방법 두 가지가 있다.

둘째, 콘텐츠 자체의 오락성을 들 수 있다. 오락성에는 즐거움(fun)과 같은 감성적인 내용도 포함된다. 인터랙티브 크리에이티브에서는 콘텐츠가 중요한 요소이다. 상업적인 메시지보다 이용자가 이용하는 콘텐츠 그 자체나 콘텐츠 광고(Contented Ad)가 더 힘을 낸다. 그야말로 CR(Creative)에서 CO(Contents)의 시대이다. 2008 칸 국제광고제 사이버부문에서 그랑프리 등을 수상한 유니클로(Uniqlo)의 유니클락(Uniqlock)은 웹사이트 콘텐츠, 블로그의 위젯으로 사용되는 댄스시계로서 다양한 버전과 스토리를 담고 있어 이용자의 눈을 사로잡는다. BMW코리아가 기업철학과 브랜드 이야기 등을 담은 아이패드 활용서인 '아이고 아이패드'의 지면광고와 브랜드 북 사례도 흥미로움을 주는 콘텐츠형 광고이다. 이 밖에 BMW(2005)의 경우 Branded 콘텐츠로서 "The Hire" 쇼트필름을 제작하여 온라인에 상영하였는데, 오우삼 감독 등 유명인을 기용하여 화제가 되었다. 이른바 'Advertainment (Advertising+Entertainment)'에 해당되는 아이디어로서, 콘텐츠를 이용한 광고 또는 광고를 콘텐츠화하여 사람들의 구전 확산효과를 거둘 수 있었다.

오락성(Playfulness)은 커뮤니케이션의 가치를 예측해주는 주요 지표로서, 최근 온라인 또는 모바일 광고 효과 등을 말하는 요인으로 자주 언급된다. 흔히 오락성은 사람들이 향유하는 엔터테인먼트(entertainment)에 관한 내용으로, 최근 디지털 미디어를 기반으로 하는 콘텐츠는 오락적 요소를 중심으로 융합되고 있다. 그만큼 커뮤니케이션 콘텐츠 속성으로 오락성과 같은 긍정적 감정 요소가 중시된다. 즉 고객과의 관계 구축에는 유대감 형성이 중요하며, 즐거움, 행복감 등 긍정적 감정을 줄 수 있는 요소가 필요하다. 실제로 여러 연구에서 웹 광고 효과모델에서 오락성과 광고에 대한 태도 사이에 정적(+)인 상관관계가 있는 것을 발견하였다.

광고인가, 콘텐츠인가? 아이디어인가 크리에이티브인가?

콘텐츠형 광고의 몇 가지 예

블로그의 위젯으로 사용되는 댄스시계, 유니클락(Uniqlock) 홈페이지. 위젯으로도 대규모 광고 캠페인 이상의 역할을 한다.

구글지도와 자동차경주를 이용한 MINI 게임광고. 레이싱노선과 참가자, 코스 등을 선정할 수 있다.

장난에 동참하게 하는 즐거운 아이디어

버거킹 〈Whopper Detour〉 캠페인

개요: 이 캠페인은 맥도날드 버거킹을 1센트(약 10원)에 구입하는 프로모션이다. 프로모션 참가 방법도 간단하다. 먼저 버거킹 앱을 다운받는다. 그 다음, 특이하게도 버거킹 매장을 가는 것이 아니라, 맥도널드 매장 반경 600피트(약 190m) 안에 들어가야 한다. 그 안에서 버거킹 앱을 실행하면 버거킹 와퍼(Whopper)를 1센트에 살 수 있는 쿠폰이 열린다. (소비자들은 맥도널드 매장 앞에서 맥도널드를 사지 못하고 돌아서야 한다.) 마치 소비자의 의지를 시험하는 캠페인이자, 버거킹의 자신감을 표현한 아이디어라 할 수 있다. (브랜드 경험을 창출하고 활성화함으로써 탁월한 매출 성과를 거둔 마케팅 아이디어로, 2019년 칸 광고제 'Direct' 부문 그랑프리를 수상했다.)

결과: 9일 동안 버거킹 앱 다운로드 건수가 150만 건이 넘었으며, 애플 앱스토어와 구글 플레이의 전체 다운로드 순위에서 버거킹 앱이 1위를 차지했다. 또한, 버거킹 앱을 통한 매출 3배 증가 기록도 세웠다.

커뮤니케이션 및 의의: 역발상을 이용해 놀라움을 주는 발칙한 아이디어를 담았다. 마치 공모하여, 맥도날드에 반항하는 느낌이 들었다고 할 수 있다. 시장 1위 맥도날드로서는 한편으로는 씁쓸한 기분이 들면서도, 맥도날드에게 해로움을 끼치지 않으면서 브랜드를 이용하였다는 점에서 공동 마케팅의 동반자같은 느낌도 들었을 것 같다(물론 원하진 않았으나). 이는 버거킹이 펼쳐온 이전의 여러 비교광고의 연장선상에서도 이해할 수 있다. 기존맥도날드 비교광고는 소비자들에게 불쾌함을 주는 비방이 아닌, 즐거움(Fun)을 주는 유머광고를 다양하게 집행해왔다. 그러한 역대의 유머광고를 본 소비자들은 버거킹의 이러한 장난끼 가득한 프로모션 캠페인에 즐겁게 참여하고, 기분좋은 경험을 계속하고 있다고 생각한다.

한마디로 이 캠페인은 인터랙티브 반응을 얻기 위해 가져야할 중요한 덕목– 오락성의 효과를 실제로 증명해보이는 사례라 할 수 있다.

실제 맥도날드 근처에 세워진 와퍼 우회(Detour) 간판

(4) 크리에이티브 전략 방향 ③ 지속가능성

지속가능성은 현대 커뮤니케이션의 중요한 화두이다. 지속가능성은 두 가지 측면으로 이해할 수 있다. 첫째는 아이디어 전개의 지속가능성이다. 일회적인 임팩트보다 지속가능한 변화를 이끌어낼 수 있는 잠재적 가치가 있는 '아이디어'인지를 따져볼 필요가 있다.

둘째는 주제(광고 메시지)의 지속가능성이다. 여러 소비자들에 회자될 수 있고, 반향을 일으킬 수 있는 아이디어여야 한다. 단순히 상업적 목적으로 말을 거는 거라면, 설령 광고 한두편으로 인터랙티비티를 만들었다 하더라도 오래 가기 어렵다.

인터랙티브 광고의 지속가능성을 높이기 위해서는 우선, 공감할 수 있는 사회적 메시지를 담을 필요가 있다. 한편의 광고를 만든다는 생각보다, 소비자들의 기호와 문화를 반영하여 오래 회자될 수 있는 콘텐츠를 만드는 생각으로 접근할 필요가 있다. 광고는 이 시대 문화이다. 문화를 반영하든 문화를 만들어내든, 이 시대 사람들이 공감할 수 있는 콘텐츠라야 한다. 사람들이 공감하지 못한다면 그 어떤 역할도 하기 어렵다. 그래서 사람들이 관심 있어 하는 것을 찾아내고 보여주고 만들어 가야 한다. 광고가 단발의 표현이 아닌 지속가능한 캠페인이어야 하며, 사회 문제를 해결하는 '솔루션'의 역할이 강조되고 있는 이유이다.

그래서 아이디어가 중요하다. 최근 많은 칸 광고제 수상작들이 사회적인 목소리를 내거나 공익을 주제로 한다. 모든 광고가 사회적 목소리를 낼 필요는 없다. 그러나, 소비자 개인이 아닌, 사회와 환경을 생각하고 오래 상생할 수 있는 방안을 제시해나간다면, 사회의 일원으로서 광고에 대한 시선도 더욱 따듯해질 것이다. 일종의 '광고의 사회적 책임(Advertising Social Responsibility, ASR)'이다.

기술 협업으로 만들어낸 사회적 목소리

칼링스 'address The Future' 캠페인

최근 광고의 사회적 목소리를 담은 광고들이 늘고 있다. 2019년 칸 라이언즈 수상작을 보면, 문화적 시대 정신의 정통성(Being authentic in the cultural zeitgeist), 크리에이티브 전력과 성장 모델(Creativity strategy & models for growth), 혁신과 스토리텔링(Innovation & storytelling)을 주요 주제로 다루고 있다. 특히 사회적 약자와 성소수자 차별 이슈를 다룬 작품으로 많은 이들의 공감을 얻었다.

(2019년 원쇼 인터랙티브 & 온라인 부문 최우수상, 2019년 칸 광고제 Design & Branding 부문 그랑프리 수상).

개요: 칼링스 'address The Future' 캠페인은 디지털 기술의 공동으로 만든 '사회적 아이디어'이다. 스칸디나비아 의류업체 칼링스(Carlings)는 인터넷 상으로만 유통되는 '디지털 의류'를 판매하는 〈'adDRESS the future' 〉 캠페인을 전개했다. '디지털 의류' 컬렉션으로, 이름은 "Neo-Ex", 디지털 의류란 디지털(미디어)로만 보이는 의류를 말한

다. 당연히 쓰레기를 만들지 않고 환경에 나쁜 영향을 주지 않는 옷이다.

배경: 우선 디지털 의류가 만들어진 배경은 이른바 패스트 패션(fast fashion)이 환경에 미치는 악영향을 알리고, 인식을 개선하기 위한 것이다. 패스트 패션이란 최신 유행을 따라 빠르게 제작하고, 빠르게 유통시키는 중저가 의류를 뜻한다. 이에 패스트패션으로 인한 옷 소비를 줄이면서 SNS 상으로 패션을 자유롭게 소비할 수 있는 아이디어를 선보였다. 의류업체이면서 의류 소비를 줄이는 아이디어를 낸 것이다.

커뮤니케이션: 디지털 세계에만 존재하는 의류 컬렉션을 개발해 선보였다. 소비자들은 모바일 포토(meta-data)로 사진을 보내면, 가상의 재단사가 3D 프로그램(Marvelous Designer)을 통해 옷을 재단해서 디지털 옷이 실제 옷처럼 만들어진다. 디지털 옷을 만드는 데 드는 전기도 그린에너지를 사용한다. 판매수익은 모두 물보호단체인 워터에이드(WaterAid.com)로 보내진다. 소비자들은 자신의 사진을 찍은 뒤 패션 브랜드의 옷을 3D 기술로 입히면 SNS에 업로드할 수 있는 새로운 사진으로 합성된다. 옷을 사지 않더라도 자신의 스타일을 인터넷 상에서 공유하고 자랑할 수 있다. 이 제품은 칼링스 웹스토어에서 구입 가능하며, 한벌에 10유로(11 USD)~30유로(33 USD) 정도 한다.

의의: 'adDRESS'라는 캠페인명에서 알 수 있듯, 옷을 통해 사회에, 그리고 미래에 말을 거는(address) 의미를 갖는다. 광고가 사회에 눈을 돌리는 것은 상업적 목적을 포장하고 가리기 위해서가 아니다. 고객의 문제를 고민하고 해결하는 데 기여함으로써 함께 누릴 가치를 늘려가는 상생의 관계를 구축하기 위해서이다. 더 많은 고객과 함께 소통하며, 진정성 있는 커뮤니케이션을 실시해 광고의 사회적 영향력을 늘려가는 것이야말로 궁극적인 '인터랙티비티'의 목표라 할 수 있다.

(5) 크리에이티브 전략 방향 ④ 조직화

인터랙티브 환경에서는 크리에이티브의 속성으로서 Engagement, Playfulness에 못지않게 크리에이티브의 조직성(Organization)이 매우 중요하다. 조직성이란 크리에이티브가 '넓은' 범위의 타깃을 대상으로 하되 '깊게' 도달할 수 있도록 여러 매체의 시너지를 도모하는 것을 말한다. 따라서 크리에이티브물(Output)들을 구성하는 것이라 할 수 있다. 구체적으로, 크리에이티브가 마케팅 목적 달성에 효율적으로 기여할 수 있도록 매체별로 적절한 아이디어를 담고 있으며, 각 아이디어는 사람들에게 널리 유통될 수 있도록 통합되거나 내용이 조정되고 관리되는 것을 말한다. 인터랙티브 환경에서 크리에이티브 관리의 대표적 특성은 Cross-lining이다. 크로스라이닝이란 ATL과 BTL을 넘나드는 크로스미디어 전개를 의미한다. 이를 위해 제공하는 콘텐츠나 정보가 자사 사이트에 한정되거나 폐쇄적이지 않아야 한다. 이러한 '횡단적' 콘텐츠의 노출이 결과적으로 자사 사이트 유입으로 이어지는 순환구조형태 커뮤니케이션을 만들어 낼 수 있다.

광고의 조직화를 위해 다음 사항을 고려해야 한다.

첫째, 광고나 인터랙티브 아이디어가 자사 사이트에 한정되지 않아야 한다. 미디어 플랫폼을 폭넓게 제시해야 한다. 일종의 '횡단적' 콘텐츠이다. 이렇게 콘텐츠가 횡단적으로 노출될 때, 결과적으로 자사 사이트 유입으로 이어지는 순환구조형태 커뮤니케이션을 만들어 낼 수 있다.

둘째, 쉽게 참여할 수 있으며, 확산성이 뛰어나야 한다. 확산성이 높은 콘텐츠는 이슈를 만든다. 이슈는 세상에 화제가 될 수 있는 내용이어야 하며, 컨텐츠를 제작하는 것에 그칠 게 아니라 사람들에게 알려질 수 있어야 한다. 이를 위해 유명인(celebrity)를 이용한 콘텐츠를 만들거나, 광고물의 영상미를 독보적으로 뛰어나게 하는 방법도 유용하다. BMW는 Branded 컨텐츠로서 "The Hire" 쇼트필름을 제작하여 온라인에 상영하였는데, 오우삼 감독 등 유명인을 기용하여 화제가 되었다. 이러한 전통적인 애드뮤비 또는 애드버테인먼트(Advertainment)나 네이티브(native) 광고처럼 '콘텐츠를 이용한 광고' 또는 광고를 콘텐츠화하는 경우가 있다. 이러한 아이디어는 상업적인 요소를 줄이거나 소비자들이 몰입할 수 있는 요소를 넣음으로써 쉽게 즐기고 공감할 수 있어 구전 확산 효과를 높인다.

셋째, 지속적인 커뮤니케이션을 전개해야 한다. 이를 위해 컨텐츠를 공개한 것에 그치지 않고 끊임없이 유저의 반응을 체크하여 대응해야 한다.

궁극적으로 크리에이티브의 관리가 중요한 이유는 크리에이티브 효과를 극대화하기 위해서이다. 인터랙티브 환경에서는 여러 뉴미디어가 대두되고 이를 통한 캠페인이 다양화하기 쉽다. 따라서, 자칫 미디어가 분산되어 비용만 들일 뿐 메시지의 효과는 떨어지기 쉽다. 단순히 미디어에 맞춰 크리에이티브를 분산하는 것은 흔히 얘기하는 통합적 크리에이티브가 아니다. n개의 미디어를 사용한다고 해서 1/n의 크리에이티브를 운영해서는 안 된다. 오히려 전통적 접근이 필요하다. 핵심 메시지(크리에이티브, 혹은 아이디어)를 중심으로 주력매체를 운영하고 기타 매체는 크리에이티브의 확산을 도와주어야 한다. 확산성, 혹은 전파성은 인터랙티브 광고 크리에이티브 운영의 핵심 가치라 할 만하다. 확산성이 뛰어나기 위해서는 세상에 화제가 될 수 있는 내용이어야 한다. 이를 위해 컨텐츠를 제작하는 것에 그칠 게 아니라 사람들에게 알려지도록 이슈를 만들어야 한다. 크리에이티브를 구조화하는 일은 크로스미디어와 맞물린 개념으로서 후속되는 장에서 보다 자세히 설명하고자 한다.

하나의 아이디어로 끝나지 않는다.

〈스위스관광청 관광홍보〉 캠페인

스위스관광 홍보 목적으로 제작된 홍보영상. 세비와 폴이라는 이름의 두 남자가 스위스 작은 마을을 여행하다 작은 카페에 들어간다. 자리에 앉자마자 각자 노트북을 꺼내 채팅을 한다. 채팅창을 보면 두 사람의 대화. 마주보고 앉아있으면서도 대화는 온라인으로만 하는 것이다. 갑자기, 한 남자가 화면 밖을 보더니, (화면 밖의) 관객에게 대화를 요청한다. 화면 한 쪽에는 페이스북 연결버튼이 깜박인다. 영상을 보는 동안 '페이스북 연결' 버튼을 클릭하면 영상에 나오는 사람들과 직접 대화하거나 영상 속 장면에 참여할 수 있다. 페이스북 콘텐츠와 채팅기능을 잘 접목하여 소비자와 인터렉션을 유도하는 데에 성공한 작품으로 칸광고제 동상수상작(2011년)이다. 광고주는 스위스관광청.

이 캠페인에서 크리에이티브는 무엇인가? 영상 속 인물을 페이스북으로 연결시켜 (소비자를 끌어들여) 온라인상으로 실제 만나게 한다는 아이디어가 크리에이티브이다. 영화 속 영상미라든가 주인공의 연기력도 크리에이티브의 요소이지만 핵심적인 것은 아니다. 한편 이 홍보영상의 주력 매체는 온라인과 페이스북. 온라인을 통해 홍보영화를 보고, 페이스북으로 연결되거나, 아니면 온라인 홍보 페이지로 연결된다. 이렇듯 인터랙티브 캠페인에서는 미디어와 미디어가 상호 협력하게 된다. 크리에이티브 전개를 위해서는 이러한 미디어간 흐름을 이해해야 하고, 어떤 매체에서 시작하여 어떤 매체에 아이디어를 담고, 어떤 매체로 마무리할지 전체를 보는 눈으로 '시나리오'를 짜고 점검해나가야 한다. 이것이 크리에이티브의 조직화(Organization)이다.

3 인터랙티브 광고 크리에이티브 발상 Tip

Tip1. 이용자가 직접 만들게 하라. UCC형 크리에이티브

UCC(User Created Content)는 온라인 구전에 위력적이다. 이용자와 유사한 평범한 일반인이 만든 콘텐츠라는 점에서 친숙감과 호의도, 신뢰도가 증가한다. 만든 사람이나 이용하는 사람이나 인게이지먼트(Engagement: 유대감)가 증가한다. 몇 가지 명심해야 할 점은, UCC와 같은 콘텐츠인 경우 이용자가 작품(콘텐츠) 제작에 참여하기 쉽도록 여러 가지 기술적인 지원 방안을 마련해 주어야 한다. 다음의 첫 번째 사진은 칸 광고상에서 'Good Work'로 수상한 작품으로 광고주는 비영리 단체(Education Through Music). 유튜브 기술을 지원받아 스크린을 두드리면 나는 소리를 이용하여 1분짜리 음악 비디오를 만들게 하였다.

시청자가 만드는 1분짜리 음악비디오

발상의 핵심 회사에서 제작한 영상을 일방적으로 감상하는 것이 아니라 시청자들이 직접 온라인을 통해 참여해서 즐길 수 있도록 한다. 덧붙여, 이렇게 만들어진 작품은 트위터나 페이스북 등 SNS 서비스와 연동해서 볼 수 있도록 함으로써 확산을 유도한다.

Tip2. 게임 요소를 삽입하라

디지털 미디어 플랫폼에 기반하여 게임 요소를 적극 활용할 필요가 있다. 게임요소를 활용하는 방법은 다음과 같다. 첫째는, 기존 게임에 브랜드나 브랜드네임을 배치하는 PPL(Product Placement)방법이고, 둘째는, 가상(Virtual)의 시뮬레이션에 기반하여 브랜드를 체험하게 하는 방법이다. 전자의 예로는 카트라이더 경기에 MINI를 PPL한 경우가 있으며, 후자의 예로는 MINI가 구글 지도의 지원을 받아 자동차레이싱 게임을 개발한 광고(그림)가 있다. 이중 보다 적극적인 방법은 후자로서, 광고 자체가 새로운 게임적인 콘텐츠 및 게임기법을 개발해내어야 한다. 이외에 게임화하기(Gamification) 요소를 활용하여 콘텐츠를 제작하는 것도 좋다.

아래 사진은 **구글지도와 자동차경주를 이용한 MINI 게임광고**. BMW의 소형 브랜드인 MINI의 자동차 경주 게임 애플리케이션. Google 지도를 바탕으로 'MINI 경기지도'를 제작하였다. 참가자들은 Facebook상의 친구 또는 낯선 사람들을 선택하여 경기를 할 수 있으며, 플래시 형태의 'MINI 프랑스'의 차종은 물론 레이싱 코스나 날짜, 트랙 길이 등을 선택할 수 있다. 또한 앱(app)을 통해 게임 지역의 날씨 등을 알 수 있으며, 개인이 원하는 차종을 지정하거나 소리까지 정할 수 있어 실제적인 느낌을 경험할 수 있다.

구글지도와 자동차경주를 이용한 MINI 게임광고/게임 속에 원하는 인재상을 그려넣은 사원모집 광고

광고회사 Uncle Grey는 자사의 기술직 사원을 모집하기 위해 온라인 게임인 'Team Fortress 2'을 이용하였다. 게임 속 장면에 인재상과 URL이 그려진 포스터를 배치하였다.

발상의 핵심 게임이 인터랙티브 광고 소재로 유용한 이유는 쉽게 소비자를 끌어들이기(experience) 때문이다. 게임광고를 발상할 때 염두에 두어야 할 점은 1) 화상이 뛰어나서 실제 느낌을 전달할 수 있을 것, 2) 게임레벨, 참여방법 등을 이용자가 선택할 수 있도록 할 것, 3) 난이도를 단계별로 나누어 도전욕구를 자극할 것 등이다. 이외에 제품과의 적절성, 이용의 용이성과 같은 일반적인 가이드라인이 고려되어야 함은 물론이다.

Tip3. 비현실적 기술과 현실적 공간을 결합하자

가상의 기술을 이용하는 것은 디지털 미디어를 중심으로 하는 인터랙티브 크리에이티브가 누릴 수 있는 가장 큰 장점 중 하나이다. 가상의 표현은 제작자에게는 표현이 자유롭다는 장점이 있으며, 이용자에게는 가상 화면의 특성상 상상과 몰입이 용이하다는 장점이 있다. 특히, 소비자의 마음을 끌어들이려면 소비자에게 다가가라. 〈그림 〉의 홈플러스 지하철 가상매장 사례는 소비자의 참여를 높이는 아이디어가 어때야 하는지를 잘 보여준다. 매장을 통째로 생활 현장에 옮겨올 수 있다면, 대중들의 인터렉션을 이끌어내는 방법으로 그 이상 쉬운 방법이 없을 것이다. 가상의 매장을 구현하고 거기에다 디지털 기술(스마트폰과 QR코드의 활용)을 결합한 점은 사실 인터랙티브 광고에 있어 그리 놀라운 아이디어는 아니다. 그럼에도 이 광고는 마케팅 아이디어의 타깃의 참여(engagement)를 높이고 아이디어의 효과(effectiveness)를 높였다는 점에서 현실과 아이디어가 적절히 결합된 사례라 할 만하다.

▶토론토 관광국의 관광장려 캠페인

토론토관광국에서 실시한 'The Cheating Wall(훔쳐보는 벽)'이라는 제목의 인터랙티브 캠페인. 벽 속에 다른 도시 시민이 등장하고 있다. 토론토와 몬트리올 시민들이 서로 상대 주를 자유롭게 관광하라는 메시지를 담은 이 캠페인은 고해상의 거대한 HD 비디오스크린으로 된 벽을 설치하여, 각 스크린마다 카메라, 마이크로폰, 센서, 스피커가 부착되어 시민들이 벽에 비춰지는 상대편 도시의 모습을 보거나 시민들과 실시간으로 대화를 나눌 수 있다. 이에 그치지 않고 Facebook을 이용하여 대화를 하거나 상대도시로 여행을 가는 이벤트도 마련하였다.

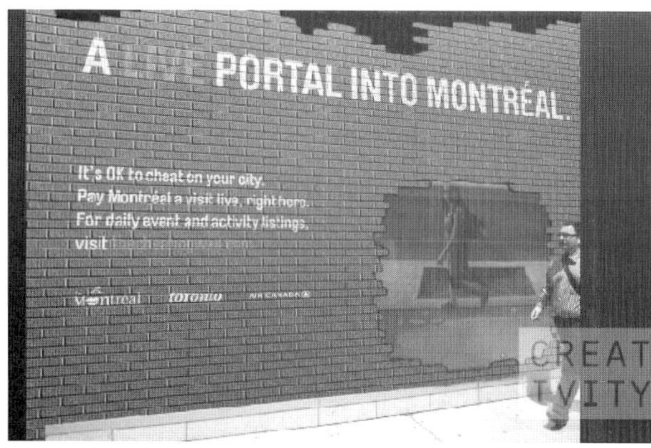

토론토관광국의 'The Cheating Wall' 이미지(출처: creativity-online.com)

발상의 핵심 가상의 기술을 보여주는 것은 기본이다. 비현실적인 가상의 세계를 가장 현실적인 공간에서 표현해보자. 표현하는 것에 그치지 말고 소비자를 끌어들이자. 끌어들인 소비자의 행동에 대해 피드백을 하자.

Tip4. 오프라인 이벤트에서 시작하자

일반적인 인터랙티브 광고는 홈페이지를 통해 이벤트 참여를 유도하고 참여자를 대상으로 경품을 주는 것이 대부분이다. 고전적인 예로 애니콜의 애니모션(2005년)의 경우 인터넷 동영상에서 시작하여 오프라인 행사로 이어졌으며, 레모나 도전 레모나 CF스타(2010년) 프로모션 등도 인터넷에서 참여자를 모집하여 오프라인으로 전개된다. 그러나 먼저 오프라인에서 이벤트를 벌이고 이를 온라인으로 연결하는 캠페인이 실제 임팩트가 크다. 게릴라 마케팅, 플래시몹(Flash Mop) 같은 아이디어도 이러한 사례에 해당된다. 가상이 대부분인 세상에서 오히려 손에 잡히는 실제적인 것에 환호하는 심리라 할 것이다. 사각의 인터넷 화면에서 그려지는 내용을 거대한 바깥세상에서 보여주거나 실연(demonstration)함으로써 신선한 충격을 줄 수 있다. 아래 질레트 옥외광고처럼.

▶Gillette 면도기의 세계에서 가장 큰 면도기 옥외광고

테니스 스타 로저페더러를 모델로 런던 근교의 대형 잔디공원에 약 70미터의 로저 페더러 초상화를 그려놓고 1,000리터의 거품으로 쉐이빙폼을 형상화한 후 그 거품을 제거하는 과정을 메이킹필름으로 제작하였다(사용된 페이트는 친환경재료). 이 옥외광고에는 질레트 영국의 페이스북 펜페이지 주소를 함께 노출해 영상을 통한 Viral 효과를 가져왔다.

발상의 핵심 가장 힘 있는 소재는 Reality. 그러나 오프라인 쇼는 광고이미지와 다르다. 실현성(Practicability)을 잘 따져보자. 특히 한국적 상황에서는 법제적, 윤리적으로 실현되기 어려운 경우도 많다.

Tip5. 시나리오에 따라 단계적으로 접근하라

인터랙티브 광고 크리에이티브와 전통 매체에서의 광고 크리에이티브와 큰 차이의 하나는 스토리 전개의 시간적 차이이다. 전통매체 광고에 비해 인터랙티브 광고 크리에이티브는 잘 짜여진 시나리오에 따라 단계적으로 진행되는 것이 특징이다. 가장 큰 이유는 광고 콘텐츠 이용자들이 그만큼 단계적인 콘텐츠 이용에 익숙해졌기 때문이다. 이용자들은 광고를 그저 한번 보고 지나치는 것으로 대하지 않고 마치 여러 조각의 퍼즐을 짜맞추듯 광고 콘텐츠에 적극적으로 관여하여 구성하거나 감상하려 한다. 그만큼 광고 콘텐츠의 성격이 오락화된데다 스토리텔링에 대한 소비 욕구도 증대했기 때문으로 풀이된다. 또한, 매체가 다양화함에 따라 크로스미디어(복합적 매체사용)적 캠페인 전개가 증가했기 때문이기도 하다. 매체별 특성을 고려하여, 인지는 신문, TV, 인터넷 등에서, 콘텐츠 전개는 온라인에서, 행동반응은 모바일에서, 피드백은 다시 온라인 등과 같이 하나의 캠페인에 다양한 미디어가 이용된다. 당연히 콘텐츠의 전개 방법이 풍성해지고, 즐길 거리도 증대되기 마련이다. 요약하면, 인터랙티브 크리에이티브에서는 '한방 카피'나 '한방 아이디어'란 없다. 소비자에게 꾸준히 즐거움을 주고 서서히 캠페인 메시지에 공감, 참여하여 마침내 대중의 반응을 얻는다. 인터랙티브 크리에이티브는 길게 보고 또 넓게 보아야 한다. 아래 〈Hotels.com의 게임 앱 광고〉나 〈INPES의 청력손상예방 캠페인〉은 메시지의 단계적 전개에 있어서나 미디어 운용에 있어서나 인터랙티브 크리에이티브의 파워가 어떻게 만들어지는지를 보여주는 수작들이다.

▶Hotels.com의 게임 앱을 이용한 "Trip Your Face" 광고

"Trip Your Face"캠페인. 페이스북 이용자들에게 '가상의' 여행(여행의 타이틀은 '거친 밤을 보내요')을 갈 여행지, 투숙객 등을 선택할 수 있도록 한 후, 여행지에서의 밤에 있었던 일을 비디오 영상으로 보여준다. 비디오에는 이용자들이 선택했던 투숙객들의 얼굴과 함께 데니스 로드만(프랑스 파리)이나 팝가수 바닐라아이스 스위트룸(라스베이거스), 갱스터와 놀기(뉴욕) 등의 영상이 제공된다. 이 영상은 소셜미디어를 이용해 다른 친구들과 공유할 수 있다.

발상의 핵심 소비자는 광고 한편에 넘어오지 않는다. 인터랙티브 광고라고 다르지 않다. 천천히, 단계적으로 소비자의 마음을 열어야 한다. 아이디어를 빛내 줄 들러리(매체)는 많다.

Tip6. Give-away(선물주기) 방법을 기발하게 하라

공짜 마케팅은 언제나 유효하다. 단, 선물을 주는 방법을 어떻게 하느냐에 따라 임팩트는 달라진다. 재미있고 기발한 방법을 생각해내자. 무슨 퀴즈를 내고 지능을 테스트하거나 반대로 행운에만 의지해야 하는 선물공세는 너무 따분하다. '상품을 오래 보면 공짜로 주는' 아이디어는 어떤가? 아무런 음악도, 특별한 볼거리도 없는 햄버거 프로모션. 단순하고 이상하게 보이지만 그게 오히려 신선하게 느껴진다. 버거킹 와퍼 캠페인이다. 이 캠페인을 똑같은 햄버거 프로모션인 맥도널드와 비교해보는 것도 재미있겠다.

▶소비자의 시선을 붙들어놓는 버거킹 와퍼(Whopper)의 공짜 캠페인

버거킹은 미국 DirecTV에서 버거킹 와퍼가 등장하는 영상을 오래 보면 공짜 햄버거를 제공하는 프로모션을 열었다. 'Whopper Lust'라는 제목의 이 캠페인은 DirecTV 채널 111을 켜고 햄버거기 불속에서 이글거리는 모습을 단순히 5분 동안 시청할 경우 공짜 햄버거 1개를, 총 15분을 시청할 경우 공짜 햄버거 2개를, 총 30분을 시청할 경우 공짜 햄버거 3개를 받을 수 있는 쿠폰을 주었다. 이 프로모션은 DirecTV 가입자만 가능하며 쿠폰도 가입자의 계정정보로 발송되었다. 이 캠페인을 통해 3일간 약 300,000분 동안 캠페인이 종료되는 날까지 약 8만개의 공짜 햄버거가 제공되었다.

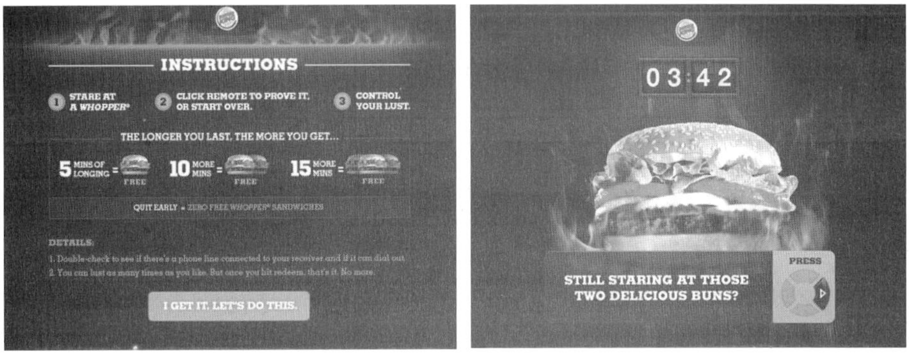

원하는 게임을 정해 햄버거를 쳐다보는 Whopper 게임

▶게임을 이기면 받는 맥도널드 공짜 캠페인

반면, 맥도널드는 2010년 스웨덴에서 디지털 옥외광고 체험을 통한 'Pick N' Play'라는 고객참여 마케팅을 진행하였다. 휴대폰 카메라를 이용하여 옥외광고 간판 속 메뉴를 촬영하여 매장을 방문하면 프로모션 메뉴를 공짜로 제공한다. 특별한 어플리케이션을 다운받을 필요 없이 지정된 URL로 스마트폰을 이용해 접속을 하면 대형 옥외광고가 나타나며 이 광고를 통해 이용자가 직접 참여할 수 있다. 게임을 30초이상 진행할 경우 프로모션 메뉴를 공짜로 먹을 수 있는 무료 쿠폰도 제공되었다. 디지털기술을 이용한 성공적인 샘플 마케팅 사례이다.

옥외 빌보드를 통해 게임을 하는 맥도널드 캠페인

맥도널드 캠페인과 버거킹 캠페인 둘 다 시간 제한을 두어 무료 쿠폰을 제공하였다는 공통점이 있다. 차이는 맥도널드가 '게임'이라는 체험 요소를 끌어들여 즐거움을 높인 캠페인이라면, 버거킹은 '제품 그 자체를 들여다보는' 체험을 제안하였다는 점이다. 의외성을 놓고 볼 때 버거킹 캠페인이 훨씬 뛰어나다. 의외성은 캠페인을 확산시키는 힘이 강하다.

발상의 핵심 "무슨 선물이든지 선물은 주는 것이 좋다"는 생각에만 머물러서는, 소비자의 감동을 얻지 못한다. 선물을 주는 기발한 방법을 생각하자. relevance가 떨어져도, 다소 엉뚱해도 좋다.

Tip7. 잘 만들어라. 한편의 예술작품처럼

관객은 허구는 용서하지만 허점은 용서하지 않는다. 상상력을 자극하는 애니메이션 광고에서 허구적 내용은 수긍해도 부실한 색상은 용서가 안 되는 법이다. Artwork이 좋아야 하고 영상미가 뛰어나야하는 건 ATL뿐만이 아니다. 인터랙티브 크리에이티브에도 미적요소는 여전히 중요하다. 관객과 커뮤니케이터 간의 인터렉션이 이루어지기 위해서는 공감과 몰입이 필요한데, 미적 감흥을 주는 표현 요소가 이때 중요한 역할을 한다. 고전적인 예이지만 BMW(2005)의 콘텐츠 광고인 "The Hire" 쇼트필름은 단편 영화를 보듯 영상미가 뛰어나다.

▶INPES의 청력손상 예방 교육 캠페인

INPES (National Institute for Prevention and Education)에서 시끄러운 음악으로 인한 청소년의 청력 손상을 예방하기 위한 교육 캠페인. 유명팝가수의 납치와 구출에 관한 공포스러운 장면에 청력 테스트 내용을 게임형식으로 표현하여 '청력보호'라는 주제에 대한 관심을 높인다. 유명 팝가수 제니퍼 로페즈가 공연 도중 괴한으로부터 납치당하는데, 오직 소리만 듣고 그녀를 납치된 곳을 찾아 구출해야 한다는 내용이다. 3차원적 영상과 음향이 공포감을 높이는데다, 버튼 음만 듣고 출입문을 연다거나 발자국 소리만 듣고 범인을 피해야하는 등 공포영화를 보듯 흥미롭다.

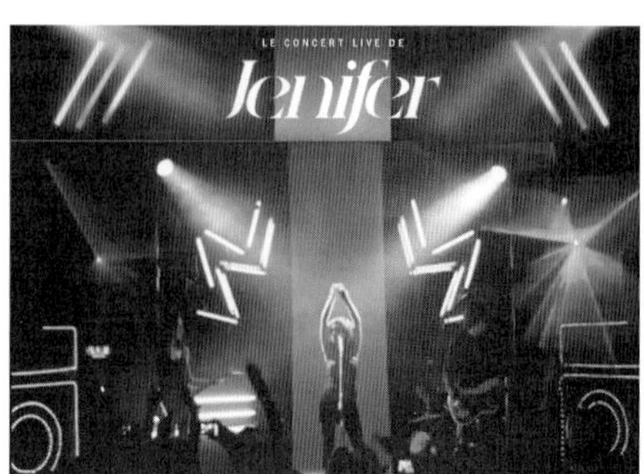

(#1) 팝가수가 공연을 하다 납치되고

(#2) 버튼음 소리만으로 비밀번호를 찾아내야 하며

(#3)매 과정마다 틀리면 악당이 나타나 다시 돌아가야 한다.

(#4 납치된 가수를 구출하고 뒤따라 출구를 찾는 과정도 험난하다)

발상의 핵심 아무리 아이디어가 좋아도 표현 디테일이 떨어지면 관객의 몰입도 흥미도 줄어든다. 시, 영상, 음악 등 광고 속 콘텐츠는 독립적인 예술작품처럼 완성도가 높아야 한다. 유명 배우를 쓰고, 유명 감독과 작곡가가 투입되는 이유가 이 때문이다.

4 통합적 광고 크리에이티브 운영

1) 통합적 광고 크리에이티브

여기서는 앞에서 말한 광고 요소의 조직화(Organization) 개념을 중심으로 상술한다. 광고 요소의 조직화란 광고 커뮤니케이션의 틀을 디자인하는 것이다. 이때 디자인이란 설계하는 것을 말한다. 예를 들어 스토리텔링을 이용한 인터랙티브 크리에이티브를 위해서는 '경험의 디자인'이 필요하다. 스토리를 기반으로 메인 미디어를 중심으로 소비자가 원하는 경험을 제공하고, 지원 미디어를 통해 소문을 생성 확산해 가는 것이다. 이러한 크리에이티브의 구조적 측면을 통합적 크리에이티브라는 개념으로 정리한다. 통합적 크리에이티브란 인터랙티브 커뮤니케이션을 위한 크리에이티브의 구성 작업이다. 즉, CR을 포함한 커뮤니케이션의 구조를 강조하는 용어이다. 따라서 통합적 크리에이티브는 '커뮤니케이션의 통합'이라는 개념으로 확대 해석할 수 있다.

매체 환경 변화가 가속화함에 따라 새로운 광고 커뮤니케이션 실행안에 대한 요구도 증대되고 있다. 개별적으로 존재했던 방송과 통신이 융합되고 디지털 기술 접목이 가속화됨에 따라 미디어의 쌍방향성과 편의성이 획기적으로 증대되었다. 시청 가능한 채널은 수백 개로 늘었으며, IPTV나 DMB 등과 같은 영역이 새로 방송매체로 편입되었다. 스마트폰을 통해 소비자들은 원하는 가격을 흥정하고, 24시간 상품에 관한 정보를 검색할 수 있게 되었다.

2) 특징 및 효과

최근의 방송통신 융합 형태는 TV와 스마트폰, 태블릿PC를 결합한 형태를 보이고 있다. 이른바 스마트 미디어 시대가 도래했다. 스마트 미디어란 대표적으로 스마트폰이나 스마트TV의 도입 확산과 맞물린 개념이다. 스마트 미디어는 인터랙티브적인 매체 특성을 바탕으로 소비자와의 양방향적인 커뮤니케이션이 가능하다. 스마트미디어를 이용한 광고는 소비자가 생각대로 할 권리, 즉 선택권을 준다는 점을 주요 특징으로 하며, 소비자가 원하는 상품 정보와 콘텐츠를 찾고 즐길 수 있도록 한다. 광고 채널의 다양화, 24시간 자유로운 검색 환경, 스마트폰과 소셜미디어 확대 등 스마트미디어 시대에는 수용자의 선택이 콘텐츠 중심으로 이루어질 것으로 예상된다. 향후 미디어 산업은 시청자들의 서비스 이용행태를 중심으로 재편될 것이다. 전통적인 미디어 중심의 광고 전략은 대폭 수정이 불가피해졌다. 그 어느 때보다 지금 광고 산업은 양방향적, 개인맞춤적 커뮤니케이션에 대한 소비자의 욕구를 효율적으로 충족시켜 가야할 상황에 직면하였다.

스마트미디어 시대 시청자는 TV프로그램, EPG(Electronic Program Guide) 또는 광고를 시청하면서 TV 리모콘을 이용해 의도적으로 광고물을 선택하여, 브로슈어 카탈로그 등 추가정보를 요청하거나 상품의 견본이나 할인권 등 프로모션 활동에 참여할 수 있고, 직접 상품을 구매할 수 있게 된다.

스마트 광고는 IPTV, 인터넷, DMB 등 뉴미디어를 통해 상호작용성(양방향성)과 개인맞춤의 두 특성을 구현할 수 있는 모든 광고를 말한다. 본 연구에서는 스마트광고를 인터랙티브 광고, 양방향 광고, 신유형 광고 등을 포괄하는 개념으로 파악한다. 구체적으로 본 연구에서는 스마트광고를 "방송과 통신을 아우르는 뉴미디어 광고형태로서 상호작용성(Interactivity)과 개인맞춤성(Customization)이 구현되는 모든 광고"로 정의한다.

스마트광고의 특징은 첫째, 상호작용성이 가능하다. 예를 들어 디지털 TV 광고에서는 시청자가 원하는 광고를 선택할 수 있고 광고내용을 탐색할 수 있다. 둘째, 특정 고객을 대상으로 하는 광고가 가능해 졌다. 이는 시청자 세분화가 용이해졌기 때문으로 볼 수 있다. 셋째, 광고가 구현되는 위치와 형태가 기존 광고와 다르다. 양방향 광고에서는 다양한 시간대와 경로를 통해서 시청자에게 접근한다.

3) 경험성

통합적 크리에이티브 전략 수립을 위해 가장 먼저 고려해야할 점이 크로스미디어 환경이다. 지금까지 매체 운용이란 유사하거나 같은 광고를 다양한 매체에 단순히 반복적으로 집행하는 것이었다. 하나의 매체에 다른 매체들을 추가하는 방법이었다. 그러나 크로스미디어 시대 광고에서는 기존 매체와 새로 등장한 매체의 특징을 상호 보완한 콘텐츠를 가지고 시너지 효과를 유도하여야 한다. 미디어에 맞는 콘텐츠가 필요하며, 각 미디어별 광고는 상호보완적인 역할로 시너지 효과를 내야 한다는 것이다. 이전에는 해당 캠페인에 가용할 수 있는 미디어 중 가장 광고비가 큰 광고(예: TV광고) 아이디어가 결정되면, 나머지 매체는 TV의 아이디어를 변형(Variation)하여 사용되었다. 반면 현대에서는 매체간 영향력이 결정된 것이 아니라 각각의 매체가 역할에 따라 모두 중시된다.

이를테면 TV광고 아이디어, 인쇄광고 아이디어, 온라인 광고 아이디어 등을 따로 작성하며, 이들 아이디어를 하나의 캠페인 목적과 전략적 구조에 맞춰 통합 운영한다. TV광고에서 이루어지는 광고는 BTL(예: 인터넷, OOH, 이벤트 프로모션)과 함께 집행되며, 오디언스에게 직접적인 체험과 참여를 유도해 TV광고의 스토리텔링을 직접 체험하게 한다. 특히 온라인과 모바일 매체는 쌍방향적 메시지 전달을 가속화하였다. 관절보호 의료기기를 예로 들면, 이제 단순히 매스미디어를 이용하여 "이 제품은 관절보호에 좋다"라는 메시지를 전달하는 데서 그치지 않고, 통증을 느끼는 사람을 찾아 광고를 병행하거나(모바일을 이용한 타깃팅 광고), 통증치료 경험을 경험해보도록 유도하거나(신문→ 웹페이지의 온라인 게임으로 유도), 가상적으로 체험하게 하고(증강현실), "당신에게만 할인권을 주겠다(모바일 할인쿠폰 또는 온라인 행사)"며 소비자를 유혹한다.

4) CTL 크리에이티브

본장에서는 통합적 크리에이티브를 미디어환경과 콘텐츠의 두 측면을 고려하여, CTL(Cross the Lines)의 개념으로 설명하고자 한다. 통합적 크리에이티브는 ATL과 BTL의 관점에서 설명하면, ATL과 BTL, 모바일이 교차된 CTL(Cross the Lines)이라 할 수 있다.

CTL이란? 미디어 환경의 변화에 대응하는 광고 크리에이티브 개념으로 "통합적 크리에이티브"가 적절하다. 통합적 크리에이티브 개념은 기존의 ATL과 BTL의 영역을 통합하는 개념이라는 점에서 'CTL(Cross the Line)'로 표현될 수 있다. 관련된 미디어 환경 변화에 따른 광고계의 당면 과제를 정리하면 다음과 같다.

- 미디어 환경의 변화: 방송의 디지털 전환 및 방송통신 융합. 스마트폰 및 소셜미디어 확대, 크로스 미디어 소비
- 전략 과제: 소비자에 맞춘(personization) 쌍방향적 커뮤니케이션 필요, 이용자의 브랜드 경험을 높이기 위한 미디어 운용, 광고비의 효율적 운용과 수익성 확보
- 크리에이티브 과제: 디지털미디어와 스마트폰, 소셜미디어를 활용한 크리에이티브 개발

CTL이란 전통적인 매체운용에서처럼 어느 한 시점에서의 ATL과 BTL의 나열이 아닌, 커뮤니케이션 전 단계에서 미디어가 수시로 중복, 교차되며 상호작용하여 메시지 효과를 극대화하는 것이다. 이때, ATL과 BTL, 온라인과 모바일은 상호보완적으로 기능하고 메시지 효과를 확대 재생산한다. 이를 가능하게 하는 것이 콘텐츠이다.

현대에서는 디지털 기술 기반으로 영화, 게임, 애니메이션, 온라인 컨테스트 등 다양한 컨텐츠가 손쉽게 결합될(incorporated) 수 있다. 특히 모바일 기기와 소셜미디어 확대로 비전통적이고(예를 들어 QR, AR), 비광고적인(예를 들어 구전, 소셜커머스) 프로모션이 확대되고 있다. 소비자들은 다양한 매체를 복합적으로(다중매체 복합소비), 동시에(다중매체 동시소비) 사용한다. 이때 중요한 것은 모든 creative가 매체별로 동등한 역할을 하는 것이 아니라, 핵심 아이디어를 중심으로 Main Creative를 구성하고, 다른 크리에이티브들과 통합하여 운영하는 것이 바람직하다. 자칫 미디어의 수에 매몰되어 크리에이티브의 파워가 감소할 수 있기 때문이다. 그림 15-3은 인터랙티브 크리에이티브 요소를 CTL 차원에서 개념화한 것이다.

5) 인터랙티브 광고 전략과 CTL

현대 커뮤니케이션이 어떻게 발전하더라도 시작과 끝은 모바일 미디어가 될 가능성이 높다. 특히 스마트폰의 확대로 소비자들은 24시간 정보를 언제든 검색하고 사용할 수 있기 때문이다. 본 장에서 논의한 인터랙티브 광고 역시 핵심 기반은 모바일이 될 것이다.

인터랙티브 광고는 광고의 속성 자체를 근본적으로 변화시켜왔다. 인터렉티비브 미디어의 장점들로는, 첫째, 기존의 광고들이 서로 비협조적임으로써 야기되었던 정보처리상의 손실을 감소시켜 주며, 둘째, 모호한 메시지를 보다 명확하게 전달하고, 셋째 신제품 수용을 용이하게 하는 데 효과적이라는 점이다. 또한 소비자들의 의사결정의 효율성을 높이며 소비자들의 관여도와 만족, 정보교환의 상호작용성을 기반으로 한 신뢰성, 표현을 자유롭게 하는 기술적 지원, 정보의 불균형, 비대칭(asymmetry)을 줄여준다. 그 결과, 마케터는 소비자에 관한 정보를 피드백 받아 광고메시지를 개선하고 타깃 선정 등 제반 마케팅 전략 수립의 정확성을 높일 수 있다.

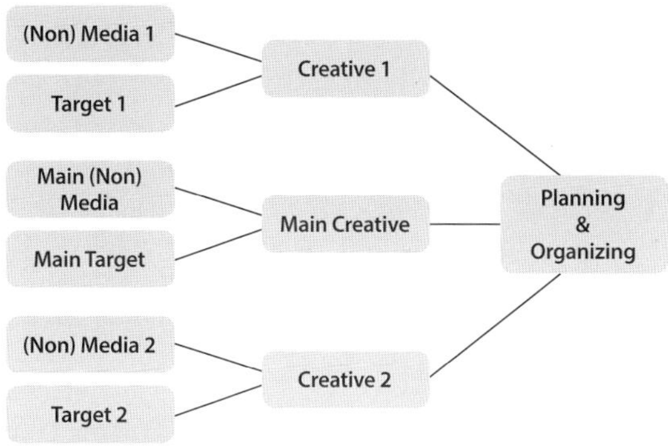

그림 15-3 통합적 크리에이티브란 광고매체들의 특성과 타깃의 성향을 파악하여 크리에이티브를 나열하여 전개하되, 여러 매체별 크리에이티브들이 상호 시너지 효과를 낼 수 있도록 핵심 크리에이티브를 중심으로 크리에이티브 요소들을 통합 운영하는 것을 말한다.

CTL과 전통적 크리에이티브의 가장 큰 차이는 '커뮤니케이션 구조'에 있다. 커뮤니케이션 구조란 소비자와의 다양한 접점에 따른 커뮤니케이션의 전개도라 할 수 있다. 즉, 소비자의 마음을 움직이는 것은 메시지와 크리에이티브를 개발하고, 이를 다양한 접점에서 전개하여야 한다(표 15-1).

6) 커뮤니케이션 전략과 통합적 크리에이티브

'통합적 크리에이티브'란 디지털 미디어를 중심으로 하는 미디어의 분화, 다양화에 기반한 개념이다. 최근 일본 덴츠社가 사용하는 '홀리스틱(holistic) 크리에이티브'도 이와 유사한 개념이다. 통합적 크리에이티브란 **"새로운 미디어 환경에서의 다양한 크리에이티브 실행요소들을 커뮤니케이션 목적에 맞추어 통합하고 효율적으로 관리하는 전략적 개념"**으로 정의된다. 이는 크리에이티브 전체 시나리오를 고려하여 전개되어야

표 15-1 CTL 크리에이티브의 요소별 특성

요소	개별적 크리에이티브	CTL 크리에이티브
사용 미디어	매스미디어	스마트 미디어
핵심 요소	메시지	커뮤니케이션 구조
전개방식	메시지의 단계적 변화 (핵심 메시지를 중심으로 나머지 요소가 보완)	미디어 운용의 변화 (이용자의 기능적 측면을 고려한 인터페이스 구성)
매체 운용의 핵심 요소	미디어의 선택(어떤 미디어를 사용할 것인가?)	미디어의 사용(미디어들을 어떻게 사용할 것인가?)
매체별 활용요소	미디어의 고유한 특성	미디어와 소비자와의 접점
고려해야할 실행기술	표현 기술	소비자와 인터페이스 기술

하며, 모바일을 비롯하여 전문잡지, 웹사이트, SNS, 오프라인 이벤트 등 소비자와의 접점 포인트와 그 조합을 명확히 함으로써 가능하다.

인터랙티브 광고 환경에서 크리에이티브는 그 어느 때보다 미디어와 밀접한 관계를 갖게 되었다. 크리에이티브 발상을 위해 가장 먼저 고려되어야 할 요인이 미디어 플래닝이라 할 것이다. 이를테면, 광고의 목적에 따라 보다 유력한 미디어를 중심 플랫폼으로 삼아, 아이디어를 전개해야 한다. 미디어의 확장과 발전에 따라 다양한 인터랙티브 광고가 등장하게 되었고, 이로 인해 인터랙티브 크리에이티브를 전개함에 있어 미디어 특성과 효과를 고려해야 할 필요가 생겼다. 한마디로 크리에이티브와 미디어의 공조가 필수적이다. 아래 〈그림〉은 덴츠의 AISAS 광고효과에 따른 미디어플래닝 전략을 일부 수정한 것이다(실선은 클릭, 점선은 검색 혹은 방문). 인터랙티브 크리에이터들은 이를 고려하여 큰 그림에서의 크리에이티브를 구상하여야 할 것이다.

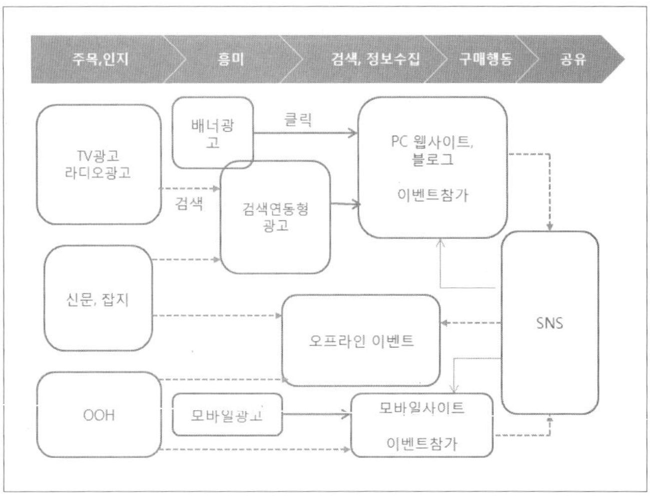

통합적 크리에이티브를 위한 플래닝 구조

인터랙티브한 크리에이티브를 결정짓는 주요 기준은 무엇일까? 스마트미디어 시대에 대응하는 크리에이티브 전략 수립을 위해, 예를 들어 제품유형과 제품수명주기(Product Life Cycle: PLC), 타깃 특성, 캠페인 목적 등 전통적인 커뮤니케이션 효과변인들의 영향관계가 고려되어야 할 것이다. 기존의 크리에이티브 전략은 하나의 아이디어를 하나의 매체에만 사용하거나, 규격과 형식만 변형(variation)하여 타 매체에 적용하는 것이었다. 인터랙티브 미디어 시대 크리에이티브 전략은 크로스미디어적이어야 한다. 핵심 아이디어(winning idea)를 중심으로 다양한 인터랙티브 미디어와 전통 매체에 통합적으로 운용하고, 커뮤니케이션 효과를 고려한 즉시적 매체 연동 전략이 뒷받침되어야 한다.

7) 크리에이티브 인력 운영

인터랙티브 크리에이티브를 구현하기 위해서는 무엇보다 테크놀로지의 이해가 필요하며, 관련 전문인력이 필요하다. 예를 들어, 하나의 인터랙티브 캠페인을 만들기 위해서는 전통적인 CD(Creative Director), Art Director, Copywriter 이외에도 다음과 같은 전문가가 필요하다.

- Design Director
- Designer
- Illustrator
- Print Producer
- Digital Lead
- Content Manager
- Communication Planner
- Head of Digital & Branded Content
- Producer
- Production
- Filmmaker
- Music
- Digital Producer
- Digital Production

전통적으로 우리는 아이디어 발상은 중요시해온 반면 아이디어를 구현하는 기술은 등한시해왔다. 'Doing은 기술자에게 맡기면 된다'는 식이었다. 그러나, 아무리 뛰어난 아이디어라도 결국 구현해내는 기술만큼만 표현되는 법이다. 첨단의 디지털 기술이 중요 도구인 인터랙티브 시대는 더욱 그렇다. 기술에 대한 이해 없이 풍부한 아이디어를 내는 데에 한계가 있다는 지적도 있다. 그런 의미에서 제일기획에서 디지털 테크니션들을 대거 채용한 것은 바람직한 일이다. 이제 테크니션들에게 광고 발상력을 가르치는 일이 과제라 할 것이다. 디지털 미디어의 기술적 메커니즘에 관한 이해는 기획(AE)과 제작(CR) 모두에게 필요하다. 특히 전통적인 매체 광고에만 매달리는 광고 크리에이터들의 분발을 기대한다.

크리에이티브 디렉터가 말하는 인터랙티브 크리에이티브

조익명 ECD (전 SKMNC)

조직 측면 인터랙티브팀 CD 운영 필요

외국에는 이미 7~8년전부터 SP팀, 인터랙티브팀이 ECD로 통합되어 운영되는데, 국내는 따로 운영된다. 최근 5년 전쯤부터 우리나라 IMC 관련부서가 생겨나면서 통합적 크리에이티브 개념도 이용되는 것 같다. 하지만 광고주는 여전히 망설이는 분위기다. 5년전에는 게릴라마케팅 등 제안을 하지만 컨셉도 안 맞고 CR 수준도 떨어지고 시안을 낼 때 통합적이지 못하다. 특히 문제가 되는 건 실행단계로 넘어가면서 효과에 대한 검증이 없다는 점이다. ATL부문은 수용도, 선호도 등 조사가 가능하지만 게릴라는 선행경험도 없고 효과 측정된 자료도 없다. 광고회사에서 시안은 만들어도 CD도 강력하게 제안을 하지 못하고 광고주도 선뜻 실행하려 하지 않는다. 이외에 인터랙티브 크리에이티브를 위한 국내 환경이 잘 마련되어 있지 못하다. 도로교통법 등 법제 미흡, 기업윤리(위원회 운영) 등의 문제로 움츠려들어 있다.

부서운영과 관련하여, SP팀, CR팀이 인터랙티브로 전환되어야 한다고 본다. 조직은 변하였지만 크리에이터 사고는 아직 따라가지 못하고 있다. CD 스스로 인터랙티브 업무를 맡으려 하지 않는다. 외국에는 크리에이티브 CD, 인터랙티브 CD 이렇게 명함을 두 개씩 갖고 다닌다. 인터랙티브팀과 기존 크리에이티브간 의견조율도 쉽지 않다. 어떤 회사의 경우 인터랙티브 CD 따로, 크리에이티브 CD 따로 있는데 이러니 커뮤니케이션 조율도 어렵고 효율성도 떨어진다.

새로운 환경은 기회

CR이 변화해야 한다. 뉴미디어는 호조건이다. CR이 표현기법이나 발상에만 치중하다 보니 이제 크리에이티브나 아이디어가 고갈된 상태인데, 뉴미디어가 등장하면서 새로운 크리에이티브를 표현할 수 있는 계기가 마련된 것이다. 예를 들어, 아이디어를 내는 처음부터 "게릴라 IMC 아이디어"를 계획하면 세부적인 크리에이티브 어프로치 방법도 다르게 나오게 된다.

크리에이티브의 주요 기준은 공감

스마트미디어든 통합 마케팅이든 크리에이티브의 가장 중요한 기준은 역시 소비자의 공감이다. 광고 아이디어를 낸다, 고 생각해서는 안 된다. 소비자를 움직이게 한다, 고 생각하고 접근해야 한다. 소비자를 어떻게 하면 움직일까를 생각해야 한다. 감성적으로 감동을 줘서 마음을 움직이게 하든, 그저 손가락을 움직이게 하든 움직여야 한다. TV 아이디어를 내면, 질문을 던져 인터넷으로 오게 하고, 인터넷에서는 영상물을 첨가해서 공감하게 하고 퍼가게 해야 한다. 이와 관련하여, 요즘 소셜미디어를 광고에 접목하는 것이 어떤가 하는 논의가 많은데, 매우 조심스럽게 접근해야 한다. 진실된 내용, 공감되는 컨텐츠로 고객에게 다가가는 방법이 중요하다.

5 맺음말

IMC, 인터랙티브, 크로스미디어, 통합적 크리에이티브

인터랙티브 광고라는 용어에서 인터랙티브란 '커뮤니케이션에서 발신자와 수신자 간 쌍방의 정보의 흐름'으로 요약된다. 따라서 크리에이티브의 발상에 있어 소비자와의 쌍방향적 커뮤니케이션이 중요한 가이드라인이 된다.

지금까지 살펴본 바와 같이 미디어 환경 변화에 따라 광고의 목적이나 크리에이티브의 역할과 속성도 달라지고 있다. 전통적인 광고 커뮤니케이션의 목적이 인지 및 태도와 같은 소비자의 내적특성과 관련된 것이었다면, 인터랙티브 광고에서는 정보의 공유나 소비자의 참여와 같은 정보의 교환 및 유통이 중요시되고 있다. 크리에이티브의 역할 또한 마케팅 목적에 의해 움직이는 프로모션 수단에 그치지 않고 대중에게 필요한 정보를 제공하여 공감과 신뢰, 즐거움을 주는 콘텐츠 역할로 확장되고 있다. 속성에 있어서도, 전통적인 크리에이티브가 ROI(Relevance, Originality, Impact)처럼 메시지의 속성 자체에 기반한 것이라면, 인터랙티브 크리에이티브는 EPS(Engagement, Playfulness, Sustainability), 즉 타깃 개인과의 유대감, 경험을 유도하는 오락성, 장기적인 영향력을 의미하는 지속가능성 속성과 이를 큰 그림 속에서 구성해내는 조직성(Organization 또는 Organizing) 측면이 중요하게 되었다. 전체적으로 본 장에서는 크리에이티브를 전통적인 표현물의 범위에 머무르지 않고 커뮤니케이션 솔루션이라는 거시적 관점에서 파악하고자 하였다.

이러한 접근은 실제 현업 전문가의 인식과 유사한 것으로 파악되었다. 국내 주요 광고대행사의 CD들을 대상으로 심층면접한 결과, 미디어 환경 변화와 함께 인터랙티브 광고나 스마트미디어 광고전략 등의 개념이 중요시되고 있었으며, 인터랙티브 광고 아이디어에 대한 광고주의 요구도 증대하고 있어, 광고회사에서도 이에 따른 광고 등 커뮤니케이션 아이디어를 개발하고 통합적으로 디자인하는 노력을 기울이고 있는 것으로 나타났다. 신유형의 미디어 크리에이티브(ex, 인터랙티브 아이디어)는 주로 새로운 부서(ex, 인터랙티브 팀, 또는 Brand Experience 디자인 팀)에서 담당하고 있는 것으로 나타났다.

끝으로 크리에이티브 실무와 관련하여 지적할 점은 인터랙티브 환경일수록 소비자의 신뢰가 중요한 목적이 되어야 한다는 점이다. 광고는 일방적으로 제시되는 상업 정보가 아니라, 소비자들이 즐기고 공유하는 콘텐츠이다. 다가오는 시대에 중심이 될 소셜미디어 환경에서는 더욱 그럴 것이다. 단순히 컨텐츠를 전달하는 것이 아니라 소통하는 곳이다. 이를 위해, 커뮤니케이터들은 더욱 고객 가까이 가야할 것이다. 먼저, 고객의 말을 듣고, 고객을 이해하고 고객에게 필요한 것이 무엇인가를 생각할 때 관계가 시작될 것이다. 마케팅 메시지에 대해 고객의 신뢰를 받는 것은 그 다음에 기대할 일이다. 그러고 보면 인터랙티브 광고 크리에이티브의 가장 중요한 역할은 결국 고객과 '관계 만들기'라 할 수 있다.

생각해 볼 문제

1. 인터랙티브 광고 크리에이티브 전략 수립에 있어 미디어의 역할에 대해 생각해보자.
2. 전통적인 개념의 ROI와 비교하여, 인터랙티브 광고의 크리에이티비티(Creativity)를 평가하는 주요 속성은 무엇인지 생각해보자.
3. 인터랙티브 광고 제작 인력의 변화된 역할에 대해 생각해보자.
4. 인터랙티브 광고 제작에 필요한 기술적 측면에는 무엇이 있는지를 알아보자. 또한, 기술의 발달이 크리에이티브 향상에 미칠 영향에 대해 논의해보자.

참고문헌

정일형 (2003). 인터넷 광고의 크리에이티브. 이현우 외. 인터넷과 광고. 한울. p.199-200.

성영신, 임선희, 김보경, 김희진. (2007). 감성광고에 대한 소비자 공감(empathy)의 효과. 광고학연구, 18(5), 75-90.

이은석 (2007). Web 2.0 환경에서 광고 크리에이티브의 의미생성 연구. 시각디자인학연구, 24, 55-64.

박성희 (2004). 인터넷 이용 동기와 이용 행태 간 상관관계에 대한 탐색적 비교 연구-한국과 미국의 네티즌을 대상으로. 한국언론학보, 48(4). P.243.

이시훈. 김세철 (2001). 인터랙티브TV 광고의 도입과 지상파 방송광고의 위상. 광고연구, 52, 217-240.

정윤희, 이종호 (2009). 경험적 소비에서 경험특성, 즐거움과 죄책감, 재경험 의도의 관계. 경영학연구, 38(2), 523-553.

Doherty (1998)의 글을 이은석 (2007)에서 재인용함. p.55-64.

Seamon, J. G., Marsh, R. L., and Brody, N. (1984). Critical importance of exposure duration for affective discrimination of stimuli that are not recognized. Journal of Experimental Psychology: Learning, Memory, and Cognition, 10(3), 465-469.

Fulk, J., & Boyd, B. (1991). Emerging Theories of Communication in Organizations. Journal of Management, 17(2), 407-446.

Pavlou, P. A., & Stewart, D. W. (2000). Measuring the Effects and Effectiveness of Interactivity of Interactive Advertising: A Research Agenda. Journal of Interactive Advertising. 1(1). 62-78.

Preston, S. D., & Frans B. M. de Waal (2002). Empathy: Its ultimate and proximate bases. Behavioral and Brain Sciences, 25(1). 1-20.

CHAPTER 16

인터랙티브 광고의 미래

지금까지 인터랙티브 광고에 대한 개괄적인 설명부터 인터랙티브 광고를 기반으로 하는 매체유형과 특성, 캠페인 사례, 광고 기획과 크리에이티브, 광고효과 등에 이르기까지 광범위한 내용을 살펴보았다. 이러한 인터랙티브 광고가 활성화되기 위해서는 다양한 정책들이 선행되어야 하고 기술적인 발전도 필요하다.

1 크로스미디어와 인터랙티브 광고의 전망

인터랙티브 광고는 이미 앞에서 제시한 바 같이 기존의 광고형태를 바꾸는 획기적인 형태이다. 일방향적인 광고에서 벗어나 소비자가 광고를 선택하여 광고의 내용을 보게 됨으로써 지금까지의 광고와는 다르다. 더 나아가 바로 T-커머스(T-Commerce)에 의한 직접 구매도 가능해져 광고에 의한 매출효과를 추적할 수 있다. 이는 광고인지와 광고태도, 구매행위 등 일련의 위계모델이 따로 이루어지는 것이 아니라 동시에 이루어짐으로써 광고에 의한 ROI(Return On Investment)를 금방 알 수 있게 되었다.

아직은 여러 콘텐츠를 통해 노출되는 광고를 보고 제품의 정보를 얻어 바로 구매로 이어지는 일련의 과정은 기존의 전통적 광고와는 다르다. 그 동안 광고의 수용자는 수동적인 노출의 대상이었으나 디지털화를 통한 매체융합으로 수동적 수용자는 능동적이며 적극적인 수용자로 바뀌게 되어 자신이 원하는 정보를 선택하거나, 정보에 대해 즉각적으로 반응할 수 있게 되었다. 디지털 환경에서는 이용자 스스로가 커뮤니케이션의 주체로서 광고에 대해 선별적으로 이용함으로써 개인화된 형태의 광고로서의 변화가 일어날 것이 분명하다.

인터랙티브 광고는 미디어의 크로스오버적 운용, 혹은 덴츠사에서 언급한 크로스미디어적 전략과 맞물려 있다. 소비자와의 인터랙티브 커뮤니케이션을 위해서는 다양한 매체의 협업이 필요하기 때문이다. 이에 따라 ATL(Above The Line: 전통매체)과 BTL(Below The Line: 비전통매체), 온-오프(On-Off Line)를 통합하는 No-Line(경계를 넘나드는) 성격의 크로스미디어 캠페인이 개발되고 제안되었다. 크로스 미디어적 캠페인이 주목받게 된 이유는 크게 광고주, 소비자, 미디어의 세 가지 측면에서 이해된다.

첫째, 광고주 상황을 보면, 기존 IMC가 융단폭격식 메시지 전달로 인해 대규모 자원 투여가 요구되었지만 재정적 한계로 인해 중소형 광고주가 배제되어 왔다. 당연히 메시지의 효율적 배분을 지향하는 크로스오버 캠페인에 주목하게 되었다. 둘째, 소비자 입장에서도 변화가 많았다. 대표적으로 스마트폰 등 뉴미디어 기기의 대중화로 소비자의 소비 스타일 및 광고에 대한 인식과 태도는 갈수록 영리해져, 기존처럼 일방적인 메시지 전달 방식에서 메시지를 소비자 스스로 찾아오게끔 하는 역발상이 필요하였다. 셋째, 매체비 인상, 늘어나는 TV 채널, 디지털 미디어의 소비량 증가, 양방향디바이스(인터넷, 스마트폰, 스마트TV 등) 등 미디어 환경의 변화 발전에 따라 광고주의 새로운 욕구에 대응하는 전략 수립이 필요하게 되었다. T V-CF만으로 메시지전달을 완결하기보다는 뉴미디어를 활용해 소비자가 소화할 수 있는 메시지의 최소화, 그리고 각 최소화된 메시지간의 연결 고리를 엮는 크로스오버 형태의 캠페인이 최선이라는 결론을 내리게 된 것이다.

이러한 점에서 인터랙티브 광고는 먼저'공유'를 목적으로 전개하여야 한다. 감정의 공유, 정보의 공유는 인터랙티브 광고의 상호작용성을 실현하는 핵심 요소이다. 공유를 위해서는 공감과 참여가 중요하다. 온 오프라인 아이디어, 특히 뉴미디어 아이디어를 통해 타깃들에게 브랜드 경험(Brand Experience)을 제공할 수 있어야 한다. 또 하나, 인터랙티브 광고가 효과를 발휘하기 위해서는 맥락(Context)이 중요하다. 맥락이란 환경의 맥락, 이용자의 맥락을 포함하는 개념이다. 정보의 맥락을 제시함으로써 타깃들이 느끼는 유대감과 관여 그리고 몰입 등, 즉 인게이지먼트(Engagement)를 높일 수 있다.

2 미디어의 융합과 인터랙티브 광고

인터랙티브 광고의 배경이 되는 융합현상에 대해서 살펴보면, 융합(Convergence)의 어원은 라틴어 'Convergere'라는 동사에서 유래되었으며, '함께'라는 의미의 'Con'과 '어떤 방향 또는 상태로 향하다(bend)와 기울어지다(incline)'라는 의미인 'vergere'가 합쳐져 'Convergence'라는 용어가 생겨난 것이다. 융합은 우리말로 '어울림', '수렴'으로 번역되는데, 표준국어대사전에서 어울림이란 두 가지 이상의 것이 서로 잘 조화되는 것이라고 정의되어 있다.

융합은 '서로 다른 기술이나 산업분야 간에 효율과 성능 개선 등을 목적으로 결합됨으로써 존재하지 않았던 새로운 기능이나 서비스를 창출하는 현상'으로 정의될 수 있으며, 기술 및 산업 측면에서 발생한 개념이다. 기술 측면에서의 융합은 서로 다른 기술요소들이 결합되어 개별 기술요소들의 특성이 상실되고, 새로운 특성을 갖는 기술과 제품이 탄생하는 현상을 말한다.

산업 측면에서는 타산업의 기술이 기존 산업내 요구를 만족시킬 수 있는 유사성을 갖게 되면서 형성되는 것으로, 산업내 융합과 산업간 융합으로 구별된다. 산업내 융합은 디지털 기술을 매개로 컴퓨터, 가전, 통신 등의 여러 기기들이 서로 유사한 기능을 가지면서 결합되는 현상을 나타내며, 통상 디지털 컨버전스로 통용된다. 디지털 융합은 디지털 기술이 접목되고 통신, 가전, 컴퓨터 등의 기기들이 서로 유사한 기능을 가지며, 기업의 새로운 사업기회를 다양하게 창출하고, 기업은 융합화, 복합화를 통해 기존사업의 한계를 극복하고 새로운 성장 기회를 모색하게 될 것이다. 디지털융합은 유 · 무선망에서 독자적으로 서비스를 영위하던 망간 서비스 연동에 의한 온 · 오프라인의 융합, 게임, 디지털영상, e-러닝 등 콘텐츠 분야간 융합이 발생하고 있다. 또한 통신과 방송의 주력 서비스들이 광대역 통합네트워크 기반 위에서 디지털과 양방향의 특성을 가지는 결합 커뮤니케이션 서비스로 전환되는 통신-방송의 융합, 다양한 콘텐츠를 한개의 단말기에서 구현하는 정보기기 간 융합으로 발전할 전망이다.

이러한 변화에 의해 광고산업은 세 가지 큰 변화에 직면하고 있다. 첫째, 산업간의 경계약화이다. 그 동안 고유의 제작방식과 유통구조로 인해 발전의 한계를 겪고 있던 광고 관련 산업은 새로운 성장모멘텀을 서비스의 고도화, 즉 고객 중심 서비스에 맞춰야 하는 도전에 직면하게 될 것이다. 고객 요구를 반영하기 위해서는 그간의 광고고유의 경계를 허물고 융복합을 추진할 수밖에 없게 되었다. 둘째, 기술의 혁신과 소비다. 새로운 기기, 발달된 네트워크는 다양한 미디어 채널을 제공하고 있으며, 컴퓨터그래픽과 같은 제작기술의 발전은 다양한 인터랙티브 광고를 개발하고 제공할 수 있는 환경을 마련해 주고 있다. 이러한 변화는 과거 수동적인 수용자들을 보다 역동적이고 참여적이고 자기중심적인 개인화된 형태로 바꿔 놓았다. 셋째, 고객가치의 다양화이다. 경제적으로 윤택해지고, 자신만의 가치를 추구하는 소비자들이 늘어남에 따라 수용자에게 다가가기 위해서는 소비자들이 찾고, 참여하고, 의사표현과 커뮤니케이션 관계가 지속화 고급화되는 환경을 요구하고 있다. 웹 2.0 확산에서 볼 수 있듯이 수요자로서의 고객이 아니라 실제 제작하고 자신의 의견을 콘텐츠에 반영하는 프로슈머로서의 확산은 향후 광고 산업의 융합현상에 큰 시사점을 제공하고 있다.

이러한 변화 속에서 향후 인터랙티브 광고가 지향해야 하는 가치는 수용자의 참여를 기반으로 한 오감 체험형, SNS 기반, 언제 어디서나 즐길 수 있는 개인 맞춤형 콘텐츠화된 광고 등을 구현할 수 있는가와 이를 인터랙티브적인 매체 특성을 바탕으로 소비자와의 양방향적인 커뮤니케이션이 가능한 광고 개념이다. 아울러 세분화된 매체 특성 및 적시성을 바탕으로 개별 소비자의 니즈에 맞춘 커뮤니케이션 디자인을 수행하면서 IMC와의 접점을 극대화 할 수 있는가가 향후 광고산업의 생존 진화의 방향이 될 것이다.

3 소셜미디어와 인터랙티브 광고 전망

인터랙티브 광고는 향후 소셜미디어와 연계되어 더욱 발전된 형태를 가지게 될 것이다. 앞으로 우리는 인터랙티브적인 소셜미디어 광고를 많이 보게 될 것이다. 페이스북은 구글 애드워드(Google Adwords)와 많은 측면에서 비슷한 광고 플랫폼을 구축하고 있다. 페이스북광고가 사용자들이 계정을 만들 때 입력하는 정보에 기초하여 캠페인의 타깃을 설정할 수 있다. 이러한 특성은 인터랙티브 광고의 기초가 되는 부분이다. 페이스북 광고는 페이스북 상에서 개인의 광고를 테스트할 수 있기 때문에 개인화 된 인터랙티브광고가 가능하다. 개인은 원하는 광고비용을 정확하게 계산할 수 있고, 그러한 비용 또한 자신 마음대로 조정할 수 있다. 이러한 기능으로 개인뿐만 아니라 중소기업, 대기업까지 누구든지 광고를 쉽게, 예산에 맞게 할 수 있게 되었다.

페이스북 광고를 이용하는 주체는 1,000명 당 드는 비용(CPM) 혹은 광고의 클릭당 비용(CPC)에 의해 페이스북 광고비를 선택지불할 수 있다. 그렇지만 두 옵션 모두 다른 이들이 이미 설정한 타깃에 입찰한 가격에 영향을 받기 때문에 자신의 최대 예산을 설정해 두어야 한다. 페이스북은 이를 돕기 위해 현재 다른 이들이 입찰한 가격에 기초하여 필요한 입찰 가격의 범위를 제시해주고 있다. 그러한 입찰 가격이나 CPM, CPC로의 선택은 광고의 최종 목적과 이용 가능한 예산의 범위에 의해 좌우된다. 인터랙티브 광고는 이렇게 소비자가 다양한 선택을 가능하게 함으로써 초효율적인 광고가 될 것이다. 그리고 인터랙티브 광고 효과분석은 지금까지와 달리 정확한 데이터가 될 것이다. 이러한 예는 소셜미디어를 비롯한 새로운 형태에서 광고효과의 새로운 틀을 제시하고 있다. 예를 들어, 페이스북은 광고의 성과를 측정하는데 있어서 훌륭한 틀을 제공하고 있다. 성과 분석은 집행 후 혹은 집행 중에도 여러 가지 옵션을 통해 제시되며 실시간, 혹은 거의 실시간으로 성과를 모니터링을 함으로써 현재 진행중인 광고에 즉각적으로 변화도 줄 수 있다.

성과분석표에서 현재 집행하고 있는 광고에 대한 현황이 표시된다. 여기서부터 광고, 현황, 일일 예산, 지속 기간 등을 조정할 수 있으며 또한 광고가 포함하고 있는 주요 성과 지표들에 대한 보고서도 확인할 수 있다. 그리고 운영 중인 모든 광고를 포함해 과거에 시행했던 것들에 대한 정보에도 쉽게 접근할 수 있다. 페이스북에서 제공되는 주요 성과 지표(the major performance indicators)는 다음과 같다. 현황, 입찰, 타입(CPC or CPM), 클릭 수, 노출, CTR %(클릭하는 비율), 평균 CPC, 평균 CPM, 지출된 비용 등이다. 이와 같이 광고학은 광고효과를 측정하는 데 있어, 위의 방법 외에 새로운 측정방법을 개발해 낼 것이다. 기업은 더욱 더 광고에 의한 ROI에 관심이 많기 때문이다.

국내 최대 규모의 광고회사인 제일기획과 이노션, HSAD 등 많은 광고대행사의 경우 특히 소셜미디어를 광고에 접목하기 위한 다각적인 노력을 기울이고 있다고 한다. 대부분의 디지털 캠페인에는 소셜미디어가 접목되고 있다. 물론, 상업적 메시지 개발이 아닌, 보다 근본적인 관계 중시의 가치 있는 콘텐츠 개발에 주력할 필요가 있을 것이다. 크리에이티브를 전개하는 과정에서 소비자가 참여할 수 있는 기회를 마련해주고, 소셜미디어를 통해 확산할 수 있는 장치를 병행해서 운영하는 등, 크리에이티브 포맷 등에 있어서 상당히 많은 부분들이 전략적으로 고려되어야 할 것이다. 보다 개인화된 공간이고 관계가 중요시되는 공간인 만큼, 지나치게 상업적인 콘텐츠나 메시지가 되지 않고 개개인에게 유의미하고 가치있는 콘텐츠를 제공하는 것이 관건이다.

한편, 필립 코틀러(2010)가 마켓 3.0을 언급하면서 현재 시장은 고객중심의 가치 시대로 전환되고 있음을 언급하였다. 이제 소비자를 단순한 구매자(buyer)가 아닌 영혼을 지닌 인간으로서 소비자를 조명할 때 기업의 생존과 성장을 담보 받는 시대가 되었다. 이는 고객만족을 목표로 삼는다는 점에서 마켓 2.0과 같기도 하지만 다른 점은 단순히 고객만족과 이익실현을 넘어 더 큰 비전, 가치를 통해 세상에 기여하고자 한다는 것이다. 이 시장은 소비자들의 삶과 더욱 밀접한 관련을 가진다. 그는 세 가지를 언급하였는데, '참여의 시대', '세계화라는 패러독스의 시대', '창의적 사회의 시대'이다. 이 중 참여의 시대는 인터넷을 기반으로 한 뉴웨이브 기술로 촉발되었다. 뉴웨이브 기술은 개인이나 집단 간의 연결성, 상호작용성을 용이하게 해주는데, 인터랙티브 광고가 이러한 특성을 가지고 있다. 이러한 인터랙티브 광고는 다른 차원의 광고이다. 특히 소셜미디어에서 블로그나 트위터 이용자는 뉴스나 견해 아이디어를'선별된 사람들'과 사적으로 공유하는 방식을 취한다. 그리고 그들은 뉴스에 대한 논평이나 자신만의 견해, 생각 등을 전하면서 특정기업이나 제품에 대한 태도를 전달한다. 이러한 상황에서 인터랙티브 광고가 활용될 것이다. 인터랙티브 광고는 온라인 공간에서 '일대다'의 매스커뮤니케이션 방식이 아니라 '다대다'의 커뮤니케이션으로 활용될 것이다. 이제 마케팅은 소비자와 적극적인 소통을 통해 제품, 서비스, 브랜드를 개선, 생성해야 나가야 한다. TV-CF로 대변되던 크리에이티브는 메시지의 전달이 아닌 소비자와의 소통을 목적으로 그 역할이 전환되어야 할 것이다.

4 인터랙티브 광고 – 무엇을 준비해야 하는가?

TV광고의 크리에이티브와 인터넷 광고의 크리에이티브는 얼마나 다른가? 플래시몹에서의 댄스와 TV광고에서의 댄스는 얼마나 다른가? 미디어에 따라 멋있는 영상, 재미있는 아이디어에 대해 소비자는 얼마나 다르게 반응하는가? 앞으로 인터랙티브 광고와 관련한 실증적인 연구를 통해 밝혀져야 할 부분일 것이다. 그러나, 실제적으로 '좋은 것', '즐거운 이야기'에 반응하는 소비자의 심리는 그리 다르지 않을 것이다. 새로운 환경이 왔다고 해서 크리에이티브의 본질이 바뀔 것으로 보지 않는다. 그 어떠한 채널이나 디바이스에 상관없이, 소비자 인사이트에서 출발한 크리에이티브만이 결국 소비자의 마음을 움직일 수 있다는 것은 불변의 진리일 것이다. 인터랙티브 환경에서도 소비자의 인사이트와 공감을 목표로 하는 광고 전략이 필요하다는 말이다. 다만, 그렇게 출발한 커뮤니케이션을 새로운 채널의 특수성 및 활용성을 극대화하여 포맷을 달리해 주면 될 것이다.

크리에이티브란 소비자의 마음을 사로잡을 광고 메시지를 개발하고 전달하는 일이다. 미디어 변화에 따라 인터랙티브 크리에이티브는 어떻게 새롭게 대응해야 하는 가? 전통적인 개념에서 직접적으로 정보를 전달하는 방법(매스미디어 광고)을 비롯하여 고객과 커뮤니케이션 하는 방법(기업 사이트, 브랜드사이트, 프로모션 사이트, User 블로그), 그리고 제품을 판매하는 방법(e-커머스 등) 등 고객과 접촉(Contact)하며 고객을 위한 맞춤 정보와 서비스가 제공되어야 한다. 이런 관점에서 보면 인터랙티브 환경에서도 크리에이티브의 수준이 여전히 중요할 것임을 알 수 있다. 비록 미디어가 변화하고 아이디어 전개방법이 변화해도 인사이트를 찾아 소비자를 움직이는 '창의성(Creativity)'의 영향력은 앞으로도 달라지지 않을 것이다.

업계 입장에서도 여전히 불확실한 부분이 많다. 임성철(제일기획)에 따르면, 국내는 아직 인터랙티브(Interactive), 온라인을 비롯하여 소셜미디어를 활용함에 있어 어떻게 대행사에 비용을 제시할지에 대한 가이드라인이 명확하지 않은 상황이다. 즉, 국내 환경에서는 커미션제도, 즉 제작비 및 매체비에 대한 수수료를 기반으로 대행사가 수익을 창출하고 있으며, 글로벌에서의 피(fee)제도는 아직 정착되지 않은 상황이다. 따라서 소셜미디어의 경우, 실제로 대행사에게는 수익 창출을 하기에 어려운 상황이므로 적극적인 제안이 어려운 실정이다. 향후 지속적으로 소셜미디어에 대한 광고주의 요청이 증가할 것에 대비하여 기존 인터랙티브 팀의 소셜 미디어 관련 전문인력확보 및 교육, 사내 소셜 미디어 관련 컨설팅 TF 조직, 외부 우수 전문업체들과의 전략적 제휴 등의 방안이 마련되어야 할 것이다.

관련하여 소비자의 트렌드를 알 수 있는 빅데이터를 많이 활용해야 할 것이다. 이러한 부분은 대학의 광고홍보학과 뿐이 아니라 광고대행사 등 관련 회사에서도 이에 투자를 더 해야 할 것으로 보인다. 아울러, AR, VR 등의 새로운 테크놀러지 등의 활용 또한 많이 증가하리라 본다. 더 나아가 홀로그램를 활용한 광고 등 새로운 형태의 광고가 많이 나타날 것이기 때문에 이러한 테크놀러지의 개발도 필요하리라 생각된다.

5 인터랙티브 광고와 소비자

인터랙티브 광고는 더 많은 개인들에 의해 애용될 것이다. 개인들이 짧은 동영상 광고를 제작하여 유튜브에 올려 다른 이용자의 반응을 기다리게 될 것이다. 자신이 좋아하는 브랜드의 광고를 자신이 제작하여 다른 사람들에게 광고를 전달한다. 10여 년 전에는 애플의 광고를 제작한 영국의 한 대학생이 나중에 이 광고가 실제 애플사의 광고로 제작되어 장학금을 받는 행운을 누리기도 하였다. 이러한 일이 많이 발생될 것이다. 또한 온라인상에 특이한 캠페인을 제작하여 대중문화계에 이슈를 만들어 브랜드를 홍보하고자 할 것이다. 인터랙티브 광고는 갈수록 많은 표현을 하게 될 것으로 예상되며 소비자들은 인터랙티브 광고에 대한 자신의 경험을 다른 친구들과 나누며 또한 이것은 다른 소비자들에게도 많은 영향을 미칠 것이다. 그래서 당연히 일방적인 기업의 광고는 소비자의 구매행위에 영향을 덜 줄 것이다(Kotler, P., Kartajaya, H., &Setiawan, I. (2010)). 이러한 공간에서 광고주나 광고대행사는 광고 메시지를 통제하기가 어려지기 때문에 소비자가 자발적인 인터랙티브 광고를 만들어 여러 주체들과 의사를 소통할 수 있는 공개장(open space)을 만들어 주어야 한다. 이러한 공간에서 인터랙티브 광고가 상호 전달될 것이다.

기업들은 이러한 소셜미디어를 통해 자신들과 소비자들이 소통할 수 있는 인터랙티브 광고를 제공할 것이다. 세계적인 기업들과 국내의 주요 기업들, 심지어 중소 규모의 기업들도 모두 트위터와 페이스북 계정을 갖고 있다. 관계자들은 개인 트위터 또는 페이스북 등을 통해 인터랙티브 광고를 제공하여 일반 소비자들과 소통하고 있으며, 현재까지 이는 긍정적인 효과를 거두고 있다고 알려져 있다. 인터랙티브 광고를 통해 제품을 경험하며 제품후기를 접할 수 있으며 광고모델과의 채팅도 가능할 수 있는 세상이 될 것이다. 기업은 이제 바로 옆에서 내 얘기를 들어주고 이를 반영해 줄 수 있는 잘 아는 주체가 될 것이다. 특히, 이미지, 동영상 등이 텍스트를 대신하고 있어 동영상 커뮤니케이션을 잘 이해해야 할 것이다. 이런 소셜미디어의 상황에서 인터랙티브 광고는 페이스북, 트위터 등의 대표적인 소셜미디어 이외에도 기업의 블로그, 온라인 커뮤니티 등을 통한 기업의 대 소비자 커뮤니케이션 활동의 수단으로 활용성이 커질 것이다.

일본 덴츠사의 말처럼 광고는 점차 정고, 개고로 변화하고 있다. 정고(精告)란 정밀하게 알리는 것을 의미하며, 개고(個告)란 광고의 개인화를 의미한다. 디지털 기술의 혁신으로 인해 소비자 세분화에 필요한 기술적 한계가 사라지고 있음을 감안하면 광고의 개인화란 머지않아 현실이 될지 모른다. 비록 인터랙티브 환경에서는 디지털매체의 기술 플랫폼의 방식과 특성이 서로 다르기 때문에 전통적인 광고 전략 및 크리에이티브에 비해 접근하기 어렵게 여겨질 수 있다. 반면 전통 매체를 외면하는 타깃들에게 개인맞춤형의 양방향적 커뮤니케이션을 적시적으로 제공할 수 있다는 점에서 인터랙티브 기술 환경은 크리에이티브 발전에 새로운 기회가 될 것이다.

향후 이러한 인터랙티브 광고를 활성화하기 위해서는 우선적으로 법적, 제도적 정비가 필요하다. 인터랙티브 광고의 발전에 걸림돌이 될 수 있는 것은 개인의 프라이버시 문제이다. 타깃화된 광고가 인터랙티브 광고의 장점이지만 이를 거부하는 개인이 있다면 인터랙티브 광고의 장애요소가 될 것이다. 이에 대한 연구가 필요할 것으로 여겨진다. 결론적으로 인터랙티브 광고는 새로운 패러다임의 광고가 될 것이며 방송과통신의 융합에 따른 디지털 환경에서 수익을 창출할 수 있는 수단이 되기를 기대해 본다.

참고문헌

박용재, 임명환, 허필선, & 구본태 (2010). 콘텐츠 산업의 융합별 사례 및 전망, 전자통신동향분석, 25(5), 172-186.

임명환 (2009). 문화콘텐츠 산업의 동향과 전망 및 기술혁신 전략, 전자통신동향분석, 24(9), 43-55.

Kotler, P., Kartajaya, H., & Setiawan, I. (2010), Marketing 3.0: From Products to Customers to the Human Spirit, John Wiley &Sons.

개인 인터뷰 (2011). (김형근-HSAD, 박계남-대홍기획, 임성철-제일기획, 한정석-이노션), 인터랙티브 현황과 미래에 대해 조언해주신 현업 전문가 여러분께 감사드린다.

찾아보기

한글 찾아보기

영문 찾아보기

| 저자소개 |

심성욱 심성욱 교수는 현재 한양대 광고홍보학과 교수로 재직 중이다. 미국 미주리대학(University of Missouri at Columbia)에서 석사학위를, 플로리다 대학(University of Florida)에서 매스커뮤니케이션 박사학위를 받았으며, 오리콤 브랜드전략연구소 부장으로 근무하였다. 주 연구분야는 OOH(Out of Home)광고, 디지털 광고에 관한 것이다. 한양대학교에서 학부수업으로는 브랜드커뮤니케이션, 디지털 미디어, 디지털 사이니지론 등을 가르치고 있으며 대학원에서는 다매체광고론, 광고와 사회 등을 가르치고 있다.

김운한 선문대학교 미디어 커뮤니케이션학과 교수다. 연세대학교 심리학과를 졸업하고, 연세대학교 언론홍보대학원에서 석사를, 한양대학교 대학원 광고홍보학과에서 박사 학위를 받았다. 광고대행사 엘지애드와 상암기획에서 카피라이터로, 대홍기획과 웰커뮤니케이션즈에서 크리에이티브 디렉터로 일했다. 현업 시절 현대카드 "열심히 일한 당신 떠나라" 캠페인, 대림산업개발 아파트 브랜드네임 "e-편한세상", 청정원 론칭 캠페인슬로건 "자연에 정성만을 더합니다" 등을 제작했다. 대한민국광고대상, 소비자가 뽑은 광고상 등 다수의 광고상을 수상했다. 저서로는 ≪브랜디드 콘텐츠: 광고 다음의 광고≫(2016), ≪디지털미디어 시대의 기업커뮤니케이션≫(2012) 등이 있다.

신일기 신일기 교수는 한양대학교 언론정보대학원에서 광고학 석사(M.A)를 그리고 광고학 박사(ph.D)학위를 받았다. 2013년 인천가톨릭대학교 문화예술콘텐츠학과에서 전공 교수로 재직중이다. 그는 박사 학위 취득 후 한국옥외광고센터 정책연구실 차장으로 일한 바 있다. 제도 정책분야에 관심이 높아 총리실, 행정안전부, 산업자원부, 인천시 등에서 제도 개선 및 산업진흥부분 전문자문을 역임하였으며, 그 공로로 규제개선분야 2017년 행정안부 장관표창을 받았다. 2018년 대한민국 1호 강남구 광고자유표시구역의 지정과 운영에 대한 공헌을 인정받아 대통령표창을 수여받았다. 그의 관심분야에는 콘텐츠 전략, 공간명소화, 디지털옥외광고 등이다. 저서로는 '인터랙티브 광고론', '디지털사이니지와 공간마케팅', '대한민국광고총서'등이 있다.

김신엽 현재 서울과학종합대학원대학교(aSSIST) 겸임교수이며 동대학원에서 경영학 박사를 받았다. ㈜픽스다인, ㈜한국야쿠르트, ㈜덴츠 코리아 등에서 디지털 전략과 브랜드 마케팅 경력을 쌓았으며 부산국제광고제(Ad Stars) 집행위원으로 애드텍(Ad:tech) 컨퍼런스 국내 최초 기획 및 관련 컨퍼런스 커리큘럼을 자문하고 있다. 디지털 브랜드 경험과 마케팅, 트랜스미디어 스토리텔링, 옥외광고 효과 측정 부문이 주요 연구 분야이며 저서 및 논문 발표, 기업과 정부 기관 자문 외 연구 분야와 관련한 다수의 프로젝트 수행 실적을 가지고 있다.

김상현 김상현 국장은 현재 이노션에 재직 중이며 현대차, 나이키 등 광고주 OOH캠페인을 수행했고, 디지털 신사업도 운영하고 있다. 뉴욕스티벌 은상, 대한민국광고대상 금상 등 국내외 광고제 수상이 다수 있으며, 2016년에는 스파이크 아시아 미디어 부문 심사위원을 역임했다.

인터랙티브 광고론 제2판

2011년 8월 25일 | 1판 1쇄 발행
2019년 8월 30일 | 2판 1쇄 발행
2020년 2월 01일 | 2판 2쇄 발행

지은이 | 심성욱, 김운한, 신일기, 김신엽, 김상현
발행인 | 김은중
발행처 | 서울경제경영출판사
북디자인 | (주)우일미디어디지텍

주 소 | 03367 서울특별시 서대문구 신촌로 205, 506호
전 화 | 02)313-2682
팩 스 | 02)313-8860
등 록 | 1998년 1월 22일 제5-63호

ISBN 979-11-6282-054-4 93320 정가 18,000원